민주화에서 통일까지
김종채의 학문적 구도와 실천적 삶

김종채 지음
서울대 사회대평론 편집실 모임 엮음

Le Monde +

민주화에서 통일까지
김종채의 학문적 구도와 실천적 삶

3부

— **실천적 삶의 편린**   265

김종채의 유고집을 발간하며

서울대 사회대평론 편집실 모임이 고인의 1주기를 맞이하여 발간하는 김종채 유고집,『민주화에서 통일까지 - 김종채의 학문적 구도와 실천적 삶』은 억압과 변혁의 시대를 살았던 고인의 삶을 그려내기 위한 글 모음집이다. 민주화와 통일이라는 한국 사회의 문제로부터 환경과 평화라는 지구촌 전체의 문제까지 고민하면서 사회의 진보적 변화를 끊임없이 모색했던 그의 삶은 쉼 없는 학문적 정진과 실천적 행동이라는 모습으로 우리에게 남아 있지만, 급작스러운 죽음은 치열했던 그의 삶이 마치 '미완의 삶'인 것처럼 우리에게 마음의 빚을 남겼다. 이러한 우리들의 안타깝고 무거운 마음을 조금이나마 달래고 그의 삶에 하나의 의미를 부여하기 위한 우리들의 노력이 유고집 발간으로 나타났다.

김종채 유고집의 1부는 독일 통일로부터 한반도 통일의 사회과학적 교훈을 끌어내려고 했던 박사학위 청구논문을 싣고 있으며, 2부는 대학 시절부터 학문적 구도의 길에 대한 열망을 가졌던 김종채가 남긴 몇 편의 학술적 글을 싣고 있다. 1부와 2부를 통해 우리는 변혁적 실천을 위한 학문을 추구했던 그의 학문적 자취를 확인할 수 있다. 3부에는 김종채의 공적 모습과 함께 사적 모습을 그대로 보여주는 사회적 평론과 개인적 기록이 실려 있다. 4부는 고인을 사랑했던 이들이 자신들이 간직하고 있던 그의 모습을 나누어 갖기 위해 쓴 추모의 글들을 모았다. 우리는 유고집의 글들을 통해 우리가 사랑했던 김종채의 삶 전체를 아쉬운 형태로나마 온전하게 그려보고 함께 기억하려고 한다.

되돌아보면, 야만과 광기의 시대를 온몸으로 부딪치며 살아가면서도 낙관적인 마음을 잃지 않고 선한 눈빛을 간직하였던 김종채의 삶은 언제나 우리에게 큰 희망이었다. 유고집을 준비하는 시간은 김종채의 삶을 그려보는 시간이자 동시에 우리 자신을 돌아보는 시간이기도 했다. 젊은 시절부터 지금까지 우리가 살아왔던 시간을 되짚어보면서, 우리는 스스로 자신에게 질문을 던지지 않을 수 없었다. 우리는 자신이 살았던 시대에, 자신의 사회와 역사에, 그리고 자기 자신에게 얼마나 충실하였던가? 우리는 우리의 시대를 넘어서기 위해 몸부림치면서도 역설적으로 시대에 갇히지는 않았던가? 김종채의 유고집은 우리 모두에게 잠시 자신을 되돌아보는 시간을 갖게 할 것이다.

고인의 유고집을 발간하자는 생각은 고인의 친형과 서울대 사회대평론 편집실 모임으로부터 나왔다. 누구보다도 황망하게 떠난 선배의 유품을 정리하고 유고집 발간에 정성을 다한 강영진, 여인만, 한장희 후배에게 깊은 감사의 마음을 전한다. 유고집에 실을 추모의 글을 기꺼이 써 주신 여러분께 진심으로 감사드린다. 책을 출판하는 데에 도움을 주신 르몽드코리아 성일권 대표님, 디프넷의 이성환 대표님과 이윤진 팀장님께도 감사의 말씀을 올린다.

땅 위에서의 고역을 끝내고 이제 영원의 안식을 얻은 김종채의 영전에 유고집을 바친다.

2023년 9월
박순성 (서울대학교 사회대평론 편집실 모임, 76학번)

1977. 01. 10.
특별학생지도여행 (김진균 교수, 김석준·
정대조·김종채·신상덕과 함께 계룡산에서)

1992. 1. 2.
김진균 교수님 신년하례

2011. 7. 28. ~ 8. 5.
고등학교친구들과 유럽 여행,
오스트리아 미라벨 정원
(영화 '사운드오브뮤직의 무대')
친구들 일행 11명과 함께

1993~2002   독일 유학 (베를린 훔볼트 대학교) 시절

2012. 10. 5.

태양광 충전기 달린 가방입니다. S가방회사 제품으로 정가는 34만 8천원인데 상품권 할인으로 30만원에 산 셈. 가방값이 20만원으로 치면 휴대용 휴대폰 충전기만 10만원 든 셈이지요. 지난 달 전기요금 천오백원 절약함. 천원이면 백개월, 이천원이면 오십개월 쓰면 본전회수군요. 4시간 정도 충전하면 스마트폰 배터리 충전되는군요.

소형태양광 발전기 빌라 옥상에 설치. 제 발밑을 살피다가 머리 위 옥상에 해바라기 모종을 하나 심었습니다.

2014. 6. 9.

오늘 중앙지법에서 긴급조치9호 위반이 위헌으로 판결난 것에 따른 민사보상의 첫 공판이 열렸습니다. 본인의 참가는 자유라고 하는데 저는 법정에 나가보고 싶었습니다. 저는 면소판결을 받으면서 최후진술도 못해 보았거든요.

2014. 11. 4.

대법원이 꼼수판결로 헌재의 위헌판결을 무력화하려는 것을 규탄하는 민주인권평화재단과 민변 긴급조치변호단의 공동기자회견

2015. 1. 27.
국회 정론관 기자회견 끝나고 설훈 의원과 교육위원장실에서 후속대책을 얘기하고 있습니다.

2015. 4. 13.
순천만 정원, 고등학교 친구들

2015. 8. 16.
오늘 사회민주당 창당발기인대회에서 이하 화가님이 그려준 캐리커처. 제얼굴 맞나요(?)

2015. 6. 22.
오늘 대법원 앞 긴급조치 일인시위

2016. 3. 30
정독 도서관에 목련이 피었습니다.

2016. 9. 1.
내 마당에 핀 해바라기 사실은 반 평도 안되는 땅에서 나의 꿈을 보여주고 싶어서 녹색당의 해바라기와 사회민주당의 붉은 장미를 심었답니다.
6월과 9월이라 서로 같이 피지는 않아도 한 마당, 한 창가에서 살아가기를^^

2017. 1. 17. 사회대평론편집실 신년회

2017. 3. 10. 안국동 4거리 축제

2018. 6. 1.
재동 백송 장미
헌법재판소 그리고 얼굴

2017. 4. 29.
서귀포에서 석양에 요트 탔음. 고등 친구들과 제주도 여행

2017. 5. 21.
장미가 살아났다.
작년 가을 화분에서 마당으로 옮겨 심은 것. 빨강색이 3군데 보이지요.
그것이 귀한 것은 이 땅에 사회민주당의 장미꽃을 피워내겠다는 저의 의지를 담아 화분에 옮겨심었기 때문입니다.
거름을 한봉지 주었더니 추운 겨울을 이겨내고 꽃망울을 맺었군요. 이제 이 땅에서 향기로운 꽃송이를 늘려 나가기를 바랍니다.

2017. 6. 17.
장미꽃
서울종로
정독도서관

2018. 3. 30.
긴급조치 배상판결 판사 징계추진 관련 양승태 전 대법원장 규탄 및 고발 기자회견

2018. 7. 25.
노회찬 의원 장례식장.
저와 고등 2학년 때 같은 반이었지요.
그리고 1992년 4월 민중당이 선거에서 1.5% 얻고 해산되며 갈라질 때, 방금 옥에서 나온 노회찬을 만났지요. 인민노련이 다수파이고 저와 이우재 대표 당권파가 소수로 갈라지던 날~ 그리고는 독일베를린 여행 온 그를 만나서 독일 의회 보고 체코 여행했네요, 95년여름 경 노회찬·이진경(박태호)·이원석·저 4명이서. 그리고는 귀국 후 몇 번 보긴 했지만 제가 아직 준비가 안 되어서 말을 길게 못 했네요.
내가 배운 사회민주주의는 이거다라고 말할 책 한 권, 아직 탈고하지 못해 마침표가 남아있네요.

2018. 11. 17.
광화문 광장에서 발언. 나가섰는데 앞에 빛이 없어 깜깜해요.
몇 마디 떠드니까 사회자가 시간됐다고~ 서둘러 마무리하고 나왔네요~

2018. 11. 22.
국회 앞 피해자 단체 농성.
11월 21일 오후 1시부터 4시50분까지

2018. 12. 5.
3.1민회 추진 선포식.
제가 사법농단에 대해 브리핑 했
네요. 법치국가와 복지국가를 포
괄하는 사고가 헌법애국주의라고
했어요.

2019. 5. 22.
장미꽃이 활짝 피었네. 정독도서관에서

2019. 9. 28.
국회토론회,
유신헌법의 파행성과 잔재 극복의 과제

2020. 4. 30
사회대평론편집실 산행,
낙산성곽길

2020. 4. 30
사회대평론편집실 동료들과 걷다.
부처님오신날이 우리 만나는 날.
에고~, 뒷다리 근육이 풀려서~
가방을 다른 사람들이 메어주고,
볼성사나운 꼴로 기어서 1시간 걸
리는 성곽길 완주. 그 길이 한양도
성의 좌청룡이니까 '대단한 일'을
한 걸로 위안 삼기로~

2020. 5. 8.
대법원 앞, 붉은 장미

2020. 6. 24.
강제징집·녹화사업 학술
콘퍼런스

2020. 6. 25.
망월동에서

2021. 1. 16.
해가 떠 오르고 있다. 목포에서 용산가는 무궁화호 첫 차 07시 12분 발.
광주 송정에서 조금 못 미친 곳에서 아침 해를 보았다. 신안 하의도 들어가 보려고
연안 여객선터미널 인근 모텔에서 자고 아침 05시 50분발 배를 타러 나갔으나
오늘은 주의보 때문에 배가 못 뜬다는 소식을 듣고 서울로 가는 중

2021. 2. 2.
장흥군 장동면 율리마을 배산리로 주거를 옮겼습니다.
서울을 떠나며.
매미가 되어 4년 여 집이 없어도 굴하지 않았다.
허물을 벗고 날개가 이미 나왔으나
날아오르지 못했다.
이제 어쩔수 없어
박차고 날아오르네.
학의 기상으로
"천리를 날아도 소나무가 아니면 깃들지 아니하리."

2021. 5. 24.
장미가 두 송이 피었습니다.
5월 어느 날, 뒤뜰에 심은 장미 2
그루 중 한 그루는 살지 못하고, 한 그루만 살아
꽃을 피웠습니다.

2021. 11. 9.
국회에서, 유신쿠데타 49년
유신청산전시회

2022. 1. 18.
유신독재청산위원회 발족식

2022. 3. 5.
해남읍 사전투표소
오후 3시, 사람들이 많군요. 하루 만보 걷기하
면서 우선 다리와 허리 힘부터 회복하고 있습
니다. 아직 내가 해야 할 일을 잊지 않고 있습
니다.

2022. 3. 19.
해남읍 수성2길 23
내 사는 집 마당에 동백꽃이 피었네.
비도 조금씩 내리고 꽃샘추위도
온다 하네.

2022. 5. 14.
사회대평론편집실 산행,
한양도성길, 광희문에서

2022. 5. 14.
사회대평론편집실 산행,
한양도성길, 장미가 피었네요.

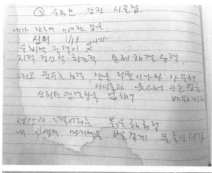

김종채 유고노트 표지, 첫 장, 마지막 장

통일 독일의 민영화와
신탁관리청
체계전환의 거버넌스에서
경제정책결정의 미시적 정치과정

박사학위 청구 논문 (미완)

1부는 미완성인 채로 남아 있는 저자의 박사학위 청구논문이다. 김종채가 남긴 자료 중에는 2012년부터 2020년까지 매년 학위 청구논문 수정판이 남아 있으나, 소개하는 글은 2018년판을 중심으로 하여 일부 다른 판의 내용을 보완한 것이다. 논문 완성을 향한 김종채의 분투를 그대로 전달하기 위해 오탈자를 제외하고는 가능한 한 원문을 수정하지 않았다. 이 논문의 문제의식과 함의에 대해서는 2부의 『전략과 환상』번역 제안글이 많은 참고가 된다. **-편집자**

제1장

독일 통일 28년과 체계전환의 도전

　1989년에 베를린 장벽이 무너지고, 1990년에 동독과 서독간의 통일조약이 체결·발효된 지 28년이 지났다.[1] 탈 사회주의 체계전환, 즉 시장경제와 민주주의 그리고 법치국가로 전환하는 과정은 28년을 경과하고 있다.

　이 글에서는 동서독 간의 체계전환 중에서 민영화 전략이 갖는 특징을 살펴보려 한다. 다른 체계전환 국가와는 달리 동독은, 서독이라는 '기성품 국가 ready-made state'에 통합되는 과정을 거쳐서 많은 특혜를 받게 되었다. 독일 통일과정의 내용을 파악하려면 이것이 민영화 과정 전략과 정책을 통해 구체적으로 나타난 양상을 고찰

---

1) 독일 통일 20년에 관한 자료는 IWH(할레 경제연구소, Institut fuer Wirtschaftsforschung Halle, 2010) (Hg.) *20 Jahre Deutsche Einheit: von der Transformation zur Europaeischen Integration* Tagungsband Halle(Saale) IWH-Sonderheft, 3/2010

할 필요가 있다. 동독 기업의 민영화 과정을 주도한 행정관청의 성격을 가진 신탁관리청이 자신의 과제를 완수하기 위해 사용한 방법이 전적으로 시장주도적이었는가의 여부는 첨예한 논쟁의 대상이 되어왔다.

1.1 독일 통일과 체계전환 과정의 특징

독일 통일의 의미를 파악하려면 우선 체계전환 국가 전체의 개혁 진행 상황을 조망할 필요가 있다. 〈표1〉에서는 개혁이 시작된지 10년 경과했을 시점의 진전 경제 상황을 GDP의 회복 수준으로 보여주고 있다. 증동부 유럽과 발트해 3국(CEE) 국가들은 개혁 초기 3-4년간 마이너스 성장을 보이다가 플러스로 전환하여 10년이 지난 1999년에는 기준년도(1989년 혹은 1990년)의 100% 수준으로 회복하여 성공적인 전환의 모습을 보이고 있다. 이들 중 10개국은 2005년 1월 1일 부로 유럽 연합(EU)에 가입이 승인되었다. 전에 소련 연방에 속해있던 나라들인 독립국가연합(CIS)들은 아직 기준년도 수준의 절반 정도에 미치고 있으며 2000년 이후에야 본격적인 성장을 경험했다.[2]

---

2) 탈 사회주의 체계전환 20년의 상황은 Kolodoko/Tomkiewicz(ed.) 2011, *20 Years of Transformation*, Nova N. Y

	1989	1990	1991	1992	1993	1994	1995	1996	1997	1998	1999	1989년을 100으로 했을 때 1999년의 %
알바니아	9.8	-10.0	-27.7	-7.2	9.6	9.4	8.9	9.1	-7.0	8.0	8.0	86
불가리아	0.5	-9.1	-11.7	-7.3	-1.5	1.8	2.1	-10.1	-7	3.5	0	66
크로아티아	-1.6	-7.1	-21.1	-11.7	-8	5.9	6.8	6	6.5	2.3	-0.5	78
체코공화국	1.4	-1.2	-11.5	-3.3	0.6	3.2	6.4	3.8	0.3	-2.3	0	95
에스토니아	-1.1	-8.1	-13.6	-14.2	-9	-2	4.3	3.9	10.6	4	0	76
마케도니아	0.9	-9.9	-7	-8	-9.1	-1.8	-1.2	0.8	1.5	2.9	0	72
헝가리	0.7	-3.5	-11.9	-3.1	-0.6	2.9	1.5	1.3	4.6	5.1	3	95
라트비아	6.8	2.9	-10.4	34.9	-14.9	0.6	-0.8	3.3	8.6	3.6	1.5	59
리투아니아	1.5	-5	-6.2	-21.3	-16	-9.5	3.5	4.9	7.4	5.2	0	65
폴란드	0.2	-11.6	-7	2.6	3.8	5.2	7	6.1	6.9	4.8	3.5	117
루마니아	-5.8	-5.6	-12.9	-8.8	1.5	3.9	7.1	4.1	-6.9	-7.3	-4	76
슬로바키아	1.4	-2.5	-14.6	-6.5	-3.7	4.9	6.9	6.6	6.5	4.4	1.8	100
슬로베니아	-1.8	-4.7	-8.9	-5.5	2.8	5.3	4.1	3.5	4.6	3.9	3.5	104
중동부유럽과 발트해 3국	-0.2	-6.6	-10.7	-3.6	0.4	3.9	5.5	4	3.6	2.4	1.6	95
아르메니아	14.2	-7.4	-17.1	-52.6	-14.8	5.4	6.9	5.8	3.1	7.2	4	41
아제르바이잔	-4.4	-11.7	-0.7	-22.6	-23.1	-19.7	-11.8	1.3	5.8	10.1	3.7	44
벨라러스	8	-3	-1.2	-9.6	-7.6	-12.6	-10.4	2.8	10.4	8.3	1.5	78
게오르기아	-4.8	-12.4	-20.6	-44.8	25.4	-11.4	2.4	10.5	11	2.9	3	33
카자흐스탄	-0.4	-0.4	-13	-2.9	-9.2	-12.6	-8.2	0.5	2	-2.5	-1.7	61
키르기즈스탄	4	3	-5	-19	-16	-20	-5.4	7.1	9.9	1.8	0	60
몰도바	8.5	-2.4	-17.5	-29.1	-1.2	-31.2	-3	-8	1.3	-8.6	-5	32
러시아	na	-4	-5	-14.5	-8.7	-12.7	-4.1	-3.5	0.8	-4.6	0	55
타자키스탄	-2.9	-1.6	-7.1	-29	-11	-18.9	-12.5	-4.4	1.7	5.3	5	42
투르크메니스탄	-6.9	2	-4.7	-5.3	-10	-18.8	-8.2	-8	-26.1	4.2	17	44
우크라이나	4	-3.4	-11.6	-13.7	-14.2	-23	-12.2	-10	-3.2	-1.7	-2.5	37
우즈베크스탄	3.7	1.6	-0.5	-11.1	-2.3	-4.2	-0.9	1.6	2.4	3.3	3	90
독립국가연합	0.6	-3.7	-6	-14.2	-9.3	-13.8	-5.2	-3.5	0.9	-3.5	0	53
총 평균	0.3	-5	-8.1	-9.5	-5	-6	-0.5	-0.2	2	-1.2	-0.8	65

주: 중동부 유럽과 발트해 3국(Central and Eastern Europe),
    독립국가연합(Commonwealth of Independent States).
자료: EBRD. 1999, *Transition Report*, p. 73.

동독의 체계전환이 다른 29개 국가의 탈사회주의 체계전환과 다른 예외적 사례로 간주되는 것은, 서독이라는 '기성품 국가'와 통합하는 과정을 거침으로써 다른 국가들은 누리지 못하는 '특혜'를 누렸기 때문이다.

먼저 기존의 사회주의 헌법을 대체할 새로운 헌법을 만들지 않고, 서독의 당시 헌법(Grundgesetz) 체계에 동독지역을 5개주로 재편하여 가입하는 방식을 따름으로써, 새로운 헌법을 제정하는 절차에 필요한 시간과 비용을 거의 들이지 않았다. 서독의 헌법은 1949년 건국 이후 40여년간 진화하면서 독일어 정치문화공동체에서 뿌리내리고 검증받는 과정을 거친 것이다. 민주주의와 시장경제가 정착될 수 있는 제도(Elster 2000: Offe 1996)적 환경을 제공하였다. 또한 독일 헌법은 시장경제의 번영, 정치의 안정과 민주주의, 그리고 국가공동체의 사회문화적 통합이라는 3가지 공동선(common goods)을 달성하는 주춧돌로서의 기능을 성공적으로 수행해왔다(Mayntz 2002). 불확실한 상황 하에서 새로운 헌법을 만드는 것보다는, 그 과정을 건너뛰고 다른 더 시급한 일에 자원과 에너지를 집중하려면, "헌법을 만들지 않는 것이 때로는 더 지혜로운 선택(Elster/Preuss 1998: 64)"일 수도 있음을 보여주는 예가 되었다.

동독 주민들은 서독의 헌법과 함께 다른 법률 체계도 이식받았고, 시장경제와 민주주의를 규율하는 각종 제도와 행위 규범을 이전받았다. 역사적으로 동독과 서독은 동일한 언어 공동체이며 기독교 문화 규범을 공유해왔다. 따라서 근대화 과정에서 40년간의 '냉장고 효과'를 경험했다 하더라도, 일단 경계가 무너지고 자유로운 교류가 가능해지자 서독 정치문화공동체의 가치관과 행위규범 및 자율적 규율 능력을 학습하는 데 커다란 장애가 나타나지 않았다.

'통일조약(1990년 10월 3일 발효)'으로 정치적 통합절차가 완료되었다면, '통화 통합조약(1990년 7월 1일 발효)'으로 경제적 통합절차가 완료됨으로써 동독과 서독의 경제는 급속히 통합되었다. 동독 마르크화(M)화와 서독 마르크화(DM)의 구매력 차이는 1: 4.4로 보는 것이 경제전문가들의 일반적인 평가였다(Akerlof et al. 1991) 서독 연방은행 총재를 비롯한 경제전문가들의 반대에도 불구하고 서독 연방정부 총리 헬무트 콜은 임금의 교환비율을 1:1로 할 것을 추진하였다. "역사적인 '기회의 창'이 열렸을 때 놓치지 말고 기회를 붙잡아야 한다."는 것이 명분이었다. 임금교환 비율을 1: 1로 하는 조약에서는 "동독 주민들이 1994년에 서독 주민들의 4분의 3에 해당하는 임금 수준에 도달할 것으로 예상하였고(Sinn 1996: 23)", 멀지 않아 서독과 동등한 수준의 번영을 누릴 수 있으리라는 장밋빛 희망을 품게 되었다.

이러한 정치가들의 결단은 후에 동독 주민들의 기능 수준과 노동생산성이 서독 수준으로 올라가지 않았음에도 불구하고 높은 임금을 지불하게 만듦으로써 동독에서 기업이 창업되는 것을 어렵게 하는 요인으로 작용하게 되지만, 정치적 통합을 촉진하게 하는 결과로 되었다. 통화 통합의 결과를 보면 정부 예산이 투입되기 이전에 서독에서 동독으로 막대한 규모의 자금이[3] 이전되었으며, 서독 주민들은 두 번에 걸친 연대협약으로 부가세율을 인상하였다.[4] 이것은 서독 주민들

---

3) 1990년부터 2008년까지 동독으로의 이전 금액은 1조 6천억 유로로 추산된다(Waegener 2010: 8)

4) 연대협약 I (Solidarpakt I)는 1993년 3월 11일 연방정부와 신 연방주(동독) 장관간에 맺어진 협약으로 1995년부터 2004년까지 총 1607억 유로를 동독으로 지원하고 이를 위해 연방의 부가가치세율을 37%에서 44%로 인상한다는 것 등이다. 연대 협약 II(Solidarpakt II)는 동독주민의 생활수준을 2004년까지 서독수준으로 올리려 했으나 이것이 여의치 않자 2001년에 다시 체결한 것으로 2005년부터 2019년까지 총액 1565억 유로를 지원한

의 연대의지에 기초한 것이었지만 정치적 결정과정에서 공론이 확정될 때까지 상당한 논란을 거쳐야 했다.

제도 이전과 재정 이전, 그리고 엘리트 교체를 거치면서 동독지역은 초기의 불황과 생산감축을 극복할 수 있었으며 1994년에는 1990년 이전 수준의 85%로 GDP를 회복하고 시장경제로 전환하는 어려운 단계와 관문을 하나씩 하나씩 통과하여 28년에 걸친 과정을 커다란 충돌없이 성공적으로 조율해내고 있다. 여기에서 정치적 통일 직후의 상황에서 '사회주의의 유산'을 제거하고 새로운 제도를 형성하며 체계전환의 정책 조치를 시행하는 데 소요되는 비용을 조달한 방법이 규명될 필요가 있다. 집합행위자간의 충돌과 조직 이해의 상충을 어떻게 합리적으로 조율하였는가도 중요한 연구과제이다.

1.2 체계전환의 전략과 전환 비용

1.2.1 초기 불황의 현상과 원인

동서독의 화폐통합은 동독과 서독의 경제를 하나의 시장경제로 급속히 통합하는 한편, 동독 경제를 외부경제에 개방하고 무역을 자유화하는 효과를 낳았다. 결과를 보면 동독지역에서는 ①국내 총생산이 급격히 감축되어 1989년부터 1991년까지 40% 이상이 줄어들었다.[5] ②일자리가 감소하여 1989년부터 1993년까지 일자리의 37%가 줄어들었다. ③투자환경의 측면에서도 동유럽의 인접국가에 비해 매력이 명확히 떨어지게 되었다. ④정치 경제 관련 조직의 리더십은 새로운 인물로 대폭 교체되었다. ⑤대량의 실업이 발생하고, 노동시

다는 것이다(Solidarpakt II Bundesregierung| https://www. bundesregierung.de/Content/DE/.../Solidarpakt)

5) 1990년 동독 GDP는 1989년의 69.7%로, 1991년도는 58.1 %로 떨어진다.

장에서 기술이 무용화되었다.

이 과정이 다른 동유럽 국가들에서 나타난 것과 다른 형태를 보이는 것은 아니다. 다른 동유럽 국가에서도 역시 전환의 초기에 급격하게 생산이 축소되는 경향이 나타났다. 〈그림 1-1〉에서 볼 수 있듯이 폴란드나 체코 헝가리 역시 개혁 초기 2-3년 동안 GDP의 감축을 경험하고 5년 정도 후에 처음년도 수준으로 회복되는 모습을 보인다. 이것은 사회주의 체계에 내재한 '과잉 화폐(money overhang)'[6]을 해소하기 위한 '경성 예산 제약(hard budget constraint)'과 국가의 '보조금 감축'에 따르는 과정이다. 명령형 경제에서 시장경제로 전환하는 '눈물의 계곡'을 가로지르기 위해 피할 수 없는 과정이다. 코르나이는 이것을 '초기 불황(initial recession)'이라고 불렀다. (Kornai 1993).

〈그림1-1〉 산업 생산의 감축과 회복

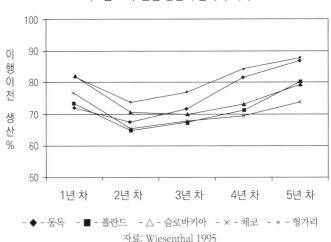

- ◆ - 동독　- ■ - 폴란드　- △ - 슬로바키아　- × - 체코　- * - 헝가리

자료: Wiesenthal 1995

---

6) 사회주의 경제에는 돈은 있지만 구매할 수 있는 물자가 부족해서 상점 앞에 대기하는 긴 줄을 서다가 물건이 떨어지면 못 사게 되는 현상이 만연했다. 이렇게 화폐와 물자 간의 괴리 현상을 '과잉 화폐'라고 부른다.

즉 'J 커브(쉐보르스키의 표현)'를 그리는 구조조정 국면의 재정비용과 정치사회적 비용(실업과 임금 감축을 조정하는 정치사회적 과정)을 어떻게 규율·조정할 것인가는 개혁의 중요한 해결과제인 것이지 '정책실패의 결과'이거나, '회피할 수 있는 오류'는 아닌 것이다. 이것을 '내부 식민지'라고 부르는 견해는 1992년에 '눈물의 계곡'에서의 울음소리가 가장 크게 들릴 때의 여론조사를 기초로 한 것이지만, 이 경우도 불만은 "동독 주민에 대한 정치적 미숙아 취급"에 대한 것이지 "사회경제 정책의 실패"에 대한 불만은 적었다.

이것이 사회경제 정책에서 갖는 함의는, 거시경제의 안정화 조치를 가격자유화보다 먼저 시행하는 것이 바람직하다는 것이다(1.2.2 참조). 거시경제의 안정화조치가 인플레를 유발하며 '초기 불황'을 가져오겠지만 피할 수 없는 수술이라면 개혁의 초기에 사람들이 고통을 감내할 용의가 있을 때 단행하는 것이 현명한 방안이라는 것이다. 시간이 지나면 사람들이 개혁에 대한 저항을 조직하게 된다. 이에 대해서는 개혁 초기에 '충격요법'을 주장하였던 주류 경제학자들의 견해와 '점진적 개혁'을 주장하였던 신제도주의적 정책론자들이 2010년 경에 이르면 모두 합의하고 있는 것으로 보인다.

1.2.2 '충격요법' 대 '점진적 개혁': 정책의 순차성과 시점 논쟁

초기 불황을 초래한 일련의 경제적 정책 조치를 이른바 충격요법(shock therapy)으로 볼 수 있는가? 대안적 방안으로 점진적 개혁이 추진되었다면 더 나은 결과가 가능했을 것인가? 이 문제는 1990년대 초에 광범위한 논쟁을 불러 일으켰던 것으로, 1990년대 후반 경에 어느 정도 논점의 수렴과 합의에 이르렀던 것으로 보인다. 두 논점이 수렴하는 지점은 경제적 체계전환의 정책조치들은 한 두 가지가 아닌 '여러 가지 정책 패키지'로 이루어지는 것으로 그 정책간의 순차성(sequences)과 도입 시점(timing)을 둘러싼 견해 차이였다는 점이다.

먼저 동독의 개혁 초기에 도입된 경제정책을 소위 충격 요법으로 부를 수 있는가? 이 질문에 대해서는 점진적 개혁(gradual reform)을 주장했던 학자들(오페, 엘스터, 뷔젠탈 등)도 명백히 아니다라고 대답한다. 폴란드의 수상 발세로뷔츠(Balcerowicz)나 하버드 대학 경제학 교수 삭스(J. Sachs) 등이 폴란드에 도입했던 정책 패키지인 충격요법은 개념상으로 다음의 5~6가지 요소들을 포함하는 것이다. ①가격 자유화와 개방적 무역정책 ②개인과 기업이 받는 국가 보조금의 급격한 감축 ③국내외 통화의 환전가능성 증대가 환율의 평가절하를 초래 ④임금의 급격한 상승을 저지하는 소득 정책 ⑤국채 발행을 제한하는 예산 개혁 ⑥이상 ①부터⑤까지의 정책요소들을 희소자원의 비효율적 배분과 내부 이득을 최대한 금지하기 위해 동시에 적용할 것을 말하는 것이다.

동독에서 도입, 시행된 것은 위의 요소 가운데 ①가격 자유화 ②보조금 감축의 두 가지뿐이었다는 것이다. 이는 경제개혁 정책의 종합적 전략을 평가하는 과정에서 벌어진 주류학자 대 비주류 학자들 간의 논쟁이었다. 이후 양측이 상대방의 논점을 점진적으로 수용하는 과정을 거쳐 현실정책에 대한 실질적인 차이는 해소된다.

먼저 점진적 개혁론의 계열에 속하는 바이어(Beyer 2001)는, 체계전환을 지향하는 거시경제 정책에서 ①가격 자유화 ②거시 경제 안정화 ③민영화 ④헌법 형성 이란 4가지 정책 패키지가 가장 중요한 정책이며, 이들 정책이 각국에 도입된 순차(sequences)와 시점 (timing)이 상이할 뿐만 아니라, 적합한 순차와 시점의 채택 여부에 따라 개혁의 성과에 영향을 미치는 방식이 다르다는 것을 논증한다. 이 네가지 정책이 14나라에 도입된 순차를 통계적 분석(회귀분석)하 여 검출해낸 결론은 ①가격 자유화를 ②거시 경제 안정화보다 먼저 시 행하는 것은 가장 시간과 비용이 많이 들어가는 순차(하책)라는 것이 다. 반면에 ①가격 자유화보다 먼저 ②거시 경제 안정화 정책을 도입 시행하는 것이 가장 적합하고(상책), ③과 ④의 도입 시점이나 순차는 그 앞이어도 좋고 뒤여도 좋다는 것이다. 각 나라의 사정에 따른 차 이일 뿐 개혁정책의 효과에 별다른 차이를 보이지 않는다는 것이다.

주류 경제학을 대표하는 IMF의 견해는 피셔/사하이(Fischer/ Sahay 2000: 11)에 요약되어 있다. 10년이 경과한 시점에서 경제적 체계전환의 요인을 통계적으로 분석한 논문에서 이들은 거시경제 안 정화와 구조개혁이 성장에 긴요하다는 것을 입증했다. 그들에 따르 면 '안정화'[7] 는 폴란드의 경우 1990년에 시작되었고, 다른 25개 국 가에서도 1995년까지는 시행된다. 이에 따라 인플레율은 1998년까 지는 안정화되며, 그 중에서 '통화위원회'를 갖춘 나라(불가리아, 에 스토니아, 리투아니아)의 성과가 매우 인상적이다.

폴란드적 접근(Lipton/Sachs 1990)에 주로 기초하여 주류경제 학에는 이행전략의 경제정책 노선에 관한 합의(consensus)가 나타 난다. 몇몇 정책 영역에서 충격 요법의 순차에 관한 전략이 도출된 다. 여기에는 신속한 정책적 대응을 할 수 있는 행동의 가능성, 가격

---

7) 인플레이션 '안정화'를 위한 구체적인 정책 조치로는 긴축적 통화 신용 정책, 임금 통제 정 책, 화폐 개혁, 예산 부족에 비 인플레적 재정 자원(주로 재무부 어음) 사용이 있다. (Fischer/ Sahay 2000: 7)

과 무역 자유화, 인플레, 소민영화 등이 있다. 그러나 다른 분야에서는 시간이 걸린다. "개혁 정책의 순차에 관해 볼 때, 일부 개혁은 다른 개혁의 추진을 위해 선결되어야 할 조건이 된다. 예를 들면 민영화는 적절한 법률 체계나 금융체계가 존재하지 않는다면 실패할 것이다. 또한 가격 통제해제를 거시경제 안정화가 보장되기 이전에는 시행하면 안된다."는 사실이 지적되고 있었다 (Fischer/Sahay 2000: 11).

민영화에 관해서는 다음과 같은 조언이 제시되었다. 기업에 대한 경성 예산 제약(hard budget constraint)은 민영화를 성공시키는 중요한 결정요인이 된다. 내부자 구입, 즉 유고슬라비아의 노동자 관리 기업이나 경영자가 기업을 인수할 수 있게 하는 러시아의 방식은 프리드만 등(Frydman/Rapaczynski 1994)이 예측했듯이, 자기 규율적 기업재편을 인도하지 않는다. 소민영화는 증권(바우처)방식이든 내부자 구입이든 일반적으로 성공적이다. 사적 소유 기업의 생산성이 국가 소유의 기업보다 좋다는 것이 모든 나라의 자료에서 입증된다. 슬로베니아나 체코의 자료에서 외국인 소유기업이 내국인 소유기업보다 성과가 좋은 것으로 나타난다. 한편 민영화 이전에 기업재편을 하는 방식에 대해서는, 폴란드에서 소수의 성공적인 사례가 보이나 루마니아에서는 찾아볼 수 없다. (Fischer /Sahay 2000: 19)

1.2.3 독일 민영화의 특징과 신탁관리청의 전략

민영화(privatisation/Privatiesierung)는 국가 소유의 사업체를 사적소유자에게 넘겨주는 것으로 경제적 체계전환의 핵심적인 내용이다. 이 과정은 단지 소유권의 법률적 이양에 그치는 것이 아니며, 경영 체제와 지배구조를 확립해 줌으로써 시장의 경쟁력을 갖추어 파산하지 않고 존립할 수 있도록 기업을 재편(restructuring)하거나 회생시키는 과정과 떼어내어 생각할 수 없다. 정치사회적으로는 기업의 구성원이 시민사회의 구성원이 되고 국가에 세금을 납부할 수 있을 때 비로소 민영화가 완료되었다고 볼 수 있다.[8]

　민영화의 목표는 다중적이다. ①속도 및 수행 용이성 ②기업경영 및 지배구조 개선 ③자본과 노우하우 도입 조건 ④매각을 통한 국고 수입 증대 ⑤사회 정의 실현 등의 여러가지 목표가 모두 설정 가능하고 때로 상충되기도 한다. 정책 수립자는 이들 목표가 자기 나라의 상황과 조건에서 얼마나 적합한가를 판단하여 방법을 선택해야 한다. (World Bank 1996: 53)

　민영화의 방법에 따라 소민영화와 대민영화, 내부자 인수(종업원 인수와 경영자 인수)와 외부자 매각, 원상 반환(natural restitution)이나 종업원 지분 증여, 증서(쿠폰/바우처) 매각과 현금 매각 등의 방법이 구분된다. 소민영화란 소규모의 여관(hotel), 식당(restaurant), 약국이나 작은 상점을 기초 지방 자치단체(읍면동) 단위의 경매를 통하여 새로운 소유자에게 넘겨주는 방법이다. 소민영화에 대해서는 행정 절차의 측면에서나 정치적 갈등의 측면에서 커다란 문제가 제기되지 않고 시행되었던 것으로 보인다.

　정치적으로 문제가 되는 것은 대민영화의 경우이다. 이것은 크게 보아 독일에서 행한 것처럼 행정 관청을 설립하여 매각과 협상과정을 대행하는 기관에 위탁하는 방법, 체코처럼 증권(바우처)을 발행하여 시장에서 지분을 매각하는 방법, 폴란드처럼 종업원에게 그 기업 지분에서 20% 정도의 지분을 우선 증여하는 방법, 헝가리처럼 일정한 자격을 갖춘 시민에게 무상증여하는 방법으로 나누어 볼 수 있다. 원

---

8) 이런 의미에서 필자는 '사유화'라는 용어보다는 '민영화'라는 용어를 사용하며, 소유권 이양과 기업 재편과정 모두를 포괄하는 의미를 갖는다.

상반환(natural restitution)[9] 이란 이러한 방법들에 보조적 방법으로 사용된 것으로 나라마다 적용된 범위와 이유가 다르다.

독일에서 사용된 신탁관리청(Treuhandanstalt) 방식은, 단지 기업의 판매목록만 가지고 매각의 방법과 절차를 시장에 맡기지 않고, 행정기관이 대행인(agent)이 되어 구매자의 기업개념을 심사하고 투자 계획과 종업원 승계를 위해 필요할 경우 보조금을 지불하며 '상세한 협상계약'을 맺은 다음에는 계약서를 통제 수단으로 하여 실행을 감독할 수 있게 하였다. 신탁관리청은 "계약으로 결박된 책임 경영자가 가장 좋은 기업 재편의 담당자" 라는 원칙을 세우고 기업의 가장 좋은 주인을 찾아주는 제도적 장치를 개발하였다.(Wiesenthal 1995b: 142)

또한 민영화의 진행과정 역시 경직된 '제도판 논리'[10] 보다는 유연한'인큐베이터 논리'[11] 를 따랐다(Seibel 1993: 363). 신탁관리청의 사업방침은 "신속한 민영화, 주의 깊은 회생, 신중한 정리(zuegig privatisieren, entschlossen sanieren, behutsam stillegen)"였지만 1992년 초 이후 보다 온건한 노선으로 전환하라는 요구를 받게 되었다. '매각 수익' 확보보다도 이와 함께 '높은 고용수준'을 유지하는 것이 중요하다는 방향으로 정책의 우선순위(선호)가 바뀌게 되었다. 고용 규모가 큰 '핵심산업(industrelle Kerne)'을 보존하기 위해 '경영합자회사(Management KG)'나 '지역 협의회 모델

---

9) 윤건영은 "북한 경제의 재건에 긴요한 투자를 촉진하기 위해 재산의 실물반환은 허용되지 않아야 한다. 그러나 극히 제한된 범위 내에서 몰수된 재산에 대한 보상을 고려해 볼 수는 있을 것이다." 고 하고 있다. (윤건영 1997: 91) 헬무트 뷔젠탈 역시 원상반환은 투자를 촉진하는 데 장애가 되며, 부득이 한 경우 현금으로(in cash)하는 것이 바람직하다고 하고 있다.
10) Reissbrettlogik: 자를 대고 먹물선을 따라 자르듯이 한번 규정된 방법 그대로 실행하는 것
11) 관찰 대상의 성장 정도와 환경조건에 따라 치료조치를 변경하는 것

(ATLAS modell)'과 같은 방법이 모색되었다.

민감한 분야(철강, 조선, 자동차, 섬유, 합성섬유)와 대규모 기업의 민영화는 정치적 숙의를 거쳐 결정해야 할 대상으로 되었다(Ensser 1997). 이를 위해 지방정부와 중앙정부의 집합행위자(정당, 지방 정부, 노동조합, 고용협의회)가 참여하여 숙의하는 '신탁관리청 복합체(Treuhand Komplex)'를 구성하여 책임성을 확장했다. 이 조직 내에서의 정책 결정 방식은 위계제(hierarchy) 모형보다는 네트워크(network) 모델에 가깝다. (Raab 2002)

이와 대비되는 체코의 증권(쿠폰·바우처)민영화는 독일의 행정관청을 통한 협상 매각방식과는 다르게 모든 (성인)시민에게 기업의 증권과 바꿀 수 있는 증권을 분배하고 기업경영을 통제하고 감독하는 권한은 그 증권을 많이 확보한 사람에게 귀속되었다. 결국 기업의 가치가 시장에서 결정되며 경영의 책임도 시장에 분산되는 형태였다.

1990년대 초반의 체계전환이 진행되는 상황에서, 체코의 증권 방식이 다른 나라의 민영화 방법보다 가장 속도가 빠르다는 점에서 IMF, IBRD와 같은 국제 금융기관과 주류 경제학자의 찬사를 받았다. 체코의 민영화 과정을 재무부 장관으로서 책임지고 기획·집행한 업적에 힘입어 수상이 된 바츨라프 클라우스는 이러한 낙관적 견해를 바탕으로 1996년에 '체계전환의 종료'를 선언하였다. 그러나 이러한 선언이 섣부른 판단이었음은 1997-1998년 체코경제의 마이너스 성장에서 드러났다.

체코 시민들은 대부분 자기에게 배정된 증권을 '국가 민영화 펀드(NPF)'에 팔았다. 따라서 기업의 소유권은 책임있는 경영자가 아니라 국가 민영화 펀드에 귀속되었다. 그러나 기업의 효과적인 경영구조가 갖추어지지 못한 상태에서, 증권감독과 규율체계가 부실하여 국가 민영화 펀드 매니저의 부패와 농간을 막아내지 못했다. (Stiglitz 1999: 10)

한편 'Privatisierung/privatization'을 한국어로 번역할 때 경제학자들은 '사유화'라고 하는 것이 보통이다(예로서 윤건영, 1997). 논자들은 이에 대해 큰 차이를 느끼지 않는 듯하다. 여기서 얘기되는 맥락이 체계전환국가의 경우이므로, 사회주의적 경제체계의 소유관계에서 시장경제 체계의 소유와 경영관계로의 변화라는 것을 바로 알아차릴 수 있기 때문이다. 그 중 최근에 발간된 통일부의 독일통일총서 11권 『신탁관리청 분야 관련정책문서』(통일부, 2015)에서 최천운은, "사유화는 민간이 아닌 주체, 예를 들면 자국 혹은 외국 정부 등에 의해 소유, 관리, 운영되던 조직 등을 민간주체에 일부 혹은 전부를 이양한 것을 말한다.""국·공유기업의 소유권이 사적 영역으로 넘어가는 것(사유화)과 경영만 민간에 맡기는 것(민영화)은 본래 전혀 다른 의미이기 때문에 둘 다 민영화라고 부르는 것이 혼란을 준다는 견해도 있다."고 밝히고 있다.

이어서 그는, "그러나 체제전환국에서 말하는 '민영화'란 국영기업이 국가에 의한 직접경영으로부터 다양한 소유형태의 사적 구조, 예를 들어 주식회사, 협동농장 및 동업기업으로 변환되는 것을 의미하는 반면, '사유화'란 민영화의 한 방식으로 소유권 중심으로 이해할 수 있다. 일반적으로 사유화된 기업이 민영화되지 않은 기업은 거의 없다.", "신탁청의 '민영화'는 극히 일부를 제외하고 대부분 '사유화'되었기 때문에 '사유화'란 개념을 주로 사용해도 문제는 없다고 본다.(송태수, 2001: 384)"고 글을 맺고 있다.

필자의 생각으로는, 체계전환을 연구하는 국제기구(IMF, IBRD, EBRD)에서는 소유권 이양만이 아니라, 기업 재편(Restructuring) 과정까지 연결된 과정을 포괄하는 개념으로 쓰고 있는 것으로 보인다. 이것은 기업 지배구조(corporate governance)와 경영구조의 재편 확립까지 되어야 그 변환이 완성된다는 측면을 강조 부각하게 된다.

사실 체계전환국에서 이러한 측면이 흔히 결여되어 있다. 시장경제에서 살아남기 위한 기술과 노하우, 그리고 자기 책임하의 경영을 위한 지식, 특히 회계 장부에 대한 지식과 태도가 부족하다. 따라서 이것을 강조하기 위해 '사유화'라는 용어보다는 '민영화'라는 용어를 필자는 쓰려고 한다. "사회주의에서 시장경제로 전환하는 루비콘 강은 어디에 놓여있는가? 그 기업이 경제적으로 스스로 경영에서 자립하고, 정치사회적으로는 파산하지 않고 세금을 낼 수 있을 때에야 비로소 전환의 경계선, 생사의 경계선을 넘어섰다고 볼 수 있기 때문이다."(Wiesenthal, 1999) 독일에서는 이러한 점을 고려하여 입찰 지원자에게 기업 개념을 제출하게 하고, 심사를 거쳐 적합할 경우 고용승계가 가능하도록 투자보조금과 고용보조금을 주었다. 그 과정은 '상세한 협상계약' 방법으로 부른다.[12]

1.3 소결

이 글은 독일 통일 이후 28년이 지난 시점에서 그 체계전환의 특징을 살펴보고, 독일 민영화의 전략이 시장에 맡긴 것이 아니라, 신탁관리청이라는 국가 행정관청을 도입해 그 과제를 위탁 대행하였음

---

12) 상세한 협상계약 방법은 일단 (재정경제원, 1994) 중 제6절 신탁관리청의 계약 체결 및 계약관리를 참고. 경영자를 묶는 수단으로 협상을 통해 맺은 계약서를 이용하는 것이다.

을 밝히고 있다. 구매자의 기업 개념을 심사하고 '상세한 협상계약'을 통해 그 실행을 감독하였다. 소유권의 이전 만이 아니라 기업 재편을 담당할 가장 좋은 주인을 찾아주어, 필요할 경우 보조금을 주어 고용승계를 지원하였다. 그런데 1992년 초 이후 정책의 우선순위는 '빠른 민영화'에서 '높은 고용 수준 유지'로 바뀌어 지역 경제와 산업 논리를 고려한 것으로 정책의 우선 순위가 바뀌게 된다. 조선·철강 등 민감한 분야에서는 국가의 정책적 요구를 고려하여 여러 이해관계자들의 요구를 조율할 필요가 있다.

　여기서 1992년의 대민영화과정에서 민감한 부분에 대해서는 이해관계를 조율하는 미시적 정치과정의 분석이 필요하다. 이것은 공공정책에서 협치(거버넌스)를 분석하는 연구시각, 특히 그 중에서 행위자적 관점의 도입이 필요하다는 것을 의미한다. 장을 바꾸어 그 연구시각을 설명하기로 하자.

제2장

합리적 행동과 공공정책 결정과정

2.1 체계전환과 신제도주의의 정책 모델

체계전환이란 정치 체제, 사회질서, 경제 체제의 근본적인 변환을 말한다. 탈사회주의 체계전환 연구란, 1989/91 동유럽의 격변 이후 공산주의 체계가 서유럽의 시장경제와 민주주의 및 법치국가로 전환하는 과정을 다루는 사회과학의 한 분야이다.

2.1.1 선행연구의 검토

정치학 연구: 이 주제에 관한 연구를 집약하여 풍부한 정보를 전달하고 있는 책으로는 볼프강 메르켈의 『체계전환』(Merkel 2010)[13]을 들 수 있다. 이 책은 정치학적 시각에서 본 체계전환 연구의 종합

---

13) Merkel Wolfgang 2010, *Systemtransformation*, VS Verlag fuer Sozialwissenschaften. 이 책은 1999년에 나온 초판을 수정 증보한 제2판이다.

적 개관을 시도하고 있다. 이 책의 연구대상은 정치 질서의 근본적인 변동이다. 독재에서 민주주의로의 이행, 계획경제 내지 명령경제에서 시장경제로의 이행 그리고 폐쇄사회에서 개방사회로 변동하는 과정을 다룬 것이다.

그러나 이 책이 단순한 개관을 넘어서는 것은 다음 세 가지 점 때문이다. 첫째, 체제변동 연구에서 독일어와 영어 문헌의 최근 성과를 보여주고 있다. 둘째, 체계·체제·국가·민주주의·전제주의·권위주의·전체주의 등의 개념을 명확히 정의하고 서로를 구분해주고 있다. 셋째, 이어서 서유럽과 남미, 아시아와 동유럽에 이르는 4 대륙에서의 민주화과정을 경험적으로 분석하고 비교 체계 연구의 성과를 종합해 보여주고 있다.

필자는 이 책의 제1부에 나온 체계전환의 기본적인 개념과 이론을 중심으로 그 연구 시각의 성과와 한계를 지적하려 한다. 이 책보다도 신제도주의적 공공정책론의 연구 시각(Scharpf/Meyntz 1995)에서 행위자적 관점을 중시하는 학문 분파의 시각이 더 풍요로운 연구시각을 제공한다고 보기 때문이다.

메르켈의 책에서는 먼저 정치적 도전의 유형학이 소개된다. 이것은 정치 체계의 정체성이 어떠한 구조와 절차에 의해 이루어지는가를 명학히 설명하기 위한 것이다. 일단 어떤 정치 체계를 구성하는 구조적·절차적 요인이 근본적으로 변동되면 체계 변동이라고 부를 수 있게 된다.

정치 체계와 체제는 정치 행위자의 행위가 없이는 생성도 소멸도 하지 않는다. 그러한 전환 과정에서 구조와 행위자는 어떠한 의미를 가지며, 어떠한 요인들에 의해 얼마나 인과귀속될 수 있는지에 대해서는 이론적 성찰 없이는 파악될 수 없다. 따라서 중요한 사회과학 이론의 개관이 제시된다. 그 이론들이란 다음과 같다. ①파슨즈와 루만의 체계이론 ②마르크스주의와 권력분산의 구조이론 ③문화이론(문명이론과 사회적 자본론) ④행위자 이론(서술-경험주의와 합리적 선택이론) ⑤엘리트와 대중 ⑥전환의 단계론(전체주의-민주화-공고화론).

그 다음에 이루어지는 질문은, 정치 체계는 어떠한 단계를 거쳐 민주적 체제로 전환되는가? 어떠한 특별한 문제들이 각각의 국면에서 나타나며, 어떠한 정치 행위자가 어떠한 근거로 한 국면에서 영향력있는 역할을 할 수 있는가? 또는 다른 경우에는 극적으로 영향력을 잃을 수 있는가 하는 문제들을 다룬다.

민주화의 공고화 모델을 린츠와 스테판(Linz/Stephan 1996)이 스웨덴을 파라다임적 모델로 하여 다룬 책 이후로, 이 책은 동유럽의 경험적 사례를 포함하면서 자신의 이론적 준거틀의 지평을 확대한 문제작임에 틀림없다. 그러나 필자의 생각으로는, 체계이론의 이론적 한계인 '행위자의 부재'를 벗어나지 못하고, 엘리트와 대중 간의 '상호작용의 형태'와 그 행동이 어떠한 조건 아래에서 실현되는가를 분석할 수 있는 틀을 제시하지는 못하고 있다.

경제/경영학적 연구: 통일 이후 독일의 경제에 대해서는 지버트(Siebert, 1993)와 진(진·진 1994)이 가장 종합적인 서술을 하고 있다. 전자는 당시 집권 기민당의 경제적 시각을 반영하여 '5인의 현자(5대 경제 연구소 소장)'가 정부에 매년 권고하는 정책 보고 분석서를 대표하는 시각을 보여주고 있다. 진 교수는 뮌헨의 이포(Ifo) 경제 연구소 소장으로 부인과 함께 저술한 책의 초판은 1991년에 나왔고 한국어 번역본은 1993년에 나온 증보판을 번역한 것이다.

1990년대에 한국의 통일연구원에서 나온 보고서들과 윤건영(전홍택·이영선, 1997)이나, 윤건영(Kun-Young Yun, 2001)의 시각은 세계은행(World Bank, 1996)의 관점과 유사하다. 주류 경제학에 속하는 IMF, IBRD의 보고서는 매년 발간되며, 개혁의 진전정도에 따라 변화되는 의제에 초점을 맞추어 통계 자료를 해석해 보여준다. 유럽개발은행(EBRD)의 보고서도 정책 권고에서 좀 더 다양한 관점을 볼 수 있으나, 크게 보아 유사하다. 이들의 공통된 결론은 체코의 민영화 방법(증권/바우처)이 가장 빠른 진전을 보여 '성공적인 성과'를 보이고 있다는 관점을 따르고 있다.

필자가 보기에 이들 견해의 문제점은, 체코에서 1997~1998년에 이 기업들이 다시 도산하고 마이너스 성장이 나타나는 현상을 보지 못하고 있다는 점이다. 스티글리츠(Stiglitz, 1999)가 주류 경제학의 신고전파와 경제적 인간(Ho'mo Economicus)을 상정하는 관점이 갖는 한계를 제도적 제약을 받는 인간'이란 시각에서 교정해 주고 있다. 「바보야, 그건 제도야」라는 논문(Hoen, 2008)에 와서 신자유주의적 경제학의 대안은 신제도주의 경제학 내지 진화경제학이라는 입장이 명확히 표명되면서, 동유럽 체계전환의 경험을 정리하는 저술이 출판된다.

체코에서 민영화부 장관이었던 바츨라프 클라우스가 수상이 된후 체계전환의 종료를 선언했으나 1997~98년의 경험에서 기업의 지배구조가 제대로 확립되지 않고 증권 감독의 규율이 제대로 짜여지지 않았음이 발견되자 종료 선언을 번복하게 된다.

진 교수의 책(진·진, 1994)은 독일 사회민주당의 경제학 자문 연구소장답게 사회주의 경제의 유인부족과 과잉화폐의 문제를 넘어서, 시장경제의 원칙을 견지하되 '유기적 체계전환'이 가능한 이유와 전략을 제시하고 있다. 그러나 이 책이 쓰인 것은(증보판이 나오긴 했으나) 1990년의 시점이다.

신탁관리청이 1994년 말에 해체되지만, 그 과제는 소민영화가 대략 1991년 말까지 완료되고 남아있던 대기업과 '민감한' 산업부문의 구조조정에는 '산업의 논리' 와 '지역의 논리'가 고려된다. 조선업이나 철강업은 군수산업이어서 국가 전략에 대한 정치적 고려가 개입될 수밖에 없었다. '규모의 경제'가 작용하는 산업과 지역별 대규모 고용 감축이 수반되는 경우, 국가 수준과 유럽 경제 공동체 수준의 전략적 고려가 필요한 경우, 시장경제에서의 경쟁력을 갖추되 보조금이 필요한 경우는 정치적 숙의와 정책결정에 집합적 결단이 필요했다. 그 협상과 조율이라는 협치(거버넌스)과정에 대한 조명 분석은 다루어지지 않고 있다.

독일에서 민영화의 원칙이었던 "신속한 민영화, 신중한 회생, 그리고 필요한 곳에는 과감한 청산"이란 원칙은 1990년부터 1994년까지 계속 유지되었는가? 아니다. 중소규모의 민영화가 어느 정도 마무리된 1992년 이후 대민영화에서, 정책의 우선순위가 '빠른 민영화와 매각수익'에서 "산업 논리를 고려하고 지역 경제의 가시적 발전을 목표로"하는 것으로 바뀐다. 정책 결정 과정에서 우선순위, 즉 행위자의 선호가 바뀌는 것은 환경의 변화에 (집합)행위자의 지향이 바뀌는 것이다. 경제적 이해 상충의 정치적 조율과정, 즉, 집합행위자의 숙의과정과 소통의 연결망을 조직·구성하는 체계와 그 안에서 서로 작용·반작용하는 상호작용을 통한 숙의 과정에서 조율되는 것이다. 이것은 또 다른 논의가 필요하며 그것은 개인과 집단의 합리적 행동을 결집하는 과정에 대한 정치적·사회과학적 연구시각으로 접근할 때에만 적절히 조명될 수 있다(참고 Raab, 2002).

또한 독일에서 민영화가 '신자유주의'나 '시장엄격(만능)주의'적으로 진행되었는가? 필자가 보기에는 아니다. 그리고 여기서 신자유주의란 무엇을 말하는가? 신자유주의는 개인의 자유에 기초하지 않고 무엇에 의지하는가? 시장엄격주의(또는 시장 만능주의)가 아니라면 어떻게 민영화를 했어야 하는가?

필자가 볼 때, 독일에서의 민영화는 '가격 기구'에 맡겨지지 않았다. 입찰 가격을 가장 높게 써낸 사람에게 무조건으로 소유권과 경영 책임이 불하되지 않았다. 독일식 민영화의 특징적 원칙은 '상세한 협상계약방식(Wiesenthal, 1999:50)'으로 보아야 한다. 구매를 원하는 사람에게 기업 개념을 제출받고 심사하며, 협상을 통해 가급적 고용을 유지한다는 계약이 성립되면 고용보조금과 투자 보조금을 주었다. 이 과정을 꿰뚫는 인식은 "계약으로 묶여있는 경영자가 가장 좋은 민영화 담당자"라는 것이다.

그리고 시장엄격(만능)주의가 '자유방임주의(laissez-faire)'를 뜻하는 것인가? 아마 그렇지는 않을 것이다. 여기에 대해서는 칼 폴라니(Karl Polanyi)의 『위대한 전환(The great Transformation』)이 잘 설명해 놓았다. "There was nothing natural about laissez-faire, ...laissez-faire itself was enforced by the state.(자유방임에 자연상태인 것은 아무 것도 없었다. 자유방임 그 자체는 국가에 의해 강화된 것이다.)"(Polanyi, 1957: 139)[14]

---

14) 이 책을 한국어로 번역한 박현수는 책 한권을 잘 번역해 주었다. 그런데 아쉽게도, 이 책에서 폴라니의 견해를 가장 압축적으로 표현하고 있는 (본문의 영어) 문장이 한국어로 뜻이 전

필자의 생각으로, 폴라니의 이 문장이 의미하는 것은, 자유주의자들은 자유방임이 자연상태인 것으로 믿고 싶어 했지만, 현실에서는 한 번도 그런 적이 없었다는 것이다. 만약 그런 것이 존재한다고 한다면, 그것은 국가에 의해 만들어진 상태라는 것이다.

폴라니의 책 전체가 이에 대한 논증이다. 즉 1929년 미국의 대공황 때, 자유주의자(liberalist)들은 국가의 개입 없이 그 위기를 해결하려 했으나 가능하지 않았다. 자유방임 상태가 무엇이겠는가? 경제 위기가 찾아와서 수많은 기업과 개인이 파산하고 실업상태가 되어도 오로지 시장에서의 힘의 논리에 의해 약자들이 넘어지고 최종적으로 살아남은 강자만이 새로운 질서와 균형으로 회복하는 데 들어설 수 있다면, 그것이 얼마나 오래 걸릴 것인가? 그래서 미국에서도 결국, 국가가 중앙은행을 통해 '최종대부자'로 개입한 이후에야 주식시장과 은행의 붕괴가 멈췄고 금융시장이 회복되었던 것이다.

그러한 역사적 경험 이후로 '국가인가 시장인가'라는 양자택일적 질문은 현실에서 어리석은 질문이 되었고, 국가와 시장 즉 "국가도 필요하고 시장도 필요하다. 다만 언제, 어떠한 조건하에서, 국가가 시장에 개입해야 하는가?", "어떻게 개입해야 하는가?"의 문제로 인식의 전환이 이루어졌던 것이다. 국가가 시장에 개입하려면 일단 '외부효과(external effect)'가 있도록 개입해야지 특정 행위자가 특혜를 보도록 개입해서는 안 된다는 것이다. 이 과정에서 '시장의 실패'와 '국가의 실패'라는 부작용을 낳을 수 있으며 그에 대한 대응책은 경제학 교과서[예를 들어, 맨큐(Mankiw), 2007]에서 복잡하게

달되게 번역하는 데 실패한 한 것 같다. "자유방임은 계획된 것이었지만 계획하는 것 자체는 아니었다."(박현수, 1991: 177)

다루어진다.[15]

이렇게 시장경제에 대한 국가의 개입문제는 1990년대에 경제학에서 '거래비용(transaction cost)' 개념이 제기된 뒤에 다시 새로운 학파로 이어지며, [16]새로운 논의(거버넌스)로 전개된다. 공공정책 분야에서는 홀(Hall, 1986) 이후로 '패러다임 전환(paradigm shift)'을 보이고 있다. 신제도주의적 관점에서 공공정책론을 전개하는 책(Hollingsworth/ Boyer 1997)이 헌사에서 "우리에게 자본주의의 동학을 가르쳐준 칼 폴라니에게" 라고 쓴 것은 이러한 학설사적 계보를 밝히고 있는 것으로 보인다.

사회/행정/정책학의 연구: '시장의 논리'와 '광장의 논리'는 다르다. (Elster, 1986). 모든 경제정책의 결정과정은 정치적 결정과정이다 (Hall, 1986: Wiesenthal, 2006). 신고전파의 '경제적 인간'이 아니라 '사회경제적 인간'즉, 제도에 의해 제약되고 자신의 지적 자원과 정보 해석 능력을 동원하며, 위험을 평가하고 기대에 따라 대안을 선별하여 조합하며, 위험은 낮추되 이익은 높이기 위해 집합적으로 경쟁하며 협력하는 인간이 현대 사회과학이 상정하는 인간이다(Lindenberg, 1990). 그러한 정책 결정과정을 설명하는 조사연구 프로그램이 공공정책론 또는 정치사회학과 사회정책론에서 발전되어 왔다. 여기에는 행정학과 경영학 또는 인지심리학의 성과도 접목되었다.

현대 국가의 행정 조직과 의사결정론이 흡수된 행정학 또는 정책

---

15) 신고전파 경제학에 대한 대안 개념은 신제도주의 경제학 또는 진화 경제학으로 보아야 할 것 같다. 이러한 관점에서 동유럽 경제의 전환을 다룬 논문은 Hoen, 2007.

16) 신제도주의란, 경제학에서 로날드 코즈(R. Coase)가 거래비용 개념을 제시한 이후에 정치학·사회학·경영학·행정학·정책학으로 확산된 개념과 분석틀을 사용하는 학파를 뜻하는 용어로, 필자는 사용한다.

학의 관점에서 독일의 신탁관리청을 분석 조명하는 흐름이 있다. 자이벨(Seibel, 2005) 교수나 차다(Czada) 교수 주도로 이루어진 저작들이다. 랍(Raab, 2002), 마센(Maassen, 2002), 엔서(Ensser, 1997) 등이 이 흐름에 속한다.

한국에서는 김명준(1999)도 행정학의 정책평가론으로 신탁관리청 조직의 결정과정을 분석하였다. 그런데 자이벨 교수 분석의 방법론적 원리는 '구조화(Structuration)'다.(Seibel 2005: 30) 사회학자 안토니 기든스(Giddens)의 방법론이다. 필자는 이러한 연구시각이나 접근방법보다 신제도주의의 '행위자 중심 제도주의'의 분석틀과 접근 전략이 더 우수하다고 본다.

왜냐하면 다양한 행위자들의 이해관계를 조율하는 데는 협치(거버넌스)의 시각이 필요하기 때문이다. 제도와 환경의 제약 속에서 적응하며 상호의존적으로 의사결정하며 공진화하는 인간의 문제를 분석하는 색출적 장치가 그것이다(Sabatier 2007: 293-320). 그 정책 결정의 구성요소, 결합방식 그리고 실현조건을 탐색하는 인식의 연결망을 구성하는 장치들을 행위자 중심 제도주의(actor-centered institutionalism)만이 갖추고 있는 것으로 보이기 때문이다(Wiesenthal 2006: 54). 독일 막스 플랑크 사회조사 연구소의 마인츠(Meyntz, 1995)와 샾(Scharpf, 1997)에 의해 창안된 조사연구 프로그램을 뷔젠탈(Wiesenthal)의 행위자론과 엘스터의 합리적 행동론으로 보완 발전시키는 것이 이러한 연구 목적에 가장 적합한 분석틀을 제공하는 것으로 보인다.

여러가지 학문적 배경에서 생산되어, 서로 언술 코드가 다른 자료들을 해독 연결하여, 하나의 연구시각에서 이해가능하도록 재조직하는 것을, 필자는 시도하고 있다. 이 자료들이 갖는 의미를 재조명·재해석하여 한 권의 책에서 정리하여 본 것이 필자의 작업이다[17].

2.1.2 신제도주의의 정책 모델: 행위자 중심 제도주의의 분석틀

협치의 문제

협치(거버넌스) 개념이 사회과학자들의 유행어가 되고 있다. 사람마다 그 용법이 조금씩 다르지만 공통적인 것은, 수직적 지배 질서와 다른 수평적 관계를 뜻한다는 것, 그리고 사익보다는 공익 또는 공동선(common good)의 실현을 위한 제도적 장치에 대한 개념이라는 것이다(Meyntz 2009).

이 글에서는 1)합리적 선택 제도주의의 관점에서 조사연구 프로그램과 분석틀을 개발해온 미국의 오스트롬(오스트롬 1990)에 대비해서, 2)독일 막스 플랑크 사회조사 연구소의 샵/마인츠(Scharpf/Meyntz 1995 ; Schrpf 1997)가 창안한 행위자 중심 제도주의의 분석틀을 빌려와 경험적 조사연구의 분석틀로 하고, 3)엘스터의 합리적 행동의 이론과 4)뷔젠탈의 행위자적 관점으로 보완 발전하면서 5) 필자의 분석 개념과 시각을 설정한 것이다.

오스트롬의 합리적 선택 제도주의: IAD 분석틀

오스트롬이 공유자원 체계를 분석하는 정책 조사연구 접근법은

---

17) 이 글에서 이용된 자료와 시각, 사고방식들은 모두, 필자가 베를린의 훔볼트 대학 박사 과정(1997년 가을 학기~2003년 여름 학기)에서 얻은 것이다. 두 분의 교수 Professor Helmut Wiesenthal, Professor Claus Offe께 감사드린다. 필자는 두 분의 학파를 따라서 많은 세미나와 학회 워크숍 등에 참석했다. 거기서 만난 많은 동료들, 특히 Dr. Petra Stykow, Dr. Uergen Beyer, Dr. Jan Wielgos, Dr. Timm Beichelt, Dr. Peter Kraus, Dr. Jeroen De Deken에게 감사드린다. 독일어와 영어의 번역은 모두 필자가 했다. 필자가 그들의 생각을 제대로 이해했는지는 알 수 없다. 잘못 이해한 곳이 있다면 그 책임은 온전히 필자의 몫이다.

제도분석 및 발전 분석틀(IAD 분석틀: Institutional Analysis and Development Framework)로 불린다. 이것은 합리적 선택 모델과 제도주의적 접근법을 결합하고 있다(오스트롬 2010: 392: Ostrom 2007).

〈그림 2-1〉 IAD 분석틀

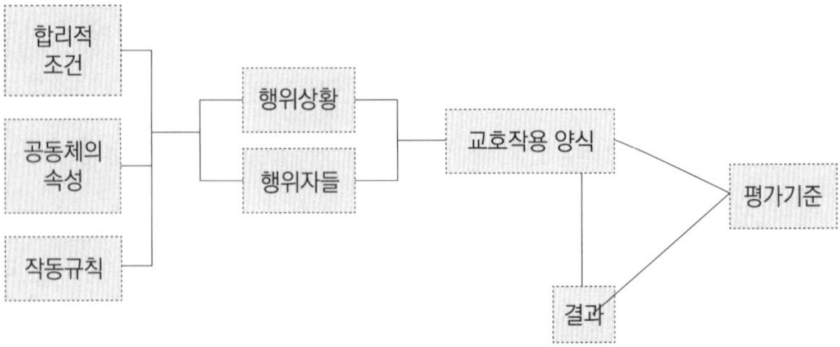

이것은 공유자원(common pool resources)을 관리하는 제도의 설계를 어떻게 하는 것이 좋은가라는 문제에서 출발한다. 오스트롬의 연구는, 제도가 어떤 방식으로 다양하게 조직화될 수 있느냐 하는 것이다. 공동의 목적과 필요성을 가진 사람들을, 어떠한 방식으로 조직화하는 것이 그 목적을 효율적으로 성취할 수 있으며, 또 그 제도적 장치의 디자인 원리는 무엇인가 하는 것이다(오스트롬 2010: 391-395).

행위자 중심 제도주의의 분석틀
행위자 중심 제도주의는 정책결정의 모델로서 제출된 것이 아니라, 연구 색출장치(heuristic device)로 출발했다. 이 분석틀 위에 상세한 사례연구와 일반화 가능한 검증가설이 제출될 수 있다.

Scharpf/Meyntz는 여기서 좁은 의미의 제도 개념을 따른다. 이것은 더글라스 노스Douglas North가 체계화한 제도의 이해를 따르는 것이다. "제도는 게임의 규칙이고 조직은 선수들이다."(North 1992: 4) 제도는 행위자가 만들고 변경할 수 있다. 헌법이나 법률 그리고 불문율을 포함한다.

〈그림2-2〉에서 보는 행위자 중심 제도주의의 분석틀의 각 구성요소와 연결되어 이루어지는 정책결정과정을 설명하면 다음과 같다.

제도 : 조합 행위자를 구성하고 옵션을 만들며 제약(constraint)
　　　한다. 제도는 지각과 선호를 형성하지만 선택(choice)이나
　　　결과물에 결정론적으로 영향을 미치지는 않는다.

행위자 : 개인이나 집단, 조직행위자를 말한다. 특정한 지향(역량,
　　　지각)이나 선호로 특징된다.

행위자 위상 : 게임이론(예: 죄수의 딜레마)에서의 입지를 말한다.

제도 맥락 : 무정부 상태, 네트워크, 결사체, 위계 조직을 말한다.

상호작용 방식 : 일방적 행동, 협상된 합의, 다수결 투표, 위계적
　　　권위 등 의사결정방식을 말한다.

정책산물 : 문제 해결을 지향한다. 정책이라고 하지 않고, 정책
　　　산물이라고 하는 것은, 이것이 나의 행동선택에 의해
　　　다른 사람의 선택이 영향을 받는 상황, 즉 '전략 상황'
　　　에 있기 때문이다. 고정표적이 아니라 이동 표적인
　　　셈이다.

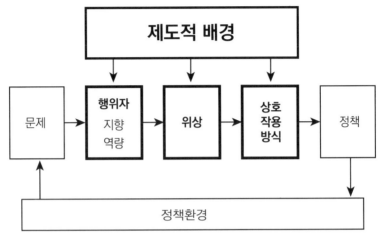

〈그림 2-2〉 행위자 중심 제도주의의 분석틀

제도적 배경

문제 → 행위자 지향 역량 → 위상 → 상호 작용 방식 → 정책

정책환경

자료: Scharpf 1997: 44

여기서 제도가 인간 행동에 주는 이득에 대하여 이해하기 위해, 기다림의 지혜가 주는 열매로서, '투자' 개념이 무엇인지 잠깐 생각해 보자.[18] 어부가 물고기를 손으로 잡으면 하루에 10마리를 잡는다고 하자. 여기서 오늘 10마리를 다 소비해 버리고 내일 다시 10마리를 잡는 사람은 투자개념이 없는 것이다. 하지만 오늘 잡은 10마리 중 5마리만 먹고, 5마리는 다른 사람의 낚시나 그물과 교환하여 내일은 그 도구를 사용하여 물고기를 잡으면 20마리를 잡을 수 있다. 바로 이 도구를 사용한 생산성의 증대야말로 인간이 동물과 구분되는 중요한 능력이다. 참고 기다릴 줄 아는 능력, 이것은 자기 규율의 능력과 지식을 사용할 줄 아는 인간, 기억력과 상상력을 이용한다는 지적 노동

18) 마르크스주의에는 투자 개념이 없다. 오로지 노동만이 새로운 가치를 생산한다고 본다. 그러나 어미 동물이 알이나 새끼를 낳을 때까지, 또는 사과나무같은 식물이 열매를 맺을 때까지 일정기간(사과나무는 7년)을 기다리는 동안의 지혜와 자기규율의 능력이 만드는 가치 창출의 지혜와 '의도적' 제도 설계에 의한 혁신능력이 이론구조 속에 포함되어 있지 않다.

을 할 수 있는 인간만이 할 수 있다.

알을 밴 어미를 잡지 않고 새끼를 낳을 때까지 기다리는 능력(기억력), 그물의 크기를 너무 촘촘하게 해서 어린 고기까지 잡지 않고 내년에도 이 어장에서 고기잡이가 지속가능하도록 공동체의 성원들끼리 서로 자기규율 하는 규칙을 만드는 것(상상력). 이것은 지식과 정보, 신뢰라는 자원을 사용하는 지적 노동을 구사할 수 있는 개인과 공동체 지도자만이 실행 할 수 있다. 포도 나무는 심은 지 7년이 지나야 수확할 수 있다. 그동안은 가족과 동료 중에서, 이것을 갈아엎고 쌀이나 밀을 심어 1년짜리 농사짓자고 하는 사람들을 설득하여 다른 방법으로 식량을 얻어야 한다.

바로 이러한 자기규율과 상호규율의 규범, 규칙이 제도이다. 제도가 인간의 행동을 제약한다. 그리고 인간의 행동이 다시 제도를 만든다. 마치 그리스 신화의 영웅 율리시즈가 사이렌의 노랫소리가 들리는 바다의 협곡을 지나기 위해, 자신의 몸을 자기 배의 돛대에 묶었듯이, 자신의 의지 박약으로 비합리적인 행동을 할 것이 예측된다면, 자기 결박적 제약(constraint)으로 자기 규율을 하는 것이 합리적 행동인 것이다(Elster 1984). 이 때 선장인 율리시즈는 몸을 자기 배(정치문화공동체)의 규율에 묶되, 선원들(정치문화공동체 구성원)은 귀를 밀랍으로 막고, 손과 발은 계속 노를 저어 사이렌의 노랫소리가 들리는 비합리성의 지역을 빠져나간다.

즉 집합적 자기 규율을 통한 불확실성과 위험을 돌파하는 규율 장치가 제도인 것이다. 그러니까 이것은 실제 행동에서의 지적 능력과 구성원들의 신뢰를 받는 지도자만이 선택 결행할 수 있는 방법이다. 한 번의 말이 아닌 지속적인 상호 작용과 소통 및 공감의 능력 그리고 전략의 기획과 집행능력이 있는 조직과 인물만이 실현해 낼 수 있는 것이다.

이런 개념, 인간의 행동이 '의도하지 않은 결과'를 부산물로 얻는 파급효과를 마르크스주의는 인식하지 못하고 있다. 모두 다 대중과 계급행동의 결과로만 보는 것이다. 혁신도 없고 특허나 재산권도 없다. 단기적으로 특허권을 새로운 약을 발명한 최초 개발자에게만 허용했다가, 10년이나 20년 지난 다음에는 모든 사람이 새로운 약을 만드는 지식을 알고 사용할 수 있다. 그러한 재산권을 인정해주어야 사람들이 혁신의 유인을 가지고 창의력을 발휘하게 된다.

엘스터는 이것을 국지적 극대와 지구적 극대라는 개념으로 포착 설명했다.

편익적 제약과 간접 전략: 여기서 이해관계자는 당장 눈 앞의 이익만 보고, 위험 회피에 의한 중장기적 이익을 보지 못하는 '근시안적(myopic) 시각'에서 벗어나지 못할 수가 있다. (Elster 1979:72 :Elster 2007:395) [19]

'1보 후퇴, 2보 전진'의 간접 전략: 〈그림2-3〉을 보면서 설명하자. A를 국지적 극대점(local maximum), B를 지구적 극대점(global maximum) 으로 부른다. 곡선 상의 A에서 B로 가려면 직선으로 갈 수는 없다. C를 거쳐서 물 속에 빠지는 위험과 불확실성을 감수하고서만 B에 도달할 수 있다. '1보 후퇴, 2보 전진'하는 간접 전략 (indirect strategy)으로만 갈 수 있다.

〈그림 2-3〉 국지적 극대와 지구적 극대

---

19) Elster Jon 2007, *Explaining Social Behaviour: more Nuts and Bolts for the Social Sciences*, Cambridge University Press : Elster Jon 1989, *Nuts and Bolts for the Social Sciences*, Cambridge University Press

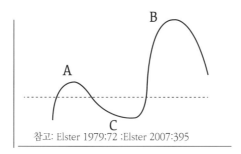

참고: Elster 1979:72 ;Elster 2007:395

이때, A에서 B로 가는 다리(직선)를 놓아 주면, 사람들은 물에 빠지는 위험 없이 B로 갈 수 있다. 단 다른 곳으로는 갈 수 없고 그 다리를 통해서만 갈 수 있는 것이다. 다리는 사람들에게 다른 길로 가는 선택(choice) 가능성을 스스로 결박해서 막고 그리로만 가도록 하는 제약(constraint)으로 부과된 것이다 (엘스터 1979, Ulysses and Siren:1-27;36-47). 이러한 제약을 '편익적 제약(beneficial constraint)'[20] 또는 '자기결박적 제약(self-binding constraint)'[21] 라고 부른다.

이러한 제약이 게임의 규칙(rule of game) 즉 제도로 도입될 때, 제도는 2중적 기능을 한다. 즉 '가능화(enabling)'와 '제약(constraint)'이라는 2가지 기능을 제공하여 (Offe 2004: 48-53), 불확실성과 위험을 줄이고 참여하는 행위자들 간에 상충되는 이해관계를 조율할 수 있다.

독일의 정책 결정체제는 어떠한 행위자도 일방적으로 결정할 수 없

20) Streeck Wolfgang 1997, "Beneficial constraint : On the economic limits of rational voluntarism" in Hollingsworth/Boyer 1997, *Contemporary Capitalism: the embeddeness of insitutions*, Cambridge University Press
21) Elster 2000, "Ulysses Unbound: Constitutions as Constraints" in Jon Elster 2000, *Ulysses Unbound, Cambridge* University Press : 88-174

다. 수많은 공동결정자와 집합행위자들이 서로 맞물려서 상호의존적으로 결정하기 때문이다. 다양성과 상호의존성, 즉 다양한 요구와 이해관심을 가진 행위자들이 거의 동시에 공개 내지 공유된 정보를 가지고 동일한 환경 조건하에서 전략적으로 행동하며 행동하기 때문이다.

여기에서 적합한 행위자를 만나서 '기회의 창'을 열기도 하고, 반대로 '합리성 함정'이라는 덫에 빠져 정책 산물을 내지 못하게 되기도 한다. 그러한 정책 결정과정의 구성요소와 실현 조건, 결합방식을 탐색하는 연구 조사 프로그램으로 각 요소들을 포착하는 분석틀이 필요하다. 그중에서 합리적 선택 제도주의의 정책 분석틀을 행위자적 관점에서 보완 발전하는 것이 가장 유용하다는 것이 필자의 관점이다

필자는 5장(동독 조선 산업의 민영화 과정)에서, 다자간 협상체제의 상층 행위자(EG 경제위원회)인 유럽공동체(EG)가 하층 행위자인 독일 연방정부에 보조금이라는 정책 수단을 '편익적 제약'으로 부과하면서 관여하는 과정을 분석한다. 이를 받아들이면서 신탁관리청 복합체(4장 설명)에 참여한 이해관계자(독일 연방 정부 재무부와 경제부, 동독 지방정부, 신탁관리청, 경영자단체, 금속노조 등)간에 서로 상충되는 이해관계와 행동 전략을 조율하는 과정을 분석한다. 그 숙의과정에서 갈등을 완화하는 기제가 작동하며 서로 만나 소통하면서 정책을 결정하는 미시적 정치과정이 잘 나타난다.

이것은 1980년대 서독에서 이루어진 이해관계 조율의 기제, 거버넌스(협치)의 경험이 이 시기에 제도와 행위자간에 상호작용을 통해 학습하면서 공진화해온 것으로 볼 수 있다. 모든 경제 정책의 결정과정은 정치적 결정과정이다.

3.1 동유럽과 동독의 체계전환과 민영화

제3장

독일 민영화의 특징과 신탁관리청

1989-90년에 시작된 동유럽과 동독의 격변에 따른 국민경제 전환의 핵심과정인 명목상 인민의 소유인 사업장을 시장경제 하의 기업으로 민영화·재편하는 과정을 분석하는 과정에 대한 논점은 다음의 5가지를 들 수 있다(World Bank 1996).

첫번째 가능성은 '무반응'이다. 즉 구조변동에 어떠한 실제적 변화도 없다고 상정하는 것이다. 기업들은 형식적으로는 민영화되었다. 그러나 그 소유와 명령구조는 전혀 변화하지 않았다. 적극적으로 보면, 거시수준에서의 환경조건의 새로운 설정, 예를 들면 통화환율, 사적 소유의 법적 보장, 파산법의 도입 등 통일된 사업체의 분권화된 자기 조정 능력을 믿는 것 등은 그 자체로 민영화나 기업재편의 제도적 구조에 어떠한 새로움도 창출하지 않는다고 보는 학설이다.

두 번째 생각할 수 있는 학설은 민영화를 시장 메카니즘을 통해 보는 시각이다. 시장의 조정은 체계전환이란 노력의 중점일 뿐 아니라 민영화의 매듭을 푸는 것으로 보는 것이다.

셋째, 민영화 과제는 이미 맡겨진 정부부처에 의해 시행하는 것으로, 인적·재정적 자원은 거기에서 충당된다. 다양한 국가 행위자들의 협력방식과 조율의 채널은 위계제와 네트워크의 복잡한 혼합(mix)에서 발생된다.

넷째, 이에 반해 하나의 고유한 민영화 부서 혹은 민영화 대행관청을 창설하고 사업장의 민영화와 재편에 필요한 역량을 서로 엮어내는 조치를 시행하는 방법이 있다. 이것은 원칙적으로 하나의 위계적 조율 형태이다. 기업의 매각에 대한 평가(가치 측정)와 결정은 이전에 확립된 관료적 규칙을 따른다. 이 조직 내에는 어떤 가격으로 그리고 어떤 조건으로 민영화가 이루어져야 하는가에 대한 민영화 측정자가 하나 또는 여럿이 존재할 수 있다.

다섯째로 생각될 수 있는 것은 민영화를 조직간의 네트워크를 통해 시행하는 것이다. 여기서 예를 들어 특정 기업과 관련된 조직이나 정부 산업 부처 담당자 및 국가 감독관청, 부속품 협력업체, 종업원, 경영자 단체와 고용자 단체는 하나의 민영화위원회 내에 같이 모여 민영화와 기업재편에 대하여 결정한다.

1989년 6월 이후 몇 달 이내에 폴란드에서는 연대노조를 기반으로 한 체계전환 이후의 첫 번째 정부가 선출되었다. 대부분의 동유럽국가에서 체계전환에 대한 토론의 초점은 중앙에서 명령하는 계획경제를 시장경제로 변환시키는 방법의 다양성이었다. 전문가들이 대체로 다음과 같은 하나의 콘센서스를 도출해냈다. 동유럽이 직면했던 경제 체제 전환이라는 과제에 대한 해법은 세 가지 점, '자유화(Liberalisation)', '안정화(Stabilisation)', '민영화(Privatisation)' 에 놓여있다 (World Bank 1990). 이렇게 해서 민영화는 시장경제로의 전환이라는 체계 전환의 현저한 수행지표이자 진행정도를 측정하는 중요한 도구로 되었다.

새 정부는 민영화를 최우선의 과제로 놓고 체계전환 전략의 핵심 의제로 설정했다. 민영화는 대부분의 체계전환 국가에서 체계전환 전략의 집합으로 간주되었고 동독에서도 지배적 목표, 흔히 자명한 목표로 취급되었다. 그것이 갖는 다면적 측면의 파생적 목표로는 ①국가독점의 해체와 비효율적인 일자리의 폭증, ②경쟁조건의 창출, 기업에 경성 예산 제약(hard budget constraint)의 도입 ③시장균형의 (재)창출 ④생산자본의 소유권 재창출(원상반환) ⑤산업구조 조정과 보다 효율적인 생산조건의 창출 ⑥신생 민주주의를 위한 안정적 중산층 기반으로서의 새로운 기업 경영자층의 창출 ⑦외국인 직접투자의 육성과 이를 통한 재정 이전 및 노우하우 이전 ⑧기업 매각을 통한 국고 수입 목표 달성 등을 동시에 얻을 수 있었다.

마지막으로 민영화는 다른 개혁과 함께 경제적 효율을 높이고 번영이익을 이끈다. 하나의 민영화 전략의 의도되지 않은 결과 내지 그와 연관된 조율구조는 순수한 경제 영역을 넘어서 있다. 이는 체계전환 이후의 경제적 거버넌스 기제와 그 이후에 이어지는 경제 발전에 영향을 미친다.

독일 신탁관리청 체제 내부의 특정의 조율구조를 통해서, 그리고 빠르게 확립된 민영화 전략과 기준을 충족시키려면 서독 기업의 자본과 노우하우가 필요하다. 따라서 동독 기업이 우선 서독의 모기업에 연결되는, 동독 지역 기업 네트워크의 형성이나 발전이 저해될 수밖에 없는 구조가 만들어졌다(Windolf/Schief 1998: 15). 따라서 중점 육성 대상 산업부문, 지역 성장의 기축 설정, 유연 전문화의 촉진을 둘러싼 엄청난 토론이 발생하게 된다(Saibel 1994). 따라서 이 적응과 혁신능력을 발휘하여 성장동력이 될 것으로 기대했던 강조된 기업네트워크의 실제 상황은 동독의 경제발전의 본질적 장애로 남아 있었다. 무엇보다도 외부로부터의 불리한 영향에 높아진 취약성이 나타난다.

둘째로 경제적 체계 전환의 조율 구조는 사회 내부의 소유구조와 권력구조에 엄청난 영향을 미쳤다. 이는 서구 모델 민주주의의 도입과 공고화만이 아니라 정치 체제의 발전에 중요한 요인으로 작용하였다. 체계 전환이 사회분야에 미친 영향을 보면 특히 지역수준에서 기업에서 일하는 중산층이 사회적 정치적으로 적극적인 역할을 하게 되었다는 점이 중요하다. 동독지역에서 중간적 사회계층의 확대는 민주주의의 안정화를 촉진하고 정책의 목적합리적 조정을 가능하게 하는 효과가 있었다. 다른 한편 기술적 기반의 구축에는 엄청나게 많은 시간이 필요했다. 그럼에도 불구하고 민영화의 조율 구조 및 이에 따른 소유권과 권력배분은 기반 구축 과정에 엄청난 영향을 미쳤다. 반면에 동독 이외의 지역에서 나타난 통제되지 않은 상태에서 진행된, 자의적이며 투명하지 않은 민영화는 지역의 구 공산당계 관료와 기득권층에게 새로운 이익을 추구할 수 있는 기회를 가져다 주었다. 마피아 구조의 창출은 예로서 러시아나 우크라이나에서 나타난 민영화 과정에 수반된 조율구조의 변화와 밀접한 관련이 있다.

동독에서는 신탁관리청의 비교적 공정한 통제로 이러한 사태도 예상할 수 있었다. 이러한 조율구조는 빠르고 급진적인 민영화 전략과 함께 동독 지역에서 기업 소유권의 분배가 매우 불평등한 방향으로 진행되는 결과를 초래했다. 동독의 기업 지배구조(Corporate Governance)는 기본적으로, 서독의 모기업(흔히 콘체른 형태)이 지배력을 행사할 수 있는 지분을 가지며 동독 출신의 경영자가 사업체 지배인으로 영입되는 형태를 가지는 것이 일반적인 모형이었다(Windolf/Schief 1998: 14).

사람들은, 이러한 '경영 자본주의'가 장기적으로는 사회적 구조가 다른 정당 구조가 서독에서 귀결하는 모습이 동독에서도 나타날 것으로 추측할 수 있을 뿐이다. 현재 볼 수 있는 것은 이것이 이미 동서독 기민당(CDU)의 다양한 성원 구조에서 나타나며, 동독 지역 자민당(FDP)이나 녹색당(Buendniss 90/Die Gruenen)에서도 매우 조심스러운 형태로 기능하고 있는 것이 관찰된다. 위에서 예를 든 것처럼 목표구조가 매우 복잡하고 부분적으로는 서로 상충되어 사실상 전체의 조치(제도와 정책) 덩어리가 하나의 능력있는 금융부문의 조율 장치로 도입되기에 이른다. 여기서는 두 가지 점만 지적하고 싶다.

이 장의 초점은, 어떻게 이 민영화 전략의 결정과정과 집행과정이 이루어지는가에 맞추어져 있다. 스타크(Stark 1992)는 민영화과정을 생산수단의 소유구조가 국가소유로부터 사적소유로 전이되는 과정으로 이해하고 있다. 따라서 경제적 체계전환은, 좁은 의미의 기업구조 변환 즉 기업의 규모, 조직, 법률적 권리 형태 및 소유 구조의 변화에 따른 경제 구조의 변화로 간주된다.

물론 민영화 전략을 정식으로 입안하고 집행하는 과정은 명백히 복합적이고 갈등이 내포된 사안이었다. 이는 소득 배분과 재산 배분, 사회적 권력 배분이라는 거대한 지각변동을 초래하며 결국 기존 지배질서의 변환을 추구해야 하는 필요성에 대한 근본적이고 이념적인 설득을 하지 않을 수 없기 때문이다.

생산수단에 대한 사적 소유의 보장은 자유 시장경제의 본질적인 구성요소이다. 반대로 생산수단의 국유화 내지 사회화는 공산주의·사회주의적 사회관의 본질적 구성요소였다. 따라서 소득·소유권·재산 배분구조를 변동시키려면 거대한 권력 자원이 필요하게 된다. 새로운 정권은 고도의 권위를 갖춘 정당성이 필요했다. 특히 체계 전환의 과정이 진행되면서 민영화의 상징인 자원의 재배분은 여러 가지 사회적 비난에 직면하게 마련이다. 민영화의 효율성뿐 아니라 정치적 행위자들의 정당성과 정치적 안정성을 유지하는 것이 체계전환을 성취하는 과정에서는 결정적 의미를 갖는다.

동유럽 국가에서 다수의 새로운 정부에게, 경제적 체계 전환의 정당성은 정치적 혁명으로부터 발생했다. 서구자본주의의 경제사회 모델을 전국적으로 확대하는 작업은, 최초의 자유선거에서 선출된 대표자가 추진하는 체계전환과 동시에 진행된다. 여기에서 요구되는 높은 정당성은 처음에는 서독 연방공화국의 성공모델에 기반을 두었다. 그러나 체계전환에 수반된 사회적 저항 때문에 정부는 정당성을 확보하기 위해 사회적 장애물을 돈을 주고 사들여 제거하는 과정을 거치며 엄청난 이전 비용을 지불해야했다. 민영화 전략을 정당화하기 위해 관련 행위자들을 연결하는 상징이 필요했다.

동독에서 과도기의 사회적 저항을 완화하기 위해 지출된 통일 비용은 엄청났다. 특히 동독은 다른 동유럽 국가와 비교해서, 상대적으로 신속하게 연방국가의 일원이 되고 민주적 제도를 갖추었으므로, 한편에서 참여와 이해관계 표출('목소리 voice')을 통한 정당성의 육성이란 요구가 생겨났다. 다른 한편 체코·폴란드·헝가리와 다르게 동독에서는, 서독이라는 현실적 '이탈(exit)'의 선택지가 존재했다. 그러나 이 상황은 정치적 행위자들의 머리 위에 걸린 '데모클레스의 칼'을 연상케 한다. 이러한 조율구조의 선택 내지 발전은, 민영화 과정에서 시장의 논리인 효율성만이 아니라, 광장의 논리인 정당성의 창출과 유지를 위해 노력하게 되는 배경이 되었다.

국민경제의 민영화는 흔히 소민영화와 대민영화로 구분된다. 전자는 상점, 작은 점포 식당 등이 대상으로 상대적으로 큰 문제 없이 경매를 통해 지역 수준에서 정리·청산 될 수 있다. 대민영화는 이에 비해 본질적으로 수행하기 어렵다. 대상 기업이 공공적인 재화를 창출하고 있으며, 사업체를 여러 개로 분할해야 하고 관리 방식이 표준화되지 않는다. 이들은 기술 수준이 고도화된 핵심 산업으로 민영화가 소득배분의 불균형을 심화시키는 결과를 가져올 수 있다.

민영화 추진을 위해서는 어떠한 조직 형태, 더 정확하게는 어떠한 조율 형태를 선택할 수 있는가? 또는 제도적·이념적·권력정치적 위상 변화에서 볼 때, 국가의 민영화 결정을 집행하기 위해 각각의 행위자가 수행하는 역할은 무엇인가? 실제로는 정부와 국가 기업 상층부간의 권력 관계가 중요한 역할을 한다. 그 다음에 주 정부 안에서는 민영화 담당 부서가 강력한 지위를 가지며 그 이해관계가 실현되지 않는다면 어떠한 조직 형태도 가능하지 않다. 동독의 사례를 보면 기업 경영자의 역할 공간은 다른 동유럽 국가에 비해 강력하게 제한되어 있으나 콤비나트의 지도자와 인민소유 사업장은 어떠한 권력 기반이나 정당성 기반을 점유하지 않았다.

첫째, 신탁관리청과 이 조직이 장악한 기업의 감독위원회는 통일 이후 행정부의 통제로부터 분리되었다. 둘째로, 신탁관리청 행정위원회에도 동일하게 적용된다. 통일 직후에 이 위원회는 감독위원회로부터 분리되었다. 세 번째로 조율 구조 형성에서 중요한 요인은, 민영화 및 기업재편의 산출물 내지 그 조직이 지역과 산업 환경에 미치는 외부효과가 계속 통제되어야 하는데, 여기서 각각의 행위자에게 스스로의 의지 박약을 극복·규율하는 능력이 매우 중요한 역할을 한다.

어떠한 경험적 조율구조가 이 민영화를 위해 선택 내지 형성되었는가? 체코·헝가리·폴란드·동독을 비교해 보자.

체코슬로바키아(CSSR: 체코/슬로바키아): 민영화 전략의 집행은 기본적으로 재정부와 민영화부 내지 재산기금(민영화 펀드)에서 담당했다. 재산기금이란 아직 민영화되지 않은 기업의 지분을 보유하고 있는 기관이다. 체코모델은 여러 가지 민영화방법의 혼합으로 특징지워진다.

그 중 서구에서 강력한 관심을 가지고 보았던 것이 바우처 민영화다. 대민영화를 위해 재산을 직접 매각, 경매, 그리고 지역자치체로 이관하는 작업이 적용되었다(Friedman/ Rapaczynski/ Earle 1993: 80). 이 민영화는 몇 번의 물결(Wave)로 조직되었다. 이 과정에서 경영자 내지 외부인은 민영화 대상의 기업에 대해 어떤 지정된 날까지 프로젝트 계획서를 제출했다. 이 계획서에는 기업의 기본 정보·민영화 방식·기업 개념이 포함되어야 하고, 관련 부서에서 평가되고 각각의 재정부 내지 민영화부에서 최종 결정인 인가를 받아야했다. 흔히 여러 개의 프로젝트 계획서가 서로 경쟁했다. 어떤 우유 생산공장의 경우 126개에 이른 적도 있다 (같은 책: 81)

첫 번째 단계(물결)에서 이미 전체 장부가격 중 53% 의 바우처가 민영화되었다. 나머지는 재산 내지 주식의 매각이었다. 민영화의 중요한 내용은 투자기금이 중개조직·개별 시민의 바우처 펀드를 모집할 수 있었고, 이를 투자할 수 있었다. 국영 체코은행에서 총 437개의 중간 기금이 만들어졌으며, 오스트리아 신용청과 하바드 자본 상담(Harvard Capital and Consulting) 회사에도 기금이 개설되었다. 10대 대규모 기금이 모든 바우처 포인트의 40%를 통제했다. 이 기금에 대한 규제는 법률적으로 불완전했다. 이는 일반적으로 체코 민영화에서 최대의 약점으로 간주된다(같은 책: 87).

체코 민영화의 조율구조는, 시장 기제가 강력하게 작용되었다는 것이 특징이다. 다양한 민영화 방법이 적용되었다. 민영화부는 민영화 과정의 개시, 조직, 감독을 위임받았다. 그러나 많은 경우에 기업의 가격, 구매자, 혹은 선호하는 기업개념에 최종적인 결정을 하지 못했다.

폴란드: 연대노조 정부가 구성된 직후 1990년 9월에 이미 소유권 전환부(= 민영화부)가 창설되었다 (Frydman 1993: 178). 이 부처는 민영화 과정의 모든 측면에 책임을 가졌고 새로운 민영화 프로그램의 입안 작업, 필요한 법률안 준비, 기업 전환(콤비나트에서 작은 기업으로 분할), 국가소유권, 국가 기업의 재산 매각부터 매니저 교육까지 담당했다. 재정부는 이 기업의 채무면제 프로그램을 통제했다. 이 때 산업부가 다양한 (과거) 연관부서의 후계자로서, 기업의 창설조직으로 기능했다.

의회의 소유권 전환 위원회는 입법안의 윤곽을 구상하는 업무를 맡았다. 폴란드에서 진행된 민영화의 특징 가운데 주목할 만한 것은,

연대노조가 체계전환에서 추진자 역할을 배경으로 해서 만든 사업장 종업원 단체가 공식거부를 행사할 수 있는 조항이었다. 그러나 이에 대해서는 수상이 다시 거부할 수 있었다.

정부의 첫 번째 목표는 소위 '자발적 민영화 절차'의 종료였다. 이는 국가 소유 기업을 지역의 '노멘클라투라(공산당 기술관료)'에게 불하하는 것을 방지하는 조치였다 (Frydman 1993: 181). 폴란드의 민영화 프로그램이 헝가리와 비교해, 중앙정부의 통제 하에 진행된 이유도 여기에 있다.

비록 기업의 내부자인 종업원이 중요한 위치를 차지하고 있을 경우에도 구 경영진은 지위가 강화되어, 기업 전환 이후에도 중요한 지위를 점하고 있었다. 기업을 사적 소유로 전환하려면 무엇보다도 국가가 지배하는 기업에 대해 일반인에 대한 지분 매각을 실시하여 소유권을 경영자 내지 종업원에게 넘겨야 했다. 일반인에 대한 지분 매각은 소규모에 불과했다. 그 이유는 현실적인 기업가치를 확정하기가 어렵기 때문이었다. 입찰 절차에 '트레이드 세일즈(Trade Sales)' 방식이 소규모로 적용되었다. 이는 주식 지분을 쌍무적인 협상을 통해 매각하되 입찰내지 경매로 중개하는 것이다. 처분하는 주식 지분의 가치는 민영화부가 측정했다. 여기에서는 독일의 신탁관리청과 비슷하게 가격 및 기타 기업가치(노우하우 도입, 신규 자본 유치, 일자리 확보 등)을 고려하여 측정했다.

또는 그러나 비중이 가장 큰 부분은 경영자 인수/종업원 인수(MBO/EBO) 또는 청산을 통한 민영화라고 부르는 것이었다. 이 방식으로 대부분의 국영기업이 청산되었다. 기업재산은 새로운 기업에 매각 내지 내부자(경영자나 종업원이 인수해 새로운 기업을 창설))에게 임대되었다.

또한 수백 개의 기업은 대량민영화의 한 프로그램인 국민 투자기금 (National Investment Fund)의 도움을 받아 모아졌다. 이 기업 지분의 60%는 특별히 창립된 투자기업에 양도되었다. 그들이 기업의 발전을 통제했고 재편 내지 매각해야 했다. 기금의 지분은 폴란드 시민에게 배분되어야 했다. 기업이 이 민영화 프로그램에 참여하는 의사결정은 최종적으로는 자유의사에 맡겨졌다. 다른 방식으로 민영화될 수 있는 기업, 예를 들면 즉 투자자들에게 매력이 많아서 이런 기금의 매력에 의존하지 않아도 되는 독점기업 같은 경우는 참여할 필요가 없었다.

프리드만에 의하면 폴란드 민영화의 지배적 특징은 즉 경영자, 근로자 기금 조직, 민영화부 등 모든 이해관계자들이 참여하여 합의 (Consensus)를 이루어 결정된다는 점이다(Frydman 1993: 194). 비록 민영화부가 통제를 유지하려고 시도하였지만, 네트워크 성격을 가지는 협의체를 가진 조율구조의 영향력이 지배적으로 작용했다. 즉 기업의 평가에 대한 결정은 구매자에 의해 선호된 기업 개념에 입각해서 위에서 말한 행위자들 간에 이루어졌다. 기업의 지도층, 이 때 무엇보다 종업원평의회가 내부에서 강력한 지위를 가졌다.

헝가리: 헝가리에서는 1990년 3월 민영화법을 통과시키기까지는 의회 감독아래서, 그리고 민영화 대행 관청으로 국가재산청(SPA= State Property Agency)이 창설된 후에는 정부 통제 아래에서 수많은 '자발적' 내지 '자의적인(wilde)' 민영화가 각각의 경영자에 의해 행해진다. 국가재산청의 이사회는 5년 임기로 지명되었고 수상이 해임할 수 있었다. 이사회가 전권과 책임을 가졌다. 기업의 전환(대형

콤비나트에서 작은 자회사로 분사하고 각각의 소유와 경영을 민간으로 불하할 수 있도록 준비하는 작업)과 민영화 여부 그리고 매각조건을 결정할 수 있었다. 내각 내부에서 민영화에 책임을 졌는데, SPA는 내각 소속으로 있었다. 따라서 의회가 소유정책에 대한 매년의 노선을 공표하고 해명할 의무가 있었다 (같은 책: 128).

정부의 감독과 의회의 통제를 제외하고는 SPA는 독립이었다. SPA의 결정에 대해서는 법원에 이의를 제기할 수 없었다. 국가재산청은 기업에 대해서는 소유권자이고 국가 재산을 관리하는 행정관이었다. 국가재산청은 그 이전에 먼저 정보 중개인이었고, 민영화 과정에서 국가의 이익이 보호되도록 감독했다. 본래의 민영화는 1990년대 초반에 국가주도 방식으로 시행되었다. 우선 관청이 기업을 선발하는 방식이 있었다. SPA는 입찰절차에 따라 상담하여 대상 기업의 민영화 계획서를 검토하고 개선을 요청했다. 기업이 이를 수행해 민영화가 성공적으로 종료되면 매각 가격의 일정 부분을 받았다. SPA는 기업을 직접 매각한 것이 아니라, 민영화와 기업 재편을 수행할 수 있는 권리를 주었다. 따라서 기업은 민영화를 스스로 하는 것이었다. 또 하나의 방법은, 민영화를 분권적으로 하는 것이다. 흔히 각각의 경영자의 주도 하에 이루어진다.

국영기업에서 민간 기업(유한회사, 주식회사)로 전환하는 기업은 새로운 법적 지위를 가진 경영체로서 국영기업으로부터 공식적으로 독립된, 이사진과 독립적으로 회계관리를 하게 된다. 국가재산청은 이 분할 시점부터 민영화된 기업의 가치를 인정했다. 이 위원회는 각각의 경영자와 관청이 사전에 협상을 통해 가치, 법률형태, 새로운 기업의 기업 개념을 제출하면, 그 기업의 운영에 엄청나게 강력한 지위를 가지고 최종결정을 내렸다. SPA는 1990년 이후 자발적 민영화에 대한 강력한 통제가 성공하지 못했으므로 전 방식을 '능동적 민영화'로 변환하고 중앙집중화했다. 기업 경영자와 민영화 과정간의 양자협상이 지배적인 것이었다. 시장적 조정요소는 거의 완전히 존재하지 않았다.

소유구조는 1990년대 초반에 거의 변화하지 않았다. 그러나 이미 다양한 수준으로 분화되었다. 유한책임회사(Limited Liability Company)가 다른 유한 책임회사에 의해 소유되고, 이는 다시 공동 출자 주식회사, 은행, 국가소유의 공공기업에 의해 소유되었다. 그 회사의 국가 지분은 그 이후 현저히 낮아졌고 기업의 상호순환 출자·연합을 통해 국가 제도와 은행이 엄청나게 개입되어 있던 바에 비하면, 그래도 국가기관은 아직 최대의 소유권자이다(Stark/Kemeny 1997).

이상에서 살펴본 체코, 폴란드, 헝가리에서 민영화의 제도적 장치는 다음과 같이 요약할 수 있다. 민영화 준비, 기업 평가, 매각 내지 구매자 선정에 관련된 조율 방식에 커다란 차이가 있다. 이 때 각국의 민영화 부서는 다양한 방법을 사용하였다. 민영화를 담당하는 정부 조직의 역할과 지위 역시 매우 다양하다. 어느 조직도 실질적으로 지배적인 지위를 가졌던 것으로는 보이지 않는다. 기업의 정리·회생에 대한 의사결정은 분권적으로 추진되었다. 국가의 민영화 담당 부처가 민영화의 시행과정과 감독기능을 담당했던 것을 의미한다. 다음에는 동독의 특징적인 조율구조를 상세히 서술해보자.

3.2 독일 신탁관리청 모델: 국가 관료 행정기구를 통한 민영화

3.2.1 역사적 발전과 조직의 기본 모델 – 입지점과 법률적 기초

신탁관리청의 아이디어는 1990년 2월 12일 처음으로 원탁회의와 연관하여 시민운동의 대표 볼프강 울만 박사(Dr. Wolfgang Ullmann)가 정식으로 제안했다. "신탁 관리 행정청(Treuhandstelle)을 동독 인구 전체가 나라 전체의 소유 권리자임을 보장" 하기 위한 장치로 등장시켰다. 원래의 목표는 동독의 경작지와 주택지 부동산 생산작업장의 사적 협동조합적 사회적 소유권자의 소유권을 보장하는 것이었다(Kapferer 1992: 17). 즉 자발적 민영화와 폴란드와 헝가리에서 보였던 구 공산당 기술 관료들의 부당 이득을 막으려 한 것이었다. 이러한 신탁 관리 행정청은 그 외에도 "원래 문서로 보증된 지분과 점유권을 나누어주는 권한" 도 가졌다 (같은 책: 17). 1990년 3월 1일 동독 각료회의는 인민 재산의 신탁 행정 관청(Treuhandanstalt)의 설립을 결정하고 인민 소유의 콤비나트 사업장 그리고 자본 설비의 변환을 명령했다.

1990년 3월부터 6월까지 소유권 설정 문제와 민영화가 정치 토론에서 차지하는 비중이 점점 더 높아졌다. 일단 무상으로 동독 주민들에게 지분 증권을 나누어 주어야 했다. 그렇지만 계속되는 토론을 통하여 기본 방침에 대해 전환이 이루어졌다. 사업 관리자에게 사업장을 매각할 가능성으로부터 이전 소유자에게 원상 반환하는 가능성을 포함해 자유로운 민영화까지 논의되었다. 1990년 6월 17일 최종적으로 신탁관리청법(Treuhandgesetz)이 입법 공포되었다. 통일 조약(1990년 7월 1일 발효)을 통하여 '재산 관리(Vermoegensverwaltung)' 원칙은 신탁관리청을 통한 '민영화(Privatiesierung)' 원칙으로 교체되었다. 전자는 이미 1990년 6월 17일 신탁관리청법으로 실효된 것이었다.

신탁관리청은 인민 소유 사업장의 소유권을 넘겨받음으로써 대부분의 동독 자산에 대한 소유권을 가지게 되었고 "세계에서 가장 큰 지주회사"(같은 책: 37) 가 되었다. 신탁관리청법은 동독 인민회의에서 결정된 것이었기 때문에, 통일조약 25조의 인수 조항이 모든 신탁관리청 업무와 활동을 뒷받침하는 법률적 근거가 되었다.

1)신탁관리청법 제2조는 다음의 과제를 제시하고 있다. "인민 소유의 재산을 '사회적 시장경제' 원칙에 따라 민영화하고 평가" 한다. "회생가능한 사업장을 경쟁력있는 기업으로 발전"시키며, "기업조직을 합목적적으로 해체" 한다.

2)제8조는 회생불가능한 기업의 청산을 규정하고 있다. 신탁관리청 초대 총재 로베더는 이에 대해 나중에 더 쉬운 문장으로 말한다. "빠른 민영화(schnell privatisieren), 신중한 회생(entschlossen sanieren), 그리고 청산이 필요한 기업에는 과감한 청산(behutsam stillegen)"을 추진한다. 신탁관리청법 전문에는 "국가의 기업활동을 민영화를 통해 가능한 범위에서 최대로 빠르게 회복시키고 많은 기업들이 경쟁력을 최대로 발휘하게 한다." 일자리를 보장하고 새로운 일자리를 만든다는 구상이 나타나고 있다.

3)신탁관리청법 제2조 6항에서 위탁업무의 내용은 더욱 정교히 규정된다. "신탁관리청은 이 경제구조에 적응할 수 있는 기업을 시장의 요구에 맞게 육성한다. 이 때에 특히 회생가능한 기업을 경쟁력 있는 기업으로 발전시키고 민영화를 촉진하도록 영향력을 미친다." 그에 따라 신탁관리청은 기업 조직의 합목적적 해체를 통해 시장능력 있는 기업을 창출하고 효율적인 경제구조를 생성한다.

신탁관리청법은 3가지 주요 사업과제를 민영화, 회생 및 청산으로 확립한다. 나중에 지역공동체화와 재민영화가 보완된다. 이와같이 설정된 일반적 과제를 제외하면 이 법은 명확하게 과제를 정의하고 있지 않다. 신탁관리청은 법적으로 엄청난 재량을 발휘할 수 있는 행동공간이 주어진 상태였다. 이는 원래는 지속적인 정치토론을 거쳐 후속 입법으로 결정되어야 했던 사안이었다. 신탁관리청이 민법에 의거하여 자신의 과제를 수행하지만, 이는 공법적 위임을 받은 것으로 결과적으로 연방의 공법상의 기관으로 설립되었다는 형식을 갖추었다. 신탁관리청은 법적으로 연방 재무부(BMF)의 감독을 받게 되어 있었다. 이러한 감독의 필요성은 연방 경제부(BMWi)와 재무부가 공동으로 인정하고 있었다.

신탁관리청 이사회를 통제하는 행정위원회는 17인으로 구성되었다. 이 숫자는 나중에 20인으로 늘어났다. 슈퍼트(Schuppert 1992: 204)의 표현에 의하면 "'인민재산의 정리'라는 엄청나고 정치적 의미가 심대한 과제는 민법으로 처리할 사안이 아니다. 이는 공법의 영역에서도 특별한 위상을 가지고 있다. 민영화와 회생 및 구조 조정은 민법에 입각한 행위이지만 공적 과제이기도 하다. 신탁관리청이 공법의 영역에서 존립근거를 가지려면 과제 설정, 조직 형태 및 권한과 책임에 대한 규정이 공법의 원리에 부합되도록 정비되어야 했다."

이렇게 법률적 위탁을 받은 것만으로는 "민영화가 회생보다 우선순위를 갖는다 Privatisierung vor Sanierung"는 원칙은 도출되지 않는다(Maassen 1999: 112). 반대로 그 과제는 민영화 이상을 포괄하는 것(같은 책: 112)이었다. 이 위탁에는 민영화와 회생 간에 서로 상반되는 긴장이 존재하는 것을 느끼게 한다. 신탁관리청 내부에서는 늦어도 1991년 3월 로베더의 부활절 편지의 문장 "신속한 민영화가 최선의 회생(schnellste Privatiesierung ist beste Sanierung)"으로 원칙이 확립되는 것 같았다. 여기에 연방정부의 동의 표명이 행해지고, 이후에 조선이나 철강 산업 민영화에 대한 신탁관리청의 기본 입장이 된다. 이 원칙에 '산업 논리'가 들어오며 선호(정책 우선 순위)가 바뀌는 과정에 대해서는 5장에서 다시 살펴보게 된다.

동독 경제의 전환작업을 신탁관리청이 수행하기 위해서는 최소한 2가지의 법률적 규정이 도입되어야 했다.

첫째, 신탁관리청은 공법의 규정에 의거해 재정에 대한 권한을 행사한다. 특히 연방 재무부 장관이 문서 허가한 연방 예산 규칙 제65조에 입각해 활동한다. 그러나 동독 경제가 민영화될 때 연방 재무부의 담당관이 맡은 사례가 너무 많아서 이러한 규정은 완전히 시행 불가능할 정도였다. 신탁관리청의 기업 매각은 종업원 1,500 명 이상 또는 연간 매출액 1,500만 DM 이상인 경우에만 정부의 허가를 받게 되었다.

둘째, 공권력 행사의 담당자인 신탁관리청은 자의적인 활동을 금지당했다. 구체적인 경우를 예로 들자면 신탁관리청은 어떠한 구매자라도 자의적으로 선호하거나 배제할 수 없었다.

3.2.2 신탁관리청의 조직 구조

신탁관리청은 동독과 서독의 통일 직후 8,500개의 기업으로 시작한다. 이 숫자는 콤비나트 해체와 기업 분할 이후 대략 12,300개 이상으로 늘어났다. 여기에는 약 400만의 종업원과 45,000의 사업장이 포함되었다(Czada 1994: 32). 이 조직은 1990년 7월 1일 발효된 신탁관리청법에 의해 123명의 직원을 갖추고 베를린에서 업무를 시작했다. 또한 14개의 지청에는 400명의 직원이 있었다. 처음에는 행정이사회 이사장(Verwaltungs-vorsitzender)에서 1990년 8월말 이사회 이사장(Vorstandvorsitzender)으로 직함이 바뀐 로베더(Rohwedder)를 중심으로 조직은 급속도로 팽창해 1993년 말에는 4,500명의 규모로 최고조에 달했다. 직원의 주류가 동독의 경제 분야 행정 담당자들이었다. 시간이 지나면서 많은 서독 출신 경영자들이 영향력을 가진 직위로 영입되었다.

신탁관리청법과 정관에는 다섯 개의 주식회사를 설립하게 되어 있었지만, 로베더는 취임 직후 연방 총리와 재무장관의 재가를 받아 구조를 개편한다. 권한은 베를린의 신탁관리청 본청에 집중되었다. 감독, 대상 기업 신청만이 아니라 전략적 계획과 대기업의 민영화 사업 활동, 그리고 지청의 관할도 '원 신탁관리청(Ur-treuhandanstalt)'에 포괄되었다. 이러한 기능적 업무구분과 민영화, 회생, 청산, 재민영화(원상반환)라는 과제에 따른 업무구분이 교차된 구조를 가진 매트릭스 조직이 되었다. 이러한 형태의 조직이 가진 장점은 부문별 기능별 책임을 묶어서 높은 목적합리적 기능을 할 수 있으므로 기업 처리가 개별화되는 경향을 최소화할 수 있었다.

민영화 과정을 살펴보면, 종업원 1,500명 이하의 기업은 지역 중심지에서 신탁관리청 지청의 관할 하에 민영화되었다. 1,500명 이상 기업은 본청의 부문별 책임자의 관할 하에, 대규모 콤비나트는 이사회 직할로 민영화가 추진되었다. 이사회 중앙에는 이를 총괄하는 전략적 기구가 설치된다. 처리 원칙은 엄격한 관료제적 규칙에 따라 기업을 생존능력과 회생능력이란 관점에서만 평가하였다. 회생능력의 등급별 분류(6등급)에 따라 그 분야에 통상적인 자본으로만 충당될 수 있었다. 이러한 '감독위원회'는 신탁관리청 이사회가 아니라 연방재무부가 직접 관할하고 있었다. 80~90명의 전문가가 냉정하게 기업의 냉정한 등급을 분류하였다. 회생가능 등급을 받지 못한 기업은 이사회가 자체 행정기구를 동원해 청산업무를 수행했다.

실제로는 회생가능 기업과 회생가치 있음의 구분이 희미하고, 첫번째 등급 산정 이후에 다시 등급이 상승하기도 했기 때문에 신탁관리청은 단지 경영 지표만으로 결정하는 것이 아니라 구조조정 정책도 고려해야 했으며 정치적 압력도 받게 되었다. 따라서 회생 가능성은 정치적으로 결정되기도 했다.

신탁관리청의 조직 구조는 따라서 고도로 중앙집중화되어 있다는 특징을 가지고 있었다. 생존 가능 기업으로 선별된 다음 과제는 그 기업의 자금 지원, 대기업의 민영화, 민영화 과정 전체에 전략적 통제 등에 관련된 결정이, 베를린의 이사회에서 조직 상층부에 하달되었기 때문이다.

신탁관리청은 연방정부의 직할 관청으로서 세 가지 중요한 권한을 법적으로 행사할 수 있었다. 1)동독 정부 소속이었던 특별 재산의 처리 권한 2)법률관계에서 가능한 한 자유롭고 유연하게 행동할 수 있는 권한 3)행정 관료의 참여와 특별한 이해관계자를 결합해 줄 수 있는 자율적 지배. 즉 기술 관료의 전문 합리성, 행동 유연성, 제한된 (이해관계)의 정치적 영향력이 결합되는 것이 가능해졌다.

신탁관리청의 독자성은 다음을 통해 스스로를 정당화함으로써 가능했다. 즉 입법가들은 전문가 내지 법률 감독을 재무부나 경제부를 통해 도입했지만, 그 이상의 통제와 조정가능성은 스스로 자제하고 있었다. 결정적인 정도의 자율성, 뒤집어 말하자면 통제와 조정의 자제는 신탁관리청 자금지원(Refinanzierung) 기제의 원인으로 되었다.

신탁관리청은 한편으로는 통일조약의 자금지원 규칙을 근거로, 다른 한편으로는 신탁관리채권인수법의 신용인수조항(Treuhandkreditaufnahmegesetz)을 통해서 자본시장에서 스스로 자금을 마련할 수 있었다. 이 예산은 연방정부 재정에 포함되지 않았으며 의회의 재정통제를 직접 받지도 않았다(Schmidt 1991: 19). 따라서 효율적인 과업 수행이라는 목적이 민주적 정당화보다 우선순위가 높았다(Seibel 1999: 14).

이상과 같은 민영화 과정을 정리하면 다음과 같다.

1) 주식회사 조직을 채택하지 않고

2) 관료적 장치의 도입을 통해서

3) 신탁관리청 이사회에 핵심 역량의 인적 연결망(Buendelung)과 지청의 연결가능성을 통해서

4) 조직 구조내에서 지방 정부의 이해관계를 더 이상 고려하지 않음으로써

5) 연방 의회의 조율과 통제 자제를 통해서

6) 연방 정부 부처의 비교적 좁은 통제에 의존해서

7) 동독 지방 정부의 조율가능성과 관여가능성이, 그 시점까지 결여되고 있던 것을 통해서(Seibel 1999: 14: Raab 2002: 87 재인용), 조율이 이루어질 수 있었다.

동독의 국가 경제 부문 행정기구 및 민영화 부처에 위계적이고 중앙집중적인 조직 파라다임과 조율 파라다임이 생성되어 있었다. 신탁관리청 상층부에 결정 에 대한 권한을 집중시키는 것을 통해서 '신

속한 민영화' 론이 등장하였다. 그 신탁관리청 전체 기구가 신속한 민영화 전략을 위해 편성되었다.

3.2.3 민영화 방법

신탁관리청은 이론적으로, 동독 경제를 시장경제 질서에 적합하도록 변환시키는 과정에 두 가지 전략 대안을 가지고 있었다. 첫째는 먼저 기업을 회생시키고 다음에 민영화하는 것, 둘째로는 회생 이전에 민영화하는 것이었다(Bruecker 1995: 297: Maassen 1999 참조). "민영화가 가장 효능있는 회생방법이다"라는 것이 기본 입장이었으며 "가능한 한 가장 빠른 민영화 전략을 채택해야 한다"는 현실적 요구가 체계전환만이 아니라 민영화 전반에 미치는 영향을 파악할 필요가 있다.

민영화 우선의 기본적 전략을 선택할 때 제기되는 문제는, 어떠한 기준에 의해 민영화할 것인가이다. 브뤼커에 의하면, 고용 규모의 극대화와 투자규모의 극대화가 한편에, 또 한편에 수익 극대화 라는 기준을 설정할 수 있다.

구체적인 경우에서, 적정한 지점을 찾는 노력이 기준이 중요해진다. 신탁관리청은 민영화에 총체적으로 다음과 같은 요소를 고려했다:

1) 구체적으로는 모순되는 기준 사이에서 경제적 인적 자원의 역량과 투자자의 신용
2) 신청 기업의 회생 개념
3) 매각 가격 내지 구 채무의 인수
4) 추가 일자리와 추가 투자(위반 시 벌금 부과 가능)
5) 환경 오염 물질의 제거시 경제적 부담 인수

6) 생산적 기업으로서 장기적 입지 보장 전망

신탁관리청은 서유럽 자본주의 국가에서 실시한 국영기업의 민영화 경험과 비교하더라도 완전히 새로운 목표를 설정했다. 민영화 과정에서 가장 중요한 평가 기준은 기업 자산의 규모가 아니라, 투자자의 기업 개념과 민영화될 경우에 기업이 가질 것으로 예측되는 회생 가능성과 기업가치였다.

특히 정치적, 법률적 고려가 우선되는 도출되는 민영화 기준이 적용되었다는 점에 주목할 필요가 있다. 대규모 복합 기업에 대해서는 처음부터 표준적인 민영화 절차로부터 벗어난 예외적인 절차가 적용될 수 있었다. 표준절차에서는 공급자들을 비교하여 그들의 가격 기준을 비교했다. 그러나 복합 기업은 잠재적 투자자들의 공급가격을 비교하는 것이 불가능하여, 그때마다 다른 방법, 즉 위 기준의 혼합 방법이 제시되었다. 따라서 신탁관리청이 민영화 대상 기업을 구입하려는 수요자와 비공식 협상을 통해 전체를 일괄 처리 하는 패키지(Package: 일괄 타결 해법)협상이 목적에 합당한 해결책으로 등장하게 되었다.

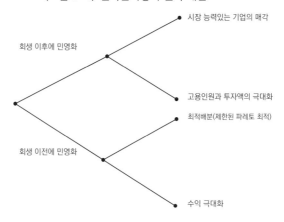

〈그림 3-1〉 신탁관리청의 전략 대안

시장 능력있는 기업의 매각

회생 이후에 민영화

고용인원과 투자액의 극대화

최적배분(제한된 파레토 최적)

회생 이전에 민영화

수익 극대화

자료: Bruecker 1995 : 297.

실질적으로 대기업의 민영화 과정에서는 신탁관리청 감독하의 회생 방안은 배제되었다. 경매를 해도 구매자를 발견하지 못하면 단지 청산만이 남게 된다. 거대기업을 청산하면 경제적으로뿐만 아니라 정치적으로도 문제가 발생하는 경우가 많을 수 있다. 따라서 남는 가능성은, 불가피할 경우 "마이너스 가격으로 판매"한다는 것이다. 이는 "투자자를 구매"하는 것을 의미하며, 역시 비공식적 협상에서 더 나은 결과를 얻을 수 있다.

〈그림 3-2〉가능한 민영화 절차

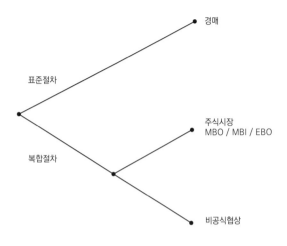

자료 : Bruecker 1995 : 305

신탁관리청에서 발간한 민영화지침(핸드북)은 민영화 절차를 5가지로 구분한다(Bruecker 1995: 306).

1) 자유 매각 절차에서, 신탁관리청은 협상과정을 통해 매각에 이해관계를 가진 당사자로 등장하지 않는다.

2) 입찰 절차에서, 신탁관리청은 투자자 중 특정 집단을 교섭 대상으로 선정한다. 일반적으로 같은 업종의 기업인에게 의향서 제출을 권유한다.

3) 제한조건이 붙은 공개 매각 절차에서도, 입찰 절차와 비슷하게 투자자 중 특정 집단을 교섭 대상으로 선정한다. 그러나 매각 조건을 보다 강력하게 공식화하며 협상 가능성을 남겨둔다.

4) 표준화된 입찰 절차를 밟는 공개 매각은 대규모 민영화에 적용되었다. 경매와 비슷하게 기업을 공개적으로 입찰에 붙인다. 표준 경매와 다른 점은 매각 가격이 아니라 복합적 기준을 중시

한다. 즉 추가 고용, 추가 투자, 기업 개념, 구매자의 역량을 고려하는 기준이 적용된다는 것이다.

5) 공개 표준 경매에서, 입찰 절차는 모든 매각 조건과 함께 공개되고 표준화된 절차에 따라 행해진다. 신탁관리청에서는 실제로 적용되지 않았다. 신탁관리청은 실제로 고용과 자본장비로 보아서, 기업의 과반 수 이상을, 단독 또는 복수의 구매자와 비공식 협상을 통해 정리했다.

주식시장을 통한 민영화는 전혀 사용되지 않았다. 민영화의 첫 번째 단계(소극적 민영화 국면)에서는 정보 부족 때문에 구매자가 관심을 가지고 매각 협상에 적극적으로 빠르게 등장하지 않았다. 사업이 진행됨에 따라 (적극적 민영화 국면에서) 직접 의사 타진이나 참가자를 제한한 경매가 점차 증가했다. 매각이 어려운 대규모 콤비나트 같은 경우는 최종적으로 비공식적 협상만 가능성으로 남았다.

이 경우에 입찰 경쟁자 부족이란 문제에 대부분 봉착했다. '민영화 우선'이 천명되면 대상 기업의 지위는 대개 약화되었다. 조선업같은 경우 협상 조건은 흔히 더욱 더 약화되었다. 입찰자는 계약에 대한 협상이 충분히 진행되기 이전에 낙찰을 받았다. 더욱이 입찰자는 종종 대상 기업의 매각정보와 시장조건에 대해 신탁관리청보다 고도의 좋은 정보를 알고 있었다. 이러한 전략적 조직 결정 내지 정치적 결정은 사업장을 매각할 때 신탁관리청이 불리한 협상 입지에 놓이는 원인이 되었다. 이는 신탁관리청에 엄청난 적자(약 256.4백만 DM, 신탁관리청 후속기관인 BvS 의 사업을 포함해서 약 230백만 DM에 이른다. FAZ 2000. 7월 21일자)가 누적되는 원인이 되었다. 신탁관리청이 구매자와 판매가격을 확정하는 절차로 시장 기제를 사용하지 않았다는 것은 분명하다.

적자에도 불구하고 비공식 협상 모델은 신탁관리청이 과제를 처리하는 과정에서 몇 가지 장점이 있었다. 신탁관리청이 경쟁 입찰을 하는 경우는 아주 드물었다. 흔히 여러 명의 지원자와 협상을 하면서, 다른 쪽에 대화 내용을 알려주지 않은 채로 진행하는 경우가 흔했다. 이것이 다시 협상 입지를 강화했다. 왜냐하면 외부자가 의사 결정과정을 파악하는 것은 불가능하게 되기 때문이다. 이 협상 모델의 장점은 각자의 구상(흔히 서로 다르다)을 서로 접근시켜 갈 수 있는 기회가 쌍방에 있다는 점에 있다. 경매와는 다르게 협상 파트너는 협상계약 형성과정에서 선택의 폭이 넓다. 이를 통해 신탁관리청은 다음과 같은 이익을 볼 수 있다.

1) 본질적으로 보다 더 유연하게 반응하고, 결과적으로 높은 목표를 달성하는 효과를 가져왔다.

2) 총체적인 비가격 기준을 민영화 과정 협상에 적용시킬 수 있다. 복수의 상대와 순차적으로 진행하는 협상을 통해서 상이한 제안을 평가할 수 있다. 거대 콤비나트를 분할할 때에는 기술적 복잡성이 매우 높다는 문제가 있다. 따라서 비공식 협상 절차를 거쳐야만 분할 매각이 가능하다. 즉 콤비나트는 투자자의 협력이 있어야만 분할과 민영화가 가능하다.

위에서 말한 기준의 평가와 가중치 산정의 권한은 신탁관리청에 위임되었다. 결정 과정의 투명성과 기업 가치의 측정 과정 및 가중치 산정 과정은 아주 구체적이어서 추상적인 개념을 적용하려는 시도는 인정되지 않았고, 상황에 따라 달라지는 민영화 개념은 채택되지 않았다. 고도로 정치화된 부문(예를 들어 조선, 철강, 화학 산업)에서 공개적으로 토론과 갈등이 벌어지는 사업체에서 발생하는 문제는 복수의 행위자가 참가하는 협상 체계 속에서 해소해야 했다.

이상의 민영화 과정은 다음과 같이 정리할 수 있다. 연방 정부의 체계 전환 전략은 거시 경제적 관점에서 일종의 충격 요법이며, 구 동독과 같은 전례는 하나도 없었다. 따라서 경제적 체계 전환을 추진하는 주요 정책 수단으로 급속한 민영화 전략이 도입되었다. 이를 위해서는 중앙집중화된 민영화 대행자의 도움이 필요했고, 사업장 평가와 행정적 절차를 거쳐 자유 매각과 입찰 절차를 통해서 협력적인 투자자에게 매각하게 되었다. 신탁관리청은 연방정부와 느슨하게 연계되었으나 기업을 비롯한 행위자에 대해서는 우월적인 지위를 차지했다. 그 근거는 다음과 같다.

1) 법률적으로 표현된 신탁관리청의 목표가 모호하고 때로 상충된다.
2) 동독 붕괴 이후의 혼란과 1992년 걸프 전쟁으로 민영화에 대한 정치적 관심이 줄어들었다.
3) 연방 의회의 재정 통제 밖에서 신탁관리청이 독자적으로 재원 문제를 처리할 가능성이 있었다.
4) 신탁관리청이 연방 재무부를 통한 지시를 수행하지 않을 수 있었다.
5) 동독 지역 주의 정무를 담당하는 부서의 발언권이 아직 취약했다.

이러한 내용을 가진 조율 구조는 스타크(Stark 1992)에 의하면, 한편으로 시장에 대한 큰 신뢰의 표현이었고, 다른 한편으로는 국가에 대한 신뢰의 표현이기도 했다. 이는 무엇보다도 동독 사회 특히 기업 경영자에 대한 불신의 표현이었다. 여기에서 나타난 기본적 조율 구조를 설명할 때 가장 중요한 요인은, 양독의 통일이라는 지점에서 찾아야 한다. 신탁관리청이 성취해야 했던 것은, 전 독일(서독)의 통제, 동독의 경제적 비전에 유리하지만 외생적이었던 전환을 실행·성취하는 것이었다. 따라서 경제적 체계전환의 조율 주체(신탁관리청)와 조율 객체(동독 사업장)가 아주 멀리 분리되었다. 오페가 동독의 체계 전환을 동유럽과 대비하여 특징을 지적하면서, "오직 동독의 경우에만 체계 전환의 주체와 객체가 일치하지 않았다"[22]고 한 것은 바로 이러한 이유 때문이었다.

---

22) "only in the case of Germany is the subject of transformation not identical with the object thereof" (Offe 1996 : 152)

제4장

신탁관리청과 집합행위자 간의 중층적 정책결정 체제

    동독지역에서 시장경제가 발전하는 과정은 정치와 경제의 각 영역에서 다양한 입장을 대변하는 전제조건만이 아니라 동시에 진행된 일련의 사건을 파악할 필요가 있다. 신탁관리청은 이러한 역사적 소용돌이의 중심에 자리잡고 있었다. 이 기관은 경제 체계의 완전한 변환을 조직하고 정당화하는 과제를 수행하는 주체로 행동하였다. 따라서 신탁관리청은 막대한 권한과 함께 사건의 향방에 영향을 미치는 기준을 세워야 했다. 그러나 신탁관리청도 역시 상충되는 각종 요구에 직면하게 되었다.

    정당, 의회, 연방정부, 이익집단, 기업, 지방정부, 재산과 기업의 구 소유자, 연방 공정거래위원회, 연방 금융감독원 등과 EU 위원회를 비롯한 기타 이해 당사자들이 끊임없이 개별 사안에 대한 결정이나 전체 조직 운영에 영향력을 행사하려 하였고, 재량권이나 감독권을 행사하려 들었다.

여기서는 주제의 성격 때문에 신탁관리청과 외부의 정치적 관계는 주요 문제 영역에 국한하여 다룰 수밖에 없다. 즉, 연방정부와 지방정부간의 상호 소통 과정, 정부와 민간부문 및 노사관계 체제 간의 중층적 정책 결정 체제(Politikverflechtung)[23] 가 분석의 초점이 되었다.

4.1 신탁관리청은 얼마나 독립적인 의사결정을 했는가?

성과 네트워크 조직 내의 상호의존성

신탁관리청은 독자적인 행동을 할 수 있는 권한을 가졌으므로 "동독의 모든 지역과 경제 분야에 대해 생사가 걸린 판결을 내리며, 종국에는 동독인구 1600만 명의 운명을 결정하는 기관"[24]으로 알려졌다. 그러나 실제로 그 관청은 이러한 권한을 가진 적이 없었다. 반면에 이 기관은 외부의 협력과 지원에 크게 의존하고 있었다. 예를 들면 신탁관리청이 의사 결정을 위해 입수하는 핵심적인 정보는 전환 과정에 수반되기 마련인 불확실성이 팽배한 조건하에서 생성된 것이었다. 이는 모든 관련 당사자들과 항상 유지하고 있는 일상적인 상호 관계 속에서 정리된 정보이기도 했다.

또한 신탁관리청이 동의를 구해야 하는 곳이 매우 많았다. 이는 주로 외부 법률가와 경영 상담 및 자문이 필요한 일이었다. 1992년의

---

23) Roland Czada 1993 : 148 in Fischer Wolfram/Herbert Hax/Hans Karl Schneider 1993: 148-172 여기서 "Politikverflecchtung"(독일의 연방과 지방 정부의 집합 행위자들간의 중층적 정책 결정 체제) 개념은, 한국어 번역본에서는 빠져있고, 영역본에서도 제대로 번역되어 전달되지 않고 있다.
24) 민사당(동독 공산당의 후신)의 기관지 *Neues Deutschland*, 1991년 3월 22일자

사례를 보면 신탁관리청은 4천명의 전문가를 직원으로 고용하고 있으면서도 일당 800 DM 내지 4,500 DM를 받는 상담전문가 천명에게 보수를 지불해야 했다. 그뿐 아니라 한 해에 2,500억 DM의 부채를 더 지게 되면서 엄청난 규모의 외부 자금을 공급받아야 했다. 신탁관리청 조직은 민영화를 진행하는 과정에서 자금을 조달할 수 없었을 뿐 아니라 효율을 올리기 위해 이미 자리잡은 조직 구조를 변경할 수도 없었다. 결국 신탁관리청은 단기자금을 대출받아야 했다. 기업적 성격을 가지고 있는 신탁관리청은 자산을 보유하고 있었고 많은 경영 전문가와 공공부문 관리 전문가를 충원했다. 이들은 짧은 기간 동안 일했지만 질적 능력은 최상인 핵심 역량이었다. 이러한 인적 자원은 정부기관, 이해당사자 집단, 금융컨설팅회사 등과 긴밀하게 협력하며 풀어갈 수 있었다.

　체계 전환 과정에서 독특한 위상을 가진 이해당사자로 구성된 광범위한 조직적 네트워크가 형성되었다. 관련된 조직 수는 계속 늘어났다. 신탁관리청이 창립된 이후 체계 전환 정책이 단계별로 진전됨에 따라, 5개의 지방정부, 다수의 연방 행정기관, 사회 각 영역을 대변하는 이해당사자 집단, 금융조직이 개입수준을 높여왔다. 이들이 최초의 집합행위자였다. 1990년 10월에 통일조약 발효된 이후 신탁관리청과 관련된 조직은 급속하게 증가하였다. 체계 전환과정에서 적극적으로 자기 주장을 하는 단체가 수량적으로 증가하여 정치적 역동성을 고조시켰다.

　신탁관리청은 부문 체계를 확립하고, 각 부문이 외부 사회 조직과 연결되는 '교두보'역할을 하도록 설계되었으므로, 순식간에 복잡한 정치 환경에 노출되었다. 신탁관리청에는 주정부 관계, 연방정부 및 외국 관계, 홍보, 투자 서비스를 담당하는 이사가 있었으며, 임금 정책, 노동시장과 사회보장을 담당하는 독립 부서가 있었다. 또한 신탁관리청 본부는 베를린에 있지만 통일 독일의 수도는 아직 본(Bonn)이었기 때문에 본(Bonn)사무소를 개설하여 연방의회와 접촉하는 거점으로 삼았다. 신탁관리청은 자체 네트워크의 외부에 있는 체계와 상호작용하며 발전했다. 산업부문 이사의 '민영화 경영자'와 총재 부문의 '접촉 경영자'의 조직형태는 달랐다. 이와같이 조직은 외부환경에 대개 의존성이 높다. 즉 유동적으로 발생하는 다수의 상호작용과 연관되어 있다. 신탁관리청 조직의 내부 분화가 진행되었으므로 부문간 관계를 조율해야 하는 문제가 발생하게 되었다.

본에 위치한 연락사무소와 공식적인 접촉 라인 외에도 신탁관리청과 주변환경 간에는 비공식적인 관계가 다양하고도 폭넓게 맺어졌다. 이것은 신탁관리청이 짧은 기간 내에 4천 명 이상의 직원을 채용했는데, 그들 중 많은 사람이 자신의 이전 소속 기업이나 행정기관, 주 정부, 친구·동아리 등과 접촉을 유지하고 있었기 때문이다. 경영자의 입장에서 보면 접촉수준은 인물을 선별하는 데 결정적인 요인이 되기도 했다. 기업 경영자와 정부관리 중에는 서쪽 출신도 동쪽 출신도 있었지만 채용한 직원의 지식뿐 아니라 개인적인 접촉도 이용하여 최신의 지식을 확보하고 대외 조정을 부드럽게 처리할 수 있도록 해야 할 필요가 있었다. 예를 들면 노동정책 부문의 직원은 연방노동연구소 소장의 개인적 도움을 받고, 연방 부서 직원은 연방과 주 정부 공무원의 도움을 받으며, 지방자치체로의 기업 반환업무를 맡은 사람은 주 지방의회에서 누군가의 도움을 받고, 농림산업 부문의 직원은 슐레스비히-홀스타인 주 농민연맹의 법적 자문을 받는 것이 당연한 책무인 셈이었다.

광범위한 신탁관리청 복합체(Treuhandanstalt Komplex)라고 불리는 공식 비공식 네트워크가 독일 정치권 내에 구축되었고, 정치적으로 다양한 이론적, 실제적인 문제가 제기되었다. 특별히 관심을 기울여야 할 것은 동독정부로부터 이어받은 신탁관리청의 중앙집중적 구조의 적합성과 서독의 다원적 질서에 대한 적응성의 문제이다. 서독정치 체제의 전통적인 국가-이익집단 관계에 신탁관리청이 적응하는 문제는 심각했다. 신탁관리청의 임무는 연방정부와 지방정부 간의 정치적 조정을 더욱 더 복잡하게 했고 서독의 코포라티즘적 정치 과정에 새로운 이익 집단을 통합시켜야 하는 심각한 과제가 발생했다.

4.2 연방 정부와 주 정부 간의 이익 중개

독일 연방의 정책 체제는 연방정부와 주 정부간에 책임이 겹치는 것을 특징으로 한다. 그러한 지역 정책은 경쟁관계에 있는 정당으로 구성되는 주 정부들간의 협상을 정치적 결박에 노출되도록 하는 것이다. 이러한 권력의 내부적 배분이 복잡하기 때문에 독일 연방 공화국의 정책 체제는 '반 주권 국가(semi-souvereign sate)'[25] 라고 불렸다. 때로는 지루한 정치 과정이 되기도 하지만 전후 시기에는 효율적인 타협 기술과 의사결정 패턴이 나타나고 있었다. 이것이 통일 과정에서 등장한 도전적 과제와 맞을 것인가에 대한 의문이 증가하고 있었다.

---

25) Katzenstein 1987, *Politics and Policy in West Germany* : 371

독일 통일의 진전과정, 즉 통일조약의 협상이나 협약, 신탁관리청 법 제정 등에서 연방의 협상체제는 가동되지 않았다 그 중 하나의 이유는 주 정부가 사안에 손을 댈 수 있는 상태가 아니었기 때문이다. 구 동독 지역에 다섯 개의 새로운 주 정부가 들어서고 나서야 이들은 긴박한 자원들을 얻기 위해 통일된 연방 정부의 구조가 장래에 어떻게 짜여져야 할 것이라는 문제를 제기하였다. 이것은 동독의 5개 주가 새로 가입하여 16개가 된 연방의 정치적 재정적 지위에 관한 일이었다. 재정 규모가 크고 여유있는 주가 작고 부족한 주에 '수평적 평준화'(Finanzausgleich: 주 정부 간 보조금)를 해 주는 것이다. 여기에서 신탁관리청은 결정적인 역할을 했다. 연방의회에 직접 보고를 할 수 있었기 때문에 동독 주정부들의 영역에 해당하는 것에도 책임을 졌던 것이다.

통일과정에서 연방정부와 지방정부간의 관계를 시험하는 사례는 동독 주 정부간에 그들이 신탁관리청을 다루는 방법에서 권리와 조정방식을 둘러싼 다툼에서 나타난다. 1990년 10월 작센 주 지사로 당선된 쿠르트 비덴코프(Kurt Biedenkopf)는 취임하기도 전에 민영화 과제와 기업의 재편작업은 동독 주정부에게 이양되어야 할 것이라고 요구했다. 당시 신탁관리청 총재였던 로베더와 집행위원회 이사들은 연방정부와 행동을 조율하여 신탁관리청을 해산하고 동독 주정부에게 과제를 이양하려는 시도를 막아낼 수 있었다. 연방의회의 신탁관리청 소위원회에서도 명백하게 인정하고 있듯이 통일 이후 두 달 만에 신탁관리청의 경영진은 "그 조직과 인사관리 영역에서 탁월한 역량을 보였으며 각 하부 분과의 참모들을 강화하는 것을 넘어서 신탁관리청을 분권화하려는 어떤 움직임도 적절하지 않다."

고 하였다.[26)]

주정부의 요구를 거절하는 것에 대한 대가로 신탁관리청은 구체적인 양보와 함께 제도적 통합을 추진해야 했다. 신탁관리청에는 이미 연방정부 관계사업을 담당하는 이사가 1990년 가을에 재직하고 있었다. 1990년 10월 15일 이후로 바이에른 주에서 재정과 대외사업을 경험한 볼프강 베스 박사(Dr. Wolfgang Vehse)였다. 동독인들이 그를 비판하는 내용은 주로 실용적 논거와 협상의 용의가 없다는 점이었다. 더 큰 어려움은 서독 주정부들이 신탁청관리청의 개념이 자유 시장원리에 위배되는 중앙집권적 노선을 가지고 있다고 인식하는 데서 나왔다. 동독 주정부들이 자신들의 요구를 직접 전달하는 데 비해, 서독 주 정부들은 경제부처 장관회의나 연방정부의 중재를 통해 전달했다. 또한 동독에 심어둔 개별 상담가들도 이용했다. 바이에른 주정부 경제부 장관이자 경제부 장관 회의 의장이었던 아우구스트 랑 박사(Dr. August Lang)는 지역적이고 구조적 문제에 대한 책임을 연방제도에 넘기려는 제안을 혐오하며 강력히 거부했다. 한 가지 공격논점은 신탁관리청에서 받아들여졌는데, 주 정부의 예산이 신탁관리청의 책임을 자신들이 져야 한다면 고통스러운 결과를 초래하리라는 것을 명확히 하려는 목적이었다. 다른 목적은 동독 주 정부가 지역적·구조적 노동시장의 정치적 문제에서 협력에 승리하고 신탁관리청이 결정의 최종권한을 포기하지 않으면서 정치인들은 정치적 책임에 말려들지 않게 하려는 것이었다.

신탁관리청 총재 로베더는 1990년 12월 1일 포츠담에서 열린 동독 주정부 지사들과 가진 첫 번째 공동 회의에서 초청자인 슈톨페

---

26) 연방의회 신탁관리청 소위원회 성명 1990년 11월 12일

(Stolpe) 브란덴부르그 주지사에게 정기적이고 종합적인 정보를 제공하고 논쟁적 문제에서 양보할 용의가 있다고 약속했다. 몇 주일 뒤인 1990년 12월 19일 동독과 서독 주 정부 경제부 장관회의가 베를린에서 열린 자리에서 로베더는 신탁관리청의 방침을 설명했다. 이를 계기로 당국들 간에 남아있던 지역적 정치 갈등들이 일소되었고, 로베더가 '새로운 동맹세력'을 얻었다고 발표할 정도가 되었다. 여기에서 더 나아가 신탁관리청 집행부는 연방정부에게 동독에서 무역과 산업발전을 촉진하는 데 필요한 추가조치를 시행해줄 것을 요청했다. 나중에 정치적 네트워크로 기능하는 연결망이 이미 형성되기 시작하여 신탁관리청이 연방정부와 주정부 간의 중개역할을 맡게 된 것이다. 이러한 정리는 자율성을 확보하는 과정에 도움을 주었다. 이것은 중요한 결정이 아직 정치적으로 확정되지 않았을 때 신탁과리청이 동맹세력을 바꾸어 선택함으로써 가능하였다.

신탁관리청 총재였던 로베더는, 주 정부에게 자신이 양보할 용의가 있음을 밝히고 동시에 연방정부와 협상하며 자율적인 행동공간을 달라고 요구했을 시점에는 이미 새로운 기관이 정치적으로 어떻게 발전할 것인지 내다보고 있었음이 틀림없다. 본(Bonn)에 연락사무소를 개설하는 계획도 같은 맥락에서 나왔다. 신탁관리청의 이해관계를 의회에 호소하기 위해서 본 사무소를 1991년 4월에 설립하였다. 이것은 다양한 이익집단과 대기업이 본에 사무실을 내고 있는 것과 비슷한 일이다. 처음 2년 동안 본 사무소는 대부분 연방의회 의원들로부터 제기된 2천 건의 질문에 답변하고 30회 이상의 정보 설명회를 조직했다.

4.2.1 주 정부 간 이익 조정의 제도화

주 정부의 신탁관리청에 대한 위상은 1991년 3월 14일 연방의 회를 통과한 '동독 경제부흥을 위한 연방정부, 동독 주 정부, 신탁관리청의 협력에 관한 기본원칙'에 명확히 나타나 있다. 여기에서는 "동독의 체계변동을 완수하려면 연방정부, 동독 주정부, 신탁관리청이 특별한 방식으로 조율하고 협조할 필요가 있다."고 규정하고 있다. 신탁관리청의 역할은 사회적으로 수용가능한 지역 경제 구조를 건설하는 국가에 대한 '서비스공급자'로 규정되어 있다. 여기에는 직장 폐쇄나 해고가 있을 경우에는 모든 중요한 정보를 제공해야 한다. 계획한 모든 조치(해체 재편 등)의 일정, 일시해고 종업원의 연령별·자격별 목록, 일자리 창출에 대해 신탁관리청이 할 수 있는 작업의 목록, 각 경우와 관련하여 국가 부문에 제공되는 토지와 재산목록 등의 정보가 포함되어 있다. 더구나 주지사는 신탁관리청 행정위원회에서 주 정부 몫으로 배정된 위원을 겸직하게 되어 있다(통일 조약 25조 2항). 따라서 조직 발전 방향에 대한 전체적 개념이 포함된 큰 결정이나 어려운 결정에 대해 정보를 입수할 수 있다.

'동독 경제 부흥의 기본 원칙'에서 구 동독 지역 주가 신탁관리청 행정위원회 이외의 다른 조직과 접촉을 가질 수 있도록 규정한 사례를 보면, 신탁관리청 경제각료회의, 분야별 자문위원회, 정부 및 행정 부서에서 민영화에 직접 책임있는 부분과 직접 접촉할 수 있다. 신탁관리청 경제각료회의(Treuhand-Wirtschaftskabinett)는 1991년 4월 통과된 기본 원칙 8항에 의거하여 구성되었다. 각 주 정부에다가 신탁관리청 작센 주 부문, 의제별로 영향받는 신탁관리청 부문 대표자, 작센 주의 신탁관리청 지소(쳄니츠, 라이프치히, 드레스덴),

경제부 재정경제부 농림부의 몇 부문, 미해결 재산청의 관리책임자, 지방의회 경제위원회 의장, 지방의회 정당 대표자들이 참가하여 구성되었다. 그 구성은 주마다 의제 항목마다 조금씩 달라졌는데 작센 주에서는 내무장관이, 브란덴부르그 주에서는 지사와 각 부서장이 종종 관여하였다.

이 경제각료회의와 긴밀하게 연관되어 있는 것이 월례회의다. 주 경제부 장관과 신탁관리청 부문 대표자들이 산업별 모임이나 재편 모임과 별개로 만나는 것이다. 때때로 경제각료회의가 끝난 뒤에 바로 열리기도 했고, 다른 인원구성으로 따로 열리기도 했다. 산업별 모임은 다음과 같은 가장 정형화된 패턴을 가졌다. 1) 회사에 관한 정보, 초기 상황과 최근 상황, 신탁관리청 관리위원회(Leitungsausschuss)의 평가 2) 민영화 지위, 관심있는 당사자 3) 투자 프로젝트 4) 자극 개념의 가능성 5) 기타 합의된 행동이 포함되어 있다. 산업별 모임에는 의회 대표자와 동독 지역 지방의회 위원회 대표와 토론하는 것이 포함되어 있다. 신탁관리청의 주 정부 담당관은 의원에게 정보를 주면서 가능한 한 의회에 대해 주 정부가 답변해야 하는 질문을 줄이려 애썼다. 주 정부는 규정상 회사의 청산이나 해고에 대해 가장 먼저 정보를 듣게 되어 있었다. 1991년 봄에 기본적 틀에 대한 합의가 형성된 '조기 경보체계'의 산물이었다.

주 정부와의 협력에서 신탁관리청의 기업 지원이 점점 전면의 과제로 떠올랐다. 그들은 주로 지역 경제의 지원기금인 공동체 과제(GA=Gemeinschaftaufgabe) 기금과 실직자 지원을 위한 다양한 특별기금을 사용하였다. 개별 주와 맺은 협약을 보면 이런 종류의 부담을 덜기 위해 신탁관리청이 정말 적극적인 태도를 취했음을 알 수 있다. 예를 들면 1992년 4월 28일 작센 주 경제부 장관 숌머와 브로이엘이 맺은 숌머-브로이엘 합의는 "지역적으로 중요한 회사를 지원하기 위해 동원할 수 있는 모든 역량을 사용한다. 특히 GA(GA=Gemeinschaftaufgabe)펀드와 보장을… 공공 기반을 지원하고 노동시장 정책을 위해 적절한 수단을 제공한다."고 되어 있다. 그 대신 신탁관리청은 주 정부의 지원을 받은 기업에게 필요한 금융적 편의를 제공했고, 몇 년간의 현대화 과정이 필요하다는 구상에 동의하기도 했다. 이러한 지역적 협력개념은 지역적으로 산업상 중요한 기업을 규정하고 다양한 공동지원의 틀을 제공하는 프로그램을 발전시켰다. 가장 유명한 것이 작센 주의 ATLAS 프로젝트이다. 이 산업별 모임은 1992년 5월 이후로 작센 주에서 계속 열렸다. 약 200개의 기업이 해당되며 "신탁관리청이 선별하여 재편대상으로 위해 주 정부에 등록된 기업(독일어 약자로 ATLAS가 된다.)"으로 지정되어 지원을 받았다.

4.2.2 동독 '제 2 의 정부'로서의 신탁관리청 – 자율성과 책임성

헬무트 슈미트 전 수상은 신탁관리청을 "6개 동독 주정부를 위한 대단히 강력한 제2의 정부"라고 불렀다. 이것은 신탁관리청이 주 정부에게 갖는 중요성을 강조한 것이다. 또한 이 발언이 함축하는 바는 "주로 연방정부와 긴밀한 조율에 의해 정치적 계산과 경제적 변전의 관리된 과정을 따르는 기관"이라는 내용이었다. 이러한 진술은 전환과정에서 신탁관리청의 위상에 대해 학자 언론인 및 정치권이 내린 평가를 잘 반영하고 있다. 그러나 이것이 실제로 어느 정도로 작용했고, 특히 부문별로 경제, 정치 지방 행정 혹은 중개 제도에 따라 분류했을 때 얼마나 현실적이었는가는 쉽게 말하기 어렵다. 신탁관리청은 1990년 6월 17일 제정된 신탁관리청법(THG= Treuhandgesetz)에 의해 주식회사 형태의 공기업으로 행정위원회의 감독을 받았으며 종종 '세계 최대의 지주회사'라고 불렸다. 문제로 되는 것은, 그 특정 책임 영역에서 어느 정도나 행동의 자율성을 연방정부, 주 정부, 유럽공동체위원회, 주요 이익집단에 대해 가지고 있었는가 하는 점이다.

법적으로 볼 때 신탁관리청은 회사가 아니며 실제적 목적을 보아도 정부 당국은 아니었다. 그 책임과 사업의 실제적 측면은 국가와 경제간의 접촉면 이상이었다. 신탁관리청은 국가의 대리인으로 민간 경제 부문을 발전시키기 위해 노력했다. 이 점에서 신탁관리청은 2차대전 이후 마샬 플랜 아래서 기금의 행정을 맡기 위해 설립된 법적 기구였던 '재건 신용 기구(KfW=Kreditanstalt fuer Wiederaufbau/Credit Institution for Reconstruction)'를 연상시켰다. 양 기구 모두 연방의 특별재산을 다루었고 경제부문을 중점적으로 관리하는 행정위원회를 통해 통제되었다. 한 가지 중요한 차이는 신탁관리청이 기업의 소유자였고 기업이 민영화되거나 폐쇄될 때까지 재정을 부담했다는 사실에 있다. 차이점의 마지막 요점은 재정적, 조직적, 개입 수준 및 물리적 복잡성의 수준이며, 한마디로 말해서 신탁관리청이 감당하는 과제의 규모이다. 그것이 문제를 해결하도록 엄청난 경제적 압력이 가해졌다. 이 과업이 성공적으로 달성될 수 있도록 강제 수단이 정치적으로 중개되었다. 그 결과 정치적 사회적 파급 효과가 다양한 방면으로 미치게 되었다.

신탁관리청은 처음에 정부 당국으로 간주되었다. 처음 임용된 150명의 직원은 동독 정부의 부처 출신이었다. 이후에 신탁관리청법이 1990년 6월 17일에 통과되자 신탁관리청이 가지고 있는 사업적 성격이 전면에 부상했다. 그러나 이 단계에서 이 조직이 가지고 있는 정치적 역할이 커지게 될 것을 예견했던 사람은 아무도 없었다. 정치적 개입의 수준은 신탁관리청이 동독의 구조변동에 수반한 고용 확보와 사회안전망 유지에 대해 지고 있는 엄청난 책임에서도 볼 수 있다. 신탁관리청의 책임은 부분적으로는 사실적 필요성에 의해, 부분적으로는 정치적 이유에 의해 부과되었다. 그러나 신탁관리청은 이 과제에 대비하지 못했다. 1991년 6월부터 이상과 같은 길이 명확해졌다. 신탁관리청은 고용촉진사업에 참가하기 시작했다. 이에 따라 신탁관리청의 업무 범위는 연방 노동청의 기능과 더욱 비슷해졌다. 공법상의 기관이며 연방 노동부의 감독을 받는 기관과 업무 범위는 비슷해졌으나 신탁관리청의 행정은 노동자, 국가, 사용자 대표들에 의해 자치적으로 이루어졌다. 신탁관리청과 종종 비교되었던 재건 신용 기구(KfW)는 상설된 자본시장기구였고 독일 주요 은행의 통제를 받는 기구였지만 정치적으로는 독립적으로 움직였다. 신탁관리청은 두 기관과 항상 긴밀한 연계를 유지했다. 공동 재정부담 문제 및 고용정책과 관련한 프로젝트를 조직하는 과제가 있었기 때문이지만 신탁관리청 관리 기업을 위한 기금 사용 문제도 있었다.

신탁관리청의 자율성은 독일 연방은행과 비교해 측정해 볼 수도 있다. 연방은행 역시 공법상의 조직으로 법률적으로 독립기관이며 연방정부에 직접 보고한다. 연방은행은 연방 헌법 88조에 의거하여 핵심적으로 중요한 경제정책에 대해 책임을 진다. 최고 의사결정기구인 중앙은행위원회에서 국가는 영향력을 행사한다. 이것은 신탁관리청 행정위원회에서 국가가 영향력을 행사하는 것과 동일하다. 그 영향력의 형태, 다양성, 범위는 연방은행과 마찬가지로 연방 체계에서 연방 정부, 주 정부에 다음가는 3위에 해당하는 수준이다. 신탁관리청은 위임받지 않은 통화정책에 대해서도 한정된 기간 동안 책임을 진다. 연방은행은 연방은행법이라는 법률에 근거하여 자율성을 가지고 있다. 한편 신탁관리청은 의사결정 기구의 권한을 지속적으로 정치적 결정권을 가진 다양한 기구와 나누어야 했다. 한 보고서에 의하면 1991년에서 1992년 사이에 신탁관리청 사업에 대한 외부적 제약의 변동을 묻는 질문에 대해, 신탁관리청 요원의 58.8%는 증가하고 있다고 보았고 31.5%가 그대로라고 응답하였으며 9.7%는 감소했다고 보았다.

여기에서 알 수 있듯이 신탁관리청은 후반에 그 움직일 수 있는 자율적 공간을 어느 정도 잃었고, 이를 직원들이 느낄 수 있을 정도였다. 이러한 변화는 사업의 다양성이 증가하여 국가와 조정해야 할 필요가 있는 사안이 늘어나고, 공정거래위원회, 금융감독원, 연방의회, 기타 연방 부처가 부과하는 통제가 더욱 심해졌기 때문에 초래되었다. 1993년에 연방 부처, 금융감독원, 연방 의회 및 주 의회의 질문에 답변하기 위해 기업 정리부 한 곳에서만 연인원 1,000명/일 이 필요했던 것으로 추산되고 있다.

4.2.3 신탁관리청 복합체의 태동

금융이나 승인을 요하는 개념에 관한 여러 가지 의사결정 요청 및 연방 부처(특히 재무부)와의 매일 매일의 토론을 제외하면 여기서 특별히 관심을 갖는 두 가지 제도가 있다. 신탁관리청의 관리위원회와 '루드비히 위원회'가 그것이다. 루드비히 위원회는 연방 수상 관저의 수장인 각료회의장관(Ministrialdirektor)[27] 요하네스 루드비히(Johannes Ludwig)의 이름을 딴 것이다. 그는 연방 수상에 의해 지명되어 동독의 재건에 관한 문제를 담당하게 된 것이다. 경영위원회는 통화를 통합(동독 마르크 화폐를 서독 마르크 화폐와 통합)하는 상황이 초래한 결과로 존재하게 되었다. 회계 전문가들의 첫 번째 그룹이 연방 재무부에 의해 베를린으로 급파되어 기금 사용을 감독하게 했을 때 생겨난 것이다. 통화통합이 1990년 7월 1일 시작되었을 때 8,000개의 회사가 신탁관리청에 등록하여 허가되었다. 이들이 신탁관리청에 임금을 삭감하고 사회보장에 기여하며 주문을 내고 투자를 하기 위해 독일 마르크(DM)로 자본을 요청한 것이다. 그 시점에서는 연방정부가 직접 관장하지는 않았으나 재정은 지원하고 있었다. 당시의 쟁점은 이 예산 사용을 법률적 기준보다는 보다 영업 회계 기준 아래 행해지도록 조사하는 것이었다. 회계사들과 경영 컨설턴트는 나중 통일 이후에 호르스트 플라스나(Horst Plaschna)밑에 신탁관리청 경영위원회를 구성하게 되면서 거기에 임명된다. 연방정부가 그 신청예산의 41%만 지불하기로 결정한 것은 그들의 평가에 근거한 것이었다. 물론 많은 동독의 관리자들이 초기에 실망하고 이에 대해 신탁관리청을 비난했다. 경영위원회는 연방 재무부의 독립된 컨설팅 조직으로 신탁관리청 내부에서 일하기는 했지만 그에 통합된 것은 아니었다. 이때부터 경영위원회는 중앙 사무소에 제출된 모

---

27) 독일은 연방제국가로서 15개의 주정부인 지방정부가 모여 연방을 이룬다. 또한 의회중심제 국가로서 연방의회에서 선출되는 수상(혹은 총리, 대개 원내 제 1당의 의장)이 행정부의 내각(각료회의)을 주재한다. 한편 연방 대통령은 국가원수로서 대외적인 대표성만 갖는다. 따라서 수상관저에 사무실이 있는 각료회의 장관(Ministrialdirektor)은 한국으로 치면 대통령 비서실장 정도의 직위에 해당하나, 각료회의를 총괄한다는 점에서는 한국의 국무총리 정도에 해당한다. 따라서 '루드비히 위원회'는 한국의 정부체계로는 '국무총리 직속의 동독 재건위원회' 로 보아야 할 것이다.

든 기업 전략과 계획을 체크하고 이를 다루는 방법에 대해 권고했다.

고위직 정치적 조정체 하나가 루드비히 그룹이라는 이름으로 모인 것은 1991년 5월 13일부터였다. 그 후로 몇 주일 간격 혹은 그보다 자주 만날 때도 있었지만 주로 베를린의 수상관저에서 주로 만났다. 이 모임의 과제는 동독 재건에 관련해 1991년 1월 이후 내려진 결정의 집행과정에 동행하고 상호 감독하는 것이었다. 1992년 초부터는 이 모임에서 연방 수상과 구 동독 지역 주 지사 그리고 베를린 시장이 포함된 모임을 준비하는 임무도 맡게 되었다.

루드비히 그룹 모임에 참석하는 사람은 신탁관리청 총지배인(General Manager), 구 동독 지역 주 정부들의 주지사 부속실의 수장, 연방 수상 부속실을 대표하여 각료회의 장관인 요하네스 루드비히, 그리고 연방 수상부속실 베를린 사무소 수장이었다. 의제의 주된 항목은 동독 주들의 재정 요구, 경제 문제의 주요 주제, 동독 재건에 관한 이니셔티브, 행정 지원, 동유럽 국가와의 무역, 헤르메스(Hermes) 수출신용보험,[28] 일자리 창출 프로젝트, 그리고 그날의 긴급한 사안들 예를 들면 연방 재산이나 토지를 주 정부로 이관하는 문제나 신탁관리청의 형사 조사 당국의 활동 등이었다.

신탁관리청이 참가하고 있는 다른 조정체와 비교해 볼 때 루드비히 그룹은 다변적인 구성, 출석의 강제성, 정기적이고 빈번한 회합으로 친밀한 모임이 가능하다는 점 등이 특징적이다. 이것은 정부의 수장과 신탁관리청 이사회 밑에 실무수준에서 모든 정치적 신경 결절점을 연결하고 있다. 본에서 모이는 수상 주재 동독 재건회의는 모임 회수도 적고 보다 비공식적인 모임이었다. 이 모임에서 정치적 집행기

---

28) Hermes는 정부 소유의 수출 대부와 신용보험회사이다.

관 관계자들이 상대적으로 작은 모임에서 사회적 이익집단들의 개입 없이 만날 수 있었다. 쌍방향적인 주 정부 관계와는 달리 수상 주재 동독 재건회의는 일반적으로 다자적인 주 정부 관계 및 경제체계 전환과 관련하여 정치적으로 긴박한 문제를 다룬다. 이런 경우에 모임은 연방 수상과 동독 주지사간의 회의에서 조정되었다. 여기에서 헤르메스 수출신용보험 하의 보증 제공이나 재산법 개정안 등에 대해 엄밀한 기준이 준비되었다. 이 과정에서 신탁관리청에는 입법 설계에 참여할 기회가 주어졌고, 연방 의회나 연방 부처와 직접 접촉을 하게 되었다.

신탁관리청에 대한 의회 감독은 본래 연방의회 예산위원회의 소위원회가 맡았다. 연방정부나 주 정부와 비교해 볼 때 이것은 신탁관리청에 대한 감독과 통제에서 단지 부차적 의미만을 갖는다. 가장 큰 이유는 첫째 신탁관리청이 공법상의 법률적으로 독립된 기관이기 때문에 의회 예산법에 의한 통상적인 통제 기제나 승인 절차가 적용될 수 없다. 다른 이유로는 통일 이후 6개월 동안 이 소위원회 구성원의 대다수가 긍정적 태도를 취했다는 점을 들 수 있다. 녹색당 연방의원들이 초기에 성명을 발표하여 대중적 비판을 제기하였으며 1991년 6월 신탁관리청 법 개정안을 제출한 것과 관련되어 있다. 그러나 소위원회는 신탁관리청 조직의 개혁, 의회 통제 강화, 역사적 부채의 청산, 신탁관리청 산하 기업의 재편에 대해 새로운 안건이 제출되는 것을 원하지 않았다. 즉 법률적 지위가 낮은 소위원회는 신탁관리청과 상호 동의를 확보하는 수준에 머물렀다.

1992년 7월 3일 통과된 신탁관리청신용법은 대출한도를 각 회계연도 당 300억 DM로 제한하고 1993년과 1994년에 이 한도를 모두 사용할 경우에는 예산위원회의 승인을 받도록 했다. 의회의 신규 대출에 대한 통제는 사전 규제하는 성격을 가진 것은 아니었지만 그 이후로 신탁관리청은 베를린이나 동독의 산업 중심지에서 종종 갖게 되는 모임이 생기기까지 소위원회에 제공하는 정보를 확대했다. 그리고 1993년 2월에 별도의 연방의회 신탁관리청 위원회가 구성되어 신탁관리청의 사업을 모든 범위에 걸쳐 관장하게 되었다. 신탁관리청은 정기적으로 사업과 계약감독, 재편 개념, 새 민영화 제안, 지출 동향 등의 정보를 제공했다. 1993년 6월 16일 신탁관리청은 연방의회의 신탁관리청 위원회에 대출 한도를 늘리고 자본시장에서 추가로 80억 DM를 빌릴 의향이 있다고 보고했다. 이것은 재무부를 거쳐 예산위원회의 승인이 필요했다. 그 액수는 이미 연방정부와 주 정부의 협상을 거쳐 합의된 것이었다. 연방을 강화하기 위한 프로그램으로 '동독 재건을 위한 연대협약(Solidaritaet Pakt)'을 맺어 핵심적인 산업지역을 재생하고 보호하는 것이 주 목적이었다. 연방 예산위원회가 70억 DM만 승인했고 신탁관리청은 금속부문과 전기부문에서 '고용회사(Beschaeftigungsgesellschaften)'[29] 에 보조금을 줄인다고 발표했다. 이 발표의 배경은 임금 협상 정치와 연관이 있다. 이것은 금속노동조합(IG Metall)에게 임금단체교섭에서 신탁관리청 기업과 합의한 긴축조항을 적용하라고 압력을 넣는 것이다. 긴축조항이란 임금동결을 의미하는데 노동조합은 이미 신탁관리청 기업 중 취약한 기업에서 임금인상률을 낮추는 것을 거부했다. 왜냐하면 이들은 어떻게든 공적 기금으로 살아남을 것이기 때문이었다. 이런 상황에서 예산위원회의 결정은 신탁관리청과 노동조합이 납세자의 희생 없이 사업장 폐쇄나 실업 등의 부담을 감수하도록 긴축조항을 저

---

29) 해고근로자들을 흡수하고 재교육하기 위해 설립된 회사

용하는 것을 막을 수 없다는 신호로 간주되었다. 이것은 이제 임금과 고용정책을 다루게 하는데 신탁관리청에게도 1993년의 전환과정에서 이것은 중요한 문제영역으로 되었다.

4.3 신탁관리청 복합체에 참가한 집합행위자

신탁관리청은 민영화 작업을 추진하면서 가능한 한 투자와 고용 목표 간에 균형을 잡아야 했으며, 남긴 채무를 인수하고, 환경 오염 처리에 참여하며, 민영화 진행과정에서 연방 정부와 주 정부의 부서들 간에 서로 정당한 관계를 유지하며, 사용자 단체와 노동조합 간에 존재하는 서로 다른 이해관계를 고려해야 했다. 그러나 이것을 이상적으로 수행하는 것은 불가능했다. 연방정부와 주정부는 특별한 이해관계의 대표자로 가끔 나타날 뿐이었다. 그들은 선거전략 때문에 상반되는 이해관계를 조정하라는 압력을 받았다. 한편 일자리 보전이나 투자지원은 명백히 때로는 아주 격심하게 노동조합과 사용자 단체간의 이해관계가 갈등해야 나타났다. 사용자단체의 대표자가 신탁관리청 행정위원회의 다수를 점하고 있지만, 그들은 신탁관리청이 어떤 종류의 투자 지원을 잠재적 경쟁자인 동독 기업에 주는가를 주시할 수밖에 없었다. 또한 사용자들은 신탁관리청의 사업이 창출하는 산업구조에 대해서도 마찬가지였다. 따라서 예를 들어 독일토목산업연맹(VDMA) 회장 베르톨드 라이빙거(Berthold Leibinger)는 행정위원회에서 동독 토목 기업들이 거대한 공룡으로 국가의 관심과 지원 아래 유지되는 것을 비판적인 관점으로 계속 바라보았던 것이다.

<표 4-1> 신탁관리청 행정위원회의 의석 배분

사용자	주정부	노동조합	연방정부
8	6	4	2

자료: 신탁관리청 조직 핸드북, 1993년 5월

　행정위원회의 사용자측 대표자들은 때때로 적극적인 기업정책에 대해 단호하게 반대했다. 그들은 신탁관리청 산하 기업이 주도하는 마케팅 활동(예로서 라이프치히 박람회에서 신탁관리청의 '메이드 인 저머니' 사업)에 대해 비판적이었고, 특히 당시 토목산업의 전망이 불투명한 상황에서 국가보조금을 동독지역에 주는 것은 서독기업을 위태롭게 할 수 있다고 우려하는 목소리를 냈다. 다른 한편 주정부와 노동조합은 고위험을 수반하는 현대화 전략을 지역적·사회적 이유를 들어 수시로 지원했다.

　주요 민영화계획은 행정위원회의 승인을 받아야했다. 이것은 집행위원회가 조직에 대해 특별한 결정이나, 민영화 가이드 라인, 금융활동, 연간 사업계획 등에 대해 승인을 받아야 하는 것과 마찬가지이다. 결정은 대부분 모임의 진행에 따라 상세한 토론 후 만장일치로 이루어졌다. 그러나 또한 재무부 장관과 유럽공동체 위원회의 동의를 받아야 했다. 행정위원회는 원래 이익집단의 대표자가 각자의 이익을 대표하는 기관이 아니었다. 신탁관리청 법(4조)에는 사용자 단체나 주정부의 참여에 대해 아무런 언급도 없다. 유일한 기준은 단지 경제전문가 지명이란 말 뿐이다. 주 정부가 대표로 참가하도록 것을 추가 의석을 만들어 공식화하는 조치는 통일 조약(25조 2항)이 발효되기 이전까지는 없었다. 노동조합 대표자가 참가하는 것은 연방 정부가 주도하는 실제 지명과정에서 이루어진 일이었다.

신탁관리청 행정위원회의 모델이 주식회사(Aktiengesellschaft)라면 감독위원회는 원래 이사회의 상층을 형성한다. 감독위원회의 기능은 신탁관리청을 외부 세계에 대표하는 것이다. 이 기능은 신탁관리청이 정치화하는 신호이다. 그리고 실제 생활에서는 공영방송이나 공적 소유 기업의 감독위원회 같은 요소들의 혼합체 같은 성격을 띤다. 주 정부나 사회 집단, 지역 당국에게 신탁관리청에 접근할 기회를 더욱 많이 주는 과정에서 각 지소들의 자문위원회가 신탁관리청 본청의 명령에 의해 1991년 3월에 형성되었다. 그들은 "정치권과 재계 및 지역 내 사회세력간의 조화를 보장"하려는 목적에 봉사했다.

〈표 4-2〉 지소의 자문위원회: 15개 지소 자문위원회의 의석배분
(1991년 3월 기준, 베를린 지소는 1991년 6월 기준)

	의석 수	%
사용자 단체, 전문위원	45	33
지방 자치단체(읍이나 동)	28	20
노동조합	18	13
주정부	14	10
교회	14	10
농업 이익단체	9	7
시민운동	9	7
계	137	100

자료: 「연방 정부, 주 정부, 신탁관리청간의 협력에 관한 보고」, 1991. 11. 28

자문위원회의 구성은 각 지소마다 상당히 다양하다. 사용자 단체가 특히 크게 대표된 곳은 쳄니츠, 코트부스, 드레스덴, 베를린, 할레 지소이고 노동조합이 크게 대표된 곳은 프랑크푸르트(오데르), 라이프치히, 로스톡이며 교회가 대표의 비중이 큰 곳은 에르푸르트, 프랑크푸르트(오데르)이며 지방자치단체의 비중이 큰 곳은 게라, 시민운

동이 큰 곳은 브란덴부르크 지소였다.

신탁관리청은 통일과정에서 연방과 주 정부 간의 관계에 대해서만 초점을 맞춘 조직만이 아니었다. 그에 참여하는 것을 통해서 집단의 이해관계 대표가 발전했다. 전후에 영향력이 강했던 네오 코포라티즘에 입각한 협상과 협의체계를 초기에 배제한 행위도 사용자 단체와 노동조합이 승인하였다. 비록 몇몇 경영자들이 1990년 2월에 통화 통합과 관련된 통일정책에 대한 첫 번째 모임을 수상과 가지며 "동독은 그러한 정책을 더 이상 참기 힘들 것"이라고 목소리를 내기는 하였지만, 정치가 재계를 선도하는 지도적 역할을 "수상과의 모임에 참석한 모든 참석자가 인정"하였다. 이후에 정계, 재계, 노동조합의 지도적 인사 가운데 신탁관리청에 참여한 집단은 주로 이 수상과의 모임에 참석했던 사람들이었다. 이 모임 이외에 연방 사용자단체와 노동조합이 1991년 6월까지는 적극적인 활동이 보이지 않았는데, 그것은 동독 고용정책에서 신탁관리청이 갖는 역할과 제도적 틀이 협상되는 도중이었기 때문이다.

4.3.1 노동시장과 노사관계

'동독 경제 부흥을 위한 기본 원리'에서 일자리 창출을 위한 틀로 일자리 창출 회사(ABM-Traegergesellschaften)가 설립되고 재원이 마련되었지만 집행은 지방정부와 연방노동청이 맡았다. 이 계획은 출발부터 문제가 있었다. 이러한 회사는 신탁관리청 사업의 전제로서만 성립할 수 있었기 때문이다. 이 회사는 설립과정에서 신탁관리청에 지원 요청을 했다. 그리고 경우에 따라서는 개조나 재편작업을 했다. 그리고 어떤 경우이든 신탁관리청은 이러한 작업을 해고계획과 함께 시행했다. 1991년 중반 무렵에 연방정부, 주 정부, 신탁관리청, 노동조합, 사용자협의회 간의 정치적 갈등은 정점에 이르렀다. 신탁관리청과 기업의 양 당사자인 사용자와 노동자는 1991년 7월 1일 쾰른의 사용자협의회(BDA)건물에서 협정을 체결한다. 이 협정에 의해 '일자리·고용·구조발전 회사(ABS=Gesellschaften zur Arbeitsfoerderung, Beschaeftigung und Strukturentwicklung)'가 설립되었다.

신탁관리청은 처음부터 일자리 확보 조치보다 민영화 작업이 우선하도록 규정했기 때문에 위태로운 경지에 빠지지는 않았다. 이에 따라 사용자협의회와 함께 신탁관리청은 각자가 관할하는 회사에서 종업원의 고용기간에 대해 새로운 종류의 기본 계약을 설정하게 되었다. 이로써 신탁관리청이 고용주로서 책임져야 하는 부담은 경감되었다. ABS회사 역시 종업원을 보다 더 쉽게 해고할 수 있게 되었다. 신탁관리청은 관리 이사에게 보수를 지불하고, 자산을 갖고 있는 회사를 경유하여 ABS 회사에게 6개월 간(예외적인 겨우 1년까지도) 상담과 경영지원을 제공할 용의가 있다고 선언하였다. 동일한 내용이 임금이나 보수 관리, 사회보장 보험 관리에 대한 초기 지원에도 적용될수 있었다. 마지막으로 신탁관리청은 수많은 ABS 회사를 위한 비용을 커버했다. 결과적으로 연방정부나 연방노동청의 부담으로 주정부에 보내야 하는 수백만 마르크의 돈을 감당한 것이다.

완전히 새로운 종류의 문제들이 노동장려법(AFG=Arbeitsfoerderungsgesetz) 249조의 도입에 따라 생겨났다. 이 새로운 규제는 신탁관리청에 의해 재촉되었다. 환경, 사회적 서비스, 청년 복지 개선목적을 내걸고 있는 구 동독 지역 기업에게는 5년 동안 연방노동청에서 임금 비용에 대한 보조금 지불을 촉진하도록 설계하는 것이다.

이를 근거로, 화학노조 연맹(IG Chemie)과 맺은 협약에 의해서 신탁관리청은 화학산업에 대한 자격 프로그램(Qualifizierungswerk Chemie)이라 불리는 보조금 사업(7,500만 DM상당)을 화학노조연맹의 긴밀한 협력하에 시행했다. 이 프로그램의 내용은 다음과 같다. 처음에 신탁관리청이 배정된 기금을 ABS회사가 필요한 설비를 구입할 수 있도록 기금을 배정하여 제공한다. 다음에 사회보장계획(특히 실업수당)을, 신탁관리청 관리 기업 가운데 화학연맹노조에 조직이 있는 기업이 제시한다. 이 때에도 노동장려법 249조에 따라 해고된 종업원에게 임금의 형태로 보상을 지급할 수 있어야 한다. 동시에 연방노동청의 보조금도 같이 지급하여 개별노동자들이 세금공제 후 받는 순 수령액은 노동장려법 249조의 혜택을 받지 못하는 기업에서 단체교섭을 거쳐 지급되는 비용보다 적지 않게 한다.

여기에 해당되는 노동자들은 신탁관리청이 설립한 종업원결사체와 화학노조간에 맺어진 단체협약에 따른 임금을 적용받는다. 노동장려법의 규정에 따라 합의된 임금은 화학산업의 단체협약이 규정한 액수의 90%이다. 노동자들은 ABS회사의 재훈련계획에 따라 근로시간 중에 재훈련을 받는다. 이 중에는 환경회생작업을 수행하는 경우도 있다. 동독에서 소위 '화학 삼각지대'로 불리는 할레, 라이프치히, 비터펠드에는 낡은 공장을 해체하는 작업이 시급하였다. 이러한 조치는 화학회사가 민영화될 수 있는 전망을 밝게 했다. 왜냐하면 그 회사의 일자리를 줄여주고 신탁청이 감당하는 환경오염의 유산을 덜어주었기 때문이다.

신탁관리청은 비슷한 협약을 광산 및 에너지 노조와도 맺었다. 갈탄광산은 구조조정 대상이었다. 이 부문의 그 노동자들은 조경 및 정원사로 재훈련되었다. 또한 대규모 환경 정화 프로젝트가 시작되었다. 이 두 가지 프로그램으로 4만 개의 일자리가 생겼다. 그리고 신탁관리청은, 투자전략에 도움되는 일이나 기업의 민영화를 쉽게 하는 일 그리고 종업원들이 나중에 정규 종업원으로 복귀하는 데 장애가 되지 않는 일이라면, 일자리 창출에 지원할 의사가 있음을 과시했다. 1993년 하반기에만 총 12억 DM를 노동장려법 249조 시행에 필요한 조치를 위해 지불했다.

종업원결사체와 단체교섭정책은 신탁관리청의 경제사회분야에 대한 개입을 명확하게 보여준 분야였다. 처음부터 신탁관리청은 경영자가 자기 종업원에게 양보하는 것이 어렵다는 것을 발견했다. 통일 후 불과 몇 달밖에 지나지 않았을 때 해고보호 결정과 보상계획이 서독 상담가들의 도움을 받아 만들어졌고 보상 지급액은 때때로 깜짝 놀랄 수준에 달했다. 우선은 퇴직 연령에 도달할 때까지 급료 총액에 해당하는 액수가 지불되었으며 기타 보상으로 해고자 1명당 156,000 DM가 지불되었을 정도이다. 이것은 모두 신탁관리청 본청에서 지불할 것이라는 기대가 있었으므로 결정될 수 있었다. 해고 시의 보상금 기준은 신탁관리청과 독일 연방 노조 총연맹(DGB) 및 사용자 총연맹(DAG) 간에 1991년 4월에야 비로소 합의에 도달할 수 있었다. 그러나 이것 역시 연방 재무부가 해고 보상금으로 100억 DM의 재정부담에 동의한 뒤에야 가능했던 것이다.

신탁관리청과 신탁기업 및 노조 구성원 간의 임금협상에 관한 가이드라인은 당시의 상황에서 임금협상의 급속한 성장을 목표로 한 것이었다. "신탁관리청은 그 회사가 노동조합과 함께 효과적인 사회적 합의를 생산해낼 수 있는 종업원결사체로 조직되는 데 관심이 있다. 만약 신탁관리청이 공장 임금 혹은 보완협정에 신중한 입장을 취한다면 이것은 무엇보다도 전 산업의 단체임금협상에 대한 기준선 때문에 제한적인 것이다."

종업원결사체의 회원자격은 신탁관리청 회사에는 거의 의무적인 것이었다. 무엇보다도 제철 혹은 조선 부문에서는 산하 노동협의회가 이 성원자격을 계약상 금속노조 혹은 화학노조의 압력하에 확보할 수 있었다. 신탁청 기업은 동독에서 종업원결사체의 성장을 지원하여 회비를 정기적으로 납부하고 결사체의 업무에는 개입할 어떤 권리도 요구하지 않을 정도였다. 신탁관리청은 노조와 조율하여 일하면서 외국인 투자자들이 종업원 결사체의 성원자격을 유지하고 그 종업원들과 별도의 공장 임금협약을 맺는 것을 회피하였다.

1992년의 경험을 바탕으로 1993년에 신탁관리청은 임금단체교섭에서 9% 인상을 지시하였다. 금속산업에서 누진된 임금협약은 화학과 에너지 산업에서 신탁관리청 기업의 대다수가 대표되고 있는데 그 해에 26% 인상을 제시하였다. 따라서 금속노조는 재무부장관에게 공개서한을 보내 신탁관리청 집행부에 연방의원 임금정책에 중립적 입장을 취하도록 지시하라고 했다.

금속산업의 종업원협의회는 이미 1992년 가을에 단계별 협약에서 물가인상률 보상을 위해 9% 임금인상을 토론하자고 제의했었다. 그 숫자에 초점을 맞춘 것은 신탁관리청만은 아니며 화학산업과 건설산업의 쌍방도 나중에 이 수준의 임금인상에 합의했다. 그러나 금속산업에서 2주일간의 파업이 발생하였고 이는 주로 신탁관리청에 영향을 미쳤다. 그들은 사실상 신탁관리청 본부에서 종업원 협의회와 '공장 임금협정에 관한 가이드라인'을 참고해 따르라는 명령을 실제로 받았던 것이다.

신탁관리청과 금속노조 간의 갈등은 개별 기업이 단체임금 인상률을 하향하라는 단체교섭을 적용하는 등 자제 조항의 적용을 들러싸고 다시 불거졌다. 이 경우에 신탁관리청 본청 역시 "자제조항의 적용을 방해하는 어떤 행동도 자제하라는"지시를 경영자들에게 내렸었다. 그리고 그 대신 금속종업원협의회와의 협약 절차에서 단체임금 인상률을 내릴 수 있는 모든 가능성을 활용했다. 노조는 이런 행동노선을 거부했다. 그 논거로는 임금지불은 공공기금에 의해 충당되고 아무도 동독 노동자들의 임금을 낮게 지불하면서 산업입지를 보존하기를 기대할 수 없다는 이유를 들었다. 그러나 다른 산업에서 임금에 대한 단체교섭을 둘러싼 갈등에도 불구하고 노조가 몇몇 주정부(특히 작센 주와 브란덴부르크 주) 및 본의 총리 모임을 통해 전환정책의 네트워크를 형성하고 협조관계의 중심적 위치를 점하고 있다는 사실은 명확하게 드러났다. 이것이 신탁관리청 정책에 영향을 미치는 그들의 시야를 더욱 넓게 해주었다.

4.3.2 지방자치체, 구 소유자, 투자 우선순위

신탁관리청 집행부의 목표는 항상 큰 사업체의 이사회와 같은 기능을 하는 것이었다. 그것이 아직도 국가소유의 회사라는 사실은 그 외부적 관계가 다양하다는 것이나 정치적 이해가 갈등관계에 있을 때 화해하는 방식뿐 아니라 입법부가 그에게 주권자로서의 책임을 부여했다는 사실에서도 명확했다.

이것은 지방자치체 재산의 이전에서도 적용되었다. 그리고 투자 우선순위를 정의하여 행정부의 공표를 확정하는 절차에서 완성되었다. 정부당국으로서의 신탁청의 기능은 수상직속부서나 기업부서와는 완전히 다른 구조에서 창출되었다.

　지방자치체 재산부는 수상실과 독립적으로 각 주에 그 자신의 독립부서를 가지고 있고, 그리고 각 지자체 대표와 연방협의회가 접촉하는 사무실을 가지고 있었다. 그 책임자는 독일 시의회로부터 신탁관리청에 보내져 (구/시/군 단위) 기초 지방자치체들과 긴밀한 연결을 가졌다. 그리고 그 행정적 규제가 이 부서의 업무를 커버하는 연방 내무부 및 법무부와 직접 연결을 가지며 지방 정보 서비스(Info Dienst Kommunal)라는 소식지가 연방 내무부에서 발간되었는데 동독 행정부서의 가이드라인으로 작용했다.

　지방자치체 재산관리국은 의회와 공공행정기관과의 네트워크로 통합되어 있었다. 연방의회 신탁관리청 위원회에서 여기에 많은 질문을 했고 연방 재무부의 각 부서로부터 매일 전화상담을 해왔다. 그리고 항상적인 정보요구가 연방의회의 각 의원으로부터 그 유권자 및 연방과 주의회의 지자체 정책에 책임있는 작업그룹으로부터 견해를 묻는 전화가 걸려왔다. 여기에 더하여 신탁관리청 다른 부서의 책임자와 재산등록법 아래에서 책임지는 지역 국세청(Oberfinanzdirektion)이 연방 재무부와 연방 내무부의 동독 구·시·군 행정책임자들로 조직된 지역 당국회의에 출석했다. 그 지역회의는 구 동독 기초자치단체 수준에서 원상반환의 최근 상황과 과정을 보고받았다. 이 개입을 통해 신탁관리청은 동독 지자체와 주 정부의 건설에도 역시 개입한다.

　신탁관리청의 부서를 가장 많이 방문한 사람들은 과거에 재산 혹은 자산을 수용당한 소유자들, 그들의 이해를 대변하는 사람들 그리고 지방자치단체 사람들이었다. 이것을 규정하는 것은 공법 '투자우선 명령'과 관련 소송, 재산권 명령(3a조)'였다. 이 조항은 구소유자가 이의를 제기한 대상에 대해 토지와 재산 혹은 회사를 매각하는 데서 신탁관리청에 의해 부과된 제한 혹은 금지의 규제 및 연기를 관장하는 조항이다.

재산명령은 원래 1990년 9월 23일 통과되었다. 그러나 이것은 투자에 제동을 거는 것으로 판명되었다. 그래서 신탁관리청이 요청한 것은 투자 장애 제거 명령의 청문회에서"만약 구 소유자가 그 자산을 자신의 손에 넣는 것에만 관심이 있고 그 사업의 경영을 인수하는 데 의사가 없거나 불가능할 경우에는 재민영화(원상반환)을 거부하는 것을 용이하게 해야 한다"고 개정할 것을 요청했다. 1991년 3월 재산권 조항(3a)이 삽입된 결과 신탁관청은 투자우선순위를 정의할 수 있게 되었다. 원상반환요청은 그에 따라 보상요청으로 변환되었다. 신탁관리청에 의한 투자 우선절차가 시작되면, 미해결 재산관할지방청(Landesamt zur Regelung offener Vermoegensfragen)이 집행하던 원상반환 절차는 중단되었다.

신탁관리청이 투자, 고용, 재건에 관심있는 데 비해 미해결 재산청의 설립에 의해 일종의 행정경쟁이 발생했고 논란이 계속되는 중 신탁관리청과 미해결재산청 간의 공동작업모임에서 긴장이 발생한다. 그럼에도 불구하고 신착관리청을 '최악의 적'으로 간주하는 미해결재산청(지청)도 존재했다. 다른 미해결재산청들은 신탁관리청에 의한 조정을 공유하며 투자우선에 대해 보다 열린 마음으로 대했다. 무엇보다도 그들은 구소유자에게 재산을 양도할 원상반환에 책임있게 신탁관리청의 사업이 시행되는 것에 의존할 수밖에 없었기 때문이기도 하다. 이는 1994년까지도 완료되지 못했다. 법률적 혹은 덜 형식적인 예방조치에도 불구하고 원상반환은 때때로 신탁관리청의 작업과 부딪쳤다. 재산청이 법원에 제소된 것은 대개 기존의 민영화계획을 중단시키라는 형식이었다. 특히 재산청이 이미 어떤 사업계획을 제안해 놓은 것에 비해 민법상 더 큰 액수의 보상을 받기 위해 구소유자가 더 큰 프로젝트를 시도해 그것을 중단시키려 하는 것이었다.

법률부서는 많은 부서장들이 민영화 작업을 규정하는 민법의 적용을 받고 있었기 때문에 만들어졌다. 반면에 법률부서장 자신은 행정법원이 법률적 자문과 대변인이 되기 전처럼 행동했다. 헌법재판소는 지방기업협의회에 법외의 자의적 절차에 개입할 때에도 관여했다.

법률부서는 신탁관리청 특별사업부참모들의 집이기도 했다. 공익 검사의 수사사무실의 해당기관으로 설치된 조직단위이다. 그것은 주로 공익검사나 조사관(연방 혹은 주 경찰청에서 파견근무하는 사람)을 고용하였다. 4개의 부서가 형사 조사당국, 금융감독원과 긴밀히 협력하여 사업경영상의 사기, 불법 재산약탈, 보조금 사기, 통일에 의해 창출된 기회를 이용한 형사 범죄, 부패, 기밀누설, 음해, 환경훼손 범죄 등을 조사하였다. 신탁관리청의 경우 회계부서와 연계되어 있었고 신탁관리청 종사자와 외부자로부터 정보를 제공받고 있었다. 신속한 조사행동으로 1992년 12월까지 30억 DM 상당의 기만적 기금전용을 방지했다. 이 부서의 가장 큰 부문은 외부로부터 정보를 얻는 곳이었다.

4.3.3 신탁관리청 재원의 재충당과 연방의회의 예산제약

신탁관리청은 외부정보에만 의존했던 것은 아니었다. 이 의존성의 정도는 그 조직 환경과 교환의 기회를 정확히 관찰해 보면 쉽게 줄어들 수 있다. 그 행동에 대한 '경성 제약'은 정치적 압력통제권에 대한 외부적 요구, 그리고 제일 중요한 원인으로 물질적 자원에 대한 의존의 결과였다.

신탁관리청은 1990년 9월 25억 DM를 그 회사의 과거 채권에 대한 1 사분기의 할인 이자로 받았다. 그 당시에 동독은 아직 존속하고 있었고 역사적 채권의 책임을 누가 맡느냐는 질문은 아직 해명되지 않고 있었다. 독일 은행은 신탁관리청의 요청에 따라 이 방대한 양의 신용에 매우 신중하게 접근했다. 연방정부가 바로 신탁관리청의 인상 매출 대금을 넘겨받아 그 현금을 자본시장에서 늘리는 길을 여는 것은 통일조약이 발효되어 동서독 통일이 성취될 때까지는 함부로 할 수가 없었다.

그러므로 신탁관리청은 현금 보전 수단 중 가능한 한 가장 신용이 높은 현금관리 구좌를 사용하여 그것을 관리했다. 이것은 매일 이익을 지불받는 대부가 허용되는 일종의 단기 채무 신용체계가 만들어져 정기적으로 수익률을 예측할 수 있음을 의미한다. 따라서 중개 예금구좌에서 낭비적 손실을 회피하는 것을 위주로 한 것이었다. 이것은 적절한 컴퓨터 프로그램과 함께 금융책임자인 하드리스 박사(Dr. Paul Hadrys)가 뮌헨의 '독일 에어버스 주식회사'에서 개발하여 널리 이용되고 있던 것을 도입한 것이었다.

그리고 신탁관리청은 '상업어음(CP)'[30] 프로그램을 독일에서 도입한 최초의 공공부문 조직체가 되었다. 비록 그 초기 도입과정에서는 '독일 CP 회사'에서 도움을 받긴 했지만 독일에 1991년 이전에는 도입되지 않았던 할인베이스의 회사채를 도입하여 최초 사용기록

---

30) 고정 이윤의 기업어음과는 달리 기업과 투자자 사이에 금리를 자율 결정하는 어음

을 남기기도 했다.

그러나 1991년 말이 되자 이런 수단으로 동원되는 기금은 불충분하게 되었다. 신탁관리청은 그 자신의 채권을 가지고 자본시장에 가야 했다. 그리고 이것은 증권공모의 안내서 없이 제공해야 했다. 왜냐하면 이것은 특별한 경우라서 주식거래법이 요구하는 3년간의 양호한 대차대조표를 제출하는 것이 불가능했기 때문이다. 예외적 규정을 프랑크푸르트 증권거래소와 신탁관리청이 협상했으나 실패했다. 1992년 7월 3일 '신탁관리청 신용에 관한 명령'이 공표되어 신탁관리청이 연방정부와 동일한 자격을 갖는 채권자로서의 지위를 갖고 나서야 그 문서 없이 증권발행이 가능하게 되었다.

그러나 이것은 독일 자본시장이 과잉 부담을 절약하고 그 지배적 기관투자자와 함께 해외 채권발행을 가능하게 해서 국제 신용평가기관의 신용등급 목록에 신탁관리청 금융부서를 포함시키려는 의도였다. 그 의도는 성공하여 가장 높은 등급(AAA)이 주어졌다. 이것을 근거로 국내 및 국제시장에서 중기 및 장기로 회사채를 발행할 준비를 했다.

신탁관리청 총재 브로이엘은 1992년 가을 그 회사(신탁관리청)를 주요 국제 금융센터에 소개했고 신탁관리청 채권은 해외에서 약 40%가 상승 추세로 소화되었다. 회사채와 대부발행은 연방채권 연방 채권 컨소시엄의 도움을 필요로 했는데 신탁관리청 금융부서와 연방 재무부 및 연방 은행 간에 매일 접촉을 낳게 했다. 금융부서장은 신탁청 내부와 외부와의 관계에서 항상적으로 높은 독립성을 누렸다. 신탁관리청 종사자들에게 여론 조사를 해보면 자신들의 작업에 외부적 제약이 증가한다고 63.5%가 대답한 반면 신탁관리청 금융부서에서는 28.5%만이 불만을 표시했다.

부채는 신용정리기금으로 통합되어 지방자치체 주택당국의 유산과 함께 1995년 1월 1일 '유산 재지불 기금(Erblastentilgungsfonds)'으로 재설립되어 연방정부의 특별재산이 되었다. 신탁관리청의 경우 그 기금은 1994년 12월 31일까지 축적된 채무의 단순한 공동채무자가 되는 것이다. 따라서 신탁관리청은 자본시장에서는 채무자로 계속 남았다. 신탁관리청의 채무조직은 통일로 인한 '연방 특별 임무기관'으로 명명되었다. 1995년 1월 1일 설립되었다. 주된 기능은 계속 맡게 되었다. 즉 재산 인수, 지방자치체 인도, 투자 우선 절차, 재산 거래 허가, 특별 재산 행정 등이다. 그리고 기업 기능(소송 당사자가 될 경우와 정리된 기업의 감독 기능)과 그 재정은 연방 예산의 책임으로 되었다. 남아있는 신탁관리청 기업에는 소위 'Management KG' 기업도 있다. 직접적인 행정비용에 더해 새로운 기관들은 신탁관리청에 의해 민영화된 기업과의 계약에서 발생하는 손실에 책임을 지게 된다. 신탁관리청이 갖고 있는 재산에 자본을 제공하고 어떤 경우 회사가 반환·민영화된 경우도 있었다. 그리고 핵 발전소가 폐쇄된 것을 감독하는 비용과 고용정책에 관련된 책임 때문에 비용이 발생하는 경우도 있었다.

4.4 네트워크 형식의 의사결정 구조에서의 정치과정

통일과 시장경제로 전환하는 정치과정은 독일 연방제의 전통적 해법에 대한 기능적 요구에 대한 급속한 제도적 적응과정이었음이 드러났다. 이 과정은 신탁관리청이 중앙집중적 행정기관에서 서독의 복합적 정치체계(연방제와 코포라티즘)의 일부로 변환하는 과정이었다. 연방정부와 동독 주정부 간에 설치되어 독일 연방제 협력체제의 사실상 '3번째 사다리'로 작용했다. 그것의 조직 내부의 행정위원회만이 아니고 연방정부와 주정부에서 대표되는 수많은 조정체계에서도 마찬가지였다. 이것은 산업관계에서도 노사 양쪽을 대변하고 있었다. 이것이 신탁관리청의 행동공간에 대한 틀이자 성공적으로 발전하는 전제조건이었다. 초기의 가정이었던 "동독에서 중앙집중적 국가는 그 경제적 역할 때문에 강화될 것이다"는 생각은 따라서 수정될 필요가 있다. 비록 동독지역 국민소득(GNP)에서 국가가 차지하는 비중은 80%에 이르고 있었지만, 중앙집중적 국가는 시장경제에의 재건을 촉진하는 기금의 사용을 결정할 수 있는 여러 당국 중에서 하나일 뿐이었다.

신탁관리청의 중개적 위치는 연방제와 정치적 이해관계의 경쟁적 관계가 성공하는 데 어떤 효과를 가질까? 이것은 쉽지 않은 질문이다. 왜냐하면 그 행동에 대한 제도적 제약과 실제적 제약이 구분될 필요가 있기 때문이다. 그렇지 않으면 이것은 불가능한 것을 달성하려 한 불가능한 것으로 입증될 것이다. 많은 신탁관리청의 문제가 단순히 그 책임의 다양성과 상충적 본성에서만 기인하는 것으로 가정해야 한다. 이것이 바로 '무한대로 과잉되는 요구들'의 근본 원인인 것이다(Birgit Breuel). 전환의 정치가 성공하기 위해 만나는 전반적인 경제적 조건과 목표 간의 현실적인 갈등은 그 배경으로 되는 조직의 제도적 구성과 관계없이 존재한다. 국제경제의 발전은 원인의 큰 부분이다. 예를 들어 동유럽 국가 시장들의 붕괴와 세계경제 불황의 여파는 소득·고용·공공예산에 영향을 미친다. 한편에서 반작용을 일으킬 행동의 공간이 감소하면서, 다른 한편에서 문제들의 압력·시간부족·성공을 성취하기 위한 생생한 필요성 등이 모두 증가한다. 그러므로 질문은 다음과 같이 되어야 한다. 그 시행재량권을 가진 조직의 몸집이 커지고 신탁청에 공식적으로 간섭이 허용된 조직이 증가함에 따라 신탁청에 놓여지는 요구는 과잉되게 될 것인가? 아니면 이러한 책임부담의 과잉을 만날 기회가 커지기보다는 외부적 연결 네트워크를 더 선호하게 될 것인가?

무엇보다도, 의사결정자를 전환의 네트워크에 포섭하는 것은 신탁관리청에게 자신의 결정을 정당화하는 데 얼마간의 부담을 덜 수 있게 한다. 그러면 자신의 포섭전략으로 이러한 효과를 얻게 된다. 즉 그 자신을 정치인과 이익집단에게 개방하고, 그럼으로써 심의(deliberation)할 수 있게 된다. 그에 더해서 이러한 외부 주장자들의 포섭은 전환과정에서 목표들의 조정을 더 잘 할 수 있게 해준다. 이것이 없다면 엄청난 에너지 낭비와 일방의 방침이 타방의 봉쇄에 의해 막히게 된다. 신탁관리청-복합체는 정치인과 이익집단의 세계에서, 서로가 상대방에게 의존할 수밖에 없는 반대자들에 의해 고착된 전선이 어떻게 투명한 협약으로 조정과 통제의 광범위한 네트워크로 변모할 수 있는가를 보여주는 좋은 예이다.

마지막으로 이러한 전환 정책의 네트워크에서 주요 부분을 같이 짠 것은 신탁관리청 그 자신이었다는 점이다. 그 자신의 법적 지위 때문에, 체계적으로 추구된 경쟁적 협동 전략 때문에, 그것은 한편으로 강력한 옹호자들을 가지며 동시에 접속된 행동 공간을 창출할 수 있었던 것이다. 그것이 정치나 이익집단의 환경에서 상호적 관계에 진입하면, 예를 들어 그것이 '동독 경제부흥' 프로그램이라면 노동조합과 수많은 개략적 합의를 낳았다. 이는 다시 내부적 지침이 되어 조정 협의체에서 경제적 전환의 성공에 연관된 모든 관련자들의 공동의 이해관심에 희망을 세우고 행동노선에 지원을 요청하게 되었는데, 이 조건의 많은 부분은 그 자신들이 창출한 것이었다. 그러나 여기에 타협할 용의가 제시되지 않는다면 봉쇄와 교착상태로 빠져들었던 것이다.

신탁관리청이 사용자로서의 역할에서는 자의적 위치를 갖게 되어 고용을 촉진하고 사회보장정책을 촉진하는 구조를 설계하는 요구와 부딪치게 되었으므로 정책 우선 순위를 일방적으로 정할 위험에 항상 처했으며 정치적 갈등을 상승 고조시키게 되었다. 신탁관리청은 이런 도전들에 직면하여 타협할 용의를 보이는 것 외에 다른 방법을 선택하기 어려웠다. 그렇지 않으면 연방정부와 주정부, 사용자 단체와 노동조합 사이의 권력투쟁에 말려들어 조각조각 찢어지는 모습으로 보일 수밖에 없었다. 상호적응하는 상황에서 혼란되고 항상적인 위협을 받아서, 외부인의 눈에는 '가까스로 헤쳐가기(muddling through)'[31]가 조직을 유지하고 어떻게든 성공을 약속할 수 있는 유일한 해법인 것으로 보였다. 신탁청이 문제해결을 위해 신축적으로 접근한 것은, 길을 가면서 자신에게 요구되는 바를 학습한 귀결로 해석되었다. 그렇지만 실수를 인식하고 교정하는 능력으로서의 학습이란 문제상황이 동일하게 남아있거나 최소한 비슷하여 획득된 지식이 사용될 수 있을 때 가능한 것이다. 만약 신탁청이 처했던 경우처럼 문제상황과 그 해법이 끊임없이 변화한다면, 시도해 볼 수 있는 유일한

---

31) Lindblom이 얘기한 정책 결정 과정에서 '가까스로 통과(muddling through)' 란, 서로 합리적으로 생각하는 대안이 다른 집합행위자들이 협상·거래·계약을 통해 서로 조금씩 양보하고 변화하면서 합의점을 모색해 가는 과정이 진흙탕을 겨우 빠져나가는 것과 비슷하다고 해서 생긴 표현이다 (Lindblom 1959).

방법은 상황 분석을 통한 학습효과를 건설하고 비유적 결론이나 외부적 상담으로 그 개념의 다음 라운드에서 문제를 합리적으로 다루는 것뿐일 것이다. 두 번째 가능성은 문제상황이 바뀌더라도 적용가능한 것으로 입증된 해법을 고수하는 것이다. 그러나 이런 방법은 성공했다 하더라도 조직의 관료화를 초래하여 앞길에 장애를 남길 수 있다.

이 두 접근방법 중 어느 것도 막 태어난 신탁관리청이 요동치는 환경과 극적으로 불확실성이 높은 조건아래에서 행동이나 발전에 적용할 수 있는 것처럼 보이지 않았다. 신탁관리청의 주된 전략적 변용은 각종 주장을 하는 사람들의 영역에서 변화하는 선호에 끊임없이 자신을 적응시키는 것이 아니라 그 자신의 이해를 가능한 최대한으로 방어하는 것이었다. 이것은 종합적 문제분석에 매우 낮은 우선순위를 두고 있기 때문에 복합적이고 역동적인 사건의 순차에 비추어 보면 그 성공여부는 매우 의심스러운 것일 수밖에 없다. 지지자들의 모든 변화는 다른 결과를 가져오고 통일정책의 네트워크는 중앙에서 조정되는 당국보다는 훨씬 더 문제에 빠져들기 쉽다. 게다가 분절적 능력, 높은 상호작용 밀도, 이익의 광범한 참여 등의 선결요건은 끊임없이 개선되었다.

신탁청의 실용적인 '가까스로 통과' 태도는 역동적인 문제발전에 대한 적절한 반응이었다. 그러나 이는 동시에 독일 정부체계의 제도화된 복합성의 예견가능한 결과였다. 만약 문제상황이 보다 더 단순했다 해도 이 정부체계에서는 더 높은 통제 수준을 성취하기는 어려웠을 것이다. 물론 프로그램화된 응집성(coherence)과 예측가능한 행동은 모든 대규모 조직의 내부영역에서 합리적 문제해결이 목표로 하는 바인 것은 변함이 없다. 그러나 사업체로서의 신탁관리청은 모든 측면에서 "형태없는 절차를 보다 객관적으로"만들라는 요구를 선호하지 않았다. 정치적 네트워크나 복합적인 문제상황, 그리고 투자자를 다루는 데 있어서 보다 유연할 필요는 절차적 통제가 부족했던 유일한 원인은 아니었다. 과제의 표준화된 취급은 완전히 명확한 개념 혹은 계획을 요구하지만 이것이 신탁관리청이 원하는 것은 아니었다는 점 또한 하나의 원인으로 되었다.

신탁관리청의 업무는 본질적으로 특별한 하나의 조건에 지배되고 있었다. 물론 이것은 실제로 제도적 복합성이 합리적으로 계산되고 문제처리의 일상적인 방법에서 만나게 되는 것이다. 그것은 계획경제로부터 시장경제로의 경로 그 자체는 계획될 수 없다는 신념이다. 이러한 배경과는 반대로 신탁관리청과 연방정부는 완전히 시장의 자기치유력에 의존했다. 조직정책이나 행정적 사무의 단순한 틀은 '독일의 두 번째 경제기적'을 가져오는 데 충분했어야 했다. 따라서 이것은 시장이나 국가 행정기관이, 신탁관리청도 포함하여 기금의 최대한 전개에도 불구하고 다룰 수 있는 것 이상이었음을 고통스럽지만 지적해야 한다. 시장이나 위계제(국가나 대기업)가 아직 작동되지 않는 곳, 혹은 통제 기제가 어떤 만족할 만한 문제해결책을 보장할 수 없는 곳에서는, 남은 것은 네트워크 형태로 서로 연결된 의사결정구조의 정치적 타협 원칙뿐이다.

시장으로 가는 통로는 계획될 수 없다는 말은 옳다. 연방정부는 다른 위계적으로 명령받는 단일 국가보다 체계전환과정의 위험에 맞서기 좋도록 위치해 있다. 그 정치 제도는 협상과 갈등하는 정치적 이해를 조정하기 위해 설계된 것이다. 그것은 톱니바퀴나 지레의 위계적으로 상호작용하는 체계를 대변하지는 않는다. 그러나 다양한 문제들이 항상적이고 상호 모습을 변경하는 것을 다룰 수 있게 되어있다. 그런 체계에게 동독 주 정부의 신탁관리청은 '적절하지 않은 설계'(Helmudt Schmidt)였는지도 모른다.

그래서 처음에 고통스럽지만 서독의 협상민주주의 안에서 자신의 자리를 발견하기 위하여, 그 자신을 경직된 '계획목표'로부터 분리하였던 것이다. 이제 그것은 자신의 위치를 거기에 세웠고, 남아있는 과제는 연방정부나 주정부에 의해 새롭게 창설된 계승조직들에게 배분되었다. 그것은 이런 방식으로는 동독 재건의 계산될 수 없는 위험이 증가할 것이기 때문에 다시는 운영될 수 없을 것이다. 신탁관리청은 통일과정의 엄청난 충격을 흡수할 수 있는 정부기구의 안전판으로 항상 작용했다. 경제문제의 내용을 명확히 하고 전체 조치의 정치적 한계 혹은 재정적 한계를 획정하였다. 통일과정 전체의 경과에서 누적된 모든 과제중에서 신탁관리청이 진정으로 완수한 것은 이것뿐이었는지도 모른다. 정부와 이익집단과 전체 공중에게서 환상을 벗겨내는 것이 그 주된 임무였다.

제5장

대기업의 구조 조정과 정치적 조율 문제
조선산업 민영화와 편익적 제약 하의 행위자 전략

　1994년 12월 31일에 신탁관리청이란 조직은 해체된다. 그러나 아직 민감한 분야인 조선산업이나 철강산업의 대규모 기업에 대한 구조조정을 수반하는 정책 결정은 그 자체가 중요한 '정치적 결정'이었다. 예외적으로 산업 핵심의 보호라는 논리로 신탁관리청의 기본원칙이었던 "민영화가 가장 효과적인 재편이다"는 원칙을 밀어놓게 되었다.

　조선업은 국가전략산업(방위산업)이며, 산업생산에서 '규모의 경제'가 작용한다는 논리로 유럽경제공동체의 보조금 정책으로 제약되는 대상이다. 민감한 분야에서 민영화 결정과정은, 시장의 논리만 적용할 수는 없었다. 산업의 논리와 지역경제에 미치는 영향을 숙의한다. 정책 결정체제에서 상층 행위자가 보조금 지불을 승인하는 과정에서 어떠한 논리와 전략으로 '편익적 제약(beneficial constraint)'을 부과하는 정책을 결정했으며, 그를 통해 서로 상충되는 이해관계를 조율했는가를 보여주는 사례이다. 이 과정에서 합리성 갈등과 마찰을 조율하는 화해의 기제가 어떻게 작동 가능하는가를 집중 조명할 것이다.

5.1 조선산업의 시장질서와 경쟁 환경

5.1.1 세계시장 상황

세계 조선산업은 제2차 세계대전 이후 오랜 동안의 확장 국면에 처해 있었다. 조선업이 호황을 누린 배경에는 해상 수송량의 세계적인 증가가 있었다. 신규 선박 건조량은 매년 증가하여 1956년 600만 BRT(총등록톤수)부터 1975년 3,400만으로 거의 6배로 증가하였다(Ensser 1997: 18).

1970년대 중반에 석유 위기가 발생하여 해상 수송량 수요는 급감하였다. 이것은 그 후 이어진 공황 때문에 국제 교역량이 감소된 것이 한 가지 이유지만, 산업국가의 에너지 조달방식이 자국의 원유채굴을 육성하고 에너지 비축을 늘리는 방향으로 변화한 것이 다른 이유였다(Ensser 1997: 20). 1970년대 중반 이후 세계 조선시장은 만성적으로 과잉용량을 가지고 정체와 구조조정 국면에 처해 있었다.

조선 설비 용량의 유지와 확장은 경쟁자의 희생을 동반한다. 동아시아 경쟁국인 일본과 한국 그리고 서독을 포함한 다른 유럽 국가 사이에는 엄청난 경쟁이 벌어졌다. 한국은 엄청난 국가적 지원을 통해 1970년대와 1980년대에 세계에서 가장 큰 조선국가로 성공적인 진입을 했고, 오늘날 큰 규모의 산업 콘체른이 세계 조선시장의 배후에서 지배하고 있다.

무엇보다도 한국은 낮은 임금과 철강 원료생산물에 유리한 입지를 통해서 세계시장 점유율을 1975년 1.2%에서 1980년대 말 22%까지 확장했다(Ensser 1997: 71). 생산성 면에서 볼 때 일본은 1990년 시간 당 cgt(1cgt[32] 생산에 필요한 시간)가 25시간으로, 서독의 30시간(동독 40시간)보다 앞서고 있었다(Raab 2002: 103).

　　선박의 크기가 계속 커지는 경향에 있었고, 기술은 점차 복잡해져서 세계 수준의 경쟁력은 오로지 커다란 콘체른 구조에서만 얻어질 수 있었다. 경쟁이 심화되는 가운데 일본과 한국의 '따라 잡기(catch up)' 전략 때문에, 1980년대에 유럽 조선업은 기업 수 감축과 사업장 폐쇄 및 대량 해고로 이어지는 힘든 싸움을 하고 있었다. 1989년 세계 조선 생산량은 다음과 같다. (VSM 1989년차 보고서 1989: 50)

〈표 5-1〉 세계 선박 생산량(1989년)

	천 총톤
유럽경제공동체(12)	1,749
서독	431
덴마크	343
스페인	231
이탈리아	327
프랑스	160
일본	5,365
한국	3.102
소련	174
동독	287
세계 총 생산량	13,236

자료: Ensser 1997 : 104

---

32) 총건조톤수 calibrated gross tons

5.1.2 유럽의 상황

유럽 수준에서 조선산업은 서독·덴마크·이탈리아·스페인에서 중점적으로 발달해왔다. 그렇지만 유럽 국가들 내부의 점유율은 1970년대 이래로 크게 변화되었다. 영국이 조선산업에서 사실상 완전히 떨어져 나갔다(1956년 23%에서 1990년 0.8%). 서독의 세계시장 점유율은 이 기간 동안 17%에서 3%로 떨어졌다. 또한 유럽 조선산업은 1970년대 이래 강한 집중을 보인다. 거대 국가산업 콘체른으로 엮여있었다. 이 위기 이래로 조선산업은 1989년대까지 높은 보조금을 받는 분야에 속한다. 스트라쓰(Strath)의 추론에 따르면, 1980년대 초반에 공표된 국가보조금과 숨겨진 보조금이 신규 선박 건조비용의 40 %정도에 달했다(Strath 1994: 75).

조선산업 분야가 이렇게 높은 보조금을 받은 것은, 비록 국가 총산업 생산에서 갖는 비율은 작지만, 높은 정치적 관철 능력을 받아들이게 만들었다. 이것의 정치적 의미는 유럽 전역에 대한 조선의 안전한 산업 지배력 및 군사적·무역·정치적 비중으로부터 주로 기인하는 것이었다. 이렇게 국가 활동은 1970년대 중반의 위기부터가 아니라 그 이전의 붐 시기에 이미 국가 조선 재정의 형태로 선주(해운업자)에게 선박건조자금의 신용 대부가 주어져왔던 것이다. 이것은 하나의 특정 부문에 대한 조율(거버넌스) 구조 문제가 아니라는 것을 뜻한다. 그 한 부문 내부의 제도와 권력관계는 국가 정치문화에 고도로 좌우되고 정치 행정 그리고 경영자와 노동자 조직 간의 일반적 권력관계에 달려있는 것이다.

1990년대 초 유럽에서 가장 큰 조선소는 이탈리아 그룹 핀칸티에리(Fincantieri 327만 톤)이었다. 그 뒤로 노르웨이의 크베르너

(Kvaerner 240만 톤), 브레머 불칸(Bremer Vulkan 19만 3천 톤)
이 있었다. 그 규모는 아시아 최대인 현대(한국), 미츠비시(일본)에 비
하면 비교적 작게 보인다. 조선은 EU에서 철강·수송·화학·섬유·농업
등과 함께 '민감한 분야'에 속해 있고 EG 헌장 (보조금 규칙) 92조에
의해 유럽위원회의 경쟁 규제에서 관할되고 있었다. 1960년대 말까
지 유럽 경제공동체 위원회는 조선 부문에 대한 보조금 허가에 대해
모두 7개의 규약 버전을 갖고 있었다. 각각은 유럽 공동체 내에서 제
각기의 경쟁조건을 규정하고 있다. 독일 통일의 시점까지 6번째 법
령에서 7번째 법령으로의 과도기에 처해 있었다. 1990년 12월 21일
유럽 각료위원회에서 7번째 개정 법령이 공표되었다. 이 규정에 따
르면 보조금은 국가의 경쟁 지원으로 아주 제한된 형태로만 허용되
었고, 이는 다른 조선국 무엇보다도 동아시아 국가들과의 경쟁 왜곡
을 상쇄하는 데에만 허용되었다.

그 외에 국가 보조금은 용량감축에 따른 구조조정에 대한 보조금
만 허용되었다. 두 가지 지원 모두 유럽위원회의 공고와 보증에 대한
허가에 달려 있었다. 주지하다시피 7차 개정안은 독일 통일 이후 겨
우 3개월 후에 동독 조선소에 대한 어떠한 특정 과도 규정이나 특별
규정도 내다보지 못하고 있었다. 오히려 이것은 1990년 12월 4일
당시 유효했던 6차 요강에서 특별 규정이 통과된 상태였다. 그 안에
는 동독 조선소에 대한 사업장 지원은 유럽공동 시장의 차원에서 협
상가능한 것으로 보고 있어서 용량 감축의 구조조정 프로그램은 계
승되고 사업장은 경쟁력 있게 하고 지원금은 점진적으로 감축해 나
가도록 되어 있었다.

이것은 동독 조선소에 특히 유리한 규정으로 제7차 요강의 발효

도 조선소 설비들은 단지 며칠 후에 형식적으로 중단되게 되어 있었다. 그런데 독일 통일과 동독이 편입되는 과정에서 전문가들의 조정, EG 전문가들이 제출한 초안에 예외조건을 담기 위한 분투가 결실을 보게 되었다. 그 결과 독일 연방 정부는 유럽공동체 상임위원회 및 다른 회원국들과 함께 동독 조선소의 민영화와 구조조정에 대해 매우 특별한 협상을 해야 하고, 상임위원회가 아주 상세한 세부사항까지 관여해야 했다. 이것이 낳은 결과는, EU 상임위원회가 대담해야 하고 의사결정과정에서 책임있는 입장을 가져야 한다는 것이었다.

5.1.3 서독의 상황

국가 수준에서 다음의 상황이 벌어졌다. 서독은 1950년대에 세계 조선생산의 점유분을 상당히 잃었다. 이 지위는 일본이나 한국에 넘겨준 것이다. 유조 탱커 생산 붐이 원인이었던 1970년대의 짧은 비약기 이후 기업들은 석유위기 이후 독일 조선산업은 최대 수준의 보조금 수혜 부문의 하나가 되어있었다. 그 규모는 연 10억 마르크 수준이었다. 금속노조(IG 메탈)의 북부 독일 해안 지역 지부, 대규모 경제 콘체른의 이해관계 동맹이 연방국가로부터 가능한 최대의 지원수단을 관철시키기 위해 막강한 동맹을 형성했다. 과거에 연방구조는 독일 국가 재건과정에서 연방과 지방주 간의 갈등을 정당 간의 갈등으로 발전시키는 데 기여했었다. 1980년대 북부 해안 주뿐 아니라 CDU(기민당) 소속인 슐레스비히 홀스타인 주지사와 니더작센 주지사, SPD(사민당) 소속 브레멘 주지사와 함부르크 주지사가 서로 긴밀히 얽혀있는 관계가 작동되었다.[33]

---

33) 이렇게 독일에서 '일류 인사'는 대기업과 은행의 이사·감사로 여러개의 직책을 같이 가지면서 동시에 주 정부와 연방정부의 의원을 겸직하는 정치인이 된다. 독일 전체 200

엄청난 보조금에도 불구하고, 고용감축으로 1975년부터 1989년까지 45,200개의 일자리가 줄어들었다. 이 때 '구조조정의 독일 모델'은 동독 조선산업의 구조조정에서 다시 일어났는데, 스트라쓰 Strath 는 이렇게 쓰고 있다. "불가피한 감축이 용인되었다. 그러나 그러한 감축은 사회적으로 책임질 수 있는 방식으로 행해져야 한다고 논박되었다. 정부와 노조의 감독 아래에서, 그리고 새로운 생산영역에 대한 투자와 연계되어서 행해져야 한다고, 보조금이 맹목적으로 주어져서는 안되고, 재조직의 조건으로 제공되어야 하며, 재조직은 다시 사적 이해와 시장경제의 방식에 의해 규율되고, 고용이 고려된 발전계획이 존재해야 한다."

그러나 조선 산업의 위기가 이끈 것은, 국가가 무엇보다 지방정부 형태로 거대 지분 보유자가 되고, 이에 따라 긴밀한 개인적 연결망이 늘어갔다. 이를 잘 보여주는 예가 브레머 불칸 주식회사다. 이 회사는 민영화 이전에 독일에서 가장 큰 조선 콘체른이었고, 1980년대 전반의 조선 위기 때, 브레멘 주의 강력한 지원을 받았다. 브레멘 조선소의 웨저 주식회사 Weser AG는 브레멘 조선소가 전통양식 중 2번째로 문닫아야 했을 때, 수백만 DM의 보조금과 담보물로 연방에서, 그러나 무엇보다도 브레멘 주 자신의 보증으로 파산을 모면했다. 그리고 1987년까지 브레멘 주의 모든 조선소는 브레머 불칸 주식회사 Bremer Vulkan AG 라는 지붕 아래 하나로 통합되었다. 1981년 파산 직전에 설립된 회사는 1990년에 유럽에서 가장 큰 해양 콘체른이 되었다. 독일 대기업의 서열 목록에서 68번째에 자리잡았다. 고용

여명 정도의 경영자들이 서로 얽혀 있는 '독일 주식회사(Deurschland AG)'는 1990년대에 '주식투자자 자본주의'가 도입되면서 해체의 압력을 받는다. 독일의 '기업 얽힘(Unternehmensverfllechtung)'과 '경영자 자본주의'에 대해서는 Beyer 1998 참조

자 수는 2배로 되었고 매출액은 41배로 되었다. 다만 이것은 기업 내부거래가 대부분이었다.

〈표 5-2〉 독일 조선산업의 기업 구조

연번	그룹명	기업명	조선소명	입지	고용자수(명)			
					1991	1992	1993	1994
1	그룹1 콘체른기업	브레머 불칸 연합 주식회사	브레머 불칸 조선소	브레멘	2,919	2,996	2,819	2,600
2			조선 제벡공작소	브레머하펜	2,421	2,341	2,165	1,973
3			로이드 조선소	브레머하펜	1,068	1,100	995	805
4			플렌더 조선소	뤼벡	718	725	738	726
5			노이에 제이드 조선소	빌헬름스하펜	150	109	89	85
6			MTW 메어레스 테크닉 조선소	비스마르	6,000	2,832	2,388	2,389
7			넵튠 조선소/ NIR	로스토크	6,367	1,478	1,400	1,397
8			인민 조선소	스트랄순드	7,099	3,434	3,153	2,693
9			디젤원동공작소	로스토크	2,775	1,054	650	610
10		호발트스 공작소 독일 조선 주식회사	HDW 키일	키일	4,737	4,370	4,170	3,942
11			HDW노비스 크룩	렌즈부르크	400	398	369	400
12			블롬+보스 주식회사	함부르크	4,717	4,695	4,200	3,929
13			티센 북해조선소	엠덴	2,136	2,068	1,902	1,831
14		크베르너SA	크베르너 바르노우 조선소	로스톡	5,532	3,070	2,974	2,475
15	그룹2 중간규모 독립조선소		존스 마이어	파펜부르크	1,700	1,800	1,842	1,976
16			지타스 KG	함부르크	1,462	1,500	1,434	1,450
17			Fr.뤼르센조선소	브레멘	1,100	971	905	874
18			헤게만 그룹; 롤란드 조선소	베르네	180	172	180	179
19			헤게만 그룹: 피네 조선소	볼가스트	3,700	1,515	1,161	987

연번	그룹명	기업명	조선소명	입지	고용자수(명)			
					1991	1992	1993	1994
20			원동공작소 브레머하펜	브레머하펜	872	880	788	750
21			아베킹과 라스 무센	렘베르더	600	481	788	367
22			플렌스버거 조선	플렌스부르크	599	587	603	652
23			크뢰거조선 유한회사와 합자회사	렌즈부르크	443	411	387	346
24			헤르만 쥐르켄 유한합자회사	파펜부르크	433	421	0	0
25	그룹 3 중소규모 조선소		후수머 조선소	후숨	382	390	280	257
26			후고 페터스	베벨스플레트	292	282	263	250
27			J. G. 히츨러	라우엔부르크	270	284	263	180
28			엘스플레터 조선	엘스플레트	257	205	200	170
29			폴 린더나우	키일	248	287	263	251
30			카센스 유한회사	엠덴	240	240	215	200
31			브리트 조선유 한합자	올덴부르크	207	220	184	183
32			뮈첼펠드 조선소	쿡스하펜	200	220	194	120
33			폴과 조쉬악	함부르크	100	101	90	85
34			엘베 조선소 보 이첸부르크	보이첸부르크	3,200	930	681	426
35			크륍 퓌르더테 크닉	뤼벡	947	87	102	98
36			조선소 줄리우스 디드리히	올더숨			71	68
총계					64,435	42,654	38,535	35,697

자료: Raab 2002: 109

    1980년대에 회사의 발전에 따라 커다란 직물같은 기업집단의 그물망으로 발전했고 국가 비슷한 콘체른 전략의 모습을 띄었다. 당시의 브레머 불칸 주식회사 이사회 의장 헨네만(Hennnemann)은 전 브레멘주 경제부 장관이었다. 1988년 브레멘주 정부의 브레머 불칸 회사에 대한 채무보증액은 십억 DM에 달했다. 이것은 주 재정의 1/5에 해당하는 액수였다. 이러한 발전은 많은 조선과 연관 분야의 산업 경영자, 연방정부의 책임있는 자리에 있는 사람들로부터 엄격한 비판을 받았다. 이 중 자민당 FDP 소속 연방 경제부 장관 람스도르프 공작이 재임 중 브레멘 조선 연합에 대한 연방 보조금에 대한 뜨거운 논쟁에 직면하기도 했다.

이러한 전사와 그에 따르는 구조적 인적 배열이 민영화 과정의 진행에 배경조건으로 작용했다. 여기서 브레머 불칸은 최대 투자자였고, 그와 관련된 전략과 이해관계는 그 참가행위자에게 엄청난 의미를 가지고 있었다. 람스도르프 공작은 자민당 연방의회 경제정책 대변인일 뿐 아니라 연방 경제부 장관을 지내면서 1980년대 브레멘주 정부의 경제구조 정책에 대해 명백히 비판적인 입장을 견지했던 인물이었다. 이 말은 브레머 불칸의 이사회 의장인 헨네만에게도 역시 타당한 말이다. 이것은 브레멘 주 정부와 브레머 불칸 회사간의 긴밀한 연결망 때문에, 브레멘 도시 주가 공적 조세와 세금과 자본금 증자로 위 기간 동안 확장 경영을 가능하게 했다는 소문이 돌곤 했다.

조선산업은 특히 생산부문의 높은 집중도로 특징지어진다. 1989년 HDW(독일 조선 호발트공작소 Howaldswerke deutsche Werft AG 슐레스비히홀스타인 주 키일 소재) 는 4개 공작소가 합해서 독일 전체 고용인 33%, 매출액 50%를 점했다. Blohm & Thyssen Nordseewerke와 합쳐서 브레머 불칸은 당시 7,500명을 고용하고 있었다.

〈표5-2〉의 숫자로부터 알 수 있듯이, 거대 사업장이면서 지역에

서 구조적으로 취약한 곳에 집중되어 있어서, 각각 고용집중도는 심하고, 이름에서 보이듯 독일의 전통적인 철강 콘체른에서 갈라져 나온 조선 콘체른을 형성하고 있었다. 3개의 큰 콘체른 형태의 조선회사 외에도, 중산층 성공의 기반으로, 부속품을 만드는 협력업체로 중소기업들이 존재했다.

생산자들은 선박 건조와 해양기술 연합협회(VSM)로 조직되어 있었다. 이 조직은 그 시점까지 주로 정보와 소통 기능을 주로 수행했고, 독자적인 전략 수행 행위자로는 등장하지 않았었다. 큰 조선소들은 유명한 콘체른의 배후에서 엮여있는 상태였다. 그래서 더 낮고 직접적으로 정치적 의사결정에 참여할 수 있었다. 이들은 노동자 중에서 가장 크고 막강한 독일 산별노조, 금속노련(IG Metall) 함부르크 해안지구가 조직되어 있었고, 이것은 공동결정제법으로 규율된 감독관과 종업원평의회(Betriebsrat)의 중첩된 지위를 가지고 일하는 간부들이 독일 조선산업에서 중요한 역할을 수행하고 있었다. 조선소는 1970년대 초부터 연구·생산·판매를 같이 하고 인적 연결은 여러 가지로 얽혀있었다. 브레머 불칸의 협력은 서독의 조선소 특히 티센, 북해(Nordsee) 조선소, HDW, Blohm & Voss 등과 연결망을 맺고 있었다. 이것은 군함의 건조에도 긴밀한 협력을 맺어 군수산업의 한 부문을 담당하고 있었다. 그 부문의 상대적으로 높은 조직 정도와 높은 시장 집중은 국가적으로도 국제적으로도 높은 투명성을 전제로 했다. 그래서 서독과 유럽에서 부문 행위자로서뿐 아니라, 동독의 잠재 투자자로서 행동할 수 있는 행위자의 수는 예상할 수 있는 범위 안에 있었다.

5.1.4 1990년대 초의 동독 상황

2차 세계대전 이전에 동독지역 로스토크(Rostock)에 넵튠 (Neptune) 조선소가 존재했다. 1850년에 설립된 것이다. 엘베 (Elbe)강 보이첸부르크 (Boizenburg)에는 이렇다 할 조선소 설비용량이 없었다. 전국적인 해양 경제국으로서 독일의 명성은 해양 무역과 북해 해안의 조선소에 달려 있었고, 동독에서는 부속품 산업 역시 설계 능력도 갖추지 못했다. 관련 사업장의 5/6가 서독 지역에 있었고, 소련 점령지역(SBZ) 기술은 거의 완전히 파괴되었었다(Ensser 1997: 92)

소련 군정기 이후에 철거와 폐쇄가 명령되었던 조선산업이 건설될 필요가 있었다. 소련 배의 수리 시설을 건설할 수요 때문에 소련·동독 지역에 능력있는 조선 산업을 입주해야 했다. 1946-48년에 새로운 항만 공작소가 설립되어 1948년에 독일 인민 조선 공작소 (VVW: Vereinigung Volkseigener Wefen)가 세워지고, 최초의 진수식이 1949년에 치러졌다. 이와 동시에 로스톡에 디젤 엔진 작업장이 들어섰다. 같은 이름 아래에 뷔스마르 수리소, 봐르네뮌데, 스트랄스운트 인민작업장, 볼가스트 작업장, 보이첸부르크 엘베 사업장, 로쓰다우 조선소가 통합되었다. 1949년 동독 건국 시점까지 20,000명 이상의 종업원이 동부 해안에서 조선소 내지 협력업체에서 일하게 되었다.

소련 군정의 건설 지시 이후에, 동독의 조선 산업은 처음부터 소련이 요구하는 측면과 이후 러시아의 수요 측면에서 결정되었다. 동독은 러시아 조선소 입지로 선택되었고, 특히 남부 지역에 위치에서 소련 항구에 연결되는 가장 빠른 부동항으로 자리잡았다. 이 점 때문에, 인구 규모로 보아 1,700만에 불과한 동독에 그렇게 거대한 조선 용량이 집중되었던 것이다. 거대한 조선용량의 건설은 서방에 대한 경제적 자립과 정치적 주권을 얻고 이를 과시하려는 동독 공산당 중앙위원회의 필사적 노력에도 원인이 있었다. 고유한 원양 어업과 무역 거점을 건설하기 위해 1950년 3차 당대회가 결정된 이후에 그에 걸맞는 생산용량이 지금까지의 입지에 추가로 설치되었다. 건설 기간이 끝나고 1950년대 중반에는 약 40,000명의 노동자가 동부 해안을 따라서 일자리를 잡았다. 그 다음 10년간 부품업체들이 건설되었다. 인민조선소(VVW)가 조직되어 뼈대를 갖췄다. 여기서 명백히 필요한 부속품 중 50% 이상이 조달되고 있었다. 인민조선소는 1970년대 동안 주 정부 차원의 재조직과 구조조정을 거쳐 조선 콤비나트의 중앙으로 결집되었다. 수출지향적이고 외화획득을 목표로 했기 때문에 조선 콤비나트는 중공업부 직속으로 설치되었고 동독 행정 경제 내부에서 선호하는 기관이 되었다.

로스토크에 중앙 부서가 자리잡아 이 시절부터 전체 조선산업의 주된 부서로 총 25개의 사업장에서 부속품을 공급받았다. 동독의 콤비나트는 강력한 위계구조로 조직되어 있었다. 첨단에는 콤비나트 소장(Direktor), 그 밑에는 전문 소장(경제 감독관, 기술 감독관, 해상 통상, 원료 경제 감독관, 그리고 당 중앙위원회 대표가 콤비나트의 소장으로 임명되었다. 그리고 사업장 소장이 바로 조선 산업 부문 대표로 되었다.

동독의 경제 상황이 점점 악화됨에 따라 조선소의 역량들은 점점 더 높은 지위로 승진되었다. 국가 경제위원회와 내각은 전에 작성된 계획의 성취를 위해 점점 더 강력한 명령을 내리고 콤비나트 지도부는 각각의 사업장의 의사결정 역량을 다시 또 독촉했다. 집중과 계획의 중앙화 그리고 1970년대 콤비나트 차원의 발전은 그 종업원수를 크게 늘려 놓았다. 1960년대 약 38,500명이었다가 1980년대 약 54,600명으로 되었다.

이 과정은 경쟁에서 밀려나 정리되는 사업장을 통합하고 동독 내 공급독점을 확립하는 과정이었다. 중앙화 과정은 유연성과 혁신역량을 강력히 제한했다. 마침내 탈전문화가 효율성을 증가시키지 않고 떨어뜨렸다. 산업 로봇까지 자체 개발 생산하고 조선 콤비나트의 완전한 자립에 도달했었지만, 지속적인 조달 부족으로 생산공정 중단이 다시 증가했다. 조선산업 콤비나트에서 생산되는 기계와 전기산업 생산품의 90%가 선박 건조에 설비되었다. 사업장 경영 위기 이후에 이것은 비효율과 생산구조 결함으로 지적되었다. 동독은 비효율적인 생산방식에도 불구하고 어떤 부문, 예로서 어선 건조에서는 세계에서 아주 높은 비율을 점하고 있었다. 1986년 완성 어선 톤수가 서독 3.1%일 때 동독은 2.1%를 점유했다.

1988년 런던 로이드 협회 통계에 따르면, 동독으로 어선 부문 1위, 수송선 3위, 총계 세계 선박 7위였다. 주된 주문 국가는 소련(1984-89년 평균 소련 완성 선박의 60%)과 다른 동유럽 국가였다. 동독의 배는 서구 선박과 달리 표준화되어 같은 모양으로 몇 년간 거의 변화없이 제작되었다. 그리고 그 기술 수준도 낮은 수준에 머물렀다. 반면에 서구 선박은 개별적인 해운 고객의 요구와 높은 현대화 정도로 배의 형태가 꾸준히 변용되었고, 그 유효용량이 매우 컸다. 왜냐하면 선박 콤비나트는 자신의 수출 지형과 선두적 지위에도 불구하고 자유시장의 교역조건에 적합한 준비는 부족했기 때문이다.

1990년에 선박 구매시장은 완전히 새로운 상황에 놓이게 된다. 조직적으로 콤비나트는 중앙 조직위원회의 주문에 따랐다. 새로운 선박 건조 조건은 조선산업 내부가 아니라 정치 지도자들의 직접 협상에 의해 결정되었다. 선박 기계 수출과 선내 구조 부품의 수입은 바로 장관이 인가했고, 콤비나트의 대외사업장이나 선박 통상부의 개별 사업장에서 수행되지 않았다. 선박 판매 이익은 콤비나트 자체 회계로 처리되거나 재투자되지 않았다. 이는 다시 장관의 지시를 받아야 했다. 사업장이 투자하면 아주 번거로운 허가 절차를 거쳐 재정 외의 소요는 장관에게 신청해야 했다. 콤비나트에서 가장 중요한 사업장은 로스토크 넵튠 인민사업장, 바르노뮈데 바르노 사업장, 비스마르 마티아스-티센 사업장, 스트랄스운트 인민조선소, 로스토크 디젤 엔진 사업장이었다. 선박 생산은 지역적으로 메클렌부르크 포펌머른에, 특히 3곳, 비스마르, 로스토크/바르더뮌데, 스트랄스운트에 독점적으로 집중되어 있었다. 이 지역의 경제구조는 선박에 달려 있었고, 1990년 산업 노동자의 40%가 선박에 종사했고, 선박 콤비나트는 1990년 동독 산업에서 6번째 규모였다.

5.2 동독 기계 조선 주식회사(DMS)의 민영화

5.2.1 브레머 불칸에 독점 매각

동독 기계 조선 주식회사(DMS: Deutschen Maschinen und Schiffbau AG)는 초기 국면에서 선박 콤비나트에서 서독 출신 경영자가 관리하는 주식회사로 변화하는 과도기로 서술된다. 그 결과 국면 1의 시작과 끝은 콤비나트가 1990년 6월 1일 주식회사로 변환하는 것으로 시작된다. 1990년 3월 1일 '인민사업장 콤비나트 사업장 설비의 변환 명령'이 내려졌다. 1990년 11월 9일 감사위원회의 다수를 서독 경영자들이 점유한다. 이 국면에서 헤슬러/뢰저(Heseler/Loeser)의 지도체제는 전 동독 총지배인 베게만(Begemann)이 압도적인 영향력을 행사하는 체제로 바뀐다.

동독 메클렌부르크-포퍼머른 주의 항구 도시 로스톡(Rostock)에 위치한 DMS는 24개 사업장과 약 54,000명 직원이 동독 조선소라는 이름 아래 하나의 조직으로 묶여 있었다. 그 중 34,000명은 원양과 연안 선박, 19,000명은 기계 장치 부문, 1,500명은 서비스 부문에 종사했다(1989년 12월 31일 기준).

DMS의 총 건조 용량은 1991년 273,200 BRT인데, 서독 최대 선박 회사인 브레머 불칸 주식회사 214,200 BRT였다. 그 생산 용량은 1990년 600,000cgt로 서독의 80%였다. 그렇지만 동독의 생산성은 서독의 약 60%에 불과했다. 이러한 비교로부터 DMS의 민영화에 어떠한 문제가 있는가가 명확해진다.

비록 DMS의 기술 장비는 낡은 것처럼 보이고 소련으로부터의 원부품 공급이 일시적으로 중단되어 부품 조달에 커다란 핸디캡이 있지만, DMS는 서방의 조선 전문가들에게 처음부터 제대로 된 좋은 평판을 누렸다. 현대화가 필수적인 것으로 보이지만, 서방 조선소와의 협력이 이 절차로 진행되면 서방의 자본 참가도 전망할 수 있을 것으로 보였다. 기능공과 노동자들도 동기와 능력 면에서 긍정적으로 평가되었다. 경쟁력에서 부족한 것은 기술적 측면이 아니라 경영 측면, 그리고 소련의 선박 유형을 건조해야 하는 설비이기 때문에 세계시장에 내어 놓을 수 없다는 점에 있었다.

이전에 콤비나트의 총 지배인이었고 첫번째 이사회 의장을 지낸 베게만의 말에 따르면, 1980년의 조선 위기는 계속 영향을 받지 않았고 1993/4년까지 완전 가동되었다. 이렇게 좋은 수주 조건은 1990년 7월 1일 몇일 전에 맺어진, 서독 해운회사가 소련의 엄청난 주문을 받고 맺은 계약(Ultimo-Vertraege)때문이었다.

베게만은 서독 연방 운영의 콘체른을 모델로 하는 국영 콘체른 건설을 과도적 해법으로 생각하고 있었다. 그의 목표로는 늦어도 1995년까지 서독 조선소 생산수준에 도달해야 했다. 자신의 계산으로는 30~40%를 올려야 했다. 그렇지만 베게만은 그에 필요한 선박 완성 부문 용량은 감축이 필수적이었고 급진적인 원가 절감, 행정부서의 명백한 감축이 요구되었다. 인원 감축 없이는 불가능했다.

1993년 말까지 53,000개의 일자리 중 약, 15,000개가 줄어들어야 했다. 베게만이 볼 때 미래는 희망적이라기보다는 힘들어 보였다. 계약이나 미래전망은 자본집약적이었고, 엄청난 조치가 취해져야 하는 것이 명확해지는 것으로 보였다. 조선업에게 이 시장경제로의 과도기는 국제시장의 주문을 받아야 했다. 이사회 상임 대표 클레바(Kleba)는 더욱 분명히 말했다, "우리는 더 이상 트라반트(Traband, 동독제로 유명한 승용차)를 생산하지 않는다. 우리 생산물은 세계 시장의 수요를 겨냥한다."

콤비나트 장과의 접촉을 통해 그 이전 담당관 헹케가 이사로, 그리고 그 전임자 헨네만이 브레머 불칸의 이사회 의장으로서, 이 감사위원회에 1989년 성원이 되었다. 헹케는 아주 용감하고 정보를 일찍 얻고 접촉을 맺어주는 브레머 불칸의 주요한 연결고리였다. 따라서 이미 1990년 초에 조선 콤비나트 지도부인 헹케와 브레머 불칸의 이

사회 회장 헨네만 간에 심화된 협력관계가 시작된 것은 놀랍지 않았다. 이 회담은 1990년 8월 16일 DMS와 브레머 불칸과의 협력계약에 이르렀다. 양자 간의 합병가능성을 암시하는 이 계약은 서방의 경쟁자들을 깜짝 놀라게 한다.

1991년을 지나면서 이미 자회사의 첫번째 합병이 성취되었고 더 큰 기업 합병이 1993년 말까지 이루어질 것으로 보였다. 이러한 브레머 불칸의 초기 행동은 헨네만의 전체 전략으로, 브레머 불칸이 국제적으로 선도하는 해양 기술로 콘체른을 만드는 것이었다. 그는 이미 훨씬 이전에 대부분의 행위자를, 충분히 유동적인 국가 자금을 끌어들여 '환상적인 조건' 즉 이자와 부채 상환 없이 초 현대적인 선박 건조 기술(서독에서는 높은 사업장 보조금으로 가능했다)에 도달할 수 있게 해서, 최종적으로 세계시장에서의 경쟁자인 일본과 한국에 맞서게 한다는 구상이었다. 이 협정으로 전체의 민영화 과정에 대한 중요한 방향 설정이 이루어졌다.

이 협정으로 브레머 불칸은 경제 통화 동맹 불과 몇 주 후에 전략적으로 엄청난 영향력을 미치는 교두보를 얻게 되었다. 관련 규정은 DMS의 사업 서류를 열람할 수 있었고, 각각의 콘체른 사업장 능력에 대한 평가가 가능하며, 이를 통해 브레머 불칸은 다른 잠정 경쟁자들에게 어떤 사업장을 인수 내지 합병할 것인가를 질의할 수 있었다. 그리고 이 협정을 통해 브레머 불칸은 자기 직원을 DMS 감사회에 보내어 개별 사업장에 대한 정보를 속속들이 알고 집행하는 것이 가능해졌다(Ensser1997: 104).

HDW와 MTW의 협력 협정은 비스마르와 스트랄스운트 특히 Bloh$Voss도 그 협력에 관심이 있었다. 그러나 브레머 불칸과

DMS 간의 협약이 모든 것 위로 그늘을 덮었다. VSM 이사회의 대표단이 본에 있는 연방 경제부에 속했기 때문에 브레머 불칸의 행동에 개입하려 했다. 동독의 조선산업이 앞으로 어떻게 재편되어야 하는가에 대한 다른 대안 개념을 제출할 수 있었다.

그 협정에 반대하는 사람들은 서독이었던 함부르크와 니덕 작센주에 많았다. 서독 경영자 쪽에서 헨네만을 선발대로 하여 '에어 버스' 개념을 적용하려 했다. 동독 선박으로 흘려보낼 돈은 브레머 불칸에게 유용할 때만 의미가 있었다. 북 독일의 일자리 수 천 명의 권력으로 압력을 행사할 수 있었다. 1990년 가을에 이미 동독 민영화 과정 전체에 강력한 영향을 미칠 상황이 발생한다. 협력과 경쟁 요소들의 중첩, 브레머 불칸 이사회 의장 헨네만의 투자자 내에서의 강한 지위, 정치적 국가 행위자가 활성화되었고 나머지 서독 조선소 및 그 모회사 콘체른의 저항을 불러 일으켰다.

민영화에 대해 결정해야 하는, 동독의 각 주에서 관련된 모든 행위자들은 브레머 불칸을 투자자이자 협력 파트너로 필요로 했다. 과연 그가 이러한 발전과 전략을 좋다고 할지 아닐지, 여러 주들의 할동에도 불구하고 실제로 물질적으로 검증된 행동은 없었다. 그 원인은 모든 동독 조합 행위자들은 먼저 자기들의 행동을 통일해야 했고, 브레머 불칸을 제외한 서독의 큰 콘체른은 처음부터 서로 연결된 것처럼 행동했다.

5.2.2 독점 매각 부결

제2국면은 1990년 11월 9일 DMS 감사위원회를 구성한 때부터, 1991년 9월 신탁관리청 이사회에서 크라코우가 제안한 회생 개념을 거절한 때까지다. 의사결정자가 기업에서 방향키를 손에 넣는 것을 시도하고, DMS의 실제 상태를 확정한다. 이러한 여과과정은 1991년 5월까지 걸렸다. 이러한 행보는 신탁관리청의 전략에 기초한 것인데, 1990년 가을에 그 자신이 건축 중이었기 때문에 중개인 없이 스스로 직접 사업장을 챙길 수 없어 서방에서 책임있는 경영자를 밀어야 했다.

주어진 상황조건 아래에서 이것이 유일한 가능한 길이었는데, 부대효과는 있었다. 무엇보다도 서독에 뿌리있는 행위자가 변환된 기업의 최상층에 시초단계부터 강력한 자리를 얻고 나중에 신탁관리청이 조직적으로 건설된 후에 그 권력을 이용한 요청을 관철시키려 하고, 그것이 가능해지자 부분적으로 갈등을 발생시키게 된다. 그러나 조직의 안정화와 기업 개념의 발전은 조용히 진행되지 않았다. 신탁관리청과 기업 상층부는 어려운 조건 하에서 시도해야 했다. 기업의 유동성 기초를 확보하고 문자 그대로 "진흙탕에 발을 빠져가면서" 진행되기도 했다. 1990년 말 '극적인 잠정손실'이 시작되었다. 통화통합 조금 전에 맺어졌던 소련과의 계약에 존재하는 문제가 드러났다. 거의 모든 계약이 더 이상 비용을 맞추지 못하고, 기대했던 매출액은 원료비용에도 미치지 못하는 경우가 종종 드러났다. 소련을 위해 주문받아 완성된 배 16척 중 15척이, 해안에 묶여있는 배들이 더 이상 대금 지불을받지 못하게 되었다. 이로서 유동성 부족의 긴급 상황이 발생하였고, 이 배들은 DMS에 하루 수십만 DM의 자본 비용을 들이게 했다.

이러한 상황에서 새로운 감사위원장 후벤(Hooven)에게 연방정부의 결정이 도착했다. 신탁관리청의 잠재 손실이 60억 DM 과대요구 되었다는 것이다. 구체적으로 소련과 동유럽 계약에서 1993년까지 26억 DM, 후속 계약에 따른 손실 약 17억 DM, 그리고 은행에 17억 DM를 내야 한다는 것이다. 몇 달 전까지 낙관론의 근거가 되었지만, 맹목적으로 뻥튀기가 되었던 계약서는 이제 트로이의 목마 같은 신세가 되어 버렸다. 베를린 장벽이 무너지고나서 독일 통일까지의 과도기간 동안, 서독 항만 관계자들은 신중하지 않았고, 아마도 콤비나트 상층부의 무책임성을 이용하였다. 배들은 헐값(소주 값)으로 불리었다. 이것은 화폐 통합 이후 DMS에 엄청난 손해사업이 되어 계산된 매출액은 1/4~5로 떨어졌다. 이러한 '말일(청산) 계약'으로 1991년 3월 말 메클렌부르크 포폄머른 주 의회의 조사대상이 되기도 했다. 이러한 극단적 손실과 손실 위험은, 브레머 불칸의 빠르고 강력한 관여와 함께, 이 후의 민영화 과정에 중요한 맥락 변수로 되었다. 이것은 1990년 말에 시작된 행위자 행동에서, 정치적 노동조합과 기업 분야에서, 어떻게 전체 동독의 선박 산업이 만들어져야 하는가에 대한 정치적 결정의 방아쇠 역할을 했다(Ensser 1997: 107).

크라코우를 새로운 이사회 의장으로 해서 1월에, 경험있는 회생 관리인 웨저(Weser)가 감사위원에 임명되었다. 그는 1980년대 아르베드(Arbed) 철강 주식회사의 회생관리인이었으며 크룹(Krupp) 철강 이사회 의장을 지냈다. 그는 선박 산업을 이해하며 인맥을 갖춘 사람으로, 나이는 좀 들었지만 동독 선박 산업을 "피가 나겠지만 불가피한 수술"을 통해서 구제할 사람으로 선정되었다. 첫번째 감사위원회 회의에서 노동자측 담당관이 면직되었다. 왜냐하면 발제된 계획은 "이상론적이고 권력자 베게만에게만 봉사한다."는 이유였다. 그는 독일은행(Deutsche Bank) 이사회 멤버이기도 해서 그의 접촉 인맥은 북부 독일 정치와 경제계의 '일류 인사들'에 속했다. 연방정부에서도 이 국면에서는 결정적인 인물이 되었다. 또한 40년 경력의 성공 경영자로, 24개의 동독 선박회사의 감사회에 위원으로 추천되었다. DMS의 관여는 이 부문에서 거의 완벽하다고 볼 수 있었다. 이 점령은 독일 대자본 회사에 대한 거대은행의 '경쟁적 협동(Cooptation)'의 전형적 모델을 따른 것이었다.

후벤은 독일은행 Deutsche Bank으로부터 선박 신용을 대여받을 준비가 되어 있었고, 이 지위에서 파생되는 선박·해상 운송분야 기업과 연계를 갖고 있었다. 감사위원회의 다른 성원은 반 데어 데켄 Van der Decken인데, 그는 드레스덴 은행(Dresdener Bank) 이사회 의장(1990년 말까지)이자 Blohm & Voss의 감사위원이었다. 함부르크 출신의 정치 경제계 인물들은 전 당(기민당 CDU)적으로 긴밀히 연관되어 있었다. 더크 피셔(Dirk Fischer, 함부르크 출신 기민당 연방의원), 페터 탐(Peter Tam, 스프링어 Springer 출판사 이사회 의장, Bernd Wrede Hapard-loyd 상임 이사회의장. 슐레스비히-홀스타인 지방 정부 경제부 장관), 우베 토마스(91년 6월 22일 HDW 감사회 대표, 브레멘 지역 경제와 정치 감사회), 노버트 헹케(Norbert Henke, 전 브레머 불칸 주식회사 이사회 의장, 민영화 이전 VSM 의장), 클라우스 그로베커(Claus Grobecker, 브레멘주 정부 재무장관, 브레머 불칸 감사위원), 프리드리히 헨네만(Friedrich Hennemann, 요헨 로데(HDW) 감사회의 의장) 등이 민영화 과정에서 주요 행위자로 역할을 수행할 것이라 예측되었다.

독일 산업계 대표자로 BDI(독일 경영자협회) 의장 틸 네커 Tyl Necker가 감사위원회에 있었다. 동독의 새 선박 지주회사이고 브레머 불칸의 협력자로서 함부르크 주와 니더 작센 주만 실패했다. 이러한 관계는 단순히 시점과 상황에 따라 이중적이었다. 1991년 5개의 서독 조선소 (블룸 앤 보스 blohm & Voss, HDW. Thissen 북해 조선소, 마이어와 브란트)가 반불칸 성명, 즉 신탁관리청에 요청해서 동독 조선소를 하나씩 개별적으로 민영화하라고 한다. DMS가 한꺼번에 브레머 불칸에 인수되는 것을 반대한 것이다.

3개의 중범위 조선소 DMS로부터 독립된, 그러나 자신들이 거기 참가할 것인지에 대해서는 언급하지 않는다. 이것들은 위협적인 경쟁 상대로 느껴지는. 동독 거대 조선소를 막아낼 것이다. 재정적 부담을 경감하는 것도 반대하고 회생과 재편을 재정지원하는 것도 불가능하다고 했다. 경제적 활성화에 긍정적 효과를 고려하고 메클렌부르크 포펌머른 노동시장 상황이 이것을 정당화하는 것이다.

크라코우는 임기가 시작하자마자 회생조치를 도입한다. 여기서 그는 앞으로 몇 년 동안 50% 이상의 인원 수 감축, 그리고 완성 용량 감축을 선언하고 1991년 2월 22일 신탁관리청에 자신의 기업 재편 개념을 제출한다. 이 안에는 넵튠 조선소를 바르노우로 흡수, 320,000cgt로 생산능력 감축, 종업원은 1993년 46,000에서 18,500명으로 감축한다는 내용이 포함되었다. 그 중 조선소는 27,000명에서 11,000명이었다.

이전에 DMS는 크라코우가 제안한 기업 개념으로 신탁관리청 지도위원회 평점 1(가능)~ 6(완전 충분) 중에서 4.1을 받았다. 이것은 신탁관리청의 관점에서 보아 회생(재편필요)하다는 뜻이다. 그런데 그 회생 능력은 제출된 개념에는 없었다. 이것은 바뀌거나 더 발전되어야 한다. 기본적으로 신탁관리청의 비판점은 지도위원회의 표결에 "제출된 기업개념으로 경쟁력 도달에 가능한 것으로 보이지 않는다."는 것이고, 장기적 관점에서 그냥 순순히 생존하려는 것으로 투자자는 판단했다. DMS는 1991년 6월 말까지 재검토된 개념을 제출해야 했다.

회생가능성은 DMS의 경우 확정되었는데, 그 이유는 정치적으로 의도된 것이기 때문이다. 실제로는 연방 총리가 1월에 동독 CDU 의원과 대화에서 동독 조선소에 대한 근본적 존립 보장을 이미 했다.

그 후에 신탁관리청 총재 브로이엘도 비슷한 발언을 했다. "조선 산업의 민영화는, 한 주 전체에 생활 기회를 주는 것에 관련된 문제, 전 해안이 여기에 달려 있다. 그것은 모두가 알고 있고 조선소 직원뿐 아니라 거기에서 파생되는 전 종업원들이 알고 있다." (Raab 2002: 123)

이러한 감축 시나리오를 내용적으로 준비했던 금속노조는 크라코우가 제시했던 '끔찍한 숫자'를 계기로 기민-자민 연정의 주 정부를 날카롭게 비판하고 구조정책적 총괄 개념을 주창했다. 1990년 초 금속노조의 처음 구상은 조선 업 전체의 발전이란 조율된 입장이었다. 그리고 이미 11월에 조율된 행동을 주창하고 정치권에 구체적인 주장을 요구했다. 주 정부는 그럴 역량이 없지만 금속노조의 시각에는 명백히 보였다, 전 독일 시장의 추가 용량을 외면할 수 없기 때문에 그 기회를 이용해 전 독일의 조선 발전 개념을 발전시키고, 동독 조선 업 현대화를 통해 국제경쟁력 있게 하는 기회로 삼자는 것이다. 이것이 서독 생산자들에게는 하나의 조율된 행동으로 보였다. 이것이 '독자 생존(Stand-alone 해법)'의 싹이었다.

흥미로운 것은 이 시점까지 신탁관리청은 "해양부문에서 전체 부문과 DMS의 회생은 불가분 연결되어 있다. 동독 조선소의 구조조정에서 독자 생존은 안된다"는 것이었다. 그 대신 연방정부는 정치적으로도 재정적으로도 직접 책임을 져야 한다. 신탁관리청은 여기에 반대해서 구조정책적 제안을 했다. 주 정부의 도움으로 서독 연안 주와 서독 조선회사를 동독 조선소 재편에 현실적으로 참여하게 하도록 연방정부를 움직인다는 것이다. 명백히 당시의 신탁관리청 이사회 장 빌드(Wild)나 총재 로베더는 전체의 제안과 조율 역할을 맡고 계속해서 민영화 과정이 진행되게 하는 역할을 부여하는 것이다.

주 정부는 이에 반해 싹트는 위기에 불충분하게 준비했다. 관심은 매우 적었고 해양 산업의 미래에 대한 다양한 기회에 대해 리더가 관심이 없었다. 기민당의 고몰카 주지사와 자민당의 경제부 장관 레멘트(Lehment)사이에 주 생활의 주요 문제에 대해 공동의 전략을 갖고 있지 못함이 명백해졌다. 고몰카는 레멘트의 구상과는 달리 조선소를 모아서 민영화하려 했다. 그 원인은 이데올로기와 정당 정책의 차이가 깔려 있었다. 레멘트는 질서 정책 상 중산층 해법을 생각하고 있었고 동독 주들은 자신의 행정부에 의해 이번 주에 완전히 새롭게 건설되어야 한다고 생각했다.

1991년 여름, 경제부에서 어느 정도 일할 능력을 갖추고 있었고 전략 능력 있는 행위자로 행동할 수 있는 시기까지 일단 기다려야 했다. 주 정부 역시 주의 정치적 하부구조와 건설을 조정하는 동독 구조의 청소를 마치는 시간이 마찬가지로 필요했다. 정치적 위험을 인지하고 조율하는 능력을 전혀 갖고 있지 못했다.

주 정부에 대한 비판은 계속되었다. 그 이후에 금속노조가 주도해 파업 시위 사업장 점거로 조선 노동자들이 주 의회에 진입하고 주

정부의 평화가 부분적으로 깨어질 정도로 진행되었다(Seibel 1993: 131). 이 시기 조선산업 위기로 불리는 본과 베를린의 행위자를 깜짝 놀라게 한, 베를린과 메를렌부르크-포펌머른 주 내의 논쟁이 명확하게 했다. 어떤 엄청난 정치적 위험이 경제 전환에 부정적 효과로 내장될 수 있는지가 알려졌다.

　4월과 5월 신탁관리청은 유동성 공급을 놓고 천만 마르크 수준의 지불보증을 하고서야 사업장 능력을 제대로 유지할 수 있었다. 이 시기에 이사회 의장 크리벳 Kriwet은 신탁관리청 총재 브로이엘의 직접 질문에 대해 DMS의 부분매각에는 관심이 없다고 했다.

　1991년 6월 크라코우는 회생 개념의 수정판을 제출했다. 거기에는 DMS는 공기업으로서 당분간 유지하고 1994년 말까지 회생한다. 일단 더 좋은 조건으로 협의회에 민영화하기 위해서였다. 사람들은 이를 "신부를 먼저 이쁘게 화장한 뒤에 시집을 보내기"라고 불렀다. DMS 종사자의 수는 처음 55,000명에서 20,000명으로 줄여야 했다. 크라코우의 개념에 따른 회생 소요는 1994년 말까지 6억 8천만 DM였다. 그 다음 조선 건조의 붐을 예상하여 사적 투자자에게 공급될 것이었다. 이러한 개념은 신탁관리청 이사회와 감사회의 반대에 부딪혔고, 그들은 빠른 민영화, 필요하다면 각 부분을 나누어서 개별 매각하는 것을 선호했었다.

　1991년 11월 DMS 의 핵심 부문인 MTW 조선소, 로스토크 디젤 엔진 조선소, NWW가 한제 지주회사(Hanse holdings)로 합쳐졌다. 이 회사는 관심있는 부문 기업들이 국내와 해외에서 참여했다. 이 개념은 브레머 브레머 불칸을 제외한 어떤 다른 독일 대형 선박회사가 준비되지 않았다는 어려움이 있었다. 신탁관리청은 1991년 가을부터 "빠른 민영화, 개별 사업장을 나누어 팔아서 속도를 높이자"라고 했다.

민영화인가 화생(기업 재편)인가라는 문제는 DMS는 이 두 번째 국면의 끝에서 단지 가설적으로만 제기되었던 것은 아니었다. 지주회사와 두 자회사에 지도적 위치에 있는 핵심 역량들이 점하고 있는 상태에서 여러 가지 측면에서 성공적으로 보이는 회생 개념으로, 민영화 이전에 회생하는 방안은 많은 다른 동독 기업의 경우와 달리, 경영학적 관점에서 생각될 수 있는 대안이었다.

선박 산업 부문에서는 무엇보다 5대 큰 의사결정자가 사적인 손으로 급히 옮기는 것은 생각하기 어렵다. 비록 신탁관리청이 늦어도 1991년 말까지 기업의 민영화를 추진하는 데 집중하라고 역점을 두어 강조했음에도 불구하고, 어떠한 측면에서 저항이 오고 크라코우 개념을 좌절시켜야 하는가가 문제로 된다. 연방 정부는 물론 신탁관리청도 주 정부(메클렌부르크 포펌머른)의 공식 견해와 노동조합도 크라코우의 회생 개념을 원칙적으로 신뢰했다. 그리고 사람들이 금속노조에서 많은 일자리가 줄어들 것으로 알았다.

크라코우의 회생 개념에 대한 저항은 당연히 서독 경쟁자 HDW와 티센 북해 조선소에서 나왔다. 그러나 브레머 불칸에서도 나왔다. 동독 지역에서 국가에 의해 양육되는 경쟁을 결코 원하지 않았기 때문이다. 브레머 불칸이 그런 해법을 갖는다면 헨네만의 구상, 즉 하나의 거대한 선박 콘체른을 만드는 구상은 앞으로 거부되어야 했다. 엄격한 민영화 노선을 따라, "기업을 민영화하기 전에 회생(재편)"시킨다는 전략에 대한 저항은, 결정적으로 연방 재무부 BMF에서 나오게 된다.

마침내 독점 매각을 뜻하는 '홀로 서기 Standing Alone' 해법은 신탁관리청 행정위원회에 의해 거의 모두의 반대로 부결된다. 이 시기에 직원 수는 엄청나게 줄었다. 1990년 7월부터 1991년 7월까지 20,000명이 줄어 31,000명이 된다.

5.2.3 분할 매각: 국제적 해법

3번째 국면, 여기서 민영화 국면이라고 부른 시기가 전체 민영화 과정에서 핵심 국면이다. 크라코우의 회생 개념을 사실상 거부하고 신탁관리청이 브레머 불칸과의 민영화 협상을 시작하고, 노르웨이 선박 콘체른 크베르너와 로스토크에 있는 바르노우 조선소의 협상 계약을 체결한다. 이 동맹은 시간적 길이에 따라 다시 여러 가지 사건 내지 결정으로 세분화된다. 전체 민영화 과정의 주된 성과는 1992년 3월 17일~10일에 내려진 '연합(Verbund) 해법'인데, 이것은 DMS의 핵심 부문, 즉 넵튠 바르노 조선소를 MTW 비스마르 로스토우 디젤 엔진 조선소와 합쳐서 브레머 불칸 주식회사에 인도하고, 어떤 투자자가 어떤 기업을 인수하는가에 대해 결정하는 것이었다. 이것은 조선산업 민영화의 방향을 결정하는 것이었다. 신탁관리청뿐만 아니라 주정부와 연방정부에서도 산업 정책의 방향을 결정하는 것으로 되어, 이 이후의 민영화 행보는 이 결정에 강제되어 나오는 것일 수밖에 없었다. 이 결정이 품은 다른 두 사건, 메클레부르크 포펌머른주에서 1992년 1월부터 1992년 3월 15일까지의 논쟁 격화와 주지사 고몰카의 사임으로 긴장은 절정을 맞게 된다(유럽 경제공동체 경제위원회와 EG 각료 이사회 1992. 7. 17~20일의 결정).

1991년 6월 중순 DMS 이사회는 신탁관리청이 3월에 요구했듯이 자신의 수정된 기업 개념을 제출한다. 개념의 핵심 요점은 당시 아직 34,500명이던 인원을 1995년까지 14,500명으로 줄이는 것이었다. 따라서 이 개념은 320,000cgt로 감축된 각각의 생산지에 인원을 배분하는 것에 대한 최초보고가 포함되어 있었다.

비록 이 수정 개념은 일단 DMS 감사위원회에서 채택되긴 했지만, 이 기본 전략 개념은 격렬한 논쟁을 불러일으켰고, 마침내 DMS와 신탁관리청 간의 일반적인 갈등으로 이어졌다. 이와 병행해서 브레머 불칸이 DMS에서 개별 조선소를 매입하려는 첫번째 시도가 나타났다. 크라코우는 이 시도에 반대해서 행동했다. 왜냐하면 개별 사업자 중 이익이 클 것으로 보이는 기업 부문을 분리하여 하나의 해상운송 회사로 종합해서 저지하려는 의도였기 때문이다. 무엇보다도 헹케와 그로베키가 공개적으로 이 전략을 시도했고 브레머 불칸은 DMS 감사회에서 다시 이것을 저지하려는 이해관심을 표명했다.

신탁관리청 역시 크라코우에 명시적으로 불복하였다. DMS를 하나의 콘체른으로 이끌고 싶지 않다고 했다. 늦어도 로베더의 부활절 편지 이후로 신탁관리청 내부에서 신탁관리청은 일반적 철학이 있었는데 민영화의 모든 기회는 나름의 회생기회보다 더 낫다. 만약 전체 민영화 기회를 만들지 못하거나 경영적 내지 재정적으로 용납될 수 없는 조건하에서는 이것이 비상 해법으로 될 것이다. 크라코우는 민영화 그 자체를 반대하지 않았었다. 그가 꺼린 것은 개별 조각을 분리해서 매각하거나 회생이 완료되기 전에 서둘러서 민영화하는 것이었다.

그렇지만 신탁관리청은 1991년 여름에는 그 노선을 변경한 것이 명확해 보였다. 비르드와 로베더가 량초에 제안한 조치는 더 이상 애기되지 않았다. 반대로 신탁관리청은 명시적으로 회생 이전에 우선적으로 각 사업장을 매각하는 전략을 따랐다(Ensser 1997: 148).

이러한 노선 변경은 DMS 상층부에는 완전히 예상밖이었고 놀라웠다. 신탁관리청과 DMS 상층부의 기류가 강력히 나빠졌고 신탁관리청의 이전 조치들 회생 노력이 갑자기 제동이 걸렸다. 이러한 변화된 전략은 무엇보다도 EG의 거절행동, 즉 국제경쟁력을 가시적 시간 동안 창출할 것인가에 대해 정확한 구상을 얻는 것 없이는 공적 지원금을 허용하지 않으려는 의도가 명확해졌기 때문이다.

브레머 불칸의 전략, 즉 비스마르의 MTW를 DMS에서 떼어내 직접 구입하려는 전략이 좌절되었다. 헨네만은 해상운송 연합을 3개로 묶고, 로스톡 디젤 엔진 조선소를 인수하려 했다. 1991년 9월 신탁관리청은 브레머 불칸과, DMS의 핵심 부문에 대한 민영화 협상을 시작하였다. 브레머 불칸은 바르게 인식하고 있었는데, 동독에서 공적 수단으로 재정 지원을 받는 현대화된 조선소가 설립되면 자신의 생산성 면에서 다른 회사를 곧 넘어설 수 있었다. 따라서 경쟁이 시작되기 전에 기업 전체를 넘겨받으려 했다. 이것은 이사회 행동 전에 해양 건조 노동 이사회에서 기각되었다. 이것은 간접적인 보조금의 종말을 뜻하는 것이었다.

브레머 불칸과의 협상은 노르웨이 콘체른 크베르너(Kverner)와 갑자기 9월 초에 시작되었을 때 이미 상당히 진행되어 있었다. 다음에는 레멘트 메클렌부르크 포펌머른 주 경제부 장관이 MTW에 연결된 넵튠-바르노우 조선소에 관심을 보였다. 슈베른주의 경제부 장관은 그 사이에 가능한 국제 투자자를 찾는 것을 시작한다. 브레머 불칸에 너무 강하게 묶이는 것을 해소하고 위험분산 차원에서 분할민영화의 가능성을 유지하기 위한 것이었다. 그래서 DMS의 기업 정보가 엄청나게 보내졌다. 이사회와 감사회의 책임있는 사람들의 커다란 분노를 불러일으켰다. 이 서류들은 스칸디나비아 운하를 거쳐 빠르게 EG 경제위원회로 전해졌다.

레멘트의 관여는 이 시절에 비정상적으로 강력했고 여러 가지 생각으로 되었다. 특정 주의 관점이 다음과 같이 명확히 표현되었다. "조선소 민영화는 우리 주에는 처음부터 지배적인 문제이다. 신탁관리청에서 집약적인 행동을 펼친다는 인상을 받지 못했다. 독일 조선산업의 관심이 일관되었다. 그걸 질질 끌고 가자 그러면 스스로 해체될 것이다." 만약 민영화가 안 되고 투자도 이루어지지 않는다면, 그 문제는 스스로 해결될 것이다. 따라서 이 주 경제부 장관이 말하듯이, 오케이 나는 더 이상 보고 있을 수 없다. 신탁관리청이 관심을 보이지 않으면 스스로 행동을 보일 수밖에 없다.

신탁관리청은 크베르너와 협상에 승차해야 했다. 크베르너는 베를린의 신탁관리청과 이 상황에서 완전히 부적절하게 행동했다. 이 경우 바로 브레머 불칸과 계속 협상할 것이 명백해졌다. 시간을 손실하지 않기 위해 크베르너는 구체적 제안을 8일 이내 밝히려 했다. 이 것은 본의 연방정부나 슈베린의 주 정부 어느 쪽에도 명확한 신호를 암시했다. 신탁관리청이 크베르너와의 협상에 리더가 실제로 관심이 없다는 것을 의미했다.

연방 경제부의 개입 이후 그 관료 중 EG 경제위원회와 상담하고 그 인상을 확인했는데, 외국 투자자라면 보조금 허용을 쉽게 성공할 것이고 이 기한은 결국 연장되었다. 크베르너의 등장과 함께 중요한 결정 변수들이 설정되었다. 행위자 구조는 이 시점까지 안정화되었고 3월의 결정까지 6월에 있을 EG 차원의 결정을 얻기 위한 주요 부분이 안정적이고 과정이 확립되었다. 이 시기 행위자들의 네트워크가 가장 활발히 가동되었다.

10월에 금속노련과 신탁관리청 간에 DMS 고용상황에 관한 약정이 있었다. 노동자는 DMS 외부의 자연적 경기변동으로 해직되거나 은퇴하기 전에는 이직되지 않는다. 일단 고용이 보장된다.

신탁관리청은 브레머 불칸과의 협상을 결렬시켰다. 그 후 크베르너는 자신의 관심을 진지하게 입증했고 새로운 기한을 1992년 1월 15일로 제시했다. 제안과 이어진 협상에서 다음과 같은 가능성을 내놓았다. 엔진제작소 MAN과 바르노우 디젤 엔진 조선소 로스토크에도 마찬가지로 제안을 했다. 이 제안은 다시 상황을 꼬이게 만들었다. MAN은 세계시장에서 큰 선박 엔진회사 뉴 술처 디젤(New Sulzer Diesel)의 주된 경쟁자였고 브레머 불칸은 그 회사의 지분을 갖고 있었기 때문이다.

1안: 브레머 불칸(BV)은 NWW(Neptun Warnow 조선소)를 인수한다. MTW (Mathias Thesen 조선소)와 DMR(Diesel Engine 조선소 로스토크). 소위 '연합 해법'. 그렇지만 브레머 불칸은 회사 지분 중 현재 51%를 인수하고 49%는 몇 년 동안 신탁관리청과 연방 내지 주 지방 정부에 남겨둔다. 차후에 브레머 불칸은 100 % 인수 용의를 천명했다. 그 후 신탁관리청은 이 해법을 원하지 않는다고 천명했다. 찬성: 신탁관리청 이사회, 금속노련, 기민당 주 정부, 주 당의장과 당시 연방 교통부 장관 크라우제, 그리고 다른 정당 모두 거부 (FDP만 제외), DMS의 종업원평의회, 반대: 연방정부, 서독 선박협회, 니더작센과 함부르크 주 정부

2안: 크베르너가 NWW를 인수하고 MAN은 DMR MTW를 인수한다. 과연 브레머 불칸이 최종적으로 MTW를 그런 해법으로 인수할 것인지는 열린 채 남더라도. 따라서 최악의 시나리오롤 낳을 위험, 즉 MTW가 최종적으로 신탁관리청에 남게 될 위험이 있다. 찬성: 경제부 장관 레먼트, FDP(연방과 주정부), 반대: 주 정부, 금속노련

3안: 브레머 불칸이 NWW와 MTW를 제공한다. 그러나 불확실한 것은, 브레머 불칸이 이 제안을 받아들일 것인지 모른다. MAN이 DMR을 인수하는 옵션은 선택되지 않았다.

4안: 브레머 불칸이 MTW와 DMR을 인수하고 크베르너는 NWW 인수한다. 찬성: 연방정부, 신탁관리청 행정위원회, 지방 정부 일부, 반대: 금속노련

또 매우 구체적인 계획이 마이어 다펜붕(Meyer Dapenbung)으로부터 있었는데, 뤼겐 섬에 조선소를 새로 건설하는 것이었다. 인민조선소는 그 대신 문을 닫아야 한다. 필요한 용량을 비워 받아야 하므로. 그리고 조선소 직원들은 대부분 이주해야 한다. 이 계획에 신탁관리청은 매우 찬성이었지만, 크라코우의 반대에 직면한다. 그는 DMS 전체의 용량을 감축하고 큰 조선소들을 폐쇄하려 하기 때문에 받아들이지 않으려 했다.

이 제안들의 평가는 '연합 해법' 즉 모든 사업장을 브레머 불칸에 민영화하는 것은 크베르너가 선호하는 것으로 가장 비용이 낮은 것으로 서술되었다. 분할 민영화는 투자가 2배이고 신탁관리청이 인수해야 했던 구 부채 상쇄비용이 올라가서 브레머 불칸이 일괄인수하는 것보다 결과적으로 지출이 더 많았다. 이러한 재정적 유리 때문에 신탁관리청은 이미 1992년 2월 14일에 이미 기본 입장을, 협상은 우

선적으로 브레머 불칸과 진행하는 것으로 정했었다. 이러한 옵션은 갈등을 유발했다. 지역뿐 아니라 전국 수준의 일간·주간·주간경제 신문에서 논쟁이 벌어졌다. 1992년 1월에 상황은 첨예화되어 메클 렌부르크 포어폼머른 주에서 사업장 점거와 거리 점거 시위, 주 의회 앞과 안에서의 시위, 베를린 신탁관리청 본사 앞, 본의 정부 청사 등 에서도 시위가 벌어졌다.

이 갈등은 다시 상승작용을 일으켜 연방 교통부 장관이자 기민당 (CDU) 주 의장 크라우제가 1992년 3월 2일 총재 로베드가 해외 출 장으로 부재시 스트랄스운드 인민조선소를 연합 해법에 포함시키고 여기에 연방과 주 정부가 참여할 것을 촉구했다. 이 제안은 자신의 이익을 키우고 무엇보다 레멘트 안에 반대하는 데서 당시의 연방 집 권연정(CDU와 FDP)을 심각한 위기로 몰아넣었다. 과연 이러한 제 안이 정당정치에서 어떠한 결과를 가져올 것이지, 본(Bonn)의 연방 정치에 경종을 울리게 될지, 정당정치의 게임을 넘어 연방정부와 전 략 동맹까지 고도의 위협을 했다. 크라우제의 동기는 동독 출신 연방 의원들에게서 지지받는, 연방정부는 국가지주회사로 가게하고 그를 통해 동독 경제의 기본 노선을 변경에 이르게 하는 것이었다. 조선산 업은 화학, 갈탄, 화물차량 건조, 강철 산업과 함께 가장 문제가 많은 '공동 콤비나트'로 앞 줄에 꼽히는 산업으로 이 시점까지 민영화가 이 루어지지 못했다.

그러나 지역 경제와 노동시장 정책의 관점에서 동독 주민들이 아 니어도 가장 높은 연관이 있었다. 연방정부에게 이것은 거대 기업을 가시적인 기간 내에 국가 소유로 남기고 수십억의 부채를 연방 정부 에 지울 수 있는 선례를 만들 위험을 내포한 것이었다. 그래서 연방

정부는 보다 정확히 그 의사결정 과정을 조율하려 했다. 특히 연방 총리실은 조선산업의 민영화에 대한 관심을 높였고 가능한 결과, 체계전환에 대해 더 포괄적인 문제와 정치 노선에 대해 직접 다루려고 했다.

크라우제의 발언과 레멘트의 사업 이후 터진 연정 위기는 오로지 본의 기민당과 자민당 정당 수뇌부의 적극 개입으로만 막아낼 수 있었다. 명백히 고몰카는 3월 초 결정에 앞서 레멘트의 결정에 대해 가능한 기업을 각각 개별적인 투자자에게 팔려고 했다. 이에 대해 고몰카는 당과 원내 교섭단체에 반대했고 특히 기민당 주 당의장 크라우제에 반대했다. 그에 반대하는 입장을 주장할 수 없었으므로 고몰카는 주지사에게 심대한 공격을 받았고 조금 후에 사임해야 했다. 그는 기민당 의원직 역시 사임하지 않을 수 없었다.

1992년부터 동독 기민당 의원들, 특히 크라우제로부터 당시 수상 콜에 대한 압력이 있었는데, 경직된 민영화 정책을 완화하려 한다. 이 제안은 집권 기민당의 동독 통일에 대한 일치된 견해마저 위협했다. 구조조정과 재편과정이 끝나면 동독에 어떠한 거대 산업 기업도 생존하지 못할 것이 걱정되었다. 따라서 한정된 숫자의 "경쟁 잠재력 있는, 구조조정 정책적으로 포기할 수 없는 거대 기업"을 연방이나 지방정부 차원에서 존속시키는 것이 추진되었다. 연방정부는 이 제안을 부결시켰고, 정부와 신탁관리청은 이미 오랫동안 토론되었던 통합 입지 발전 개념 내지 '산업 핵심' 보존 논쟁을 발전시키고 이를 공개적으로 홍보했다.

게다가 주 정부의 의사결정자들은 베를린의 신탁관리청과 본 연방정부에서 금속노련의 공론에서 효과적인 전략을 통해 엄청난 의사결정 압력을 보냈다. 1992년 말 동독 조선산업의 문제는 여러 번 본의 연정 테이블에서 토론되었다. 그리고 연방의회 신탁관리청 청문회에서도 1992년 3월 11일 조선산업의 현황 토론회가 열렸다. 무대 뒤에서도 심각한 일들이 진행되었다. 신탁관리청 이사회의 의도는 재정상의 유리를 이유로 먼저 브레머 불칸과 우선 협상을 진행하는 것이었는데 신탁관리청 행정위원회의 반대에 부딪혔다. 신탁관리청 이사회는 자신들의 행동을 불칸 쪽으로 경제부 장관 레멘트와 동맹하여, 이 국면에서는 주 정부가 경제부 장관에게 목소리를 높여 행정위원회 몇몇 구성원과 연방 경제부가 중단시켰다.

연방 총리도 당시 자민당 총재 람스도르프(Lambsdorf) 공작도 불칸 해법에 이견을 가지고 있었다. 대부분의 행위자들은 불칸이 과거에 보조금을 많이 받았던 것에 근거해, 질서개인주의적 이견을 가지고 있었다. 그렇게 큰 콘체른을 독일에 생기게 할 것인지, 그리고 이후에 북부독일에서 위기 부분에 엄청난 잠재 압력을 가하게 될 것이므로.

금속노조는 우선 크라코우의 개념을 지지한다. 우선 회생을 민영화 이전에 추진했다. 그리고 신탁관리청이 추구했던 코스, DMS의 핵심 부문을 연합의 형태로 브레머 불칸에 파는 것으로 방향을 잡았다. 이러한 전략변경을 촉발시킨 인식은 신탁관리청과 유럽공동체 경제위원회가 긴급히 필요로 하는 투자를 단지 최종적으로 사적 소유인 경우만 재정지원 내지 허용할 것이라는 것이었다. 비록 금속노조가 그렇게 커다란 형태로 불칸이 지배하는 대기업이 경쟁자, 직원, 지역경제와 정치 결정구조에 갖는 위험을 보긴 했지만, 그래도 연합민영화에서 시너지효과를 창출하고 그렇게 많은 일자리를 가능한 한 지속적으로 유지할 가장 큰 기회를 갖는 것은 최종적인 장점으로 보았다.

이 목표는 저항을 거스르며 특히 주 경제부 장관이 관철하고 1년 전 말한 것처럼 전체 개념으로 제시한 것에 대항해서, 항의 기자회견과 몇몇 사업장 점거를 조직하면서 추구한 것이다. 왜냐하면 메클렌부르크 포펌머른 주의 공개 토론에서 단순하게 브레머 불칸과의 연합 해법이 선호되었다. 그 원인은 헨네만이 목표한 전략이 항상 보았듯이, 브레머 불칸이 하나의 '사회적 콘체른'이고, 정리해고된 노동자에게 인색하지 않은 보상을 보장하고 낙찰을 받은 것이라는 점 때문이었다.

비록 이 항의가 전면에 신탁관리청에 반대하는 것처럼 방향을 잡고 있지만, 신탁관리청과 금속노조가 공개적으로 항의한, 즉 이 국면에서 기본적으로 동행하는 이해관계를 가지고 서로 지원하고 있었다. 첨예한 갈등을 타협하기 위해 신탁관리청은 2월 말 관심을 보인 투자자들을 공동의 참여에서 배제하려 한다. 이 시도는 좌절되었는데, 그 실마리가 잠재적 투자자는 누구도 기업 경영에서 배제되려 하지 않았기 때문이다. 3월 초 동독 조선 선박연합 민영화의 길을 둘러싸고 뜨거운 논쟁을 하는 가운데, EG 경제위원회 서한에 관한 소식이 전해졌다. 독일의 입장은 무엇보다도 동독 조선업에 대한 모든 재정적 지원을 앞으로 않는다는 것이었다.

이 결정에는 EG 경제위원회가 위탁한 평가서, 당시까지의 시점에서 주요 기업에 의한 선박 가격의 14.9%가 보조를 받고 있다는 보고서가 영향을 미쳤다. 같은 서신에 당시 총지배인 엘러만(Lerman) 팀이, 당면한 민영화 결정의 기준으로 400,000cgt로 예상되던 용량 감축의 기준을 정식화했다. 총체적으로 EG 특별위원회의 입장은, 브레머 불칸과 크베르너에게 분할 매각을 선호한다는 것이 명확해졌다. 이러한 행동에는 명백히 연방 경제부의 입장이 기여했다. 이미 브레머 불칸에 단독매각을 거절하고 유럽 공동체위원회에 연합 해법의 장점, 즉 가장 낮은 재정 지출을 설득하기 위해 브뤼셀에서 어떠한 행동도 하지 않았던 점에서 명확했다.

3월 첫 날, 본에서는 이 점이 관철된 것처럼 보였다. 브레머 불칸과 크베르너에게 분할 매각이 가장 최선의 타협책으로 보고 있는 것이 위원회 행동의 배경으로 해석되었다. 이것은 한 토론문서에서 연방 경제부(BMWi)의 산업 정책 주무관(올리그Ollig) 관할 아래 재정부(BMF) 내의 신탁관리청 관할부서장(프라이엔Freyen)이 기안하고, 같은 날 신탁관리청으로 발송된 공문에서 정식화되었다.

이 토론문서는 가시적인 형태로, 크베르너가 연방정부에 처음으로 진지하게 신호를 보냈던 선호 해법, 즉 브레머 불칸에게 "케이크 전부를 넘기지 않는 것"이 적시되었다. 경제부 재정부 수상관저는 서로 긴밀한 접촉을 하고 있었고, 연방 총리는 끊임없이 정보보고를 듣고 있었다. 이 토론 문서는 연방 정부 내부 최고위층에서 인가되었다. 어떤 해법이 최종적으로 선별되어야 하는지 매우 분명하게 밝힌 것도 신탁관리청에 이해되었다. 다음 표현이 결정 상황을 잘 요약해 준다. "여러 가지 다양한 지점에서 동시에 막히고 나서 수상 관저는 상대적으로 일찍 포기하고 말았다. 그렇게 많은 돈은 독일 금고에 없으므로, 이제 우리는, 민영화되지 않은 조선소에 끊임없는 보조금을 육성해야 했다. 이제 드디어 빨리 성공을 약속하는 해법을 찾아야 했다. 그것이 의미하는 것은, 우리가 브레머 불칸에 좋은 제안을 특별히 엄청난 역할을 허가해 주고 다른 조선소, 예를 들어 크베르너에도 살 수 있는 가능성을 주어야 했다."

이 토론문서는 1992년 3월 7일, 신탁관리청 행정위원회 회의의 검토문건이었다. 경제부와 재정부 장관 쾰러와 뷔르헨, 그리고 수상 자문관 루드비히, 또 신탁관리청 이사회에서 빌트, 브로이엘, 브라암스가 참가해 사전결정을 해야 하는 모임이었다. 이미 1992년 3월 5일에 회의는 레멘트, 고몰카, 크라우제가 참여한 상태에서 열렸다. 목표는 DMS의 핵심부문 민영화를 위한 결정의 조율이었다.

지금 추구된 해법은 신탁관리청으로부터 새로 위탁된 평가보고서, 신탁관리청에서 지금까지 나왔던 논리, 크베르너를 포함한 해법은 비용이 많이 드는 방안이라 무효로 하고 "평가하고 비교할 수 있는" 해법을 제시해야 했다.

그 회의에서 합의된 것은 1992년 3월 1일 신탁관리청 이사회가 결정해야 할 것은 "바르노우 조선소가 크베르너에 가야 한다는 것, 브레머 불칸에는 다른 반대급부를 제시할 것, MTW와 로스토크 디젤엔진제작소 지분 100%를 인수한다"는 것이었다. 같은 날 슈베린의 주 내각에 이 해법이 동시에 보내진다. 이사회 결정은 1992년 3월 17일 신탁관리청 행정위원회에서 표결에 붙여진다. 이런 스케줄에 따라 그 결정은 공식적으로 이루어졌다.

그러나 이것은 다시 난기류를 탔는데, 슈베린 주 내각이 동의한 해법을 단 한표로 좋다고 하고 기민당-자민당 연방정부 주 지사 고몰카가 겨우 명목상으로만 사업에서 구제되었기 때문이다. 추가 소란은 자민당 총재 람스도르프 공작이 원인으로 되었다. 신탁관리청에서의 공식 결정 하루 전에 거기서 의도하는 해법을 공개해버렸다. 이것은 그 관련 해법을 본의 연정 협상에서 더 높은 정치적 수준에서 조율해야 한다는 신호로 평가될 수 있다. 신탁관리청 총재 브로이엘 여사가 지적한 대로, 그 사람은 이 결정을 "정치권에서 보내는 신호"로 수용해야 했다. 그러나 그의 말은 사람들에게 반대로 비춰졌다. "신탁관리청이 다른 곳에서 내린 결정을 그대로 추인한다."

이 신문 보도 때문에 또 한 번 난리가 났다. 이 토론 문건은 그동안 각각의 방안에 대해 정책 결정 체제에 참가하고 있는 집합행위자 간에, 여러 차례의 검토와 장단점 비교, 비용의 현실성과 부담 가능성, 반발의 무마와 해소 방법 등을 소통·숙의하여 최종 방안을 재무부 담당관이 문서로 성안한 것이었다. 그러나 람스도르프 공작의 말은, 마치 외부에서 결정된 안을 그대로 따르라는 것처럼 들렸다. 그는 브레멘 주의 경제부 장관을 지냈던 사람이고 동시에, 연방정부에서 자민당(FDP)과 기민당(CDU)의 연정에서 자민당의 정상급 대표였기 때문이다. 잘못하면 집권 기민당과 자민당간의 연정이 흔들릴 수도 있는 차원의 문제가 되기 때문이었다.

"DMS 개념의 기각이든 동의든 공식협의회 이외에 그리고 직접관련자들의 참여없이 이루어질 수 없다. 따라서 절대 비공식적 영역이나 밀실에서 결정되어서는 안된다." 이 일은 공식적인 결정이 발표되기 전에 내부에서 조율되었다. 따라서 신탁관리청 이사회는 선박사업 민영화 때 주요 행위자로 역할을 했다. 그러나 여러 명의 행위자들이 관여한 상태에서 긴밀하고 상대적으로 수평적인 행위자 연결망 내에서 소통하면서 결정이 내려졌다.

1992년 3월 17일 행정위원회 결정 이후, 다음 상황이 발생하였다. MTW와 DMR은 브레머 불칸에 NWW조선소는 크베르너에 간다. 브레멘 투자자 헤게만은 볼가스트의 Peene 조선소를 낙찰받는

다. 이제 방향결정은 내려졌고, 신탁관리청과 그 투자자들의 인수계약서가 남았다. 그러나 아직도 협상되지 않고 더욱 더 그것은 이 전체의 결정이, 유럽경제공동체 경제특별위원회가 신청된 보조금을 승인한다는 유보조건 하에 내려졌다는 점에 있었다.

람스도르프의 발언이 보여주는 것은, 명확히 연방정부의 동의가 있었음이 확실한, 민영화가 최고위층에서 결정되었다는 것이었다. 그 가격을 행위자들이 지불할 용의가 있지만, 그 결정을 이끌어내고 체면을 유지하게 하는 대가는 매우 크다는 신호를 보내고 있었다.

1992년 3월 31일, DMS 주식회사 이사회 의장 크라코우는 신탁관리청에서 진행된 협정 회의에 참석못한 것에 대한 실망으로 사임했다. MBI(경영자 내부 인수)로 변화하는 것을 그는 잠깐 지난 뒤에 시도했지만 성과는 없었다. 감사회 역시 사퇴하였고 DMS는 5월에 유한회사로 바뀌었다. 이러한 발전이 시사하는 것은 DMS가 독자적인 조직이길 멈추고 나머지 민영화로 넘어가는 것이었다. DMS 이사장과 감사회의 사임은 바르노우 조선소의 분할 매각으로, 크라코우의 개념이 좌절되고 그의 소명이 끝난 것으로 보는 것이 명확해졌다(Raab 2002: 136)

유럽공동체 경제이사회는 과연 신탁관리청이 계획한 구조 재편 보조금을 동독 조선소에 유럽공동체의 정쟁법에 따라 줄 것인지, EWGV. 92조의 보조금 규정에 따라 지불할 것인지, 또는 어떠한 형태와 얼마만한 금액으로 허용할 것인지를 이제 결정해야 했다.

EG 경제이사회는 1990년 초 더블린 유럽평의회 결정 이후로, 독일의 두 국가가 서로 당면한 교섭과 그 후의 통일로 이어지는 과정을 환영하고, EG가 그 번영에 동반할 것을 약속하고 노력했다. 또한 동독의 전환과정을 방해하지 않으며, 가능하다면 지원도 할 것임을 약속했다. 이 때 EG는 당연히 다른 회원국가들의 이해관계를 고려해야 했다. 이러한 타협조치는 독일인들의 부담을 경감하는 데 유익하게 작용하고 조선산업의 민영화에도 효능이 있었다.

경쟁력 정책의 기본 방침은 동독에 충분한 용량을 유지한다, 이로써 조선소가 생존기회를 갖게 되면 동시에 적절한 용량을 감축한다. 유럽의 경쟁력(규모의 경제)을 앞으로 왜곡 내지 쇠망하지 않도록 한다는 것이었다(Raab 2002: 137). 여기서의 어려움은 EWGV. 92조의 보조금 규정이 40년 동안 완전히 다른 원리로 조정되어왔던 동독의 상황에는 맞지 않는다는 점에 있었다. 어느날 갑자기 과도기 유예기간도 없이 1992년 1월 1일 도입된 EG 공동시장에 통합되는 데는 어려움이 많았다. 지금 생성된 상황은 EG 경제에는 완전히 새로운 것은 아니었다.

이미 1991년 초 연방 경제부와 신탁관리청 간에 제 Ⅳ부문의 일반 방향에 대한 집중적인 숙의 그리고 조선소 문제가 존재한다는 점에 대해, EG는 일단 위탁연구를 맡겼다. 동독 조선소의 용량이 측정되어야 하며 그 용량 감축의 예견을 할 의도로, 그 결과 앞으로 DMS의 용량 시발점은 545,000cgt이고 40% 감축해서 327,000cgt로 약정되었다. EG 경제이사회 제 Ⅳ 부문간의 협상에서 근본적인 타협은 다음과 같다. 투자 보조금과 폐쇄 보조금 그리고 당시 계약된 선박 가치의 9%를 깎는 것에 대한 반대급부로 327,000cgt로 감축에 합의했다. 그렇지만 이제 남는 문제는 보조금을 어떤 사실 구성요소의 지불 조항에 근거하여, 사업장 보조를 적용할 것인가를 정의해 주어야 하는가 하는 문제가 제기되었다. 가능한 보조금은 먼저 다음 지불조항이 해당한다. 계획경제 하의 구 부채의 상쇄, 환경오염 청소 지분, 구 계약에 의한 손실 보상, 자기 지분 보전, 사업장 보조, 투자 보조, 폐쇄 보조. 당시 민영화 현안이었던 조선소 MTW, 비스마르, 넵툰, 피네 조선소에 대해 이사회는 다음의 제안을 했다. 1992년 7월 20일 장관회의에서 채택되었다. 매각 가격(브레머 불칸 1 DM, 크베르너 1백만 DM)은 공개 매각 규정에 따라 EWGv 92조에 따른 보조금은 없다. 재정적 부담, 계획경제 때문에 야기된 약점과 부정의 구 부채, 환경오염 제거, 그리고 과거 상계액에 따른 손실은 이사회의 견해로 는 보조금의 대상 사실요건에 해당되지 않는다. 따라서 보조금은 동 독의 조선소가 공정하고 유럽의 경쟁자와 경쟁하는 수준까지 올리는 것에 봉사하는 것이어야 한다.

위에서 얘기한 신탁관리청 지불 항목은 적절한 보조금으로 판단 되었다. 자기 자본 확충, 재편기의 손실 보전, 회전 자금의 40%, 새 로운 배를 구입하는 재료비, 구채무는 상환되어야 한다. 이러한 계산 과 숙고 끝에 EG는 1993년 12월 31일까지 36%의 사업장 보조금을 승인한다. 폐쇄 보조와 투자 보조도 역시 승인되었다.

다음은 확실히 우연이 아니었다. 위의 시행이 제대로 구성되고 행 해지지 않았던 것은, 하나는 이것이 복잡한 문제였고, 다른 하나는 그 타협적 성격이 협상과정의 마지막에 유럽 수준에서 명확히 드러났다.

인상된 보조금 지출을 위해서는 경제이사회에서 뜨거운 논쟁이 있 었다. 여러 나라들이 우려한 것은 동독의 조선산업이 보조금의 도움 으로 자체 원가 이하로 내놓게 되는가하는 점이었다(Tagesspiegel). 프랑스가 요구한 것은, 스페인과 이탈리아의 지지를 받아 통일로 나 타난 동독 조선 용량은 545,000cgt에서 57%를 감축하고 보조금은

1992년 최고 26%, 1993년 18%로 하라고 했다. 덴마크는 무엇보다도 MTW보조금을 낮게 유지할 것을 요구했다. 왜냐하면 이것이 덴마크(오뎃사)에 있는 조선소와 직접 경쟁관계에 있기 때문이었다.

그러나 독일 행위자 역시 가만 있지 않았다. 경제부 및 그 옆에서 그 연관 부서에서, 브뤼셀(유럽 경제공동체의 행정부가 있는)로 규칙적으로 '순례 여행'을 했다. 한자 동맹의 도시(브레멘) 시장이 금속노조와 관계자, 기업(러셀, 프로이상)관계자(이 2개 기업은 반대 의견)가 EG 경제이사회가 자기들 생각대로 결정을 내리도록 시도했다.

'국제적 해법'은 다시 또 자주 위협받았다. 크베르너는 그 결정이 정치적으로 내려진 뒤 자신의 요구를 신탁관리청에 정신없게 쪼아댔다. 크베르너는 신탁관리청이 전체의 재편과 투자를 1995년까지 현대식 조선소로 해야 한다고 했을 때 더 이상 요구하지 않았다. 하나씩 하나씩 투자 인수 + 감가상각, 구 채무, 구 환경 부담금(5백만 DM 정도), 구 계약 손실, 1995년까지의 운영 손실을 요구했다. 게다가 크베르너는 계약 만기에 따른 총 비용 지분까지 요구했다. 여기에다 크베르너는 바르노우 선박항만을 인수하고, 이전에 이미 기술적으로 완전히 노후한 냅툰 조선소는 요구하지 않았다. 협상은 여러 번 결렬 직전까지 갔으며 신탁관리청 역시 그 사이에 "생각하는 시간을 위한 정회"를 요청했다. 크베르너 측에 활이 너무 당겨져 있다고 신호를 보냈는데, 기본적으로 불리한 협상 입지 때문에 손이 묶이어 따를 수밖에 없었다.

브레머 불칸의 감사위원회 의장 슈나이더는 브레머 조사위원회 보고 이전에, 신탁관리청 예상대로 브레머 불칸이 새로운 조건을 갖추었기 때문에, 그리고 마지막으로 재정적 준비상태도 매우 좋았기 때문에 각 개별 작업장을 신탁관리청 재정으로 감당할 수 있어서, 충분한 보조금과 일치하는, 금속노련 주 지부장 라이히 뮐러 역시 비슷한 의견을 제출해 자신은 놀랐다고 했다. 어떻게 그렇게 신탁관리청에 돈이 그리 쉽게 조달될 수 있는지 말이다.

이 제3국면의 끝에 다음과 같은 상황이 발생한다. 1992년 8월 11일, 계약체결에 성공. 신탁관리청과 브레머 불칸 주식회사 간에 MTW 비스마르와 로스토크 디젤엔진조선소(DMR)의 인수계약 건. 블라스트의 피에 조선소 민영화 역시 계약 체결된다. 1992년 10월 1일, 오래고 질긴 협상 후에 바르노 선착(넵툰 선착장 제외)이 크베르너에 인계된다는 협상이 타결 계약된다. 이 민영화의 전 과정에서 패자는 MAN이었다. DMR이라는 노른자위를 얻기 위해 갖은 노력을 다했지만 결국 실패한 것이다.

기업 재편 보조에 대한 EG 경제위원회의 결정은 동독 조선산업에 이루어진다. 연방 공정거래청에서는 민영화가 시장지배(독점)적 지위를 창출하거나 강화하는 지위를 얻게 되는가 하는 측면을 조사했다 (연방 공정거래청 91/92 보고 88쪽: 93/94년 보고 86쪽).

이 과정에서 각 기업의 시장 점유 추가지분이 확정되었다. 재단 시장은 세계적 경쟁의 관점에서 보아 시장지배적 지위에 놓이지 않는다고 판단된다고 했다. 구 DMS의 종사 직원 수는 1992년 7월 31일까지 약 16,900명(1989년 약 55,000명에서)으로 되고, 조선소는 13,500명(1989년에 33,350명에서)으로 줄어든다. 분할매각으로 신탁관리청은 후속 민영화라는 무거운 과제를 짊어지게 된다. 보이젠부르크와 로스토우의 국내 조선소, 스트라스부르의 인민 조선소, 그리고 오로지 선박수리만 하게 된 넵툰 조선소는 가시적이면서도 매우 어렵게 민영화되고 정리(폐쇄) 될 것이 결정되는 상황이었다.

5.2.4 결정: 기업 회생과 정리

DMS를 브레머 불칸 주식회사와 크베르노 및 헤게만에게, 분할 매각함으로써 새로운 사적 투자자를 연결하고 회생과 살아남은 사업장을 신탁관리청에 의해 민영화하는 것이 서로 중첩되었다. 훨씬 더 중요했던 것은 유럽공동체에 승인된 용량 327,000cgt 를 각각의 조선소에 배분하는 일이었다. 새로운 조선용량은 다음과 같이 배분되었다(단위: 천 cgt): MTW 100, 볼가스트 35, 크베르너 바르노우 85, 인민조선소 85, 보이첸부르크 22. 이러한 용량 배분은 흥미롭게도 주로 주 지방정부 수준의 행위자들에 의해 결정되었다. 유럽공동체 경제이사회는 용량배분은 하나의 총개념 내부에서 작성되어야 하는 것이라고 연방정부에 위임했다. 연방정부는 지방정부에 초안을 마련해줄 것을 정중히 요청했다. 이에 따라 주 정부 경제부가 개념을 기획했고 수상관저의 총리 실장이 각 조선소 사장단, 조선소가 위치한 시의 시장, 사업장 경영협의회(Betriebsrat) 의장과 함께 조율했다. 1993년 1월 22일, 스트랄스운드 인민조선소 민영화에 관한 행정 결정이 이루어졌다. 여러 사람의 이해관계를 조율하였는데 그 중 스칸디나비아 기업이 2군데가 포함되어 다음의 해법을 결정했다. 49% 한자 지주회사(브레머 불칸), 30% 헤게만, 10% 브레멘의 프리드리히 뤼르센 조선소, 11% 스트랄스운드 시.

1993년 5월 21일, 넵툰 산업민영화 행정위원회 (구 넵툰 조선소)가 브레머 불칸 주식회사(80%) 종업원 인수(20%)에 동의했다. 크베르너가 넵툰 조선소를 인수하지 않는다고 결정한 지 오랜 시간이 지난 뒤에야, 이 결정이 얼마나 힘들었는지를 인식하게 되었다. 넵툰 산업 유한회사는 그 후 여러 가지 작은 사업장의 주회사로 민영화를 계속하게 된다. 1993년 엘베 조선소 보이첸부르크의 민영화 이후, 1994년 2월 11일 페트람과 로스라우어 조선소가 매각되면서 동독 조선산업 민영화는 일단 종료되었다. 이 조선소 입찰 신청자는 최소한 7,755명의 일자리를 유지할 것을 보장했고 210억 DM를 투자할 의무를 약속했다.

5.2.5 민영화의 결과

민영화 과정의 결과 일단 확정된 것은, 메클렌부르크-포펌머른 주 내의 모든 조선소 부지는 유지될 수 있었다. 1992년에 민영화된 조선소의 재편과 회생은 각각의 투자자에 따라 다르지만 순조롭게 진행되었다. 무엇보다도 크베르너가 두각을 나타낸 것은, 바르노 조선소를 5억 2천 5백만 DM로, 사실상 완전히 새로운 설비를 갖춘 덕분이었다. 설비 개조는 1995년 10월에 완료되었다. 비스마르 MTW의 개조에는 지연이 발생하였다. 브레머 불칸은 연안의 새 부지에 조선소를 새로 건축할 생각이었다. 설비와 기계 사업장의 약 절반이 민영화되었지만 고용 숫자는 매우 적었다. 나머지는 기업정리되었다. 민영화된 조선소와 관련 산업의 종사자는 10,575명(1990년 55,000명)으로 줄어들었다. 고용 감축에 따른 실업자 발생은 그렇게 극적으로 보이지 않았는데, 외부 기업의 사무원, 협력업체, 조선업에 일부만 관여했던 사람들은 자영 중산층으로 또는 서독 조선소로 이주함으로써 새로운 일자리를 찾았다.

기 업	지 원 자	%	동의된 투자	고 용 자
MTW 비스마르	브레머 불칸	100	562	2,460
인민조선소	브레머 불칸	49	637	2,175
	헤게만 그룹	30		
	뤼르센	10		
	스트랄순드 시	11		
넵튠 산업	브레머 불칸	80	357	1,200
	MBO	20		
바르노 조선소	크베르너 SA 노르웨이	100	715	1,900
피네 조선소	헤게만 그룹	100	183	950
엘베 조선소	페트람	100	15	400
로스라우어 조선소	페트람	100	18	160
DMR	브레머 불칸	100	142	650
기타 협력기업	여러 중소기업		45	680
총계			2,674	10,575

자료: Seibel 2005 : 109

동독 조선소의 민영화와 기업재편은 일자리를 원래 숫자의 1/5로 감축하는 결과를 낳았다. 동독 조선업의 사업장은 5년 동안, 서독에서 15년 동안(1974-89년) 줄어든 인원감축보다 더 높은 인원감축률을 기록했다. 그 종사자의 중기적 미래는 유럽연합(EU)에 의해 2005년까지 이루어진 용량감축에 비하면 그렇게 큰 문제는 아니었다. 생산성 향상의 강요는 인원감축으로 상쇄되었다. 신규 투자는 약 270억 DM에 달했다. 신탁관리청 독자적인 지원만 60억 DM가 넘었고, 거기에 새로운 조선소 신축에 보조금으로 육성 지원금이 보태졌다.

조선소에서 유지된 일자리 하나당 약 백만 DM(1마르크 DM= 한화 약 500원) 씩 공적 자금이 지원되었다. 재정 지원 액수에 관한 행정

명령이 이를 명확히 규정했다. 동독 조선산업의 민영화와 존속은 오로지 지역 정책 내지 구조·산업 정책적 결정으로만 내려질 수 있었다.

동독 조선업의 장점은, 다른 문제영역에 비해서 시간적으로 첫번째 우선순위하에 결정되었다는 점이다. 유럽 수준에서 보조금 관철 기회는 아직 양호하고 신탁관리청의 금고는 1992년 국면에는 상대적으로 잘 채워졌다. 정치적 대치 전선은 아직 부드러웠다. 신탁관리청의 목표 관철 시기에, 지방정부와 연방정부의 대립은 이후 철강산업의 경우처럼 첨예하지 않았다.

민영화의 승자는 일단 유럽의 2대 거대 조선 콘체른이었고, 그들은 국가 지원으로 현대식 조선소를 갖추게 되었다. 브레머 불칸은 한방에 거대한 생상성 향상을 목표로 했다. 동독 조선소는 넵튠 산업 조선소를 포함, 4곳의 투자자를 받아들였다. 이는 위험 분산과 주정부와 연방정부의 협박가능성을 완화하는 데에 기여했다.

동독 조선 산업의 민영화에서 연방 정부의 위기와 연관되어 지역정책에 특히 강조점을 가졌던 바 연방정부와 각각의 참가 행위자는 처음부터 그 의사결정 과정에 엮이어 있었다. 외부적 연결보다 훨씬 강한 것으로 보이는 그리고 추측컨대 커다란 영향력을 발휘했다. 이것은 조선산업이 보조금 문제와 경쟁력 문제에서 국가 공기업과 유사한 부문이었고 앞으로도 그럴 것이라는 것과 연관되어 있다.

유럽 수준에서 특히 유럽공동체 경제이사회 제4부문에서 경쟁력은 저평가될 수 없는 의미를 가졌다. 이것이 보여주는 사실은 거의 모든 관련 행위자들이 브뤼셀의 이사회 때마다 의견조율을 했다는 것을 보여준다.

DMS 민영화에 대해 모든 행위자를 만족시키는 하나의 해법은 처음부터 존재하지 않았다. 여기에는 만족시켜야 할 이해관계가 매우 많이 존재했다. 한 쪽에서 사업장은 매각되어야 했고, 가능한 한 적은 마이너스 가격(= 보조금)이 책정되어야 했다(신탁관리청). 모든 사업장 부지는 유지되어야 했다(지방 정부, 금속노련, 종업원평의회). 국가는 가급적 개입하지 않고 있어야 했다(연방정부). 그러면서도 동시에 보조금으로 도와주어야 했다(투자자. 금속노련, 종업원평의회). 그리고 끝으로 일자리는 최대한 유지되어야 했다(종업원평의회). 유지된 용량은 너무 높아서는 안되고 너무 많은 보조금을 받아서도 안되었다(경영자, 다른 유럽 공동체 회원국) (Czada 1998b: 395).

〈표 5-4〉 신탁관리청의 투자자에 대한 기업재편 보조금

금액 (백만 DM)	민영화된 신축 조선소			신탁관리청 조선소		
	크베르너 (WW)	불칸 (MTW)	헤게만 (PW)	인민조선소 스트랄순트	엘베 조선소 보이첸부르그	로스라우어 선박 조선소
환 경	25.2	83.5	1.2	1.9	0.2	0.3
이전 계약 따른 손실	717.1	432.1	93.3	368.8	74.9	73.7
구 채무	246.7	230.6	47.2	294.6	96.4	45.6
자기 자본 확충	105.0	108.0	60.0	195.2	46.3	28.3
재편 손실 보충	569.6	527.5	98.8	122.2	27.2	0.0
투자 보조	488.0	377.6	138.8	280.5	10.2	12.7
폐쇄 보조	70.0	37.3	32.3	38.5	16.5	11.0
총 계	2,221.5	1,795.8	471.6	1,301.7	271.7	171.8

자료: 슈피겔 1992. 6.22: 101

5.3 소결

신탁관리청은 진정한 경쟁력을 세우는 데 성공한 것은 전혀 아니

었다. 일단 입찰지원자의 수를 작게 유지했다. 다음에 공급자를 아주 제한된 상태로 비교가능하게 했다. 민영화란 그 외에도 수많은 '시장 생소한 숙의'를 처리하는 것이다. 따라서 이것은 수많은 행위자 간의 비공식적 협상과정으로 도달가능한 것이었다.

막대한 재정과 실업이 발생하는 과정에도 커다란 폭력 사태없이 민영화가 진행될 수 있었던 것은, 서독의 중층적 정책 결정 체제 내에 내장된 마찰 완화와 화평의 기제들이 집합 행위자들의 이해관계 갈등을 조율하는 기회를 제공했던 것이다. 서독의 제도만 이식되었을 뿐 아니라, 그 문화도 배우는 '사회적 학습' 과정을 통해서 가능했던 것이다.

다만 구체적으로 집합행위자의 이해관계를 대표하는 리더들의 개인적 역량과 인적 연결망이 어떻게 그들의 리더십에 작용했는가는 더 정확하게 조사 연구되어야 할 것이다. 특히, '연합 해법' 내지 '민영화 대 회생'이라는 대안들 사이에서의 방향 설정 가운데에서 높은 갈등 수준에 이를 수 있었지만, 엄청나게 집중적인 의사소통관계들이 주요 행위자들 간에 존재했고, 그것이 일의 진행에 어떻게 작용했는지가 더 밝혀질 필요가 있다.

제6장

결론

이 글에서 밝힌 것을 요약하면 다음과 같다.

6.1 합리적 행동과 공공정책의 조사연구 프로그램

6.1.1 '시장의 논리'와 '광장의 논리'는 다르다. 양자는 서로 구분되어야 한다. 전자는 '가격'에 의해 결정되고, 후자는 '정의'에 의해 결정된다. 이 때 정의는 내용이 아니라 공정한 절차에 의해서 판명된다.

6.1.2 시장경제의 성장을 통한 번영, 민주주의의 발전을 통한 정치적 안정 그리고 국가공동체의 사회적 통합은 서로 다른 논리를 가지며, 다른 동학을 갖는 독립적인 차원의 함수이다. 어느 하나가 발전되면 다른 2가지를 도와주는 서로 보완하는 기능을 한다. 이를 공동선의 3차원이라고 부른다.

6.1.3 인간은 자신의 이익을 위해 행동하는 존재이지만, 제도와 문화의 제약을 받는다. 1970년대 신고전파 경제학이 상정하고 있던 '경제적 인간(homo economicus)'은 현실과 합치되지 않는다. '사회경제적 인간(homo socioeconomicus)'이 더 실제와 합치된다.

6.1.4 모든 경제 정책의 결정은 정치적 결정이다. 공공정책의 결정과정을 분석하는 조사연구 프로그램은 홀(1987: 1993)이래로 파라다임의 변동을 겪고 있다. 신제도주의의 3학파, 즉 사회학적 제도주의, 역사적 제도주의 그리고 합리적 선택 제도주의 중에서 합리적 선택 제도주의가 가장 우수하다. 왜냐하면 합리적 선택 제도주의의 분석틀만이 인간이 주변환경에 적응하며 규칙으로서의 제도를 만들며, 그와 상호작용하여 진화하는 과정을 서술 분석하는 개념 장치를 내부에 갖추고 있기 때문이다. 합리적 선택 제도주의를, 행위자적 관점에서 보완 발전시킨 행위자 중심 제도주의가 필자가 따르고 있는 학문적 계보이다.

6.1.5 독일의 정책 결정과정은 수많은 집합행위자와 공동결정자들이 서로 얽혀서, 일면 경쟁 일면 협동하면서 이루어진다. 따라서 다자간 중층적 정책 결정체제에서 어떠한 행위자도 일방적으로 결정할 수 없으며 상호의존적으로 결정이 이루어진다. 상층 수준의 결정 단위는 하층 수준의 결정 단위에 편익적 제약을 부과함으로써 그 선택지를 스스로 결박하지만, 동시에 그 거래가 가능한 조건을 창출할 수 있다. 이것이 제도 또는 정책이 갖는 이중적 기능이며 필요한 이유이다.

6.2 체계전환과 민영화

6.2.1 신탁관리청의 민영화 방식은 단지 기업의 판매목록만 가

지고 매각의 방법과 절차를 시장에 맡기지 않고, 행정기관이 대행인(agent)가 되어 구매자의 기업개념을 심사하고, 투자 계획과 종업원 승계를 위해 필요할 경우 보조금을 지불하고, '상세한 협상계약'을 맺은 뒤에 계약서를 통제 수단으로 하여 실행을 감독할 수 있게 하였다. "계약으로 결박된 책임 경영자가 가장 좋은 기업 재편의 담당자"라는 원칙을 세우고 기업의 가장 좋은 주인을 찾아주는 제도적 장치를 개발하였다.

6.2.2 대민영화의 정책 우선순위는 1992년 초에는 바뀐다. '부문 논리'와 '지역 논리'가 고려되며 '고용 유지'를 위해서 보조금 지급이 고려된다. 유럽공동체는 이렇게 보조금이라는 편익적 제약을 부과함으로써 잠재적 구매자들의 전략 행동을 선택하고 상호조율하게 하였다. 조선산업은 국가 방위의 전략 산업이자 규모의 경제가 작용하는 민감한 분야이다. 거기에서 독점의 배제와 적정 규모의 선택, 그리고 가능한 고용유지를 통한 구조조정의 전략을 입안 숙의하면서 행위자 간의 갈등을 조율하였다.

6.2.3 그 정책 결정의 미시적 과정은 다자간 중층적 정책 결정 체제 안에서의 숙의과정이다. 각 이해관계자들의 이해 조율과 가능한 대안의 탐색, 상층 조직의 제약 부과를 통한 가능한 조건의 창출 등이 반복되면서 협상과 계약을 거쳐 문제 해결과 해법이 탐색되었다, 여기에서 서독의 협치 제도와 경험이 작용하였다. 협상과 갈등 조율, 마찰 축소의 조건과 기회를 탐색 적응하는 사회적 학습을 가능하게 했다.

6.2.4 이것을 행위자 중심 제도주의의 분석틀에 비추어 보면, 정책 우선순위의 변경은 행위자 선호가 환경 조건과 제도적 제약 속에서 변경 적응하는 것으로 해석될 수 있다. 그 구성 요소·실현 조건·결

합 방식을 색출하는 데 이러한 조사연구 프로그램이 유용한 것을 발견한 것으로 이 논문은 만족하려 한다. 경험적 연구의 분석틀에서 행위자적 관점을 도입하여 조사연구를 발전시키는 것이 가능하며 바람직한 것으로 보인다.

6.3 독일의 통일은 '통일적으로' 이루어지지 않았다. 다양한 이해관심을 갖는 행위자들, 상호의존적으로 이루어지는 집합적 의사결정, 때로 상충되는 목표들과 도달 방법에 대한 견해 차이 등을 어떻게 스스로 규율, 상호 조율하였는가? 엄청난 재정 부담과 대량실업의 발생에도 불구하고 커다란 충돌 없이 전환과정의 갈등을 어떻게 조율해 나갔는가? 그것은 서독의 제도만 도입·이식했을 뿐 아니라 사회적 학습과정, 즉 그 제도에 뿌리내려 있던 자기 규율과 상호 규율을 통한 조율의 행동 문화와 능력을 학습하는 사회적 과정을 동반하는 것을 통해서 비로소 가능했다.

참 고 문 헌

김규판 1994, 『동구 주요국의 국가기업 사유화 정책 및 제도』, 대외경제정책
　　　연구원
김명준 1999, 『동독 공기업 민영화정책에 관한 연구: 독일 신탁공사 Treuhandan
　　　stalt 사례를 중심으로』, 서울대학교 대학원 행정학과 박사학위 논문
김영윤 1995, 『통일 후 북한 토지소유 개편방안 연구』, 민족통일연구원, 연구
　　　보고서 95-20
고일동 편(KDI/DIW 공동연구) 1997, 『남북한 경제통합의 새로운 접근방법』,
　　　한국개발연구원
게를린데 진·한스 베르너 진 1991(박광작/김용구/이헌대 공역 1994), 『새로운
　　　출발을 위한 전환전략 : 독일 통일과 경제정책』, 서울프레스
로버트 퍼트남 1993(안청시 외 역 2000), 『사회적 자본과 민주주의』, 박영사
리프킨 제러미 2005(Rifkin Jeremy 2004, 이원기 역), 『유러피안 드림』,
　　　민음사
미카엘 렘케 2004, 『'조율된 공존'으로의 길: 1950년대 중엽부터 1970년대
　　　중엽까지 구동독 사통당(SED)의 독일정책』 민주사회정책연구원·성공
　　　회대 사회문화연구원 정책포럼, 2004. 11.2
박현수 역 1991, 『거대한 변환』, 대우학술 총서 (Karl Polanyi 1957, *The
　　　Great Transformation*, Beacon Press Boston)
아담 쉐보르스키 1991 (임혁백 윤성학 옮김, 1997), 『민주주의와 시장』, 한울
윤건영 1997, 『북한 경제의 사유화』, 전홍택·이영선 편, 『한반도 통일시의 경
　　　제통합전략』, 한국개발연구원
전홍택·이영선 편 1997, 『한반도 통일시의 경제통합전략』, 한국개발연구원
재정경제원 1994, 『통일 독일의 사유화 개발과정[sic]』, 비매품
　　　(Wolfram Fischer/Herbert Hax/Hans Karl Schneider(Hrsg)
　　　1993, *Treuhandanstalt: Das Unmoegliche wagen, Akademie
　　　Verlag.*(Wolfram Fischer /Herbert Hax/Hans Karl Schneider
　　　(eds.)1996, Treuhandanstalt: The Impossible Challenge,

Akademie Verlag, Berlin/New York)

진승권 2003, 『동유럽 탈사회주의 체제개혁의 정치경제학 1989-2000』, 서울대학교출판부

진·진 1994, 『새로운 출발을 위한 전환전략』, 서울프레스 (Hans-Werner Sinn/Gerlinde Sinn 1993, Kaltstart, Volkswirtschaftliche Aspekte der deutschen Vereinigung 3. Auflage dtv Beck-Wirtschaftsberater)

볼프강 쇼이블레 1991 (한우창 역 1982), 『나는 어떻게 통일을 흥정했나』, 동아일보사

크리스토프 클레스만(최승완 역) 2004, 『통일과 역사 새로 쓰기: 독일 현대사에서 배운다』, 역사비평사

페터 거이 2003, 『1949-1989 독일연방공화국과 독일민주공화국간의 경제교류』, 한독경상학회·대외경제정책연구원 2003년 국제심포지움 [남북경제협력의 평가와 발전방향 모색] 단국대학교 2003년 10월 10일

하딘 러셀 1982(황수익 역 1995), 『집합행동』, 나남출판(Hardin Russel, Collective Action 1982, Baltimore: The Johns Hopkins University

하연섭 2003, 『제도분석: 이론과 쟁점』, 다산출판사

호르스트 텔칙 1991 (엄호현 옮김 1996), 『329일』, 고려원

Akerlof, George/Andrew Rose/Janet Yellen/Helga Hessenius 1991, "East Germany from the Cold : the Economic Aftermath of Currency Union", Brookings Papers on Economic Activity No.1: 1-87

Albert O. Hirschman 1993, "Exit, Voice and the fate of the German Democratic Republic," World Politics 45 (2): 173-202

Balcerowicz Leszek 1993, "Common Fallacies in the Debate on the Economic Transition in Central and Eastern Europe," EBRD Working Paper 11

Beyer Uergen 2001, "Beyond the Gradualism_Big Bang Dichotomy: the Sequencing of Reforms and Its Impact on GDP" in Beyer

Juergen/JanWielgos/HelmutWiesenthal(eds.)2001, *Successful Transitions: Political Factors of Socio-Economic Progress in Postsocialist Countries*, Nomos Verlaggesellschaft

Beyer Uergen 1998, *Managerherrschaft in Deutschland?* Westdeut scher Verlag

Claus Offe 1996 "Bindings, Shakles, Brakes: On Self-Limitation Strategies" in Claus Offe 1996, *Modernity and the State : East*, West Polity Press: 31-57

Dieter Grosser 1998, Das *Wagnis der Waerung-, Wirtschafts-, und Sozialunion*, DVA

EBRD 1999, *Transition Report*, European Bank

Elster Jon/Claus Offe/Ulrich K. Preuss 1998, *Institutional Design in Post-communist Societies: Rebuilding the Ship at Sea*, Cambridge University Press

Elster 2000, "Ulysses Unbound: Constitutions as Constraints" in Jon Elster 2000 *Ulysses Unbound, Cambridge* University Press: 88-174

Elster/Preuss 1998, "Constitutional Politics in Eastern Europe" in Elster/Offe/Preuss 1998, *Institutional Design in Post-communist Societies: Rebuilding the Ship at Sea*, Cambridge University Press : 63-108

Elster 1986, "The mavket and the forum" in jon Elster/Aanund Hylland(ed.), *Foundations of social Choice theory*, Cambridge University Press

Elster Jon 2007, *Explaining Social Behaviour: more Nuts and Bolts for the Social Sciences*, Cambridge University Press

Elster Jon 1989, *Nuts and Bolts for the Social Sciences*, Cambridge University Press

Elster Jon 1983, *Sour Grapes: Studies in The Subversion of*

Rationality, Cambridge University Press

Elster Jon 1979, *Ulysses and the Sirens: Studies in Rationality and Irrationality,* Cambridge University Press

Ensser Michael Christian 1997 *Sensible Branchen: die Integration ostdeutscher Schluesselindustrien in die europaeische Gemeinschft,* Hartung-Gorre Verlag Konstanz

Estrin Saul(ed.) 1994, "Economic Transition and *Privatization: the Issues" in Privatization in Central and Eastern Europe, Longman London*: 3-30

Fischer Joschka 2000, Rede von Bundessussenminister, Joschka Fischer in der Humboldt-Universitaet Berlin am 12. Mai 2000

Fischer Stanley/Ratna Sahay 2000, *The Transition Economics After Ten Years,* Washington, DC: NBER Working Paper 7664

Fischer Stanley/Gelb Alan 1991, "The Process of Socialist Economic Transformation" *Journal of Economic Perspectives* 5(4): 91-105

Frydman/Rapaczynski 1996, *Corporate Control in Central Europe and Russia vol. 1.* Budapest

Havrylyshyn Oleh/McGettigan Donal 1999, "Privatization in Transition Countries : A Sampling of the Literature" *IMF Working Paper* 99/6 International Monetary Fund(http:/imf.org)

Hayek F. von 1945, "The use of Knowledge in society," *American Economic Review* 35(4) : 519-30

Hall A. Peter 1986, "The Intellectual Terrain: Economic Policy and the Paradigms of Politics" in Peter A. Hall 1986, *Governing the Economy : The Politics of State Intervention in Britain and France,* Oxford universiy Press : 3-22

Hasse Raimund/Kruecken Georg 2005, *Neo-institutionalismus.* Mit einem Vorwort von John Meyer, Bielefeld, transcript Verlag

Hellman, Joel S. 1998, "Winners take All: The Politics of Partial Reform in Postcommunist Transitions" *World Politics* 50 (2): 203-234

Hoen Herman W. 2008, "It's the institutions, Stupid: eine Bestandaufnahme der oekonomischen Transformationsforschung" in Frank Boenker/Jan Wielgohs (hg.) 2008, *Postsozialistische Transformation und europaeische [Des-]Integration,* Metropolis Verlag, Marburg : 99-120

Hollingsworth J. Rogers/Robert Boyer 1997, *Contemporary Capitalism,*Cambridge University Press

IWH(할레 경제연구소, Institut fuer Wirtschaftsforschung Halle, 2010) (Hg.)*20 Jahre, Deutsche Einheit : von der Transformation zur Europaeischen Integration Tagungsband,* Halle(Saale) IWH-Sonderheft 3/2010

Kornai Janos 1993, "Transformational Recession: A General Phenomenon Examined through the Example of Hungary's Development," *Economee Appliquee* 46(2): 181-227

Katzenstein Peter J. 1987, *Policy and Politics in West Germany,* Philadelphia Temple University Press

Kun-Young Yun 2001, Korean Unification and the Privatization of North Korean Economy in KERI(Korea Economic Pesearch Institute,) Constitutional *Handbook of Korean Economic Unification*

Kornai Janos 1991, *The Road to a Free Economy,* Norton Press New York

Kolodoko/Tomkiewicz(ed.) 2011, *20 Years of Transformation,* Nova N. Y

Lehmbruch Gerhard 1994, "Institutionen, Interessen und sektorale Variationen in der Transformationsdynamiik der politischen

OekonomieOstdeutschlands" *Journal fuer Sozialforschung* 34(1):
21-44.

Lindenberg Siegwart 1990, "Homo Socioonomicus : The Emergence
of a General Model of Man in the Social Sciences" in *Journal of
Institutional and Theoretical Economics*, ZgS 146

Lindblom, Charles E. 1959, *The Science of Muddling Through, Public
Administration Review* 39: 517-526

Maier Charles S 1997, *Dissolution*, Priceton University Press

Maassen Hartmut 2002, *Transformation der Treuhandanstalt-
Pfadabhaengigkeiten und Grenzen einer kompetenten
Fuehrung*, DUV

Mayntz 2002, "Common Goods and Governance" in Renate Mayntz
2009, *Ueber Governance: Institutionen und Prozesse politischer
Regelung, Campus*: 65-78

Merkel Wolfgang 2010, *Systemtransfprmation*, VS Verlag fuer
Sozialwissenschften

Merkel Wolfgang 1991, "Warum brach das SED-regime zusammen?"
in Liebert Ulrike/Merkel Wolfgang(Hg.) *Die Politik zur
deutschen Einheit : Probleme-Strategien-Kontroversen
Opladen*: 17-49

Offe Claus 2004, "Political Institutions and Social Power: Some
Conceptual Explorations" in Stykow/Beyer 2004, *Gesllschaft mit
beschraenkter Hoffnung*, VS *Verlag fuer Sozialwissenschaften*

Offe Claus 2000, "Civil Society and Social Order: Demarcating and
Combining Market, State and Community" *Archives
europeennes de sociologie* 2000 Nr 1, Cambridge University
:71-94

Offe Claus 1996a(1991), "Capitalism by Democratic Design?:
Democratic Theory facing the Triple Transition in East Central

Europe" in Claus Offe, *Varieties of Transition: The East European and east German Experience,* Polity Press, 1996

Offe Claus 1996b, "Preface" in Claus Offe, *Modernity and the State,* Polity Press

Polanyi Karl 1944, *The Great Transformation: The Political and Economic Origins of Our Time,* Beacon Press Boston

Olson Mancur. Jr.1965, *The logic of collective action,* Harvard University Press

Przeworski Adam 1986, "Some Problems in the Study of the transition to Democracy" in Odonell Guillermo/Schmitter Philippe C./Whitehead Laurence(eds.) *Transition from Authoritarian Rule: Comparative Perspectives* : 47-63

Raab Joerg 2002, *Steuerung von Privatisierung,* Westdeutscher Verlag

Sabatier Paul A. (ed.)2007, *Theories of the Policy Process,* Westview Press

Sachs, Jeffrey, 1989, "My Plan for Poland" in *The International Economy* 3: 24-29

Scharpf Fritz W. 1999, *Governing in Europe: effective and democratic?,* Oxford University Press

Scharpf Fritz W. 1997, *Games Real Actors Play: Actor-Centered Institutionalism in Policy* Research, Westview Press

Scharpf Fritz W. 1991, *Crisis and Choice in European Social Democracy,* Ithaca Cornell University Press

Seibel Wolfgang 2005, *Verwaltete Illusionen: Die privatiesierung der DDR-Wirtschaft durch die Treuhandanstalt und ihre Nachfolger 1990-2000,* Campus

Seibel Wolfgang 1993, "Lernen unter Unsicherheit" in Wolfgang Seibel, *Verwaltungsreform und Verwaltungspolitik im Prozess der deutschen Einheit*, Baden-Baden, Nomos

Siebert Horst 1992, Das Wagnis der Einheit, Stuttgart

Sinn Hans-Werner 1996, *Volkswirtschaftliche Probleme der Deuts chen Vereinigung*, Nordrhein- westfaelische Akademie der Wissenschaften Vortraege N 421 Westdeutscher Verlag

Stiglitz Joseph E. 1999, "Knowledge for Development: Economic Science, Economic Policy and Economic Advice," Annual World Bank Conference on Development Economics 1998, The International Bank for Reconstruction and Development/The World Bank

Strath Bo 1994, "Modes of Governance in the shipbuilding Sector" in Hollingsworth, Rogers J , Philippe C. and Wolfgang Streeck(hrsg) 1994, *Germany, Sweden and Japan in Governing Capitalist Economies*, Oxford Oxford University Press : 72-96

Streeck Wolfgang/Kozo Yamamura 2001, *The Origins of Nonliberal Capitalism: Germany and Japan in Comparison*, Cornell University

Streeck Wolfgang 1995, "German Capitalism: Does It exist?, Can It survive?" *MPIFG Discussion Paper*, Koeln, Max-Planck-Institut fuer Gesellschaftsforschung

Streeck Wolfgang 1997, "Beneficial constraint : On the economic limits of rational voluntarism" in Hollingsworth/Boyer 1997, *Contemporary Capitalism: the embeddedness of insitutions*, Cambridge University Press

Streeck Wolfgang/Schmitter Philippe C. 1985, "Community, Market, State and Associations?: The prospective Contribution of Interest Governance to Social Order." *European Sociological Review* 1(2): 119-138

Sztompka Piotr 1993, "Civilizational Incompetence : The trap of

Post-communist Societies," *Zeitschrift fuer Soaiologie* 22(2): 85-95

Thiede Carsten Peter 2000, *Europa: Werte, Wege, Perspektiven,* Presse- und Informationsamt der Bundesregierung

Waegener Hans-Juergen 2010, in (IWH 2010)

Wiesenthal Helmut 2008, "Die postsozialistische Transformation: ein Musterfall fuer den Gestaltwandel der kontinentaleuropaeischen Wohlfahrtstaaten?" Beitrag zum 34. Kongress der Deutschen Gesellschft fuer Soziologie, 6-10 Oktpber 2008 (http://www. hwiesenthal.de/public)

Wiesenthal Helmut 2006, *Gesellschaftssteuerung und gesellschaftliche Selbststeuerung,* Wiesbaden VS Verlag

Wiesenthal Helmut 1999, *Die Transformation der DDR,* Verlag Bertelsmann Stiftung, Guetersloh

Wiesenthal Helmut 1998, "Post-Unification Dissatisfaction, or Why Are So Many East Germans Unhappy with the New Political System", *German Politics,* 7(2), 1-30

Wiesenthal Helmut/Andrea Pickel 1997, *The Grand Experiment,* Westview Press

Wiesenthal Helmut 1996, "Organized Interests in Contemporary East Central Europe: Theoretical Perspectives and Tentative Hypotheses" in Agh, Attila/Ilonszki, Gabriella(eds.) *Parliaments and Organized Interests: The Second Steps,* Budapest Hungarian Center for Democracy Studies: 40-58

Wiesenthal Helmut 1995a, "East Germany as a unique case of Societal Transformation",*German Politics,* 4(3), 49-74

Wiesenthal 1995b, "Die Transformation Ostdeutschlands : Ein (nicht ausschliesslich) privilegierte Sonderfall der bewaeltigung von Transformationsproblemen" in Hellmut Wollmann/Hellmut

Wiesenthal/Frank Boenker(Hrsg.) *1995, Transformationsozialistischer Gesellschaften: Am Ende des Anfangs,* Westdeutscher Verlag:134-162

Wiesenthal Helmut 1990, *Unsicherheit und Multiple-Self-Identitaet: eine Spekulation ueber die Voraussetzungen strategischen Handelns,* MPIFG Discussion Paper 1990/2

Wiesenthal Helmut 1987a, "Die Ratlosigkeit des homo oeconomicus" in Helmut Wiesenthal 1987, *Subversion der Rationalitaet,* Campus: 7-19

World Bank 1996, *From Plan to Market, World Development Report,* Washington D.C.

World Bank 2002, *Transition: The First Ten Years,* Washington D.C.

학문적 구도의 자취

2부의 글들은 언제나 현실을 사회과학적으로 이해하고 설명하려고 애썼던 김종채의 학문적 노력을 보여준다. 첫 번째 글은 1부에 실린 박사학위 청구논문의 문제의식과 핵심 주장을 간결하게 정리하여 발표한 학술논문이다. 두 번째 글은 북한 경제, 특히 북한 농업에 대한 분석을 통해 김종채가 젊어서부터 가지고 있던 현실사회주의에 대한 신중하면서도 비판적인 관점을 담은 30대 김종채의 학술적 에세이다. 세 번째와 네 번째 글은 박사학위 청구논문을 준비하던 과정에서 김종채가 가지고 있던 학문적 관심의 방향과 사회과학에 대한 자세를 보여주는 편지다. **- 편집자**

통일 독일의 체계전환과 민영화 전략의 특징*
신탁관리청과 '상세한 협상계약 방식

1. 독일 통일 26년과 체계전환의 도전

베를린 장벽이 무너지고 동독과 서독간의 통일조약이 체결 , 발효된 지 26년[1]이 지났다. 탈사회주의 체계전환, 즉 시장경제와 민주주의 그리고 법치국가로 전환하는 과정은 26년을 경과하고 있다.

이 글에서는 독일의 통일 이후 동독의 체계전환 중에서 민영화 전략이 갖는 특징을 살펴보려 한다. 다른 체계전환 국가와는 달리 동독은 , 서독이라는 '기성품 국가'에 통합되는 과정을 거쳐서 많은 특혜

---

* 이 글은 『민주사회와 정책연구』 통권 31호, 2016년, 한신대학교 민주사회정책연구원에 실린 글을 전재한 것이다. 그리고 이 책의 1부 박사학위 청구논문의 1장 및 2장에 일부 반영되었다.

1) 독일 통일 20년에 관한 자료는 IWH(할레 경제연구소, Institut fuer Wirtschaftsforschung Halle, 2010)(Hg.), *20 Jahre Deutsche Einheit: von der Transformation zur Europaeischen Indegration*, Tagungsband Halle(Salale), IWH-Sonderheft 3/2010.

를 받게 되었는데, 그것이 민영화과정의 전략과 정책에서 구체적으로 어떻게 나타났는가를 살펴보려 한다. 독일이 민영화 과정에서 도입한 행정관청인 신탁관리청은 자신의 과제를 완수하기 위해 어떠한 방법을 사용하였는가? 그것은 과연 시장경제로의 전환을 시장에 내어맡긴 것이었는가?

먼저 2장과 3장에서는 체계전환의 정책과 제도 설계의 전반적 과정에서 민영화 정책과 전략이 어떠한 맥락 속에 위치하는지를 살펴본다. 다음에 4장에서는 독일에서의 특징인 신탁관리청의 방법이 어떠한 특징을 갖는지, 그리고 선행연구와 본 연구가 어떻게 다른지를 설명한다. 다음의 과제로 경제 정책과 이해관계 조율의 정치과정 분석이 필요한 이유를 설명하려는 것이다. 협치(거버넌스)의 분석틀과 행위자적 관점이 필요한 이유를 설명하는 것이 이 글의 목적이다.

2. 독일 통일과 체계전환 과정의 특징

먼저 체계전환 국가 전체의 개혁 진전 정도를 살펴보자. 표1에서는 개혁이 시작된 지 10년이 경과했을 때의 진전상황을 GDP의 회복수준으로 보여주고 있다. 중동부 유럽과 발트해 3국(CEE) 국가들은 개혁 초기 3~4년간 마이너스 성장을 보이다가 플러스로 전환하여 10년이 지난 1999년에는 시초년도(1989년 혹은 1990년)의 100% 수준으로 회복하여 성공적인 전환의 모습을 보이고 있다. 이들 중 10개국은 2005년 1월 1일 부로 유럽 연합(EU)에 가입이 승인되었다. 전에 소련 연방에 속해있던 나라들인 독립국가연합(CIS)들은 아직 시초년도 수준의 절반 정도에 미치고 있으며 2000년 이후에야 본격적인 성장을 경험했다[2].

동독의 체계전환이 다른 29개 국가의 탈사회주의 체계전환과 다른 예외적 사례로 간주되는 것은, 서독이라는 '기성품 국가 ready-made state'와 통합하는 과정을 거침으로써 다른 국가들은 누리지 못하는 "특혜"를 누렸기 때문이다(Wiesenthal,1995b).

먼저 기존의 사회주의 헌법을 대체할 새로운 헌법을 만들지 않고, 서독의 당시 헌법(Grundgesetz) 체계에 동독지역을 5개주로 재편하여 가입하는 방식을 따름으로써, 새로운 헌법을 제정하는 절차에 필요한 시간과 비용을 거의 들이지 않았다. 서독의 헌법은 1949년 건국 이후 40여 년간 진화하면서 독일어 정치문화공동체에서 뿌리내리고 검증받는 과정을 거친 것이다. 민주주의와 시장경제를 제약(constraint)하는 제도(Elster, 2000: Offe, 1996)로서의 기능을 제공함으로써,시장경제적 번영, 정치적 안정과 민주주의, 그리고 국가공동체의 사회문화적 통합이라는 3가지 공동선(common goods)을 달성하는 주춧돌로서의 기능을 성공적으로 수행해왔다 (Mayntz, 2002). 불확실한 상황하에서 새로운 헌법을 만드는 것보다는, 그 과정을 건너 띄고 다른 더 시급한 일에 자원과 에너지를 집중하기 위해 , "헌법을 만들지 않는 것이 때로는 더 지혜로운 선택 (Elster·Preuss, 1998: 64)"일 수도 있음을 보여주는 예가 되었다.

동독 주민들은 서독의 헌법과 함께 다른 법률체계도 이식받았고, 시장경제와 민주주의를 규율하는 각종 제도와 행위규범 또한 이전받았다. 역사적으로 동독과 서독은 동일한 언어공동체이며 기독교 문화규범을 공유해왔다. 따라서 근대화 과정에서 40년간의 '냉장고 효

2) 탈사회주의 체계전환 20년의 상황은 Kolodoko · Tomkiewicz ed., *20 Years of Transformation*, Nova N. Y., 2011.

과'를 경험했다 하더라도, 일단 경계가 무너지고 자유로운 교류가 가능해지자 서독 정치문화공동체의 가치관과 행위규범 및 자율적 규율 능력을 학습하는데 커다란 장애가 나타나지 않았다.

'통일조약(1990년 10월 3일 발효)'으로 정치적 통합절차가 완료 되었다면, 통화통합조약(1990년 7월 1일 발효)'으로 경제적 통합절 차가 완료됨으로써 동독과 서독의 경제는 급속히 통합되었다. 동독 마르크화(M))화와 서독 마르크화(DM)의 구매력 차이는 1:4.4로 보 는 것이 경제전문가들의 일반적인 평가였다(Akerlof et al., 1991). 서독 연방은행 총재를 비롯한 경제전문가들의 반대에도 불구하고 서 독 연방정부 총리 헬무트 콜은 임금의 교환비율을 1:1로 할 것을 추 진하였다. "역사적인 '기회의 창'이 열렸을 때 놓치지 말고 기회를 붙 잡아야 한다." 임금교환비율을 1:1로 하는 조약에서는 "동독 주민들 이 1994년에 서독 주민들의 4분의 3에 해당하는 임금 수준에 도달하 리라고 예상하였고(Sinn, 1996: 23)," 머지않아 서독과 동등한 수준 의 번영을 누릴 수 있으리라는 '장밋빛 희망'을 품게 되었다.

〈표 1〉 동유럽 전환 국가들의 실질 GDP 성장 추이(CEE 와 CIS)

	1989	1990	1991	1992	1993	1994	1995	1996	1997	1998	1999	1989년을 100으로 했을 때 1999년의 %
알바니아	9.8	-10.0	-27.7	-7.2	9.6	9.4	8.9	9.1	-7.0	8.0	8.0	86
불가리아	0.5	-9.1	-11.7	-7.3	-1.5	1.8	2.1	-10.1	-7	3.5	0	66
크로아티아	-1.6	-7.1	-21.1	-11.7	-8	5.9	6.8	6	6.5	2.3	-0.5	78
체코공화국	1.4	-1.2	-11.5	-3.3	0.6	3.2	6.4	3.8	0.3	-2.3	0	95
에스토니아	-1.1	-8.1	-13.6	-14.2	-9	-2	4.3	3.9	10.6	4	0	76
마케도니아	0.9	-9.9	-7	-8	-9.1	-1.8	-1.2	0.8	1.5	2.9	0	72
헝가리	0.7	-3.5	-11.9	-3.1	-0.6	2.9	1.5	1.3	4.6	5.1	3	95
라트비아	6.8	2.9	-10.4	34.9	-14.9	0.6	-0.8	3.3	8.6	3.6	1.5	59
리투아니아	1.5	-5	-6.2	-21.3	-16	-9.5	3.5	4.9	7.4	5.2	0	65
폴란드	0.2	-11.6	-7	2.6	3.8	5.2	7	6.1	6.9	4.8	3.5	117
루마니아	-5.8	-5.6	-12.9	-8.8	1.5	3.9	7.1	4.1	-6.9	-7.3	-4	76
슬로바키아	1.4	-2.5	-14.6	-6.5	-3.7	4.9	6.9	6.6	6.5	4.4	1.8	100
슬로베니아	-1.8	-4.7	-8.9	-5.5	2.8	5.3	4.1	3.5	4.6	3.9	3.5	104
중동부유럽과 발트해 3국	-0.2	-6.6	-10.7	-3.6	0.4	3.9	5.5	4	3.6	2.4	1.6	95
아르메니아	14.2	-7.4	-17.1	-52.6	-14.8	5.4	6.9	5.8	3.1	7.2	4	41
아제르바이잔	-4.4	-11.7	-0.7	-22.6	-23.1	-19.7	-11.8	1.3	5.8	10.1	3.7	44
벨라루스	8	-3	-1.2	-9.6	-7.6	-12.6	-10.4	2.8	10.4	8.3	1.5	78
게오르기아	-4.8	-12.4	-20.6	-44.8	25.4	-11.4	2.4	10.5	11	2.9	3	33
카자흐스탄	-0.4	-0.4	-13	-2.9	-9.2	-12.6	-8.2	0.5	2	-2.5	-1.7	61
키르기즈스탄	4	3	-5	-19	-16	-20	-5.4	7.1	9.9	1.8	0	60
몰도바	8.5	-2.4	-17.5	-29.1	-1.2	-31.2	-3	-8	1.3	-8.6	-5	32
러시아	na	-4	-5	-14.5	-8.7	-12.7	-4.1	-3.5	0.8	-4.6	0	55
타자키스탄	-2.9	-1.6	-7.1	-29	-11	-18.9	-12.5	-4.4	1.7	5.3	5	42
투르크메니스탄	-6.9	2	-4.7	-5.3	-10	-18.8	-8.2	-8	-26.1	4.2	17	44
우크라이나	4	-3.4	-11.6	-13.7	-14.2	-23	-12.2	-10	-3.2	-1.7	-2.5	37
우즈베크스탄	3.7	1.6	-0.5	-11.1	-2.3	-4.2	-0.9	1.6	2.4	3.3	3	90
독립국가연합	0.6	-3.7	-6	-14.2	-9.3	-13.8	-5.2	-3.5	0.9	-3.5	0	53
총 평균	0.3	-5	-8.1	-9.5	-5	-6	-0.5	-0.2	-1	-1.2	-0.8	65

주: 중동부 유럽과 발트해 3국(Central and Eastern Europe), 독립국가연합(Commonwealth of Independent States).

자료: EBRD. 1999, Transition Report, p. 73.

이러한 정치가들의 결단은 후에 동독 주민들의 기능수준과 노동생산성이 서독수준으로 올라가지 않았음에도 불구하고 높은 임금을 지불하게 만듦으로써 동독에 기업이 창업되는 것을 어렵게 하는 요인으로 작용하게 되지만, 정치적 통합은 촉진하게 하는 결과로 되었다. 그 결과 서독에서 동독으로의 재정 이전에 막대한 양의 자금을[3] 들이게 되었고, 서독 주민들은 두 번에 걸친 연대협약으로 부가세율을 인상하였다.[4] 이것은 서독 주민들의 연대의지에 기초한 것이었지만 정치적 결정과정에서 공론이 확정될 때까지 상당한 논란을 거쳐야 했다.

　통일 독일은 제도 이전과 재정 이전, 그리고 엘리트 교체를 거치면서 동독의 '초기 불황'과 생산감축을 이겨내고 1994년에 1990년 이전 수준의 85%로 GDP 생산을 회복하고 시장경제로 전환하는 어려운 단계와 관문을 하나씩 하나씩 통과하여 26년 동안의 진전을 커다란 충돌 없이 성공적으로 조율해내고 있다. 초기의 조건에서 '사회주의의 유산'을 제거하고, 새로운 제도를 형성하며, 체계전환의 정책 조치를 시행하는 데 필요한 비용을 어떻게 마련하였는가? 집합행위자 간의 합리성 충돌과 조직 이해의 상충을 어떻게 조율하였는가? 먼저 다음 장에서 경제적 체계전환의 주요노선과 전략 개념을 살펴보자.

---

3) 1990년부터 2008년까지 동독으로 이전 금액은 1조 6천억 유로로 추산된다(Waegener, 2010: 8).
4) 연대협약 I(Solidarpakt I)은 1993년 3월 11일 연방정부와 신연방주(동독) 장관 간에 맺어진 협약으로 1995년부터 2004년까지 총1,607억 유로를 동독으로 지원하고 이를 위해 연방의 부가가치세율을 37%에서 44%로 인상한다는 것 등이다. 연대협약 II (Solidarpakt II)는 동독주민의 생활수준을 2004년까지 서독수준으로 올리려 했으나 이것이 여의치 않자 2001년에 다시 체결한 것으로 2005년부터 2019년까지 총액 1,565억 유로를 지원한다는 것이다(Solidarpakt II Bundesregierung,https://www.bundesregierung.de/Content/DE/.../Solidarpakt).

3. 체계전환의 전략과 전환 비용

1) 초기 불황의 현상과 원인

동독의 화폐통합은 동독과 서독의 경제를 하나의 시장경제로 급속히 통합하는 한편, 동독 경제를 외부경제에 개방하고 무역을 자유화하는 효과를 낳았다 그 결과로 ①국내 총생산이 급격히 감축되어 1989년부터 1991년까지 40% 이상이 줄어들었다[5]. ②일자리가 감소하여 1989년부터 1993년까지 동독 일자리의 37%가 줄어들었다. ③투자환경의 측면에서 동유럽의 인접국가에 비해 매력이 명확히 떨어지게 되었다. ④정치경제의 상층 위계체제에서 엘리트들이 새로운 인물로 대폭 교체되었다. ⑤대량의 실업이 발생하고 노동시장에서 기술이 무용화되었다.

이 과정이 다른 동유럽 국가들이 경험한 것과 다른 형태를 보이는가? 아니다. 다른 동유럽 국가 역시 전환의 초기에 급격한 생산 감축을 보인다. 〈그림 1〉에서 보듯이 폴란드나 체코, 헝가리 역시 개혁 초기 2~3년 동안 GDP의 감축을 경험하고 5년 정도 후에 시초년도 수준으로 회복되는 모습을 보인다. 이것은 사회주의 체계에 내재한 '과잉 화폐(money overhang)'를 해소하기 위한 '경성 예산 제약(hard budget constraint)'과 국가의 '보조금 감축'에 따르는 과정이다. 명령형 경제에서 시장경제로 전환하는 '눈물의 계곡'을 가로지르기 위해 피할 수 없는 과정이다. 코르나이는 이것을 '초기불황(initial recession)' 이라고 불렀다.(Kornai, 1993).

---

5) 1990년 동독 GDP는 1989년의 69.7%로, 1991년도는 58.1%로 떨어진다.

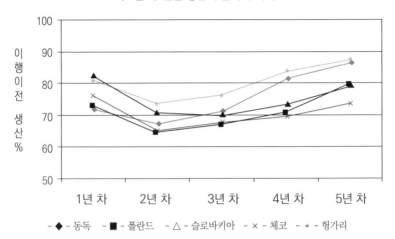

〈그림 1〉 산업 생산의 감축과 회복

- ◆ - 동독 - ■ - 폴란드 - △ - 슬로바키아 - × - 체코 - * - 헝가리

　독일은 1~2차 년도(1990~1991년)에 급격한 감소와 바닥을 경험하고 올라오는 모습을 보이는 것이 폴란드, 체코, 헝가리 등이 2~3차 년도에 급격한 감소와 바닥을 보이는 것과 약간의 시간차가 있을 뿐 곡선의 모양은 비슷한 것이다. 'J 커브(쉐보르스키의 표현)' 곡선을 그리는 구조조정 국면의 재정비용과 정치사회적 비용(실업과 임금 감축을 조정하는 정치사회적과정)을 어떻게 규율, 조정할 것인가는 개혁의 중요한 해결과제인 것이지, '정책실패의 결과'이거나 '회피할 수 있는 오류'는 아닌 것이다 이것을 '내부 식민지'라고 부르는 견해는 1992년에 '눈물의 계곡'에서의 울음소리가 가장 크게 들릴 때의 여론조사를 기초로 한 것이지만, 이 경우도 불만은 "동독 주민에 대한 정치적 미숙아 취급"에 대한 것이지 "사회경제 정책실패"에 대한 불만은 적은 숫자이다(Wiesenthal, 1998).

　거시경제의 안정화조치가 인플레를 유발하며 '초기 불황'을 가져오겠지만, 피할 수 없는 수술이라면, 개혁의 초기에 사람들이 고통을 감내할 용의가 있을 때 단행하는 것이 현명한 방안이라는 것이다. 시간이 지나면 사람들이 개혁에 대한 저항을 조직하게 된다. 이에 대해서는 개혁 초기에 '충격요법'을 주장하였던 주류 경제학자들의 견해와 '점진적 개혁'을 주장하였던 신제도주의적 정책론자들이 2010년 경에 이르면 모두 합의하고 있는 것으로 보인다.

2) '충격요법' 대 '점진적 개혁': 정책의 순차성과 시점 논쟁

이렇게 '초기 불황'을 초래한 경제적 정책조치들을 이른바 '충격요법(shock therapy)'으로 볼 수 있는가? 그 대안적 방안으로 '점진적 개혁'이 추진되었다면 더 나은 결과가 가능했을 것인가? 1990년대 초에 광범위한 논쟁의 쟁점이 되었던 이 문제는 1990년대 후반경에 어느 정도 논점의 수렴과 합의에 이르렀던 것으로 보인다. 두 논점이 수렴하는 지점은, 경제적 체계전환의 정책조치들은 한두 가지가 아닌 '여러 가지 정책 패키지'로 이루어지는 것으로, 그 정책들 간의 순차성(sequences)과 도입 시점(timing)을 둘러싼 견해 차이였다는 점이다.

먼저 독일에 개혁 초기에 도입된 경제정책을 소위 '충격 요법'으로 부를 수 있는가? 이 질문에 대해서는 '점진적 개혁'(gradual reform)을 주장했던 학자들(오페, 엘스터, 뷔젠탈 등)도 명백히 아니라고 대답한다. 폴란드의 수상 발세로뷔츠(Balcerowicz)나 하버드 대학 경제학 교수 작스(J. Sachs) 등이 폴란드에 도입했던 '정책 패키지'인 '충격요법'은 개념상으로 다음의 5~6가지 요소들을 포함하는 것이다. ①가격자유화와 개방적 무역정책 ②국가 보조금의 개인과 사업 수혜량의 급격한 감축 ③통화 환전성이 환율의 평가절하를 초래 ④소득 정책에서 임금의 폭발적 상승을 막는 경향 ⑤국가신용의 제한을 포함하는 예산 개혁 ⑥이상 ①부터 ⑤까지의 정책요소들을 희소자원의 비효율적 배분과 내부 이득을 최대한 금지하기 위해 동시에 적용할 것을 말하는 것이다(Wiesenthal·Pickel, 1997).

그런데 독일에서 도입, 시행된 것은 위의 개념요소 중 ①가격 자유화 ②보조금 감축의 두 가지 정책요소뿐이었다는 것이다. 경제개혁 정책의 종합적 전략노선에서 주류학자 대 비주류 학자들 간의 논쟁이라는 성격을 보였던 이 논쟁은 그 후 양자의 논점을 조금씩 받아들이면서 현실정책에서의 차이는 해소된다.

먼저 '점진적 개혁'론의 후계에 속하는 바이어(Beyer, 2001)는, 체계전환의 거시경제 정책에서 ①가격 자유화 ②거시경제 안정화 ③민영화 ④헌법형성이란 4가지 정책 패키지가 가장 중요한 정책인데 이들 정책이 각각의 나라들에 도입된 순차(sequences)와 시점(timing)이 서로 다르고, 적합한 순차와 시점이 채택되었느냐가, 개혁의 성과에 영향을 주는 방식이 다르다는 것을 논증한다. 이 네 가지 정책이 14나라에 도입된 순차를 통계적 분석(회귀분석)하여 검출해낸 결론은, ①가격 자유화를 ②거시경제 안정화보다 먼저 시행하는 것은 가장 시간과 비용이 많이 들어가는 순차(하책)라는 것이다. 반면에 ①가격 자유화보다 먼저 ②거시경제 안정화 정책을 도입 시행하는 것이 가장 적합하고(상책), ③과 ④의 도입 시점이나 순차는 그 앞이어도 좋고 뒤여도 좋다는 것이다. 각 나라의 사정에 따른 차이일 뿐 개혁정책의 효과에 별다른 차이를 보이지 않는다는 것이다. 주류 경제학을 대표하는 IMF의 견해는 피셔·사하이(Fischer·Sahay, 2000: 11)에 요약되어 있다. 10년이 경과한 시점에서 경제적 체계전환의 요인을 통계 분석한 논문에서 이들은 거시경제 안정화와 구조개혁이

---

6) 인플레이션 '안정화'를 위한 구체적인 정책 조치로는 긴축적 통화 신용 정책, 임금 통제 정책, 화폐 개혁, 예산 부족에 비인플레적 재정 자원(주로 재무부어음)이 사용된다 (Fischer · Sahay, 2000: 7).

성장에 긴요하다는 것을 입증했다. 그들에 따르면 '안정화'[6]는 폴란드의 경우 1990년에 시작되었고 , 다른 25개 국가에서도 1995년까지는 시행된다. 이에 따라 인플레율은 1998년까지는 안정화되며, 그 중에서 '통화위원회'를 갖춘 나라(불가리아,에스토니아, 리투아니아)의 성과가 매우 인상적이다. 폴란드적 접근(Lipton·Sachs, 1990)에 주로 기초하여 주류경제학에는 이행전략의 경제정책 노선에 관한 합의(consensus)가 나타난다. 몇몇 정책 영역에서 '충격요법'의 순차에 관한 전략이 도출된다. 신속한 정책행동이 가능한 것은 가격과 무역 자유화, 인플레, 소민영화 등이다 그러나 다른 분야에서는 시간이 걸린다. "개혁 정책의 순차에 관해 볼 때, 몇몇 개혁은 다른 것의 선결조건이 된다. 예를 들면 민영화는 적절한 법률 프레임워크나 금융체계 혹은 양자 모두가 존재하지 않는다면 실패할 것이다. 또한 가격통제 해제는 거시경제 안정화가 보장되기 전에는 시행되면 안 된다(Fischer·Sahay , 2000: 11)."

민영화에 관해서는 다음과 같이 조언하고 있다. 기업에 대한 경성 예산제약(hard budget constraint)는 성공적인 민영화에 중요한 결정요인이 된다. 내부자 구입, 즉 유고슬라비아의 노동자 통제나 러시아의 경영자 구입은 프리드만 등(Frydman·Rapaczynski, 1994)이 예측했듯이 , 자기 규율적 기업재편을 인도하지 않는다. 소민영화는 증권(바우처) 방식이든 내부자구입이든 일반적으로 성공적이다. 사적 소유 기업의 생산성이 국가 소유의 기업보다 좋다는 것이 모든 나라의 자료에서 입증된다. 슬로베니아나 체코의 자료에서 외국인 소유기업이 내국인 소유기업보다 성과가 좋은 것으로 나타난다. 한편 민영화 이전에 기업재편을 하는 것은 , 폴란드에서 몇몇 성공적인 자료가 보이나 루마니아에서는 사실이 아니다 (Fischer·Sahay, 2000:19).

4. 독일 민영화의 특징과 신탁관리청의 전략

1) 민영화의 개념과 방법

Privatisierung/privatization을 한국어로 번역할 때 경제학자들은 '사유화'라고 하는 것이 보통이다(예로서 윤건영, 1997). 논자들은 이에 대해 큰 차이를 느끼지 않는 듯하다. 여기서 얘기되는 맥락이 체계전환국가의 경우이므로, 사회주의적 경제체계의 소유관계에서 시장경제 체계의 소유와 경영관계로의 변화라는 것을 바로 알아차릴 수 있기 때문이다. 그 중 최근에 발간된 통일부의 독일통일 총서 11권 『신탁관리청 분야 관련정책문서』(통일부, 2015)에서 최천운은, "사유화는 민간이 아닌 주체, 예를 들면 자국 혹은 외국 정부 등에 의해 소유 , 관리, 운영되던 조직 등을 민간주체에 일부 혹은 전부를 이양한 것을 말한다." … "국·공유기업의 소유권이 사적 영역으로 넘어가는 것(사유화)과 경영만 민간에 맡기는 것(민영화)은 본래 전혀 다른 의미이기 때문에 둘 다 민영화라고 부르는 것이 혼란을 준다는 견해도 있다"고 밝히고 있다.

이어서 그는, "그러나 체제전환국에서 말하는 '민영화'란 국영기업이 국가에 의한 직접경영으로부터 다양한 소유형태의 사적 구조, 예를 들어 주식회사, 협동농장 및 동업기업으로 변환되는 것을 의미하는 반면, '사유화'란 민영화의 한 방식으로 소유권 중심으로 이해할 수 있다." "일반적으로 사유화된 기업이 민영화되지 않은 기업은 거의 없다." "신탁청의 '민영화'는 극히 일부를 제외하고 대부분 '사유화'되었기 때문에 '사유화'란 개념을 주로 사용해도 문제는 없다고 본다(송태수, 2001: 384)"고 글을 맺고 있다.

필자의 생각으로는, 체계전환을 연구하는 국제기구(IMF, IBRD, EBRD)에서는 소유권 이양만이 아니라, 기업 재편(Restructuring) 과정까지 연결된과정을 포괄하는 개념으로 쓰고 있는 것으로 보인다 이것은 기업지배구조(corporate governance)와 경영구조의 재편 확립까지 되어야 그 변환이 완성된다는 측면을 강조 부각하게 된다.

사실 체계전환국에서 흔히 결핍되어 있는 것이, 이러한 측면이다. 시장경제에서 살아남기 위한 기술과 노하우, 그리고 자기 책임하의 경영을 위한 지식 , 특히 회계 장부에 대한 지식과 태도가 부족하다. 따라서 이것을 강조하기 위해 '사유화'라는 용어보다는 '민영화'라는 용어를 필자는 쓰려고 한다. "사회주의에서 시장경제로 전환하는 루비콘 강은 어디에 놓여 있는가? 그 기업이 경제적으로 스스로 경영에서 자립하고, 정치사회적으로는 파산하지 않고 세금을 낼 수 있을 때에야 비로소 전환의 경계선, 생사의 경계선을 넘어섰다고 볼 수 있기 때문이다(Wiesenthal, 1999)."

민영화(privatisation/Privatiesierung)의 과정은, 국가 소유의 사업체를 사적 소유자에게 넘겨주는 과정으로 경제적 체계전환의 핵심적인 내용을 이루는 과정이다. 이것은 단지 소유권의 법률적 이양만이 아니라, 그 경영과 지배구조를 확립해 줌으로써 시장경제의 경쟁력을 갖추어 파산하지 않고 존립할 수 있도록 기업재편(Rrestructuring) 혹은 회생하는 과정과 떼어내어 생각할 수 없다. 정치사회적으로는 그 기업의 구성원이 시민사회의 구성원이 되고 국가에 세금을 납부할 수 있을 때 비로소 민영화가 완료되었다고 보아야 할 것이다.[7] 독일에서는 이러한 점을 고려하여 입찰 지원자에게 기업 개념을 제출하게 하고, 심사를 거쳐 적합할 경우 고용승계가 가능하도록 투자보조금과 고용보조금을 주었다. 그 과정은 '상세한 협상계약' 방법으로 부른다.[8]

민영화의 목표는 한 가지로만 설정될 수 없다. ①속도 및 수행용이성 ②기업경영 및 지배구조 개선 ③자본과 노하우 도입 조건 ④매각을 통한 국고수입 증대 ⑤사회적 정의 등 여러 가지 목표가 모두 설정 가능하고 때로 상충되기도 하는 이들 목표가 자기 나라의 상황과 조건에서 얼마나 적합한가를 판단하여 방법을 선택해야 한다(World Bank, 1996: 53). 민영화의 방법에 따라 소민영화와 대민영화, 내부자 인수(종업원 인수와 경영자 인수)와 외부자 매각, 원상 반환(natural restitution)이나 종업원 지분 증여, 증서(쿠폰/바우처) 매각과 현금 매각 등의 방법이 구분된다. 소민영화란 소규모의 여관(hotel), 식당(restaurant), 약국이나 작은 상점을 기초지방자치단체(읍면동) 단위의 경매를 통하여 새로운 소유자에게 넘겨주는 방법이다. 소민영화에 대해서는 행정 절차의 측면에서나 정치적 갈등의 측면에서 커다란 문제가 제기되지 않고 시행되었던 것으로 보인다. 정치적으로 문제가 되는 것은 대민영화의 경우이다. 이것은 크게 보아 독일에서 행한 것처럼 행정관청을 설립하여 매각과 협상과정을 대행하는 기관에 위탁하는 방법, 체코처럼 증권(바우처)을 발행하여 시장에서 지분을 매각하는 방법, 폴란드처럼 종업원에게 그 기업

---

7) 이런 의미에서 필자는 '사유화'라는 용어보다는 '민영화'라는 용어를 사용하며, 소유권 이양과 기업 재편과정 모두를 포괄하는 의미를 갖는다.
8) '상세한 협상계약' 방법은 일단 재정경제원(1994) 제6절 신탁관리청의 계약 체결 및 계약관리를 참고. 경영자를 묶는 수단으로 협상을 통해 맺은 계약서를 이용하는 것이다.

지분에서 20% 정도의 지분을 우선 증여하는 방법, 헝가리처럼 일정한 자격을 갖춘 시민에게 무상증여하는 방법으로 나누어 볼 수 있다. 원상반환(natural restitution)[9]이란 이러한 방법들에 보조적 방법으로 사용된 것으로 나라마다 적용된 범위와 이유가 다르다.

2) 선행연구의 검토

경제·경영학적 연구: 통일 이후 독일의 경제에 대해서는 지버트(Siebert, 1993)와 진(진·진, 1994)이 가장 종합적인 서술을 하고 있다. 전자는 당시 집권 기민당의 경제적 시각을 반영하여 '5인의 현자(5대 경제 연구소 소장)'가 정부에 매년 권고하는 정책 보고 분석서를 대표하는 시각을 보여주고 있다. 진 교수는 뮌헨의 이포(Ifo) 경제연구소 소장으로, 부인과 함께 저술한 책의 초판은 1991년에 나왔고 한국어 번역본은 1993년에 나온 증보판을 번역한 것이다.

1990년대에 한국의 통일연구원에서 나온 보고서들과 윤건영(전홍택·이영선, 1997)이나, 윤건영(Kun-Young Yun, 2001)의 시각은 세계은행(World Bank, 1996)의 관점과 유사하다. '주류 경제학'에 속하는 IMF, IBRD의 보고서는 매년 발간되며, 개혁의 진전 정도에 따라 변화되는 의제에 초점을 맞추어 통계 자료를 해석해 보여준다. 유럽개발은행(EBRD)의 보고서도 정책 권고에서 좀 더 다양한 관점을 볼 수 있으나, 크게 보아 유사하다. 이들의 공통된 결론은 체코의 민영화 방법(증권/바우처)이 가장 빠른 진전을 보여 '성공적인 성과'를 보이고 있다는 관점을 따르고 있다.

---

9) 윤건영은 "북한경제의 재건에 긴요한 투자를 촉진하기 위해 재산의 실물반환은 허용되지 않아야 한다. 그러나 극히 제한된 범위 내에서 몰수된 재산에 대한 보상을 고려해 볼 수는 있을 것이다."고 하고 있다(윤건영, 1997:91).

필자가 보기에 이들 견해의 문제점은, 체코에서 1977~1978년에 이 기업들이 다시 도산하고 마이너스 성장이 나타나는 현상을 보지 못하고 있다는 점이다. 스티글리츠(Stiglitz, 1999)가 '주류 경제학'의 신고전파와 경제적 인간(Homo Economicus)을 상정하는 관점이 갖는 한계를 '제도적 제약을 받는 인간'이란 시각에서 교정해 주고 있다. 「바보야, 그건 제도야」라는 논문(Hoen, 2008)에 와서 신자유주의적 경제학의 대안은 신제도주의 경제학 내지 진화경제학이라는 입장을 명확히 표명하면서, 동유럽 체계전환의 경험을 정리하는 저술이 출판된다.

체코에서 민영화부 장관이었던 바츨라프 클라우스가 수상이 된 후 '체계전환의 종료'를 선언했으나 1997~1978년의 경험에서 기업의 지배구조가 제대로 확립되지 않고 증권 감독의 규율이 제대로 짜여지지 않았음이 발견되자 '종료 선언'을 번복하게 된다.

진 교수의 책(진·진,1994)은 독일 사회민주당의 경제학 자문연구 소장답게, 사회주의 경제의 유인 부족과 과잉화폐의 문제를 넘어서, 시장경제의 통일 원칙을 견지하되 '유기적 체계전환'이 가능한 이유와 전략을 제시하고 있다. 그러나 이 책이 쓰인 것은 (증보판이 나오긴 했으나) 1990년의 시점이다.

신탁관리청이 1994년 말에 해체되지만 그 과제는 '소민영화'가 대략 1991년 말까지 완료되고, 남아있던 대기업과 '민감한 산업부문의 구조조정에는 '산업의 논리'와 '지역의 논리'가 고려된다. 조선업이나 철강업은 군수산업이어서 국가 전략에 대한 정치적 고려가 개입될 수밖에 없었다. '규모의 경제'가 작용하는 산업과 지역별 대규모 고용 감축이 따르는 경우, 국가 수준과 유럽 경제 공동체 수준의 전략적 고려가 필요한 경우, 시장경제에서의 경쟁력을 갖추되 보조금이 필요한 경우는 정치적 숙의와 정책결정에 집합적 결단이 필요했다. 그 협상과 조율이라는 협치(거버넌스) 과정에 대한 조명 분석은 다루어지지 않고 있다.

독일에서 민영화의 원칙이었던 "신속한 민영화, 신중한 회생, 그리고 필요한 곳에는 과감한 청산"이란 원칙은 1990년부터 1994년까지 계속 유지되었는가? 아니다. 중소규모의 민영화가 어느 정도 마무리된 1992년 이후 대민영화에서, 정책의 우선순위가 "빠른 민영화와 매각수익"에서 "산업논리를 고려하고 지역 경제의 가시적 발전을 목표로"하는 것으로 바뀐다. 정책 결정 과정에서 우선순위, 즉 행위자의 선호가 바뀌는 것은 환경의 변화에 (집합)행위자의 지향이 바뀌는 것이다. 경제적 이해 상충의 정치적 조율과정, 즉 집합행위자의 숙의과정과 소통의 연결망을 조직, 구성하는 체계와 그 안에서 서로 작용-반작용하는 상호작용을 통한 숙의 과정에서 조율되는 것이다. 이것은 또 다른 논의가 필요하며 그것은 개인과 집단의 합리적 행동을 결집하는 과정에 대한 정치적, 사회과학적 연구 시각으로 접근할 때에만 적절히 조명될 수 있다(참고 Raab, 2002).

또한 독일에서 민영화가 '신자유쥬의'나 '시장엄격(만능)주의'적으로 진행되었는가? 필자가 보기에는 아니다. 그리고 여기서 '신자유주의'란 무엇을 말하는가? 신자유주의는 개인의 자유에 기초하지 않고 무엇에 의지하는가? '시장엄격주의(또는 시장 만능주의)'가 아니라면 어떻게 민영화를 했어야 하는가?

필자가 볼 때, 독일에서의 민영화는 '가격 기구'에 맡겨지지 않았다. 입찰 가격을 가장 높게 써낸 사람에게 무조건으로 소유권과 경영

책임이 불하되지 않았다. 독일식 민영화의 특징적 원칙은 '상세한 협상계약방식(Wiesenthal, 1999: 50)'으로 보아야 한다. 구매를 원하는 사람에게 기업 개념을 제출받고 심사하며, 협상을 통해 가급적 고용을 유지한다는 계약이 성립되면 고용보조금과 투자보조금을 주었다. 이 과정을 꿰뚫는 인식은 "계약으로 묶여있는 경영자가 가장 좋은 민영화 담당자"라는 것이다.

그리고 '시장엄격(만능)주의'가 '자유방임주의(laissez-faire)'를 뜻하는 것인가? 아마 그렇지는 않을 것이다. 여기에 대해서는 칼 폴라니(Karl Polany)의 『위대한 전환(The great Transformation)』이 잘 설명해 놓았다. "There was nothing natural about laissez-faire, ...laissez-faire itself was enforced by the state(자유방임에 자연상태인 것은 아무 것도 없었다. 자유방임 그 자체는 국가에 의해 강화된 것이다.)(Polany, 1957: 139)"[10]

필자의 생각으로, 이 문장이 의미하는 것은, 자유주의자들은 '자유방임'이 자연상태인 것으로 믿고 싶어 했지만, 현실에서는 한 번도 그런 적이 없었다는 것이다. 만약 그런 것이 존재한다고 한다면, 그것은 국가에 의해 만들어진 상태라는 것이다.

그 책 전체가 이에 대한 논증이다. 즉 1929년 미국의 대공황 때, '자유주의자(liberalist)'들은 국가의 개입 없이 그 위기를 해결하려 했으나 가능하지 않았다. '자유방임' 상태가 무엇이겠는가? 경제 위기가 찾아와서 수많은 기업과 개인이 파산하고 실업상태가 되어도 오로지 시장에서의 힘의 논리에 의해 약자들이 넘어지고 최종적으로 살

---

10) 이 책을 한국어로 번역한 박현수는 책 한권을 잘 번역해 주었다. 그런데 아쉽게도, 이 책에서 폴라니의 견해를 가장 압축적으로 표현하고 있는 (본문의 영어) 문장이 한국어로 뜻이 전달되게 번역하는 데 실패한 것 같다. "자유방임은 계획된 것이었지만 계획하는 것 자체는 아니었다."(박현수, 1991:177)

아남은 강자만이 새로운 질서와 균형으로 회복하는 데 들어설 수 있다면, 그것이 얼마나 오래 걸릴 것인가? 그래서 미국에서도 결국, 국가가 중앙은행을 통해 '최종대부자'로 개입한 이후에야 주식시장과 은행의 붕괴가 멈췄고 금융시장이 회복되었던 것이다.

그러한 역사적 경험 이후로 '국가냐, 시장이냐?' 하고 양자택일적으로 묻는 질문은 현실에서 어리석은 질문이 되었고, '국가와 시장', 즉 "국가도 필요하고 시장도 필요하다. 다만 언제, 어떠한 조건하에서, 국가가 시장에 개입해야 하는가?" "어떻게 개입해야 하는가?"의 문제로 인식의 전환이 이루어졌던 것이다. 국가가 시장에 개입하려면 일단 "외부효과(external effect)"가 있도록 개입해야지, 특정 행위자가 특혜를 보도록 개입해서는 안된다는 것이다. 이 과정에서 '시장의 실패'와 '국가의 실패'라는 부작용을 낳을 수 있으며 그에 대한 대응책은 경제학 교과서[예를 들어, 맨큐(Mankiw), 2007] 에서 복잡하게 다루어진다.[11]

이렇게 시장경제에 대한 국가의 개입문제는 1990년대에 경제학에서 '거래비용(transaction cost)' 개념이 제기된 뒤에 다시 새로운 학파로 이어지며 새로운 논의(거버넌스)로 전개된다. 공공정책 분야에서는 홀(Hall, 1986) 이후로 '패러다임 전환(paradigm shift)'을 보이고 있다. 제도주의적 관점에서 공공정책론을 전개하는 책(Hollingsworth·Boyer, 1997)이 헌사에서 "우리에게 자본주의의 동학을 가르쳐준 칼 폴라니에게"라고 쓴 것은 이러한 학설사적 계보를 밝히고 있는 것으로 보인다.

---

11) 신고전파 경제학에 대한 대안 개념은 신제도주의 경제학 또는 진화 경제학으로 보아야 할 것 같다. 이러한 관점에서 동유럽 경제의 전환을 다룬 논문은 Hoen(2007).

정치·사회·행정·정책학의 연구: '시장의 논리와 '광장의 논리'는 다르다(Elster, 198). 모든 경제정책의 결정과정은 정치적 결정과정이다(Hall, 1986: Wiesenthal, 2006). 신고전파의 '경제적 인간'이아니라 '사회경제적 인간', 즉 제도에 의해 제약되고 자신의 지적 자원과 정보 해석 능력을 동원하며, 위험을 평가하고 기대에 따라 대안을 선별하여 조합하며, 위험은 낮추되 이익은 높이기 위해 집합적으로 경쟁하며 협력하는 인간이 현대 사회과학이 상정하는 인간이다(Lindenberg, 1990). 그러한 정책 결정과정을 설명하는 조사연구 프로그램이 공공정책론 또는 정치사회학과 사회정책론에서 발전되어 왔다. 여기에는 행정학과 경영학 또는 인지심리학의 성과도 접목되었다.

현대 국가의 행정 조직과 의사결정론이 흡수된 행정학, 또는 정책학의 관점에서 독일의 신탁관리청을 분석 조명하는 흐름이 있다. 자이벨(Seibel, 2005) 교수나 차다(Czada) 교수 주도로 이루어진 저작들이다. 랍(Raab, 2002), 마센(Maassen, 2002), 엔서(Ensser, 1997) 등이 이 흐름에 속한다. 한국에서는 김명준(1999)도 행정학의 정책평가론으로 신탁관리청 조직의 결정과정을 분석하였다. 그런데 자이벨 교수 분석의 방법론적 원리는 '구조화(Structuration)'이다(Seibel 2005: 30). 사회학자 안토니 기든스(Giddens)의 방법론이다. 필자는 이러한 연구시각이나 접근 방법보다 신제도주의의 '행위자 중심 제도주의'의 분석틀과 접근 전략이 더 우수하다고 본다.

왜냐하면 다양한 행위자들의 이해관계를 조율하는 데는 협치(거버넌스)의 시각이 필요하다. 제도와 환경의 제약 속에서 적응하며 상호의존적으로 의사결정하며 공진화하는 인간의 문제를 분석하는 색출적 장치가 그것이다. 그 정책 결정의 구성요소, 결합방식 그리고 실현조건을 탐색하는 인식의 연결망을 구성하는 장치들을 '행위자 중심 제도주의(actor-centered instiuitionalism)'만이 갖추고 있는 것으로로 보이기 때문이다(Wiesenthal, 2006: 54). 독일 막스 플랑크 사회조사 연구소의 마인츠(Meyntz,1995)와 샾(Scharpf, 1997)에 의해 창안된 조사연구 프로그램을 뷔젠탈(Wiesemhal)의 행위자론과 엘스터의 합리적 행동론으로 보완 발전하는 것이 이러한 연구 목적에 가장 적합한 분석틀을 제공하는 것으로 보인다.

여러가지 학문적 배경과 서로 언술 코드가 다른 자료들을 하나의 연구시각에서 이해가능하도록 해독 연결하여, 필자는 이러한 기존의 자료를 재조직하여, 이 자료들이 갖는 의미를 재조명, 재해석하는 것을 시도하고 있는 것이다

3) 독일 민영화의 특징

독일에서 사용된 신탁관리청(Treuhandanstalt) 방식은, 단지 기업의 판매목록만 가지고 매각의 방법과 절차를 시장에 맡기지 않고, 행정기관이 대행인(agent)이 되어, 구매자의 기업개념을 심사하고, 투자 계획과 종업원 승계를 위해 필요할 경우 보조금을 지불하고, '상세한 협상계약'을 맺은 뒤에, 계약서를 통제 수단으로 하여 실행을 감독할 수 있게 하였다. "계약으로 결박된 책임 경영자가 가장 좋은 기업 재편의 담당자"라는 원칙을 세우고 기업의 가장 좋은 주인을 찾아주는 제도적 장치를 개발하였다(Wiesenthal,1995b: 142).

또한 민영화의 진행과정 역시 '제도판 논리(Reissbrettlogik: 자를 대고 먹물선을 따라 자르듯이 한번 규정된 방법 그대로 실행한

것)'보다는 '인큐베이터 논리(관찰 대상의 성장 정도와 환경조건에 따라 치료조치를 변경하는 것)'을 따랐다(Seibel, 1993: 363). 신탁관리청의 사업방침은 "신속한 민영화, 주의 깊은 회생, 신중한 정리(zuegig privatisieren, entschlossen sanieren, behutsam stillegen)"였지만 1992년 초 이후 보다 온건한 노선으로의 전환을 요구받게 된다. '매각 수익'보다도 더 중요하게 노력해야 할 것은 '높은 고용수준'의 유지로 정책의 선호(우선순위)가 바뀌게 된다. 대규모 고용을 가진 '산업핵심(industrelle Kerne)'을 보존하기 위해 '경영합자회사(Management KG)'나 '지역 협의회 모델(ATLAS modell)' 등의 방법이 모색된다.

민감한 분야(철강, 조선, 자동차, 섬유, 인조섬유)와 대규모 기업의 민영화는 정치적 숙의의 대상으로 되었다(Ensser, 1997). 이를 위해 지방정부와 중앙정부의 집합행위자(정당, 지방 정부, 노동조합, 고용협의회)가 참여하여 숙의하는 '신탁관리청 복합체(Treuhand Komplex)'가 구성되어 책임성을 확장했다. 이 조직 내에서의 정책결정 방식은 위계제(hierarchy) 모형보다는 네트워크(network) 모델에 가깝다(Raab, 2002).

이에 비해서 체코의 증권(쿠폰/바우처) 민영화는 독일에서처럼 행정관청을 통한 협상 매각방식과는 다르게 모든 (성인)시민에게 기업의 증권과 바꿀 수 있는 증권을 분배하고 기업경영을 통제하고 감독하는 권한은 그 증권을 많이 확보한 사람에게 주어지는 것이어서 결국 기업의 가치가 시장에서 결정되며 경영의 책임도 시장에 분산되는 형태였다.

1990년대 초반까지의 체계전환 상황에서, 체코의 증권 방식이

다른 나라의 민영화 방법보다 가장 속도가 빠르다는 점에서 IMF나 IBRD 등 주류 경제학자들의 찬사를 받았었다. 체코의 민영화 과정을 재무부 장관으로서 책임지고 기획·집행하고, 그 업적에 힘입어 수상이 된 바츨라프 클라우스는 이러한 낙관적 견해를 바탕으로 1996년에 '체계전환의 종료'를 선언하였다. 그러나 이러한 선언이 섣부른 판단이었음은 1997~1998년 체코 경제의 마이너스 성장에서 드러났다.

체코 시민들은 대부분 자기에게 주어진 증권을 '국가 민영화 펀드(NPF)'에 팔았다. 따라서 기업의 소유권을 책임 있는 경영자가 갖지 못하고, 국가민영화 펀드가 분산하여 소유하였다. 따라서 기업의 효과적인 경영구조가 갖추어지지 못한 상태에서, 증권 감독과 규율체계의 부실은 '국가 민영화펀드' 매니저의 부패와 농간을 막아내지 못했다(Stiglitz, 1999: 10).

5. 맺는 말

이 글은 독일의 신탁관리청 민영화 방식의 특징에 주목하고, 그것의 경제적 비용만이 아니라 정치사회적 비용, 즉 행위자 간의 서로 다른 이해관심과 합리적 방안 상정이 서로 다른 데서 나오는 합리성 갈등을 조율·관리하는 데는 정책 결정의 미시적 정치과정을 보는 시각, 협치(거버넌스)의 시각이 필요함을 설명하려는 것이었다. 그 구체적 분석은 다음 과제로 하고싶다.

독일의 통일은 '통일적으로' 이루어지지 않았다. 다양한 이해관심을 갖는 행위자들, 상호의존적으로 이루어지는 집합적 의사결정,

때로 상충되는 목표들과 도달 방법에 대한 견해 차이 등을 어떻게 조율, 규율하였는가? 엄청난 재정 부담과 대량실업의 발생에도 불구하고 커다란 충돌 없이 전환과정의 갈등을 어떻게 조율해 나갔는가? 그것은 서독의 제도만 도입 이식했던 것이 아니라, 사회적 학습과정, 즉 그 제도에 뿌리내려 있는 자기 규율과 사회적 조율의 행동 문화와 능력을 학습하는 과정을 통해서 갈등을 완화함으로써 가능했다.

참 고 문 헌

김명준. 1999, 『동독 공기업 민영화정책에 관한 연구: 독일 신탁공 Treuhandanstalt 사례를 중심으로』, 서울대학교 대학원 행정학과 박사 학위논문.

맨큐. 2007, 『맨큐의 경제학』, CENGAGE Learning.

박현수 역. 1991, 『거대한 변환』, 대우학술 총서. (Karl Polanyi. 1957, *The Great Transformation*, Beacon Press Boston)

아담 쉐보르스키.1991,(임혁백·윤성학 옮김. 1997), 『민주주의와 시장』,한울.

윤건영. 1997, 『북한 경제의 사유화』, 전홍택 이영선 편, 『한반도 통일시의 경제 통합전략』, 한국개발연구원.

전홍택·이영선 편.1997, 『한반도 통일시의 경제통합전략』, 한국개발연구원.

재정경제원. 1994, 『통일 독일의 사유화 개발과정(sic)』. Wolfram Fischer ·Herbert Hax·Hans Karl Schneider(Hrsg)., 1993, *Treuhandanstalt: Das Unmoegliche wagen*, Akademie Verlag.(Wolfram Fischer ·Herbert Hax·Hans Karl Schneider(eds.). 1996, *Treuhandanstalt: The Impossible Challenge*, Akademie Verlag, Berl in·New York)

지버트. 1993, 『통일, 그리고 경제의 모험』, 을유문화사.

진승권. 2003, 『동유럽 탈사회주의 체제개혁의 정치경제학 1989-2000』, 서울대학교 출판부.

진·진. 1994, 『새로운 줄발을 위한 전환전략』, 서을프레스. Hans-Werner Sinn ·Gerlinde Sinn, 1993, *Kaltstart, Volkswirtschaftliche Aspekte der deutschen Vereinigung 3, Auflage dtv Beck-Wirtschaftsberater.*

송태수. 2001, 「통독 과정에서 신탁청에 의한 사유화 정책과 그 대안」, 『한국 정치학보』34집 4호.

통일부. 2015, (독일통일 총서 11권). 『신탁관리청 분야 관련정책문서』

Akerlof, George·Rose Yellen·Helga Hessenius, 1991, "East Germany in from the Cold: The Economic Aftermath of Currency Union," *Brookings Papers on Economic Activity* No. 1, pp.1-87.

Beyer,Juergen, 2001, "Beyond the Gradualism_Big Bang Dichotomy:

the Sequencing of Reforms and Its Impact on GDP"
in Juergen Beyer·Jan Wielgohs·Helmut Wiesenthal(eds.). 2001,
*Successful Transitions: Political Factors of Socio-Economic
Progress in Postsocialist Countries,* Nomos Verlaggesellschaft.

Czada, Roland, 1993, "Die Treuhandanstalt im Umfeld von Politik und
Verbaenden" in Wolfram Fischer·Herbert Hax·Hans Karl Schneider
(Hg.), 1993.

Elster, Jon·Claus Offe·Ulrich K. Preuss, 1998, *Institutional Design
in Post-communist Societies: Rebuilding the Ship at Sea,*
Cambridge University Press.

Elster, 1986, "The mavket and the forum" in Jon Elster·Aanund
Hylland(ed.), *Foundations of social Choice theory,* Cambridge
University Press.

———, 2000, "Ulysses Unbound: Constitutions as Constraints" in Jon Elster,
2000, *Ulysses Unbound,* Cambridge University Press,
pp. 88-174.

Ensser, Michael Christian, 1997, *Sensible Branchen: die Integration
ostdeutscher Schluesselindustrien in die europaeische
Gemeinschft, Hartung-Gorre,* Verlag Konstanz.

Estrin, Saul(ed.), 1994, "Economic Transition and Privatization : the
Issues" in *Privatization in Central and Eastern Europe,* Longman
London, pp. 3-30.

Fischer, Stanley·Ratna Sahay, 2000, *The Transition Economics After
Ten Years,* Washington, D.C.: NBER Working Paper 7664.

Fischer, Stanley·Gelb Alan, 1991, "The Process of Socialist Economic
Transformation, *Journal of Economic Perspectives* 5(4), pp.
91-105.

Frydman·Rapaczynski, 1996, *Corporate Control in Central Europe and
Russia,* vol.I, Budapest.

Hall, A. Peter, 1986, "The Intellectual Terrain: Economic Policy and the

Paradigms of Politics" in Peter A. Hall. 1986, *Governing the Economy: The Politics of State Intervention in Britain and France,* Oxford University Press, pp.3-22

Hasse, Raimund·Kruecken Georg, 2005, *Neo-institutionalismus. Mit einem Vorwort von John Meyer,* Bielefeld, transcript Verlag.

Hellman, Joel S., 1998, "Winners take All: The Politics of Partial Reform in Postcommunist Transitions," *World Politics* 50(2), pp. 203-234.

Hoen. Herman W., 2008, "It's the Institutions, Stupid : eine Bestandaufnahme der oekonomischen Transformationsforschung" in Frank Boenker·JanWielgohs(hg.), 2008, *Postsozialistische Transformation und europaeische {Des-}Integration,* Metropolis Verlag, Marburg, pp. 99-120.

Hollingsworth, J. Rogers·Robert Boyer, 1997, Contemporary Capitalism, Cambridge University Press.

IWH(할레경제연구소 , Institut fuer Wirtschaftsforschung Halle,2010) (Hg.), *20 Deutsche Einheit: von der Transformation zur Europaeischen Integration,* Tagungsband Halle(Saale) IWH-Sonderheft 3/2010.

Katzenstein, Peter J., 1987, *Policy and Politics in West Germany,* Philadelphia Temple University Press.

Kornai, Janos, 1993, "Transformational Recession: A General Phenomen on Examined through the Example of Hungary's Development," *Economie Appliquee,* 46(2), pp.181-227.

──, 1991, *The Road to a Free Economy,* Norton Press, New York.

Kolodoko·Tomkiewicz(ed.), 2011, *20 Years of Transformation,* Nova, N. Y.

Lindenberg, Siegwart, 1990, "Homo Socioeconomicus : The Emergence of a General Model of Man in the Social Sciences" *in Journal of Institutional and Theoretical Economics* 146.

──, 1985, "An assessment of the new political economy: Its

potential for the social *sciences and for sociology in particular*" In *Sociological Theory*, Vol. 3 , S, pp. 99-114.

Maassen, Hartmut, 2002, *Transformation der Treuhandanstalt-Pfadabhaengigkeiten und Grenzen einer kompetenten Fuehrung*, DUV.

Mayntz, 2002, "Common Goods and Governance" in Renate Mayntz, 2009, *Ueber Governance: Institutionen und Prozesse politischer Regelung*, Campus, pp.65-78.

Offe, Claus, 1996, "Bindings, Shakles, Brakes : On Self-Limitation Strategies" in Claus Offe, *Modernity and the State,* Polty Press.

Raab, Joerg, 2002, *Steuerung von Privatisierung*, Westdeutscher Verlag.

Sabatier, Paul A(ed.), 2007, *Theories of the Policy Process,* Westview Press.

Sachs, Jeffrey, 1989, "My Plan for Poland" in *The International Economy* 3, pp. 2-29.

Scharpf, Fritz W., 1999, *Governing in Europe: effective and democratic?,* Oxford University Press.

———, 1997, "Games Real Actors Play: Actor-Centered Institutionalism" in *Policy Research,* Westview Press.

Seibel, Wolfgang, 2005, Verwaltete *Illusionen: Die Privatiesierung der DDR-Wirtscbaft durch die Treuhandanstalt und ihre Nachfolger 1990-2000,* Campus.

———, 1993, "Lernen unter Unsicherheit" in Wolfgang Seibel, *Verwaltungsreform und Verwaltungspolitik im Prozess der deutschen Einheit,* Baden-Baden, Nomos.

Sinn, Hans-Werner, 1996, *Volkswirtschaftliche Probleme der Deutschen Vereinigung*, Nordrhein-westfaelische Akademie der Wissenschaften Vortraege N 421, Westdeutscher Verlag.

Stiglitz, Joseph E., 1999, "Knowledge for Development: Economic Science, Economic Policy and Economic Advice," Annual World Bank Conference on Development Economics 1998, The International Bank for Reconstruction and Development/The World Bank.

Waegener, Hans-Juergen, 2010, in (IWH 2010).

Wiesenthal, Helmut, 2008, "Die postsozialistische Transformation : ein Musterfall fuer den Gestaltwandel der kontinentaleuropaeischen Wohlfahrtstaaten?," *Beitrag zum 34*. Kongress der Deutschen Gesellschft fuer Soziologie, 6-10 Oktpber 2008. (http://www.hwiesenthal.de/public)

――――, 2006, *Gesellschaftssteurung und gesellschaftliche Selbststeuerung*, Wiesbaden VS Verlag.

――――, 1999, *Die Transformation der DDR*, Verlag Bertelsmann Stiftung, Guetersloh.

――――, 1998. "Post-Unification Dissatisfaction, or Why Are So Many East Germans Unhappy with the New Political System," *German Politics* 7(2), pp. 1-30.

――――, 1996, "Organized Interests in Contemporary East Central Europe: Theoretical Perspectives and Tentative Hypotheses" in Agh, Attila·Ilonszki, Gabriella(eds.), *Parliaments an Organized Interest: the Second Steps*, Budapest Hungarian Center for Democracy Studies, pp.40-58

――――, 1995a, "East Germany as a unique case of Societal Transformation,"*German Politics* 4(3), pp.49-74

――――, 1995b, 'Die Transformation Ostdeutschlands : Ein (nicht ausschliesslich) privilegierte Sondefall der bewaeltigung von Transformationsproblemen" in Helmut Wollmann·Hellmut Wiesenthal·Frank Boenker(Hrsg.), 1995, *Transformation Sozialistischer Gesellschaften: Am Ende des Anfangs*,

Westdeutscher Verlag, pp.134-162.

――, 1990, Urisicherheit und Multiple-Self-Identitaet : eine Spekulation ueber die Voraussetzungen strategischen Handelns, MPIFG Discussion Paper, 1990/2

――, 1987, "Die Ratlosigkeit des homo oeconomicus" in Helmut Wiesenthal, 1987, Subversion der Rationalitaet , Campus, pp. 7-19.

Wiesenthal, Helmut·Andrea Pickel, 1997, *The Grand Experiment,* Westview Press.

World Bank. 1996, *From Plan to Market, World Development Report,* Washington D.C.

――, 2002, *Transition: The First Ten Years,* Washington D.C.

Yun, Kun-Young, 2001, "Korean Unification and her Privatization of North Korean Economy" in KERI (Korea Economic Research Institute), *Constitutional Handbook of Korean Economic Unification,* KERI.

북한 사회주의 경제,
발전인가 위기인가*

1.머리말

북한농업의 이해는 북한사회를 이해하는 핵심적인 열쇠의 하나이다. 왜냐하면 농업문제는 사회주의 건설의 '아킬레스건'이라고 불릴 정도로 사회주의 건설과정에서 중요한 실천상의 관문의 하나로 되어왔기 때문이다. 또한 사회주의적 공업화와 축적과정에서 나타나는 농업과 공업 간의 불균형을 해소하고, 농민 생활수준의 향상이라는 요청과 축적(소비억제)의 필요 사이의 긴장을 조정하는 방식, 즉 노농동맹의 정책과 그 실행방식은 사회주의 발전과 건설의 핵심정책을 구성하며, 여기서 부딪치는 현실적인 제약은 역으로 다른 부문의 발전속도와 방향을 다시 규정하기 때문이다.

---

* 이 글은 『역사비평』No.12, 1990년에 실린 글을 전재한 것이다.

농업노동은 공업노동과 달리, "살아 있는 자연에 관한 일이며 공업처럼 완전하게 분업화된 노동이 되지 못하는 토지에서의 노동이라는 특성"을 갖는다. 이 때문에 도시와 농촌 사이의 구사회적 노동분업을 극복하는 과정, 즉 노동계급과 농민계급 사이의 차이를 없애는 과정은 단선적인 진화의 과정이 아니라 복합적인 요인과 여러 가지 우여곡절을 거치면서 진행된다. 똑같이 사회주의를 이념으로 하는 국가들 간에도 다른 이론들이 등장하고 시기별로 다른 정책이 채택되는 것은 각국의 발전정도와 역사적 조건의 차이 때문이지만, 농업노동의 특성과 농민의 의식수준 또한 그것을 규정하는 중요한 구성요소가 되기도 하는 것이다.

우리가 북한을 이해하고자 하는 데는 출발점이 서로 다른 몇 가지 동기와 관심들이 복합되어 있다고 생각한다. 즉 ①북한 사람들은 실제로 어떻게 살고 있으며 40년 간의 변모과정은 현실적인 삶의 모습을 어떻게 만들어 놓았는가에 대한 현실적 관심(발전의 목표와 현실 사이의 편차 여부), ②북한의 변화를 이끌어온 내재적인 원리는 어떤 것이며 현실의 역사과정에서 그것이 과연 바람직한(또는 가능한 유일의) 방안이었는가, 또 앞으로의 진로는 어떻게 될 것인가 하는 전망적 관심, ③다른 사회주의 국가들의 보편적인 과정과 북한의 특수한 측면을 구별해 내고, 이를 형성한 배경과 역사적 조건을 구별하는 비교적 관심, ④남한과의 대비를 통해서 이러한 질문들을 검토하고 종국적인 재통합(통일)에 이르는 경로와 방향을 생각해 볼 때 장해요인과 촉진요인은 무엇일까 하는 희망적 관심 등이 그것이다.

이러한 질문들에 대한 만족한 대답은 결코 한두 편의 글로 얻을 수는 없다. 그동안 찬성이냐 반대냐의 흑백논리로만 생각함으로써 객관적인 사실의 인식이나 창조적인 대안의 모색을 뿌리부터 가로막는 냉전적 사고에서 벗어난 학문적 접근이 시작된 것이 극히 최근의 일이기 때문이다. 더욱이 40년 내지 70년 간의 역사적 경험들을 재검토하는 사회주의권의 대개혁과 근본적인 사고의 전환이 세계적인 차원에서 벌어지고 있는 현재의 시점에서는 더욱 그렇다.

북한의 사회과학이 매우 독특한 이론체계로 이루어져 있고, 그 생활을 직접 체험하거나 관찰하지 않은 외부의 연구자로서는 이 이론체계에 의해 일단 '정돈된 사실'만을 접하게 된다는 점이 우리의 작업을 어렵게 한다. 그러므로 우선 그 내재적 발전의 논리와 그에 따른 변모의 양상을 간략히 요약하고, 그 근거가 되는 이론적 전제와 현실적 과정을 비판적으로 검토해 봄으로써 문제의 소재와 논의의 차원을 명확히 할 필요가 있다. 이런 순서를 따를 때만 선험적 예단이나 주어진 해답에 따라 결론을 내림으로써 현실의 위기와 모순을 보지 못하는 오류에서 벗어나게 될 것이다.

이 글에서는 우선 지난 40년 간 북한의 농업에서 무엇이 일어났고, 그것을 어떤 관점에서 다루고 있는지를 간략히 요약함으로써 문제의 소재와 차원을 분명히 하고자 한다. 그 다음 비판적인 관점에서 제기되는 몇 가지 문제들을 검토함으로써 본격적인 비판과 토론을 위한 논점을 제시하고자 한다.

2. 민주개혁 시기의 농업문제-토지개혁의 실시와 그 특징

해방 전의 조선은 일본제국주의의 지배에 의하여 자본주의의 발전이 제한되고 봉건적 잔재가 다분한 식민지 사회였다. 특히 농촌은

봉건적 토지소유관계와 식민지 수탈정책에 의해 농민대중의 기아와 빈궁, 농업생산력의 정체와 쇠퇴 아래 놓여 있었다.

북한의 경우 1943년 말 총경지면적 198만 2,342정보 중 지주의 소유지가 115만 4,838정보로 전 경지의 58.2%를 차지하고 있었다. 지주는 4만 6,134호로 총농가호수의 4%에 해당했으며 그 중 대지주는 대부분이 외국인(주로 일본인)이었고 농민의 약 80%는 토지를 전혀 가지지 못했거나 혹은 조금밖에 가지지 못한 소작, 반소작, 고용농 등으로 이루어져 있었다.

〈표 1〉 농업 경영별 계층 구성

경영별	농가 호수		총농가수에 대한 비율(%)	
	전국	북한	전국	북한
자작	536,098	251,261	17.60	25.01
자소작	485,414	164,724	15.98	16.39
소자작	499,001	144,419	16.38	14.37
소작	1,481,357	435,868	48.63	43.38
농촌고용자	44,231	8,311	1.89	0.85

출처: 조선은행 조사부, 『조선경제년보』, 1948, 375쪽

1946년 3월 5일 '북조선토지개혁에 관한 법률'이 발표됨으로써 북한의 토지개혁은 실행에 들어갔는데, 그 법령의 제1조에서는 다음과 같이 그 목적을 규정하고 있다. "북조선 토지개혁은 역사적 또는 경제적 필요성으로 된다. 토지개혁의 과업은 일본인 소유토지와 조선인 지주들의 토지소유 및 소작제를 철폐하는 데 있으며 토지이용권은 밭갈이하는 농민에게 있다. 북조선에서의 농업제도는 지주에게 예속되지 않은 농민의 개인소유인 농민경리에 의거한다." 즉 봉건적 토지소유제도를 철폐하고 근로농민적 토지소유를 확립하기 위한 것

이라는 것이다.

이렇게 토지개혁의 실시를 통해 몰수된 토지면적과 호수는 〈표 2〉와 같다. 5정보 이상을 소유한 기생지주와 부재지주 외에 5정보 이하의 영세지주로서 계속적으로 소작을 주고 있던 토지도 상당히 많이 몰수되었다. 총몰수토지는 북한 총 경지면적 198만 2,342정보의 52%, 지주 소유지 115만 4,838정보의 약 85%에 해당하며 사실상 지주 소유지를 거의 몰수한 결과가 된다.

다음 몰수한 토지는 고용농민, 토지가 없거나 적은 농민에게 무상으로 분배하여 영구히 소유하게 하였다(법령 제5조 및 제6조), 다만 지주라 하더라도 자기의 노력에 의해서 경작하려고 하는 경우에는 농민과 동등한 권리를 가지고 다른 군에서만 토지를 가질 수 있도록 하였다(법령 제6조 3항). 이것은 지주계급의 토지개혁에 대한 저항을 사전에 막고 의식이 낮은 농민층에 대한 지주의 악영향을 제거하기 위한 것으로서, 실제로 지주의 힘을 분산·약화시키고 토지개혁의 순조로운 진행을 보장했다고 한다. 몰수된 토지를 분여함에 있어서는 농가의 "가족수와 그 가족 내의 노동능력을 가진 자의 수의 원칙"에 의하여 균등하게 분배하였다고 한다. 이렇게 분배된 면적은 98만 1,390정보로 총농가호수의 70% 이상을 차지하는 72만 4,500여 호의 고농과 빈농에게 분배되었다 한다(표 3).

<표 2> 토지개혁에 의해 몰수된 토지면적과 호수

구분	면적		그중 경지면적		몰수대상호수	
	실수 (정보)	비율 (%)	실수 (정보)	비율 (%)	실수 (정보)	비율 (%)
일본인, 일본국가의 토지민	112,623	11.3	111,561	11.3	12,919	3.1
민족반역자 도망자의 토지	13,272	1.3	12,518	1.3	1,366	0.3
5정보이상 소유하는 지주의 토지	237,746	23.8	231,716	23.6	29,683	7.0
전부 소작시키는 자의 토지	263,436	26.3	259,150	26.3	145,688	34.5
계속적으로 소작시킨 자의 토지	358,053	35.8	354,093	36.0	228,866	54.1
교회, 사원, 종교단체의 토지	15,195	1.5	14,916	1.5	4,124	1.0
합계	1,000,325	100	983,954	100	422,646	100

출처 : 『조선민주주의인민공화국 국민경제발전통계집』(1946-63년), 57쪽(田村武夫, 「北朝鮮の土地改革」, 『朝鮮史硏究会論文集』 제8집, 143쪽에서 재인용).

<표 3> 자격별 분배토지면적과 그 호수

자격별	면적		그중 경지면적		수분배대상호수	
	실수 (정보)	비율 (%)	실수 (정보)	비율 (%)	실수 (정보)	비율 (%)
고용 농민	22,387	2.3	21,960	2.2	17,137	2.4
토지 없는 농민	603,407	61.5	589,377	61.1	442,973	61.1
토지 적은 농민	345,974	35.2	344,134	35.7	250,501	36.0
이주한 지주	9,622	1.0	9,598	1.0	3,911	0.5
(인민위원회 보유지)	(18,935)	–	(18,885)	–		
분배된 토지 합계	961,360	100	965,069	100	724,552	100

출처 : 『조선민주주의인민공화국 국민경제발전통계집』(1946-63년), 57쪽.

북한의 토지개혁은 다른 나라의 토지개혁과 비교할 때 다음과 같은 특징을 갖는다. 첫째로, 그 속도면에서 볼 때 한 달도 채 못되는 짧은 기간에 완료되었다. 비슷한 시기에 동유럽의 인민민주주의혁명을 거친 나라들(폴란드, 체코, 루마니아, 알바니아, 헝가리 등)의 경우 국내 정세의 변화에 따라 수년 동안에 2~3단계로 나뉘어 실시되었다. 중국의 경우도 4년 간에 걸쳐서 실시되었다. 그러나 북한은 매우 단기간에 철저하게 수행하였다고 주장하고 있다. 그 이유로는 일제의 패망 직후 친일파와 민족반역자 등 잔여세력을 일소하는 과정에서 친일지주들이 청산되면서 대다수가 남한으로 도망하였고, 남아 있던 지주들도 4만여 호에 불과해 저항이 무력했으며, 이들을 다른 군으로 이주시키는 정책을 취했기 때문이라는 것이다.

둘째로, 토지 몰수대상은 일본인, 민족반역자의 토지소유는 물론 5정보 이상의 지주소유 토지와 계속적으로 소작을 준 일체의 토지를 몰수함으로써 봉건적 농노제적 유물을 청산했을 뿐 아니라 (지주적) 부농경영도 큰 타격을 받았다.

셋째로, 토지 분배대상에서 대부분이 농민에게 분여되고 몰수토지 중 국유화된 것은 1.9%에 불과하였다. 이 점은 토지를 국유화했던 소련이나 농민적 토지소유를 취하면서 매매와 임대차를 인정했던 중국과는 다른 것이다.

넷째로 무상몰수, 무상분배의 방법으로 토지개혁이 진행되었는데 이것은 토지개혁에 매우 강한 강제력을 수반하면서 진행되었음을 보여주는 것이다. 동유럽의 경우 일부 무상몰수한 나라(루마니아, 알바니아)도 있었으나 대부분 유상몰수였던 것을 보면 북한의 경우는 상당히 특이하다.

또한 토지개혁의 실시와 함께 그 이전에 실시되었던 3·7제는 폐지되고 1946년 6월부터는 수확량의 25%를 '농업현물세'로 내고 나면 나머지 농산물은 자유로이 처분할 수 있었다고 한다. 이 현물세는 1956년 21.1%, 1959년에는 8.4%로 인하되어 1966년에는 완전히 폐지되었다고 한다.

3. 농업의 협동화

토지개혁은 농업생산력을 봉건적 생산관계로부터 벗어나게 했다. 그러나 토지개혁 후에도 농촌에서는 소농경영이 지배적이고 농업생산력을 사적 소유의 굴레로부터 해방시키는 것은 불가능했다. 따라서 농업의 사회주의로의 개조, 즉 사회주의적 협동화의 문제가 제기되었다. 특히 이 문제는 한국전쟁 후 절실히 요구되었다. 왜냐하면 한국전쟁을 통하여 농촌에 잔존해 있던 자본주의적 관계가 심각해지는 경향을 보이고 있었기 때문이다. 또한 농업의 협동화는 전쟁으로 파괴된 경제를 급속하게 재건하기 위해서도 필요했다. 중요산업의 국유화에 의해 사회주의적 경제형태가 지배적 지위를 점하게 된 공업부문에서는 처음부터 계획적 균형적 발전이 가능했지만 농업에서는 그렇지 못했다. 국민경제 전체의 균형적 발전을 위해서는 이러한 농업과 공업 사이의 격차를 해소해야만 했다. 특히 전후 부흥·건설되는 공업부문에 원료를 공급하고 영세한 인민생활을 향상시키기 위해서도 농업의 급속한 발전이 요구되었다.

협동화를 추진하는 북한의 기본적인 정책은 "자발적으로 하며, 물질적 관심에 기초한 상호이익의 원칙"을 기저로 함과 동시에 "점진적으로" 수행하는 것이었다. 왜냐하면 소규모의 개인경영으로부터 대규모의 사회주의적 협동경영으로 이행하는 것은 수많은 사람들의 생활에서 가장 뿌리깊은 생활풍습의 기초를 바꾸는 지난한 역사적 과제의 하나이기 때문이다.

그렇다면 농업경영의 협동화는 어떻게 진전되어 갔는가? 북한의 농업협동화운동은 노동당 중앙위원회 제5차 총회(1953년 8월)에서 처음 제시되어, 1954년 1월 당중앙위원회 지시(농업협동화 경영의 조직문제에 대하여)에서 농업협동조합의 세 가지 형태와 협동경영의 관리·운영원칙이 제시되었고, 1954년 3월 "농업협동경영의 강화와 발전을 위한 대책"의 내각결정으로 명확하게 되었다.

농업협동화의 세 가지 형태 중 제1형태는 작업만을 공동으로 하는 고정적 노력협조반을 말하며, 제2형태는 토지에 대한 사적 소유를 보존하면서 토지를 협동경리에 통합하고 집단적인 공동경리로 운영하되 노동과 토지에서 얻어진 생산물은 두 가지-출자토지에 의한 분배와 노동의 양과 질에 의한 분배- 원칙에 의해 분배되는 것이다. 제3형태는 토지와 기본 생산수단을 통합하고 노동에 의해서만 분배를 실시하는 가장 발전된 농업경영형태다.

협동화 과정에서는 제1형태에서 제3형태로, 낮은 차원에서 점차 높은 차원으로 단계별 추진을 강조했으나 사실상 1954년 6월부터는 제3형태가 주를 이루면서 진행되었다 한다.

〈표 4〉 북한 농업협동화의 진전

연도	총농가호수에 대한 비율(%)	총경지면적에 대한 비율(%)	협동조합 총수(개)	제2형태 (%)	제3형태 (%)
1953	1.2	0.7	806	-	-
1954	31.8	30.9	10,098	21.5	78.5
1955	49.0	48.6	12,132	7.8	92.2
1956	80.0	77.9	15,825	2.5	97.5
1957	95.6	93.7	16,032	1.2	98.9
1958.8	100.0	100.0	3,843	-	100.0

출처: 『북한총람』, 340,349쪽: 김승준, 『우리나라에서의 농촌문제 해결의 력사적 경험』, 조선로동당출판사, 1965, 174쪽

북한의 농업의 집단화는 1953년에 시작되었지만 계획을 상회하여 1958년 8월에는 일단 완성을 보았다. 이 기간은 겨우 4년여 정

도였다. 그런데 농업협동화의 진전과 함께 농업의 물질적 기술적 토대도 강화되었다. 1956년에는 알곡 생산에서 전년 수준을 능가하여 287만 톤, 1957년에는 320만 톤, 1958년에는 370만 톤을 생산하여 1946년의 근 2배로 성장하였고, 해마다 공동축적기금을 공제하고도 농장원들의 분배몫은 성장하였다.

다른 나라의 집단화 경험에 비추어 북한의 농업협동화는 몇 가지 특징을 가지고 있다.

첫째는 전대미문의 빠른 속도로 진행되었다는 것이다(소련은 10여 년, 중국 4~5년, 동구 20여 년). 그 이유로 철저한 토지개혁으로 지주, 부농이 청산되고, 전쟁 동안 이들 중 잔여세력이 월남하여 저항세력이 없어졌으며, 비교적 작은 국토에서 정부의 엄격한 통제하에 이루어졌고, 동북아시아에 전래하는 공동 노력의 전통과 전쟁중의 부족한 노동력을 메우기 위한 공동작업반의 발전 등을 내세우고 있다.

둘째, 처음부터 높은 형태, 즉 협동화의 제3형태가 압도적 우세하에 진행되었는데, 이는 농민들의 높은 정치·사상 의식 수준 때문으로 설명되고 있다.

셋째, 협동화는 생산력 수준이 비교적 낮고 기술이 낙후한 조건하에서 진행되었다. 즉 기계화와 높은 공업기술 수준을 바탕으로 한 생산력 주도형이 아닌 생산관계 주도형으로 이루어졌다는 것이다.

4. 사회주의 건설과 농업문제

농업협동화가 완료됨으로써 농업에서 사회주의적 생산관계가 확립되면 '농업·농민문제'는 최종적으로 해결되는 것인가. 이러한 문제에 이론적 실천적 기초를 제공하는 것이 1964년 김일성에 의해 발표된 『우리나라의 사회주의적 농촌문제에 관한 테제』이다.

> 사회주의 혁명단계에 있어서의 농민문제와 농업문제는 농촌에서 자본주의 요소를 청산하고 개인농민경리를 사회주의적 집단경리로 개조함으로써 농민 등을 온갖 형태의 착취와 압박에서 영원히 해방하는 데 있다. 우리는 실물교육과 자원성의 원칙에 의하여, 당과 국가의 강력한 지도와 방조에 의거하여 사회주의적 협동화를 실현함으로써 이 문제를 훌륭히 해결하였다. 사회주의하에서의 농민문제와 농업문제는 농촌에 수립된 사회주의제도를 부단히 공고화하는 기초 위에서 농업생산력을 고도로 발전시키고 농민들의 생활을 부유하게 하며 착취사회가 남겨 놓은 농촌의 낙후서을 퇴치하고 도시와 농촌 간의 차이를 점차적으로 없애는 데 있다.

따라서 "농업문제, 농촌문제는 도시와 농촌 간의 차이, 노동자계급과 농민의 계급적 차이를 없앰으로써 비로소 최종적으로 해결되는" 문제라고 본다.

이러한 농촌문제 테제의 이론에 따라 1960년대에 달성된 사회주의 공업화를 실현하고 사회주의의 완전 승리, 무계급사회를 실현하기 위한 3대혁명을 수행하고 "물질적 요새와 사상적 요새를 점령하기 위한 전투"를 벌여 나간다. 그 결과 대중적인 사회주의 경쟁운동인 '3대혁명소조운동'과 '3대혁명 붉은기 쟁취운동' 등에 따라 '총생산고의 증가'를 다그치게 된다.

물질적 기반을 이루는 농촌기술혁명으로는 네 가지 중심과제, 즉 수리화, 기계화, 전력화, 화학화가 강조되는데, 그 중 농촌 수리화와 전력화의 과제는 이미 제1차 7개년 계획기간(1961~67년)에 완성되었다고 하며, 이후 6개년 계획기간에 들어서부터는 수리화와 전력화의 성과를 확대 발전시키는 한편 농업의 총체적 기계화와 화학화의 실현을 주요한 과제로서 제기하였다.

6개년 계획기간 동안에 농촌기술혁명은 새로운 단계에 접어들었는데, 40만 정보가 넘는 밭의 관개체계가 새롭게 확립되고 수리화의 성과가 더욱 확대 강화되었으며, 공업의 강력한 지원 아래 농업의 총체적 기계화를 촉진하는 데서도 획기적인 진전이 이루어졌다고 한다. 1974년 현재 농촌의 트랙터 보유대수는 『테제』가 발표되기 전해인 1963년의 4배, 트럭은 4.6배로 증가했고, 1976년에는 경기 100정보당 평균 트랙터의 대수가 평야지대에서는 6대, 중간지대와 산간지대에서는 5대로 증가했다. 그 결과 농업의 계획수준은 현저히 향상되었다.

〈표 5〉 주요 농업작업의 기계화의 진전

(%)

구분	1970	1974-1975
논밭의 고르기 작업	61	100
모내기	0	92
잡초 제거	12	55
수확	8	66
탈곡	87	100
사료 분쇄	78	100
운반 작업	59	100

출처: 「6개년 계획의 수행에 관한 중앙통계국의 보도」(1975년 9월)(고승효, 『북한 사회주의 발전 연구』, 청사, 164쪽에서 재인용)

농업의 화학화(화학비료 사용)도 크게 진전되어 1975년의 경지 1정보당 시비량은 1톤 이상으로서 1963년의 3.3배, 1970년의 2배

이상으로 증가했다. 이러한 물질적 기술적 토대의 강화, 농민의 정치·사상적 각성과 문화기술 수준의 향상에 따라서 농업생산도 그에 상응하는 성장을 보였다고 하는데, 알곡 생산량은 1974년에 700만 톤, 1984년에 1,000만 톤으로 성장하였고, 단위면적(1정보)당 수확량을 1974년에 쌀이 5.9톤, 옥수수가 5.0톤으로, 1982년에 쌀이 7.6톤, 옥수수가 6.5톤으로 세계적으로 상당히 높은 수준에 도달한 것으로 발표하고 있다(FOA의 전문가들이나 북한을 방문한 세계의 농업학자들은 이 수치를 과장된 것으로 보고 있다).

〈표 6〉 화학비료의 시비량의 증가

	1949	1956	1960	1963	1969	1975
총시비량(1,000톤)	260	215	307	599	982.4	–
1정보당 시비량(kg)	131	113	160	300	500[1]	1톤이상
그 중 논	–	–	248	420	674	1,300[2]
밭	–	–	126	272	478	1,200[3]

출처 : 〈표 7〉의 자료 및 최고인민회의 제6기 제1차회의 보고에 의해 작성(고승효, 『현대 북한의 농업 정책』, 165쪽에서 재인용).
주: 1)1970년 현재의 수치
   2)1977년 현재의 수치
   3)1977년 현재의 보리밭의 시비량

5. 몇 가지 문제

이상에서 북한 농촌사회의 변화과정을 개략적으로 살펴보았다. 필자가 현재 입수할 수 있었던 문헌들은 대개 1975년까지의 모습을 보여주고 있으며, 최근의 변화는 사회과학잡지인 『경제연구』의 1980년대분과 몇 가지 단편적인 보고에 의한 추론이므로 최근의 실상과는 상당한 차이가 있을 것이다. 그러나 1989년 말 『노동신문』의

사설에서 1961년의 새로운 농업지도체계의 우월성과 원칙을 강조하면서 대중에 대한 재학습을 강화하고 있는 것으로 보아 북한 농업정책에 커다란 변화는 없는 것으로 보인다.

이제 이러한 북한 농업의 변화과정을 어떻게 평가할 것인가의 문제에 부딪치게 되었다. 북한의 공식문헌과 자료들은 북한만의 독특한 이론체계에 의해 정돈된 상태로 제시되기 때문에 이것을 그대로 요약해서 인용하는 데만 머무르고 우리 나름의 이론적 관점에 입각해서 현실과 대조하지 않는다면, 현실적으로 존재하는 사회주의의 모순과 위기를 보지 못하고 현재의 권력을 추인하는 것을 벗어나지 못하게 된다.

짧은 지면에서 모든 문제를 다루기 어렵고 필자의 수준 또한 미흡하기 때문에 몇 가지 문제를 제기하는 방법으로 평가를 대신하려 한다.

1) 농업생산량과 농업통계의 문제

먼저 북한의 농업생산량과 통계의 문제부터 지적하기로 한다. 북한의 쌀생산량은 얼마인가? 1985년에 한 달 동안 북한을 방문한 일본의 농업경제학자 이마무라(今村奈良臣)의 이야기를 들어보자.

…다음에는 알곡 총생산령에 대해서 살펴보자. (다음 표는) 알곡 생산량의 추이를 나타낸 것이다. 북한에서는 사회경제에 관한 기본통계는 잘 공표하지 않는다. 안내하는 사람의 설명과 몇 가지 문헌에 나오는 숫자를 조합해서 만든 것이 다음 표이다.

연도	알곡 생산량		ha당 수확량	
	수량(만톤)	지수	쌀(톤)	옥수수(톤)
1946	189	100	2.7	0.9
1949	265	140	3.0	1.3
1953	232	123	2.8	0.9
1960	380	200	3.1	1.2
1974	700	370	5.9	5.0
1979	900	474	7.2	6.3
1982	950	500	7.6	6.5
1984	1,000	529	–	–

출처 : 今村奈良臣, 『揺れうごく家族農業』, 柏書房, 1986, 135쪽.
주: 알곡은 쌀(조곡), 옥수수, 감자의 합계. 쌀의 양은 조곡이며
정곡(현미)으로 환산할 경우 78~80% 정도로 된다.

해방 직후 189만 톤의 낮은 수준에서 1984년은 1,000만 톤으로 약 5.3배 증가하였다. 표에서 알 수 있듯이 특히 1970년대 이후 벼 및 옥수수의 1헥타르당 수확량의 증가가 현저하고, 이것이 알곡 생산량의 증가에 크게 기여한 것으로 판단된다. ……자세한 사정은 잘 판단할 수 없었지만 북한에서 현재 기본 식량의 자급은 완전 달성되고 있는 것이 명확하다.

앞에서도 언급했지만 북한은 농업생산에 관한 기초 통계는 발표하지 않은 채 총산출고 방식에 의한 알곡 생산량과 정보당 수확량만을 FOA에 보고하고 있다. 이 기초 자료가 통계적 평균에 의해 집계된 것인지, 모범농장의 산출량에 근거한 추정치인지는 발표되지 않고 있다.

그런데 한국농촌경제연구원의 보고서에 의하면,

……1963년 이후 북한이 발표한 총생산량은 1973년까지 500만 톤 수준 내외에서 기복되어 오다가 ……1974년에 알곡 총생산량이 700만 톤으로 비

약되었고, 1976년에는 800만 톤으로 발표하였다. ……이런 총생산량의 비약이란 북한의 농업생산 조건으로는 도저히 불가능하여… 분석해본 결과, 1974년의 알곡 생산량(서류포함)에 과수 생산량의 40% 환산량을 가산하면 700만 톤이 되고 1975년에는 알곡 + 과수 생산량에 소 생산량에 채소 생산량의 15%를 가산하면 700만 톤, 1976년에는 800만 톤이 되었고, 1982년에도 같은 방식을 적용한 결과 역시 ……발표한 950만 톤 수준이었다(김성호, 『북한의 농업생산능력 평가』, 한국농촌경제연구원).

이러한 사실을 종합해 볼 때 '총생산고방식'이 갖는 여러 가지 문제점을 지적할 수 있지만 일단 북한의 '알곡' 개념에는 쌀만이 아닌 잡곡(옥수수, 보리, 감자, 과수)까지 포함되어 있음을 알 수 있다. 그리고 북한의 농업생산량은 모범농장의 수확량일 수는 있지만 전국의 평균이 될 수 없다는 것이 필자의 생각이다. 최근에 경제 성장률이 1987년 3.3%, 1988년 3.0%(이는 북한의 제 3 차 7개년 계획상의 연평균 성장 목표인 7.9% 절반에도 못미치는 숫자이다. 1954~56년의 41.7%, 1957~61년의 36.6%의 비약적인 발전에 비하면 경제 사정이 매우 악화되어 있을 알 수 있다)로 떨어지면서 농업 생산력도 떨어지고 있으며, 식량사정 또한 악화되고 있으리라고 보는 것이 정확한 판단일 것이다.

2) 이론의 문제

이제 몇 가지 이론적인 문제를 제기함으로써 앞으로의 본격적인 평가의 기준을 모색하면서 글을 마치기로 한다.

북한 경제정책의 총노선은 "중공업의 우선적 장성 및 경공업과 농업의 동시 발전"이라고 표현된다. 또한 "선진적인 생산관계와 상대적으로 낮은 생산력 수준 간의 모순"이라고 정식으로 표현된다. 즉 생산관계의 유일한 지배를 최단기간 내에 확립하였으며 그에 의거하여 생산력을 비약적으로 발전시킴으로써 사회주의 건설의 대고조를 불러일으켰다는 것이다.

협동화를 전대미문의 단기간에, 처음부터 제3형태의 압도적 우위 아래 진행한 것이나, 토지개혁을 20여 일 만에 세계사상 유례없이 철저하게 수행한 것들이 여기에 해당된다.

그런데 그동안의 역사적 경험에서 '사회주의의 우월성'이라는 믿음에 기초하는 명제들이 지구상에 낙원을 건설하려는 유토피아적 성격의 것이거나 현실을 과장하는 신화로서 작용함으로써 대중의 삶을 질식시키고 창조적 실천에 질곡으로 작용해 온 측면들이 드러남으로써 현실적으로 존재하는 사회주의의 위기가 공공연히 논의되고 자기 정정의 대개혁이 모색되고 있다.

협동조합적 소유가 전인민적(국가적) 소유라는 더 높은 수준의 소유형태로 발전해야 한다는 명제는 현대 사회주의의 생산력 발전수준에 맞지 않는 '인위적'인 변화 추구이며, 법률적인 소유관계를 변화시키는 것이 곧 생산력 발전으로 연결되지 않는다는 지적이 있다. 형식상의 사회화가 반드시 노동의욕과 창의성을 개발하는 것은 아니라는 지적이 다른 사회주의권의 대중과 지도자로부터 나오고 있다면, 북한의 논리와 역사는 어떻게 보아야 할 것인가. 현실에서는 협동농장을 국유화할 조건이 아니면서 당위로 교육하고 있는 현실과 이념 간의 괴리는 어떻게 메울 것인가.

아울러 생산력의 지속적 발전이 사회주의적 생산관계 안에서도 바로 그 특정단계의 생산관계와 갈등을 일으킬 수 있다. 다시 말하면 사회주의로의 생산관계 개조가 생산력 발전을 자동적으로 보장하는 것이 아니다는 말이다. 즉 "사회주의 사회에서는 과학기술혁명이 (자본주의에서와 같은) 갈등들을 야기시키지 않는다"는 기존의 낙관주의적 견해를 정면으로 뒤엎는 견해들이 제출되고 있다. 이럴 경우 농업생산력을 발전시키기 위한 경제 관리 메커니즘은 어떻게 운영되어야 하는가.

"시장은 인류 역사의 오랜 발명품으로서 생산물과 소비재를 분배하는 메커니즘은 국가의 계획만을 유일한 규제자로 할 수 없다"는 지적이 그동안의 현실적 경험을 반영하는 것이라면, '보이지 않는 손'에 분배질서를 맡기지 않으면서 소경영의 창의성을 발전시키는 경제의 관리·운영 메커니즘은 어떤 것이 바람직하며, '노동의 질과 양에 따른 분배'는 어떤 기준에 입각해서 이루어져야 하는가.

이 글은 이러한 질문들이 오래 전부터 제기되어 왔음을 확인하는데 그치고 말았다. 특히 북한의 경우 빈약한 자료로 인하여 북한 농업의 정확한 실상을 제공하지 못하고 단편적인 사실만이 전달되었을 뿐이다. 그러나 이러한 집중적인 주제들에 대한 탐구를 바탕으로 더 정확한 현실을 획득할 수 있으리라 기대한다.

『전략과 환상』번역 제안글*

안녕하셨는지요? 김종채입니다.

그간 몇 번 뵈었지만 제대로 얘기 나누지는 못했습니다. 그런데 오늘은 한가지 제안을 하려고 합니다. 『전략과 환상』이란 책을 번역 하고자 하는 얘기입니다.

이 책의 저자는 헬무트 뷔젠탈(Helmut Wiesenthal), 원저의 제목은 *Strategie und Illusion : Rationalitaetsgrenzen kollektiverAkteure am Beispiel der Arbeitszeitpolitik 1980-1985*, Campus출판사 1987년 출판입니다.

저자는 저의 훔볼트대학 유학시절 지도교수였습니다. 90년대에 는 동독과 동유럽의 전환과정을 연구테마로 했지요. 이 책은 1987년

---

* 2009년 2월 한울출판사 김종수 사장께 보내는 서한문

빌레펠트 대학에서 그가 박사학위로 제출한 것을 조금 보완해서 책으로 낸 것입니다. 당시 그의 지도교수는 오페(Claus Offe)였습니다. 오페 교수가 1940년생이라 2000년에 환갑을 맞았고 지금은 정년퇴직해서 대학에서는 물러나 있습니다. 뷔젠탈은 그보다 두 살이 많습니다. 1938년생이고 제가 2003년 귀국한 것은 그가 65세로 정년퇴직하기 때문이었습니다. 당시 저는 6년 동안 그 사람 밑에서 독일통일 이후 탈사회주의 체계전환을 공부했지만 박사논문을 쓰지 못했었지요. 돈줄도 막히고 지도교수의 생각도 제대로 이해하지 못했던 저는 귀국할 수밖에 없었습니다.

그래도 10년씩이나 독일에 있으면서 통일 이후 독일에 관한 자료를 모았는데 그것을 사장할 수는 없었습니다. 성공회대학 박사과정에 입학하여 논문을 쓰고 있습니다. 5년이 좀 지났는데 아직도 못 마쳤습니다. 저의 박사논문 제목은 「통일독일의 민영화와 신탁관리청」이고 부제는 "신탁관리청의 상세한 협상계약방법"이었습니다. 대충 신탁관리청의 민영화 방법과 절차를 정리해서 박사학위를 달라고 내밀었다가 성공회대학의 이종구 교수 이하 심사위원들에게 야단을 맞았습니다. "이론적 시각" 혹은 "새로운 전망"이 없다는 이유에서였습니다.

제가 정리한 부분은 90년대 동유럽 특히 동독의 기업민영화 과정입니다. 그 내용은 뷔젠탈 교수에게 한 장을 요약 정리해 낸 뒤에 "참 잘 썼다(sehr gut). 계속 그렇게(weiter so!)"라고 했으니까 정보내용상의 문제는 없을 겁니다. 그런데 문제가 되는 것은 제가 이 정보를 다루는 이론적 관점을 이해하고 계속 다른 연구에 적용할 수 있느냐 하는 부분에서 심사위원들을 설득하지 못한 것이었습니다. 2

년 전부터 저는 그의 이론적 관점을 이해하기 위해 그의 저작을 모두 다 읽어야 했습니다. 1994년에 낸 그의 교수논문(20페이지로 요약된 것, 조직의 트릴레마)도 읽었고, 그보다 2년 전에 막스플랑크 사회조사연구소를 창립할 시절에 나온 해설판(100페이지짜리, 행위자능력 Akteurkompetenz)도 읽었습니다. 그런데 알듯말듯하더군요. 그동안 저는 신제도주의의 경제학·정치학·사회학의 논문들을 읽어야 했고, 오페 교수의 전 저작과 쾰른 막스플랑크 사회조사연구소(Max-Planck-Gesellschaft-Institut)의 샤프(Scharpf), 스트렉(Streeck)을 섭렵해야 했습니다. 나중에는 거버넌스의 이론적 논의를 쫓다보니 경영학과 행정학까지 보아야 하더군요.

그런데 그때까지도 "알았다!"는 느낌이 없었습니다. 자기 자신이 핵심기둥을 이해하지 못하고 요약 소개하려니 재구성은 물론 다른 나라에의 적용가능성은 생각하기 어려웠습니다. 그런데 지난 연말 인터넷에서 그 사람 홈페이지를 훑다가 "아차" 했습니다. 1년에도 수십 건씩 내놓는 그의 저작물 목록 중에(어느 것이 책인지 논문인지도 잘 구분되지 않습니다.) 아직까지, 한국에 돌아온 지 5년이 넘은 지금까지도 한번도 읽지 않은 것이 있었습니다. [전략과 환상], 이 책을 아마존 서점에서 주문하면서 저는 생각했습니다. '이것이 내가 그의 책을 구입하는 마지막이 되리라.' 왜냐하면 독일에 있을 때도 그가 나에게 "더 이상 읽지 마라, 당신에게는 필요 없다."고 했었기 때문입니다.

저는 새로운 것을 읽기보다는 그동안 읽은 것을 정리해내어 일단 박사학위를 받은 뒤에 세부주제를 더 깊이 봐야 할 처지였습니다. 그 역시 자기 연구전력이 광범위하고 매년 조금씩 바뀌어가므로 저의 경우에 90년대의 동독 체계전환과 신탁관리청만으로 충분히 박사논문을 쓸 것을 "낙관"하고 있었습니다. 그런데 저는 글을 쓰려면 잘 안되었습니다. 왜냐하면 90년대 동독의 체계전환은 80년대에 서독에서 정립된 이론을 바탕으로 하여, 92년 이후의 유럽통합과 지구화라는 주변 환경변화에 대응해 가는 것이었기 때문입니다. 그래서 90년대에 신제도주의라는 이론을 발전시켜가면서도 80년대에 합리적 선택이론과 집합행위자 이론이 밑바탕에 깔려있는 것입니다. 제가 90년대의 민영화과정에 대해 한 장을 써낸 것을 보고 그는 내가 그 이전의 이론적 궤적도 추적 이해하는 이해력이 있다고 보았지만 그에 대한 저의 이론적 인식은 백지상태와 다름없었습니다.

사설이 좀 길어졌군요. 저는 [전략과 환상]이란 책의 목차를 펴는 순간 "휴우!" 긴 한숨을 내쉬었습니다. 제가 그렇게 쉽게 정리해보려 했지만 잘 안되던 단어들, 이론적 개념들이 보였습니다. 집합행위자로서의 정당, 노동조합, 이익결사체, 공공재, 이해관계의 결집과 대표, 전략적 합리성, 협상체계 내의 행위자로서의 이익결사체(=노동조합) 등등. 뒤에 목차를 번역해 두었으니 살펴보십시오.

뷔젠탈은 녹색당 창립멤버로서 정책위원입니다. 70~80년대에 그는 금속노조 산하 한 사업장의 사무원으로 노동조합운동에 참여했고, 남들보다 늦게 대학으로 돌아가 빌레펠트 대학과 브레멘대학의 오페 교수(자기보다 두 살 젊지만) 밑에서 사회정책연구소의 연구작업에 참여했습니다. 말하자면 현장경험과 기반이 있는 채로 새로운 전략과 지적 이론적 작업의 필요성을 느끼고 대학원에 들어갔던 것입니다. 그리고 사회민주당과는 다른 정당이 필요한 것을 느꼈고 녹색당 창당에 동참했던 것입니다. 오페 교수도 그의 영향으로 창당 멤버에 이름을 올리지만 조금 후에 그는 다시 사회민주당으로 돌아갑니다. 요컨대 오페 교수와 뷔젠탈의 80년대 저작의 변화는 독일 사회민주당과 녹색당의 이론적 관점과 인식의 변화를 그대로 담고 있습니다. 물론 92년쯤 만들어진 쾰른의 막스플랑크 연구소가 그 지적 공동체(epitemic community)의 중심 네트워크를 이루지요. 지금은 독일뿐 아니라 유럽연합의 지적 기둥과 조정을 맡고 있지만요.

뷔젠탈은 1938년생이니까 지금은 71세입니다. 65세에 정년퇴직한 후에는 전에 브레멘 대학에 있던 사회정책연구소를 맡아서 이끌고 있군요. 지금도 google 검색창에 그의 이름을 치면 AFS(사회정책연구소)의 홈페이지가 뜹니다. 올해 9월에 있을 독일 선거에서 유럽의 녹색당이 어떤 정책을 제시해야 할 것인가를 논의하고 있군요.

이만하면 제가 왜 이 책을 번역하고자 하는지 배경이 좀 짐작되시는지요. 그런데 얼마 전(2009년 2월 17일) 프레시안에서 김금수 선생 인터뷰를 보다가 저는 다시 한번 느꼈습니다. 한국에서 이 책의 번역은 피할 수 없겠다. 김금수 선생은 현재 민주노총의 위기에 대해 "운동목표와 전략의 부재" 때문이라고 진단하고 있습니다. 그리고 정치노선, 조직노선, 투쟁노선에 대하여 여러 개의 물음표를 던진 뒤에, 이런 문제에 대해 노동운동계든 정치권이든, 학계에서든 밑그림이 나와야 한다고 했습니다. "어쩌면 이런 문제에 대한 해답은 어느 정도 나와 있다. 그러나 이것들을 토론하는 과정에서 지도부가 전혀 생각도 못한 얘기도 나올 것이다."라고 했습니다. 그렇습니다. 저는 70년대와 80년대에 한국노동운동이 운동의 에너지를 동원하기 위해 마르크스주의적 사회인식을 빌려왔고, 노동조합을 계급적 투쟁의 도구로 규정했던 것의 폐해를 지적하려는 것입니다. 저는 한울에서 나온 "크리스 틸리"의 [자본주의의 노동세계]라는 책으로 상지대 교양강의

"미래사회의 이해"에서 매학기 한 주를 강의하고 있습니다. 산업시민권과 계약 및 협상체계로 노동세계를 분석하고 있는 그 책도 좋지만, 이 책도 한국에 필요한 것 같습니다.

다시 또 하나 이 책이 한국에 필요한 이유를 들겠습니다. 정이환 교수가 후마니타스에서 낸 책 [현대 노동시장의 정치사회학]에 대해 최장집 교수가 프레시안(pressian.com/Article/2006/08/16/all.htm)에서 논평하면서 이런 주문을 했습니다. "이 책은 한 사회학자가 할 수 있는 최대한의 업적을 보여주지만, (정치학자가 보기에는) 불만도 있다. 앞으로의 건설적 발전을 위해 논점을 지적하자면, 우선 이 책 전체를 관통하는 질문이 없다. 오늘의 한국노동운동이 직면하고 있는 핵심적 문제는 그저 신자유주의에 반대한다고 말하는 데 있는 것이 아니라 어떻게 노동자 권익을 실제로 증대시킬 수 있는가 하는 문제와 더불어 어떻게 존립할 수 있는가 하는 데 있지 않나 한다. … 그리고 정치적 맥락과 행위자들 간 이해관계의 갈등, 이들 사이의 힘의 관계에 대한 분석이 보이지 않는다. 행위자중심 접근을 강조하고, 권력관계의 중요성을 언급하고 있지만 … 경로의존성 개념에 대해 자신의 분명한 관점을 말하지 않고 있다."

저는 이러한 논점에 대해 한국의 노동운동가나 지식인들이 "전혀 생각도 못한 얘기"가 있다고 봅니다. 그것은 샤프가 1997년작 Games Real Actors Play(F. W. Scharpf, 1997, Westview press)에서 주창하고 있는 행위자중심 제도주의를 정이환 교수가 이해하고 있지 못하기 때문이라고 봅니다. 정이환 교수의 책에는 샤프의 논문도 몇 개 보이고 막스플랑크 연구소의 많은 저작들이 인용되고 있지만 그 중에 핵심적인 이론적 관점인 샤프의 이 책이 안 보입니다. 독일에서 10년 동안 독일어를 들으면서(그래도 제 독일어 실력은 70% 정도밖에 이해 못하고 자기 지도교수의 책도 한번 읽어 이해 못하고, 3년 후에 또 읽고도 핵심을 놓치다가, 5년쯤 후에야 아하! 한답니다) 보아온 제가 설명 안 해준 것을 정이환 교수가 포착하기 힘들지요. 그래도 저는 오페 교수가 강의시간에("샤프를 읽어라!")하고 말한 것을 똑똑히 기억합니다. 어느 책엔가 이렇게 써놓은 것도 보았습니다. "샤프는 탁월한 정치사상가이자 위대한 사회민주주의자이다."

물론 저는 어떻게 박사 논문만 마무리지으면 샤프의 이 책을 번역할 생각을 하고 있습니다. 그러나 뷔젠탈의 이 책을 보고 나서 40일이 지난 오늘은 이 책이 먼저 번역되어야 할 것 같습니다. 왜냐하면 샤프의 책은 영어라서 한국의 학자들도 마음만 먹으면 구해서 읽을 수 있기 때문입니다. 그리고 이론적으로는 중요하지만 조금 메타이론적입니다. 서술이 정치한 논리 전개를 위주로 하고 있습니다. 학문 공동체에서는 중요하지만 한국의 책 안 읽는 노동운동가들은 이 책한 권 보고서는 무슨 뜻인지 모릅니다.(이것은 한국의 지적 풍토가 80년대 유럽의 지적 지형변화와 언술문화코드에 익숙하지 않기 때문입니다.) 그럼에도 불구하고 저는 이 책을 언젠가 번역할 생각입니다. 왜냐하면 이 책의 이해없이는 유럽연합의 조직과 운영의 거버넌스가 이해될 리 없기 때문입니다. 집권정당의 정책가라면 미래 세계사회의 밑그림과 비전을 이해하는데 반드시 이해해야 할 책입니다.

자, 뷔젠탈의 이 책에 대한 이해 없이는 한국의 노동조합이 계급조직이라는 자기정체성에서 벗어나 근본주의적 폐해와 소모적 전투주의를 버리고, 이해관계의 대변과 협상전략, 조직의 존립과 의사결정의 원칙, 아니 집합행동에 대한 가치관과 태도의 변화, 즉 투자를 촉진하고 기업 내에 노동자와 경영자 간에 공동의 이해관계자로서의 대화와 협상, 신뢰와 상생의 문화를 뿌리내리기 어렵고 변화하는 21세기의 환경에서 살아남을 수 없다는 것을 짐작하시겠나요? 우선 목차만 번역해 보지요.

전략과 환상: 집합행위자의 합리성한계, 1980-1985 독일 노동시간 정책의 사례

목 차

표2: 인터뷰 대상자 목록

약어표

용어색인

아 참, 제가 (독일)노동문제 전문가들과 상의하지는 못했습니다. 혹시 이 책의 일부라도 한국에 소개되어 있는지. 번역이나 논문의 한 절이라도 소개되어 있는지는 모르겠습니다. 90년대 이후 제가 독일에 있던 기간은 물론 그 후라도 노동관계문헌을 알고 있는 사람에게 물어보아야 합니다.

그러나 아마 안 되어 있을 것입니다. 거의 새로운 인식과 지식체계입니다. 패러다임 전환에 가깝습니다. 제가 왜 박사논문부터 매듭짓지 않고 이것을 번역하고 있느냐고요? 제 박사논문의 본문은 90년대 이후 동독과 동유럽의 민영화와 체계전환입니다. 앞에 이론적 배경으로 신제도주의의 조직분석과 합리성, 집합행위자에 대한 소개를 짧게 하려고 합니다. 그러나 이 책이나 샤프의 책에 대한 이해가 없이는 아무리 짧게 줄여도 설명이 불충분하다는 반응밖에 안나올 것 같습니다. 그래서 이론적 부분에 관한 설득력을 높이기 위해서 실제 독일노동조합의 행위자전략에 관한 책으로서 한 권으로 묶여있는 책을 번역해내는 것보다 더 빠른 방법이 없을 것으로 보입니다. 제 논문의 부제도 "체계전환과정의 집합행위자와 상세한 협상계약방법"으로 바꿀 생각입니다.

그런데 앞서 말했던 뷔젠탈의 하빌리 논문(20페이지 짜리, 조직의 트릴레마, 1994)도 같이 번역하는 것이 좋을지는 생각해 보아야 겠습니다. 또 한 가지, 뷔젠탈은 1987년에 박사학위를 받은 뒤에 합리적 선택이론의 거장 엘스터(Elster)의 책 두 권을 편집해서 번역서를 냈습니다. [합리성의 전도(Subversion der Rationalität)]라는 책인데, 엘스터의 [신 포도(sour grape)]라는 책과 [율리시즈와 사이렌(Ulysses and Siren)]이라는 책에서 두 장씩 뽑아 네 개의 장을 묶어서 번역하면서 역자서문을 썼습니다. "경제적 인간의 구제불능성"이라는 글인데 인간은 신고전파가 상정하는 "경제적 인간(homo economicus)"이 아니라 제도, 헌법, 사회적 규범에 제약(constraint)받으면서 행동의 목적설정 자체를 수정하기도 하고 후회하기도 하는 여우(신포도 우화 속의)라는 측면을 갖는 존재, 사이먼(Simon)이 말한 "제한적 합리성"을 갖는 존재라는 것입니다. 이 점은 뉴라이트가 한국의 교과서 서술을 할 때 인간이 "이기적인 존재"라는 상정하에 하고 있는 부분에 대한 중대한 제약을 제시할 수 있습니다. 경제제도사만이 아니라 정치제도사라는 관점에서 볼 때 대한민국 건국일은 "행정부수립일"이 아니라 "헌법제정일"이 되어야 합니다. 합리적 선택이론의 몇 가지 용어(제약consraint, 합리성 한계 등)를 제대로 이해하려면 이 책까지 동시에 번역해야 할 것인지, 아니면 역주로 보충해야 할건지 망서려지긴 합니다.

이런 복잡한 역사 인식과 미래인식의 문제를 논하려면 80년대 유럽 사회과학과 세계시민사회 정치체(World polity)의 인식지형변화를 논해야 합니다. 제 박사논문의 이론적 지면은 너무 길어질 수 없습니다. 90년대 탈사회주의 논의가 본문이니까요. 그래서 고육지책으로 이론적 관점에 대해, 행위자 이론과 합리적 선택이론에 관한 책을 한 두 권 번역해 내고, 동시에 박사논문도 제출하면 "이론적 시각이나 전망에 대한 설득력 부족"이란 말에 대해 변명이 될 것 같습니다.

뷔젠탈이 박사학위를 일단 받은 뒤에 다시 [합리성의 전도]라는 편역서를 내고, 출판사에서 학위논문의 증보판을 내는 수순을 밟은 것도 이런 논리적 문제 때문이었을 것으로 추측합니다.

저는 하루에 독일어 4페이지 정도 번역합니다. 350페이지를 번역하려면 90일 정도의 작업일이 필요하군요. 3월에 개학하면 일주일에 한 번씩 강의도 해야 하지만 그래도 작업하는 날로만 약 백일 후면 대략의 초안을 보실 수 있을 것입니다. 만약 한울출판사에서 생각이 있으시다면, 독일의 원저자에게 번역의 허락을 받기 위해 편지를 보내야겠지요. 일단 검토해 보시고 생각을 말씀해 주시기 바랍니다. 1장이나 마지막 장을 먼저 초역한 다음에 결정을 하는 수도 있겠지요. 저는 박사논문의 이론부분 서술과 이것이 무관하지 않기 때문에 조금씩 작업을 할 생각입니다.

참 조금 시기가 늦은 감은 있지요. 책이 잘 팔릴지는 모르겠습니다. 그러나 한국에서 이런 책은 꼭 필요한 책이라고 봅니다. "산은 산, 물은 물"처럼 명쾌하게 노동조합과 정당의 관계를 정의해주는 이론틀이 필요합니다. "노조는 노조요, 정당은 정당"이라는 밑그림이 하나 있어야 정책정당이나 의회민주주의의 조직노선이 가능하기 때문입니다. 인간행동에 대한 유물론적 이해를 대체할 합리적 행동과 집합행위자 이론, 그리고 공공정책의 의사결정이론의 본보기가 필요합니다.

갑자기 연락을 드려서 죄송합니다. 출판사가 잘 되시길 빕니다.

2009년 2월

동료 논문 초고에 대한 편지글*

　　자네 초고 잘 보았네. 나도 대안이 명확하지 않아 답장이 늦어졌네. 자네가 독일어와 영어로 얼마나 고생했는지는 잘 알겠네. 그리고 한국에서 어설프게 박사학위 받은 사람보다 더 풍부한 식견을 가졌음을 나는 알겠네. 그러나 스트렉의 눈으로 볼 때 부족한 점이 무엇일지는 몇 가지가 보이네.

　　그리고 한국에서 이러한 공부를 계속 발전시키려면 내용 중에 최소한 한 장을 20페이지 이내의 논문으로 요약하여 학술잡지에 내어야 하네. 그때 심사위원들이 어떻게 얘기할지 생각해 보았네. 생각나는 대로 적겠네.

　　1.3 (p.29) enabling and restraining 이란 표현은 무슨 뜻인

---

* 2009년 8월 2일 김명준에게 보내는 서한문

지 모르겠네.

혹시 제도의 이중적 작용에서 enabling and constraining effect를 말하는 것인지?

이것은 스트렉의 "편익적 제약"이란 개념과 통하는 내용 같네. Wolfganf Streeck, "Beneficial Constraints: On the Economic Limits of Rational Voluntarism" in J. Rogers Hollingsworth/ Robert Boyer(eds) 1997, Contemporary Capitalism, Cambridge을 보게. 이 책의 Introduction은 제도와 경제적 행위자들의 유형화와 조정(Coordination)에 관한 준거틀을 정리한 것이네. 외부효과와 공공재가 고려되어야 하네.

만약 제도의 이중성에 대해서 정리하려면 Claus Offe(1996), "Designing Institutions in East european Transitions" in Rodert E Goodin(ed.) 1996, *The Theory of Institutional Des ign*, Cambridge 혹은 Claus Offe(1996), "Binding, Shackles, Brakes: On Self-limitation Strategies" in Claus Offe(1996), *Modernity and the State*, Polity Press가 도움이 될 걸세

1.3.3.2 time Spain(?) or span

1.3.3 방법론적 원리: 역사적 제도주의

역시 이 부분이 문제일세, 합리적 선택 제도주의에서 제도와 행위자 간의 관계의 분석이 들어오지 못한다면 역사적 제도주의는 행위자 간의 제약조건이나 행동요인의 기제분석이 아닌 역사적 서술에 머무르게 되네. 자네 분석틀에서 거시적 수준과 중범위 수준은 있으나 미시적 행위자 수준의 분석은 결여되어 있네.

공공정책의 선택이나 의사결정과정에서 행위자의 제약요인 혹은 행동조건에 대해서는

Fritz W. Scharpf 1997, *Games Real Actors Play: Actor-centered Institutionalism in Policy Research*, Westview 그리고 Paul A. Sabatier 2007, *Theories of the Policy Process*, Westview를 보게.

2. 이론적 자원과 분석 준거틀

2.1.1.2 성원의 논리와 영향력의 논리

이 부분은 스트렉의 결사체조직 논문의 아이디어 같네. 스트렉의 다양성과 상호의존성이란 논문도 참고하게. Streeck, 1997 "Vielfalt und Interdependenz" KZfSS 95.3(1997):471-495 앞에 든 Hollingsworth/ Boyer(eds) 1997 의 서문도 참고.

2.2 개념과 준거틀

　　2.2.1.1 기본 개념과 가정: 행위자, 단위, 경기장

　　2.2.1.2 조정과 통합의 비판적 경기장

　　2.2.1.3 맥락 변수와 동학

　　2.2.2 준거틀

　　거시적 준거틀/중범위 준거틀 조정의 복합적 영역

　　그러나 미시적 기초와 준거틀이 없다.

3. 한국의 실험적 조합주의의 맥락과 구성

　　이중적 전환의 맥락

　　케인즈주의적 조율

　　세계화나 IMF 경제위기의 영향

1) Karl의 가설에 대해

"권위주의적 지배로부터의 '이행의 형태'가 과연 '민주주의가 발현할 것인지'를 결정하는 주된 요인이다"(Karl/Schmitter 1991)라고 했던 가설은 민주주의의 이행과 공고화에 많은 공헌을 했네.

그러나 여기서 "결정"이란 말이 제도와 행위자 간에 갖는 의미를 어떻게 이론화할 것인가가 문제이네. 이 가설의 경로의존성에 대한 비판적 연구성과가 Juergen Beyer 2006, *Pfadabhängigkeit,* Campus이네. 제도의 성문을 잠그는 "잠김효과"뿐 아니라 그 성문을 다시 열 수도 있는 열쇠를 행위자가 가지고 있어야, 인간이 자유롭다고 할 수 있을 것이네.

이때 행위자 행동의 합리성은 "제한적 합리성"이네. H. Simon의 "bounded rationality"는 H. Wiesenthal의 저작에서 다루어지고 있는데 사이몬의 administrative behaviour 는 이시원 역 [관리행동론], 금정이란 제목으로 번역되어 있네. 개인행위자의 정보처리와 인식의 지적 능력에 한정되어 있기 때문인데, 한국의 사회학자들은 아직 잘 모르거나 인식틀에 통합시키지 못하고 있네. 그러나 최근 미국의 책들을 번역한 책(예컨대 틸리(이병훈 외 역), [자본주의의 노동세계] 같은 책에서는 당연한 전제로 취급되고 있으니, 한국의 사회학에서도 빨리 받아들여야 할 걸세.(이것은 내 글이 늦어지기 때문이기도 하지만, 행정학자들(예컨대 정정길 외 [정책학 원론] 같은데서는 거버넌스 개념을 받아들이며 많은 작업이 이루어지고 있네.)

2) "케인즈주의적 조율(concertation)"에 대해

사실 김대중 정부가 출범한 것은 외환위기 덕분이지. 최장집 교수가 정책자문위원장을 하면서 노사정위원회라는 패러다임을 한국

에도 도입했는데, 이때 Przeworski의 개념과 준거틀이 한국에도 도입되었는데, 이것은 60년대의 스웨덴 복지국가나 70년대 독일의 사회민주주의 모델이지. 결국 80년대에 스트렉과 슈미터가 조직이익을 이익대표에서, 이익중개(interest mediation) 내지 조정(coordination)으로 바꾸는 과정이 정리되어야 하네.(우선 경제학에서 한스 베르너 진(이헌대 외 역), [독일경제 어떻게 구할 것인가]라는 책을 보게. 한국의 복지국가가 왜 독일모델을 따르면 안되는가가 정리되어 있네. 진 교수는 독일 사회민주당의 경제학자야. 스트랙도 샤프도 경제학에서 케인즈주의 이후의 변화를 받아들여, 조직사회학과 행정학, 경영학, 정치사회학의 공공정책론을 구성하고 있다네.

이것은 거시적 수준의 조정이네. 중앙수준의 정당과 산별노조 간의 단체협상으로 이해관계를 조정하던 방식이네. 그러나 60년대의 스웨덴 모델, 70년대의 독일 모델이 사회민주주의 복지국가의 체계인데, 이러한 케인즈주의 복지국가는, 80년대에 위기에 봉착하네, 국가재정적자의 누적, 자본의 해외이탈, 스테그플레이션 때문에 Hollingsworth/Robert Boyer(eds) 1997 중앙수준에서 기업수준의 노조를 통제할 자원이 없어졌네. 그래서 한동안 사회민주당이 위기를 겪다가 [네델란드의 기적]이라는 책에서 보여주는 정책 레짐의 변화가 오네.

그래서 조직이익의 대표(interest representation) 체계에서 이익중개(intermediation) 체계라고 용어가 바뀌고 미시적 수준에서 경제적 행위자의 이해를 조정하는 방식으로 연구의 초점과 질문이 이행하게 된다네. Scharpf 1997

3) 이제 한국 노동운동에 대해서 내 생각 하나만 얘기하겠네.

민주노총(민주노동당)의 전투적 투쟁노선은 더 이상 조직원의 지지를 받지 못하고, 소속조직과 조합원이 이탈하고 있네. 아마도 9월쯤 지하철 노조와 KT 등이 중심이 되어 제3의 노총이 결성될거야.

이들 간의 차이가 무엇일까? 아마도 투자를 촉진하지 못하는 투쟁노선과 그 행동을 유발하는 신념체계(belief system)의 문제같아. 공공정책의 의사결정과정에 "정책 지지자 동맹(Advocacy Coalition Framework)"의의 Sabatier(2007) 책 참고

한국에서 의약분업의 경우 의사집단과 약사집단의 이해관계 차이 인식에 깔려있는 신념체계의 차이가 정책결정에 미치는 영향은 사례연구들이 나와 있어. 노동조합이나 정당의 행동에 미치는 영향이 경험적 조사연구로 밝혀져야 하는데. 이런 관점에서 논문을 재구성할 수는 없을까? 물론 나도 아직 아이디어 수준이야. 독일의 신탁관리청의 사업노선과 조직노선을 빨리 매듭지어야 한다네. 그러니까 구조조정의 정치사회학 내지 조직사회학을 하면서 미시적 행위자 수준의 행동조건과 전략선택의 준거틀을 정교화하는 방향이지.

4) 그리고 만약 민주주의와 시장경제 간의 이중적 전환에 관한 정치사회사 쪽으로 관점을 잡는다면, Heinrich August Winkler 2000, Der lange Weg nach Western, C. H. Beck을 보게. 독일 200년 간의 이중혁명에 대한 시각이 담겨 있네. 스페인과의 비교연구보다 나을거야.

자, 이 정도 쓰겠네. 나도 아직 정리되지 못한 생각으로 코멘트하려니 어렵네. 아직 스트렉과의 면담날짜가 잡히지 않았다면, 이런 내용은 이해하고 있는데 한국 자료가 잘 정리되지 않았음을 이해시켜 보게. 내가 지도교수라면 학위를 준 다음에 계속 버전 업을 하라고

하고 싶은데, 아무튼 나를 알고 적을 알아야 위태롭지 않으니까….

추신: 개인적인 부탁을 좀 하세. 도서관에서 복사할 때

1) Jon Elster 1984, *Ulysses and the Sirens,* Cambridge 란 책의 64-65페이지와

2) Weihrich, Margit, 2002, "Die Rationalität von Gefühlen, Routinen und Moral", *Berliner Journal für Soziologie,* 12(2): 189-209

좀 복사해서 보내주게. 비용은 바로 송금해주겠네. 2)는 자네에게도 필요한 논문일지도 모르네.

2009년 8월 20일

서울에서 김 종 채

3부

실천적 삶의 편린

3부에는 사회 변혁을 위한 실천적 삶에서 멀어지지 않기 위해 노력했던 김종채의 공적인 모습과 지상에서의 고역을 넘어서기 위해 고투를 벌였던 그의 사적인 모습을 보여주는 열다섯 편의 글을 모았다. 그의 삶과 생각이 그대로 잘 전달되도록 원문을 거의 수정하지 않았지만, 일부 글에서는 그가 원하지 않았을 오해와 아픔을 피하려고 약간의 편집을 가하였다. - 편집자

여명의 79년, 서울대 9.11 데모*

1979년 10월 26일 박정희가 죽던 날

그 날 나는 영등포 구치소에 있었다. 9동 하 독거 9방, 내가 읽고 있던 책은 강재언의 〈조선 근대사연구(일어본)〉였는데, 공교롭게도 안중근 의사가 이토 히로부미를 하얼빈 역에서 쏘아 죽인 후, "나는 그가 동양평화의 공적이어서 쏘았노라"고 한 것이 1909년 10월 26일이라는 부분을 읽고 있었다.

10월 27일 아침 영등포 구치소의 분위기는 여느 때와는 조금 달랐다. 교도관들은 보통 회색의 근무복을 입고 있었는데, 그 날은 국방색의 군복 비슷한 옷을 입고 있었다. 아침 11시경 어머니가 면회를 오셨다. 보통 1주일에 두 번 오시고 이번 주에는 벌써 두 번 다녀가셨는데 또 오신 것이다. 웬일일까? 하지만 하루 한 번 운동할 때나 면회 때가 아니면 좁은 방에서 나갈 수가 없으니 나로서는 일단 좋은 일이다. 10분 간의 면회시간 동안 어머니와 누나는 별것도 아닌 얘기를 했고, 나는 팔굽혀펴기를 안에서 매일 백 번씩 하므로 건강이 좋다는 얘기만 했다. 그런데 입회중인 교도관이 그런 얘기를 받아쓰느라 고개를 숙이고 있는 동안, 어머니는 쪽지를 하나 펼쳐서 칸막이

---

* 이 글은 『30년 만에 다시 부르는 노래: 유신독재를 넘어 민주로』 (긴급조치 9호 철폐투쟁 30주년 기념문집, 2005년)에 수록된 글을 전재한 것이다.

유리창으로 보여주셨다. '박대통령 암살' 그 여섯 글자는 지금도 잊혀지지 않는다. 나는 눈짓으로 끄덕였고 어머니 손은 곧 만세의 손짓처럼 되었다. 교도관의 눈을 피하느라 동작은 작았지만 어머니의 얼굴에는 환호의 빛이 가득 차 있었다.

9동 하 독거 9방, 내 방으로 오려면 복도에서 6호 앞을 지나야 한다. 당시 학생들은 8월 15일 특사로 대부분 나가고 독방에는 6호에 홍윤기(서울대 75, 추가기소, 현 동국대 교수), 9호에 나, 12호에 이 범(고대 77, 현 백산서당), 15호에 윤언균(서울대 76, 현 학술진흥재단), 18호에 이름이 생각나지 않는 경희대생뿐이었다. 6호의 홍윤기 형에게 재빨리 소식을 전했다. '박통 사망' 그의 눈이 화등처럼 커졌다.

저녁을 먹고 나서 7시쯤, 긴조사범끼리 약속된 통방 시간이다. 변기통 뒤로 나와 우리는 매일 하던 통방을 했다. 독방들 사이에는 잡범들이 서너 명씩 들어있다. 그래서 우리는 영어를 섞어서 통방을 했다. "Hey, the death of president!" "Who? Jimmy Carter?" 실소할 수 밖에 없었다. "No, Mr. Park!" 그 다음 날 저녁 6시에 교도소 내 특별방송이 있었다. "모두 일어섯!" 하더니 특별뉴스로 대통령이 유고라는 소식만 전했다. 우리는 하루 전에 알고 있었지만 모르는 척했다.

그리고 두 달 만에 석방되고 공소장은 받았지만 면소판결을 받았다. 친구들과 함께 사복을 입고 그냥 이름만 쭉 부르더니 "피고인을 면소한다, 땅땅땅." 하는 것이다. 그래서 나는 최후 진술도 못했다. 유신헌법 책까지 넣어달라고 해서 진술준비를 하고 있었는데….

79년 9월 11일 서울대 데모와 '무림' 조직

이 날 데모는 그해 첫 시위였다. 1학기에 한 번 하려 했던 시위는 불발이었다. 나는 500명 정도가 모이기까지 최대한 학생들의 분노를 촉발하고 끌려가는 역할이었다. 서울대 사회대 5동 앞 게시판 위에서 호각을 불면서 유인물을 뿌리던 나를 형사가 잡으러 올라왔다. 우리는 작년에 주동자 한 사람이 건물 난간에서 형사를 피하려다 3분도 안 되어 붙잡히고 학생들이 모이기도 전에 경찰이 먼저 몰려든 경험이 있어서, 도망치지 않고 싸우기로 했다(당시 경찰은 학교 내에 상주하고 있었다). 평소에 주먹 한번 쓰지 못하던 나였지만 그날은 내가 먼저 주먹을 날렸다. 그와 어깨를 잡고 밀고 당기다가 게시판 밑으로 둘 다 굴러 떨어졌는데 동료 학생들의 도움으로 내 몸은 풀려났다. 다시 스크럼을 짜고 도서관 밑 통로를 통과해서 학생회관 쪽으로 몰려가는데 거기 상담실 직원의 얼굴이 보였다. 나는 학생들 앞에서 손가락으로 그를 가르쳤다. "물러 가라!" 학생들이 따라서 외쳤다. 그와 나는 맞붙었으나 그는 무술유단자였다. 허리를 붙잡힌 채 학생회관 쪽 도서관 계단을 끌려 내려와 본부 건물로 잡혀 들어갔다. 덕분에 5백 명이 모였고 학생들은 분노하기 시작했다.

나중에 관악경찰서에서 들으니 2천 명이 모일 때까지 제2, 제3의 주동자가 하얀 종이 유인물을 꽃잎처럼 뿌리며 나타났다 끌려가기를 반복하자 학생들이 폭발했다고 한다. 1학기 내내 터뜨리지 못했던 것을 분풀이나 하는 듯이…. 나(사회 4, 현 성공회대 외래교수), 신상덕(사회 4, 현 대우건설), 김낙년(경제 4, 현 동국대), 김진태(외교 4, 현 열린우리당), 김준희(법 4, 현 웅진 닷컴)가 그 날의 유인물 3종('민족

민주 선언', '경제 민주화 선언', '학원 민주화 선언')을 준비하였다.

관악 경찰서에서 1주일 간 조사받고 1주일을 유치장에서 보낸 뒤 9월 25일 영등포 구치소로 구속 송치되었다. 10월 첫 주에 검사 취조를 받으러 검찰청에 갔는데 김용호(철학 4, 현 성공회대)의 얼굴이 보였다. 우리가 제1팀(사회대), 그는 제2팀(인문대)의 팀장이었다. 그와 나는 팀장이었으므로 서로 알고 있었다. 우리가 치고 1주일 내지 열흘 후에 제2팀이 친다. 그 전에 '지하신문'이 한 번 나오고 우리가 친 후 2, 3일 후에 다시 지하신문이 나온다. '지하신문'은 한철희(국문4, 현 돌베개 출판사)가 팀장이었다. 그러나 팀원들이 누구인지는 서로 몰랐다. 제2팀에 윤언균(불문4, 현 학술진흥재단), 김종수(동양사4, 현 한울 출판사), 김창희(철학4, 현 동아일보)가 끼여 있을 줄은 나도 몰랐다.

어떻게 해서 주동자가 4학년만 뽑혔을까? 현장에서 울분으로 시작했으면 2,3학년에서도 다혈질인 사람들이 끼고 전공 학과도 제각각이었겠지만, 어떻게 경찰이 모으기 전에 학생들이 모여 있는 곳에 주동자가 나타나되 4학년만 4명 내지 5명이 잡혀가게 되었을까? 30년이 지난 이제는 얘기해도 되리라. 사실은 학생운동에 비밀 지하연락망이 있었다.

당시 주동자는 대통령 긴급조치 위반으로 최하 3년 내지 5년의 감옥살이를 각오해야 했다. 1,2학년은 경찰서에 잡혀가도 단순가담자로 분류하여 정학이나 근신 정도를 받았고 3,4학년 중 주동으로 분류되면 학교 제명과 동시에 구속되게 되었다. 75년 오둘둘(5월22일 시위를 우리는 그렇게 불렀다) 이후 2,3년 동안의 경험이 쌓이면서, 후배들의 의식화 기초 조직인 사회과학 서클들은 살리고, 보안상 문제가 될 일들은 4학년만 내보내는 것이 관례가 되었다. 그래서 서울대 11대 사회과학 서클에서 3학년 중 1명을 뽑되 실제로 인문대 사회대와 법대 및 사대까지의 연합을 이룰 수 있도록 전공학과를 고려하여 한 명씩 만나는 비밀 조직을 만든 것이다. 나는 78년 3월 쯤 그 조직에 들어가게 되었던 것 같은데, 열흘 내지 보름마다 한 번씩 서울 시내 중국집을 돌아가면서 만났다. 반드시 버스를 두 번 이상 갈아타고 미행이 있는지 주의 깊게 살핀 뒤에 오되, 약속시간을 5분 이상 어기면 안되는 비밀모임을 했었다. 신기했다. 학생운동이 이렇게까지 치밀할 수 있구나.

78년 한 해 동안 3학년인 우리가 만나면 그 다음 날은 학교에서 4학년들이 주동을 떴다. 이런 경험이 반복되자 다음에는 우리 모임 약속 날짜가 전해져 오면 저절로 후배들과 그 다음 날 12시쯤 학교에서 만날 약속을 해놓게 되었다. '…카더라' 방송이나 화장실 낙서, 벽보로 소문을 내고 과 친구와 서클 후배들에게 연락을 했지만 그 모임의 존재는 같은 서클 동료들에게도 선배들에게도 비밀로 해야 했다. 어떤 이름도 없었다. 만약 그런 모임 존재가 알려지면 민청학련사건과 같은 조직으로 엮이거나 무슨 엄천난 조직이 배후에 있는 것으로 엮일 수 있었다. 실제로 나중에 공안당국은 이 조직의 실체 일부를 포착하여 대규모 조직사건으로 만들어 내려 했다.

나는 81년 1월 8일에 남산 안기부에 끌려가 1주일 간 조사받고 1주일 간 지하 유치장에 있은 뒤 어머니 면회만 한 시간 하고 군대에 끌려갔는데 이렇게 입대한 사람이 20여 명에 달했다. 그러나 조직의 실체를 제대로 밝혀내지는 못했고 그래서 안개 속의 수풀을 뒤지는 것 같다고 공안당국은 '무림(霧林)' 조직이라고 불렀다. "최고의 조직은 조직 없는 조직이다" 그림자 없는 조직, 그래서 우리끼리는 '무영(無影)의 조직' 또는 '무영검법'이라고 불렀다.

나는 2학년 초부터 학교 쪽에 '찍혀' 있었다. 77년 4월, 서클 선배였던 오세범(언어 74)이 학내시위로 끌려간 후 내 얼굴은 '세상 모든 근심을 혼자 지고 다니는 듯' 해 보였고 그런 나를 공안당국은 위험하다고 찍은 것이다. 77년 가을 축제 때 소위 '사회학과 26동 심포지움 사건'으로 사회학과 3학년들이 대거 잡혀갔다. 나는 그 때 그 건물 안에 들어가면 꼭 무슨 일이 일어날 것 같아 건물 안에 있지 않았다. 덕분에 경찰서에 가지는 않았지만, 한 달 동안의 휴교를 마치고 개학하기 1주일 전에 지도교수인 김진균 교수님이 나를 찾았다. 개강을 하면 또 데모를 할 것 같은데 사회학과 2학년 중에서는 나와 신상덕이 위험 1순위란다. 3학년의 김석준, 정대조 선배와 함께 지도교수 '특별 지도 여행'을 가란다. 계룡산 가을 단풍을 보며하는 등산을 처음해 보았다. 김진균, 최홍기 교수님과의 인연은 그 때부터 시작되었다.

그 이후로 중앙정보부 서울대 파견관인 김만복 씨가 가끔씩 집으로 전화를 해 저녁에 술집에서 만났다. 〈사회대 평론〉 편집위원이었던 나에게 "너를 주목하고 있다."고 경고도 하고 정보도 얻자는 것 같았다. 그러나 그는 자기도 '악질'이란 소리는 듣고 싶지 않다고 했다. 내가 데모하던 날 그가 당혹한 표정으로 도서관 옆에 서 있는 것을 보았지만, 실제로 그는 공안 요원 중에서는 신사였다.

9월 11일 시위의 '공범' 5명 중에서 내 얼굴이 학생들에게 가장 알려져 있었다. 사회대 편집실(편집장 강영철)에서 편집위원을 하면서 조순 학장님과 실갱이를 한 일이 있고, 대학본부에서 서클들을 한데 모아 여름 농활을 보내려 할 때 40여 개의 서클 대표들을 모아 상담실(사실상의 학생활동 사찰기관)에 건의하러 가기도 하면서 학생들에게나 사회대 학생주임에게 요주의 인물로 되어 있었다.

사실 내가 5동 사회대와 인문대 앞 광장에 나와서 긴장된 표정으로 서 있기만 해도 서울대학교에는 긴장이 감돌았다. 사회학과 2,3,4학년들, 경제학과, 정치학과, 무역학과 학생들, 서클 농업경제학회 동료 등과 서 있으면 학생들은 오늘 우리 중 또 누가 데모를 하는구나 하고 서로의 얼굴을 쳐다보는 것이었다. 그리고 인문대 〈지양〉 편집실(편집장 윤언균)과 사대 〈청량원〉 편집실(편집장 고영목), 법대 〈피데스〉 편집실(편집장 김종훈), 자연대 〈과학세대〉 편집실(편집장 배동문), 가정대 편집실(편집장 정은진)이 공동으로 78년 겨울방학에 수락산으로 6개 대학 연합 엠티를 갔는데, 그때 사회를 내가 보았다. 학생회가 없던 시절, 나는 학생 운동 공개조직의 주도적인 얼굴이 되고 있었다.

따라서 나는 공개 조직들과 '지하서클장 회의'를 연결하는 역할이었고 실제로 우리 학번에서 '지하서클장 회의'하고 75학번과 77학번을 연결하는 역할은 이원주(사대, 현 교보생명)가 맡았다. 그는 사대 출신이라 학교 당국과 마찰을 일으킬 일이 적었고 그가 속했던 한국사회연구회는, 해마다 구속이 거듭돼 회원 이름이 알려지는 것조차 위험했으므로 보안 훈련이 가장 철저했다. 공안 쪽에 얼굴이 알려져 있지 않은 그는 결국 79년 내내 지하에서 4학년들을 연결하고 3학년들을 관리하다가 마침 터진 10.26사건으로 80년 봄 동안 학생 운동을 조직하다가 가을에 졸업하여 군대를 갔다. 80년 12월 김명인 (국문 77학번) 등이 뿌린 학내 유인물 사건이 단서가 되어 그 비밀조직 회원들 중 군인들은 보안사에서, 아직 학생이나 민간인들은 안기부에서 조사를 받았다. 나는 2개월밖에 감옥생활을 안 해서 군대에 가야 되었다. 그러나 논산에서 훈련을 마쳤지만 우리 입대 동기 20여명-김용호, 이병훈, 한홍구(국사 2, 현 성공회대) 등인데 정확한 명단은 지금 생각나지 않는다-들은 전부 강원도 103 보충대를 거쳐 민통선 이북 부대에 연대마다 한 명씩 떨어져 배치되었다.

경찰 조서에는 나와 신상덕이 데모를 결심하고 김준희, 김낙년, 김진태를 규합하여 데모준비를 한 것으로 되어 있다. 그러나 사실을 말하자면, 맨 처음 시위를 결심하여 나를 설득한 친구는 농촌법학회의 김준희였다. 나는 농업경제학회를 하고 있었고 향토개척단 단장이었던 그와는 절친한 사이였다. 그가 먼저 데모를 결심하고 "내가 하느님께 기도를 드렸더니, 성공하려면 종채를 잡아라 하시더라."는 말에 내가 넘어간 것이다.

나는 학생운동의 취지에는 공감하고 있었고 편집실 일 등 여러 가지 일을 하였지만 데모를 하고 감옥에 갈 결심까지는 하지 못했다. 대학원에 갈 생각이었고, 어쩌다 75학원이 없는 우리 서클의 지하 연락일을 맡아 여러 가지 학생동원을 했지만 그것은 친구들에 대한 의무감 때문이었다. 어차피 대학원에 갈 것이므로 중정이나 학생주임이 나를 주목하면, 진짜 데모 주동을 할 다른 친구들에게 쏠리는 시선을 막아주는, 스크린 플레이 역할정도를 할 생각이었다.

그러나 3학년에서 4학년으로 올라가면서 우리 지하모임은 학교 관리를 3학년 후배들-우리 서클은 김지석-에게 맡기고 4학년들은 1대 1의 점조직으로만 만났다. 4학년들에게 미행이 붙었다가 모여 있는 현장이 발각되면 서울대 학생운동의 뿌리가 흔들릴 수 있었다. 그러나 1학기에 있을 첫 번째 팀에 내가 빠지는 대신 김진태를 밀어넣고 나서(결국 불발되고 카터 대통령 방한 때는 유인물만 내고 말았지만) 내 속이 편할 리가 없었다.

여름 방학 농촌활동을 농업경제학회와 〈사회대 평론〉 편집실에서 모두 다녀왔다. 우리 서클은 농촌 활동이 강했다. 4월에 크리스찬 아카데미 사건으로 장상환 선배(경제학과 69)가 구속되고 노재창(경영학과 73학번)이 농업근대화 연구회에 있다가 무슨 일로인가 도망다니게 되었다(나중에야 그것이 남민전 사건임을 알았다.) 기독교인권회관 청년부(EYC)에 김기영 선배(경영학과 72학번, 현재 개인사업)가 있었지만 그도 얼마 후 쫓기게 되었다.

그러나 여름 농촌 활동 이후로 4학년들은 서클 일에서 '해방' 되었다. 이제 '갈 길을 가라'는 것이다. 사실 1학기 때부터 '치고 나가지 뭐하느냐'는 후배들의 눈빛은 무언의 압력이었다. 김부겸(정치학 76, 현 국회의원)이 2학년 때 데모하다 감옥에 1년 갔다 온 뒤로 서클의 부담은 나에게 집중되고 있었다.

결국 농촌법학회 친구였던 김준희의 설득에 넘어간 우리는 이원주나 다른 팀과의 연락망을 감추기 위해 우리끼리 모든 일을 모의한 것으로 알리바이를 맞추고 경찰서로 들어갔던 것이다.

뜻하지 않은 10.26 사건과 상황변화로 우리는 두 달만에 풀려났다. 그러나 나는 80년 봄에는 복학생으로서 서울대 운동 현장을 뛰어다녔지만 결국 2학기에는 대학원 입학시험 준비를 했다. 12월에 시험을 쳤고 사회학과 전공시험은 합격했으나 본부에서 발표하는 최종 합격자 명단에는 빠졌다. 학생운동 전력이 있는 사람은 대학원 진학이 안 된다고 통보가 왔다는 것이다. 그래서 조희연(사회학과 75학번, 현 성공회대), 장상환(경제학, 현 경상대) 등은 연세대 대학원으로 진학했지만 나는 그럴 수가 없었다. 81년 1월 7일 청화대 정무 담당이었던 허문도 씨를 찾아가 "왜 대학원 안 붙여 주느냐, 혹시 판단착오가 있는 것 아니냐"고 했다. 그의 집에서 하루 자며 술까지 얻어먹고 나왔는데, 그 다음 날 집으로 들어온 나를 안기부 요원들이 잡으로 온 것이다.

안기부 조사실(처음에는 그들이 가족을 속이느라 한 말대로 계엄사 합동수사본부인 줄 알았다)에서 며칠 동안은 무슨 일 때문인지 몰랐다. 시간을 벌어야 했다. '기영이 형은 내가 약속 장소에 안 가면 알아서 피할 것이다. 대학원 일로 청와대 정무수석을 찾아간 일이라면 얼마든지 버틸 수 있다. 설마 그 일은 아니겠지.' 그러나 사흘 밤을 묵비권으로 버틴 후, 옆방에 홍기현(경제학 76, 현 서울대), 이병훈(사회학 78, 현 중앙대), 유현오(사회학 78, 현 SK 텔레콤)가 잡혀 와 있다는 것을 알고는 짐작이 갔다. 그 일 때문이구나…. 그리고 마침내 수사관이 이원주의 이름을 말했다. 데모를 하지 않고 군대 가있는 사람의 이름이! 서클 3학년 후배 김지석(철학 77, 현 한겨레신문), 2학년 후배 허헌중(정치 78, 현재 농업)까지 나왔을 때는 더 이상 감출수 없음을 알았다. 이제 서울대 서클은 다 드러났구나. 별수 없이 털어놓고 입대원서에 지장을 찍고 나니 눈물이 왈칵 솟았다.

그 후로 25년 동안

83년 3월에 제대를 했다. 제대 직전 사단 보안대에 불려가 1주일 동안 소위 '녹화사업'이란 것을 받았다. 옛날 일을 다시 적어 내고 이 친구들의 현재 동향을 보고하라는 것이지만 제대 후에 보안사 김 소령에게 전화만 한 번 하고 만나지 않았다. 이제 제대했는데 내가 시키는대로 하지 않는다고 해서 군대나 감옥에 다시 보낼 수는 없을 것 아닌가.

직장을 한국농촌경제 연구원에 다니면서 계속 대학원 시험을 쳤지만 86년 봄에야 서울대 사회학과 대학원에 입학할 수 있었다. 그러나 86년 봄의 서울대에는 질풍과 노도의 사상투쟁이 시작되고 있었다.

86년 봄부터 90년까지 한국 농어촌 사회연구소 조사연구부장으로 이우재(현재 열린우리당 고문) 소장과 함께 농민운동 전국조직의 이론적 지원을 했다. 사상투쟁의 와중에서 우리의 입장이 틀린 것 아니냐는 질문을 계속 받았지만 우리의 입장은 일관되게 "한국 농업의 반봉건적 소작제도는 농지개혁으로 해체되었다"는 것이었다. 이우재 선생이 90년에 민중당을 만들었을 때 찬성한 연구소 운영위원은 나 혼자뿐이었다. 그래서 결국 민중당 정책위원까지 했으나 92년 4월의 선거 패배로 당은 해산되었다.

1989년과 1990년 동유럽의 격변을 보면서 나는 북한 농업의 참상을 알 것 같았다. 나는 북한 땅에 한 발도 들여놓아 본 적이 없지만, 백두산 밑의 옥수수는 시들어가고 있는 것이 분명했다. 무너진 희망을 다시 일으키고 싶었다. 새로운 앎이 필요했다. 93년 9월 11일, 우리가 데모한지 14년째 되는 날, 나는 독일 베를린 행 비행기를 탔다. 베를린 훔볼트 대학에서 독일 통일 문제를 공부했다.

2003년 5월 15일 한국으로 돌아왔다. 박사논문은 학국에서 쓸 수밖에 없었다. 성공회대 박사과정에 입학해서 수료하고 이번 학기에는 '독일 통일과 체제 전환'이란 제목의 강의를 맡았다. 지금 쓰고 있는 박사논문 제목은 '통일독일의 민영화와 신탁관리청'이다.

'농민의 아들'로 한국을 떠났다가 10년 후에, '대한민국의 시민'

이자 '세계시민'임을 자각하고 돌아왔다. 우리 세대의 이름은 무화과 세대가 아닐까? 꽃피지 못했으되 열매는 맺어야 했던 세대. 그러나 나는 아직도 학생이다. '자기 규제적 조직'의 뿌리를 밝히는 작업은 민주주의의 기초이기에, 이 학문적 구도 작업을 아직도 나는 포기하지 않고 있다.

집으로 돌아와*

하루 종일 봄을 찾아도 봄은 안 보여
짚신이 다 닳도록 온 산을 헤매었네
봄 찾는 일 그만두고 집으로 돌아오니
울타리에 매화꽃이 한창인 것을   경 허

독일의 통일은 "통일적으로" 이루어지지 않았다. 그것은 서독의 제도, 시장경제와 민주주의 그리고 법치국가라는 제도를 이식하는 형태로 나타났다. 그러나 그에 따른 문화를 배우고 습득하는 과정, 즉 서독과 서유럽의 제도에 뿌리내려 있는 자기규율과 책임성의 합리적 기대와 규범을 배우고 몸에 익혀, 다른 사람들과 소통하고 조정하며 합리성 차이를 극복하여 문제해결의 능력을 발휘하는 정치문화공동체의 회복과정이 수반되어야했다.

독일의 통일은 "통일적으로" 이루어지지 않았다. 이렇게 시작하여, "그것은 서독의 자기규율과 책임성의 문화를 배우는 정치문화공동체의 회복과정이었다" 이렇게 끝나는 책의 서문을 써내기까지 15년의 세월이 걸렸다.

---

* 2008년 12월 10일 독일에서 돌아온 후 소회글

베르나르 앙리 레비: "유럽은 지리적 범주가 아니라 정신적 범주"
미국인은 누구인가? 미국의 법률을 지키는 사람

여행은 타인이 아니라 자기 자신을 찾기 위해 떠나는 과정, 타인의 눈에 비친 자기자신을 찾기 위해 떠나는 과정

오페: 미국식 법치국가, 모든 시민은 법률을 지켜야 한다.
유럽식 법치국가, 모든 시민은 입법가의 정신이 무엇인지 이해할 수 있도록 교육받아야 한다.

이미륵: 독일인은 유럽의 한국인이며 한국인은 아시아의 유럽인이다.

자동차 길을 따라서 다시 떠나야 하는가?

나의 유언장*

1. 나의 시신은 화장해 주십시오.

화장 후에는 임진강, 남쪽에서 북쪽으로 흐르는 물에 뿌려주십시오.

이것은 내가 독일에 유학 가기 전, 남쪽 땅의 민주화뿐 아니라 북한 땅의 민주화를 위해서도 싸우겠다고 했을 때부터 생각했던 것입니다. 자유와 생명과 재산권의 보호 없이 시장경제는 번영할 수 없습니다. 그리고 대한민국은 미국의 핵우산 없이 경제의 성장도, 민주주의나 인권의 기회도 성장할 수 없었습니다. 평화에는 적극적 평화와 소극적 평화가 있습니다. UN 등 국제사회의 인권기준이 적용되지 못한다면, 한반도에 진정한 평화는 정착되기 어려울 것입니다. 저는 칸트의 영구평화의 정신을 실현한 유럽연합(EU)과 같은 사회가 한국에 실현되는 길을 밝히고 그 씨앗을 뿌리다가 죽는 것입니다.

2. 나의 장례식은 불교식으로 해 주십시오.

2.1 아무 절에서나 스님 한 분 모셔다가, 반야심경 한 번 외우고 염불한 뒤, 혜초의 다음 시 한 수 읊어주면 됩니다.

---

* 2009년 7월 11일

생각하면 가슴이 미어지어이

그대의 높은 뜻이 꿈이란 말가

고국가는 먼 길을 누가 알련가

흰 그름만 덧없이 돌아가누나

2.2 결국 형님이 장례를 주관하실 수밖에 없습니다.

보훈 병원에 빈소를 차린 뒤에

1) 경기고등학교 동창회

2) 서울대학교 사회학과 동창회

3) 홍윤기 교수

4) 서울대 민주 동지회(76학번 간사 고영목)

5) 서울대 농업경제학회(회장 홍석철)에게 알려주십시오.

3. 나의 유산은 이렇게 해주십시오. (생략-편집자)

4. 이 글은 2009년 7월 10일 작성을 시작하여 세부사항까지 정리되면 공증을 위해 정기동 변호사(전화 메일)에게 보냅니다. 이상

인간은 시작한 일보다 끝맺은 일로 평가됩니다. 그러나 제가 시작한 씨뿌리기가 그렇게 헛되지만은 않았을 겁니다. 어머니, 아버지 저는 한국에 진정한 평화의 씨앗을 뿌렸습니다. 그것은 다음 두 문장으로 요약됩니다.

"자기 규율능력 있는 행위자가 민주적 조직의 기초이다."

"통일의 민영화와 기업재편과정의 가장 좋은 담당자는, 계약으로 묶여있는 책임경영자다."

마지막으로 ○○○씨에게 한마디: 여보, 이 책을 당신에게 바칩니다. 당신의 희생은 결코 헛되지 않았습니다. 사랑합니다. 영원히.

광화문 광장의 국가상징*

이순신의 지도력과 세종의 지도력
- 대한민국 국가상징 거리에서 읽는 장수와 군주 간의 관계

1. 광화문 광장과 세종로, 국가상징 거리가 되다

　광화문 네거리에 가면 볼 수 있는 사람은 누구인가? 어린이들도
다 안다. 이순신 장군이다. 그리고 그 거리 이름은? 세종로다. 세종대
왕은 오랫동안 덕수궁 안에 모셔졌으나 문화군주로서의 역사적 지위
를 평가받아 광화문 앞으로 모셔지며 그 거리에는 현대식 광장이 조
성된다. 대한민국의 국가상징 거리가 600년의 역사를 이어받으며 미
래를 내다보는 모습으로 다시 꾸며진다. 그러나 그 두 인물간의 관계,
즉 군주와 장수간의 관계와 정치적 리더십을 현대사회의 맥락에서 정
립하는 것은 사회과학적 설명과 해석을 필요로 하지만 그렇게 명확하
게 정리되지는 않은 것 같다.

　오랫동안 이순신 장군은 16차선 넓은 차도의 한가운데에 홀로 외
로이 서계셨다. 1968년 박정희 시대의 상징물로 세워진 장군의 동상
은, 남쪽의 왜적이 보면 깜짝 놀라도록 애국심과 충성심을 나타내는
모습으로 제작되었다. 광화문 거리는 조선시대에 시간과 공간의 기준

---

* 2009년 8월 10일

이었다. 정동진이니 정남진이니 하는 방위는 경복궁과 광화문을 기점으로 표시되었고, 새해의 시작과 끝은 종묘와 사직 앞에 제사를 올리고 종을 울리는 것으로 매듭지어졌다.

서양의 도시 한가운데에 광장이 있어 여러 사람들이 모이고 소식이 퍼져나가는 결절점으로 도시가 발달했던 것과는 다르게, 왕의 명령이 퍼져나가는 중심에 경복궁이 자리잡고 정문으로 광화문이 북악을 등지고 한강을 바라보는 명당에 입지하여 천년의 치세와 권위를 표현하는 모습이었다. 공화국 이전의 왕조시대에 권력은 한 사람에 집중되어 있으나 여러 사람의 지혜나 선호를 모으는 소통의 절차와 조정과정은 헌법이나 법치국가의 제도를 거치지 않았다. 따라서 권력의 중심지로 세금을 거두는 교통은 발달하나, 왕의 명령이 전파되는 것이 중요하되 군중이 모이는 것은 꺼려했으므로 광장은 발달하지 않았다.

40년이 지나는 동안 대한민국의 공간과 시간을 규율하는 관점은 달라졌다. 이순신 장군은 영웅이라는 이름과 승리했다는 결과만이 아니라, 어떻게 그 공적을 이루었는가의 과정도 묻게 되었다. 어떻게 밖으로는 외적과, 안으로는 간신 및 정적과 싸우는 외로운 과정을 이겨내고 승리에 도달할 수 있었는가? 어떻게 12척의 전선으로 133척의 외적을 물리칠 수 있었는가? 16세기 세계해전사에 빛나는 23전 23승은 어떻게 가능했는가? 그리고 군인으로서의 영웅과 군주의 지배권은 역사적으로 어떻게 부딪치며 자신의 입지를 찾았는가? 정치적 리더십과 군사적 리더십은 대한민국의 미래에 어떻게 통합되어야 할 것인가?

이 글에서는 12.23 광장이라 이름 붙여진 이순신 장군 앞 분수광장과, 소통과 조정의 손짓을 하며 문화군주와 창조적 지도력의 상징을 표현하는 세종대왕의 동상, 대한민국의 국가상징 거리에서 미래의 정치적 리더십을 보여줄 두 인물의 리더십을 사회과학적으로 설명해 보려한다. 군주와 장수의 지도력은 역사적으로 어떤 관계였으며, 현대사회에서는 어떤 관계를 가져야 하는가?

2. 이순신과 칼의 노래: '왕의 칼'과 '외적의 칼'

이순신이 한산섬 달 밝은 밤에 수루에 혼자 앉아 외롭게 고민해야 했던 것은, 외적과 대적할 전술이나 전략방안만이 아니었다. 군주는 정치적 목적을 제시할 뿐, 군 부대의 나아감과 물러섬은 전술적 상황과 적정의 정보를 감안하여 조직의 행동을 선택하는 진중의 장수가 판단할 사항이었다. 그러나 당시 도성을 버리고 의주로 피난가 있던 조선의 군주 선조와 대신들은 하루 빨리 왜장의 목을 사직 앞에 바치고 제사를 지내고 싶었을 뿐, 그러한 정치적 목적을 성취하기 위한 행동방법의 문제, 즉 군부대의 조직과 전략적 운영방안이나 지휘체계가 어떻게 움직여야 하는가에 대해서는 고려할 겨를이나 능력이 없었다. 김훈의 소설[칼의 노래(2001)]에는 이순신이 이렇게 "외적의 칼"뿐 아니라 "왕의 칼"이라는 이중의 전선에 맞서서 조직노선을 고뇌하는 모습이 잘 포착 형상화되어 있다.: "나는 임금의 칼에 죽는 죽음의 무의미를 감당해낼 수 없었다. --- 나는 나의 충(忠)을 임금의 칼이 닿지 않는 자리에 세우고 싶었다."

현대 사회과학에서 정치학의 과제는 막스 베버(Max Weber)가 [학문으로서의 정치]에서 밝힌 이래로 "목적이 아니라 방법"에 있다.

또한 정치가와 군인간의 관계를 정식화한 서양의 고전인 클라우제비츠(1832)의 [전쟁론]에도 유명한 구절이 있다. "전쟁은 정치의 다른 수단에 의한 연장이다." 이 말은 핵전쟁 도발에 대한 미국 국무성 장관 곤돌리자 라이스의 발언에서도 자주 나타난다. "그러면 어떤 수단이 준비되어 있는가를 보게 될 것이다." TV 화면을 통해 듣는 사람이 아랍의 테러분자들이건 유럽의 외교관이건, 이 문장의 뒤에는 클라우제비츠의 유명한 문장이 전제되어 있음은 상식이다. 우리가 밝힌 정치적 목적에 어긋나는 도발적인 말이나 행동을 당신들이 계속한다면, 사안은 외교관이나 국제정치가의 손을 떠나 군인들의 손으로 넘어가게 될 것이다. 그러면 장군들이 준비해 놓은 다른 수단 즉 전쟁의 방법이 사용될 것이라는 협박을 할 때 사용되는 문장이다.

이렇게 서양에서는 클라우제비츠 이래로 정치가와 군인 간의 관계에서 정치적 목적을 설정하고 협상권한을 가진 정치가가 우위에 선다. 군인들은 그러한 모든 정치적 외교적 과정이 더 이상 쓸모없다고 판단될 때에 다른 수단을 도입하는 책임을 가지고 개입하는 분업관계를 가지고 있다. 한국전쟁 시에 중국군의 개입을 막기 위해 원자폭탄을 투입하자는 맥아더의 전략방안은 당시 미국 대통령 트루만에 의해 거부되었다. 그것은 중국군의 전면개입을 불러와 전쟁이 '제3차 세계대전'으로 확전될 위험이 큰 전략방안이었다. 그러나 일단 정치가가 목표를 설정하여 장군에게 개입을 명령하고 나면 그 전술과 전략, 조직적 운영은 장군의 관할 아래 넘어가게 된다. 맥아더는 그 점을 이용해 원폭투하를 강행하려 했고 트루만 대통령이 그것을 막는 방법은 맥아더를 사령관에서 해임함으로써 그가 선택한 수단이 자기가 설정한 정치적 목적과 배치되는 것임을 분명히 표현하는 것밖에 없었다.

우리와 가까운 예를 들어보았지만 서양의 현대사에서 정치가와 군인 간의 관계는 이러한 분업관계로 규율되고 있음은 명백하다. 그러면 420년 전 조선과 일본, 중국 간에 있었던 국제전쟁기에는 군주와 장수 간의 관계는 어떠한 분업과 규율관계가 유지되고 있었을까?

필자의 생각에 여기에는 [손자병법]의 규정이 적용되고 있었을 것으로 보인다. [손자병법]이란 책은 중국 춘추전국시대에 저술되어 동양뿐 아니라 서양에도 널리 번역 보급되었다. 조선시대에도 무과시험에서 장수를 선발할 때 반드시 읽고 숙지하고 있는가를 시험했었다. 여기에서 군주와 장수 간의 관계에 대해서는 다음과 같은 문장이 있다. 즉 군주의 명이라 할지라도, 장수가 판단하여 병법에 합치하지 않으면 따르지 않아도 되는 경우로 다섯 가지를 들고 있다. 첫째 계절상 활줄이 늘어나서 전쟁하기에 적합하지 않는 경우, 둘째 작은 것으로 큰 것을 치라고 할 경우, 셋째 획득해 보아야 별 실익이 없는 성을 공격하라고 할 경우 등이다.

지금 생각나는 대로 적었는데 첫째와 둘째의 경우는 이성계가 위화도 회군을 할 때에 명분으로 든 것이다. 새롭게 일어나는 명나라와 동맹하고자 했던 이성계 부원수에게 최영 대원수와 고려 왕은, 원나라와의 오랜 동맹관계를 존중하여 명나라를 치라고 정치적 목적을 명령하고 군사적 목적을 정해준다. 국경을 넘기 전 압록강의 위화도에서 며칠을 주둔한 이성계는 군대의 진행방향을 뒤로 돌리어 최영 대원수와 고려 군주의 명령에 대항한다. 그때 들었던 명분이 "활줄이 늘어나는 계절에 전쟁을 하라."는 명령은 시기에 적절치 않고, 명나라가 군사력이 크고 원나라의 군사력이 작게 되었는데 이러한 국제정세를 통찰함이 없이 "작은 것으로 큰 것을 치라."고 군령을 내린 것은 우리 보고 죽

으라는 말이라고 하면서 부하 장수들과 병사들을 설득하여 군대의 방향을 뒤로 돌리는 것이다. [손자병법]에 있는 이 규정을 이성계는 무장으로서 틀림없이 읽었을 것이고 부하장수들을 설득하는 명분과 논리로 든 것이다. 병사의 수가 열세였던 최영 대원수는 국제정세에서 명나라의 군대가 승산이 큰지 원나라의 군대가 승산이 큰지 타산해 볼 기회도 없이 패전하여 이성계의 정보판단과 전략선택 및 상황정의를 '정당한' 것으로 받아들일 수밖에 없었던 것이다. 그 결과로 국내 통치자만 바뀐 것이 아니라 왕조까지 바뀌어 국제정세 또한 변화하게 되었다.

이순신의 경우는 어떠했는가? 그에게 조정의 왕과 대신들은 부산의 왜적을 치라고 명령을 내렸다. "어찌하여 부산의 본진을 공격하지 않고 네 휘하에 병사와 무기 식량을 늘리고 있느냐." 하며 "삼도수군 통제사"의 직위를 해제하고 곤장을 때렸다. 그러나 이순신에게 부산진공은 정치적 목적일 뿐 전략적 방안으로 되려면 적과 아군의 힘의 관계에 관한 타산이 필요했다. 적들이 남해 해안선을 따라 산성을 쌓고 화포를 설치해 놓은 것에 대비책이 없이는 부산으로 진공할 수 없었다. 급기야 조정은 원균을 "통제사"로 임명하고 이순신은 백의종군의 몸이 된다.

원균이 칠천량에서 패전한 뒤에 이순신은 "통제사"에 복귀한다. 12척의 배로 133척의 적을 맞아 싸우는 방법은 '나에게도 사지(死地)이지만 적에게도 사지인 곳'에서 적을 덫에 몰아넣고 환경이 바뀔 때까지 버티는 것뿐이었다. 그가 선택한 싸움의 시간과 장소는 밀물을 타고 적이 몰려오는 날, 명량에서였다 : "밝는 날 명량에서 일자진으로 적을 맞겠다. --- 적의 선두를 부수면서, 물살이 바뀌기를 기다려라. 지휘체계가 무너지면 적은 삼백 척이 아니라 삼백 개의 한 척일 뿐이다."

단순히 조직 외부의 적과의 싸움에서 우리 편을 조직 지휘하는 싸움이라면 그것은 쉬울 수 있었다. 내부의 의사결정에 자원을 집중하고 조직의 충성을 동원하는 데 역량을 발휘하면 되는 것이다. 그러나 의사결정은 조직'내부'에서 만이 아니라 '내부와 외부의 경계'에서도 이루어진다. 이러한 상황을 분석하는 데 허쉬만의 [떠날 것인가, 남을 것인가] 하는 책이 도움될 것이다.

3. 왕조국가와 공화국의 차이

자, 이제 우리는 이순신의 고뇌가 '민족주의자의 고뇌'가 아니었음을 알게 되었다. 그것만이었다면 그는 '왕의 칼'이 닿지 않는 곳에 자신의 충과 정당성을 세울 곳을 찾을 필요도 없었다. 노량해전, 이미 전쟁의 승패는 기울어졌고, 패전하여 철수하고 있던 마지막 전투에서 외적을 좀 더 죽이는데 자신의 몸을 내던지지 않아도 되었다. 그에게는 전쟁이 끝난 후, 자신에게 밀려올 민심의 요구와 조정의 질시를 감당하여 몸바칠 곳이 필요했다. 이순신이 명장 중의 명장인 이유는 바로 여기에 있다. 그는 그 이후에 벌어질 새로운 싸움의 싹을 싸우지 않고 잘라내는데 성공하였다. 자신의 몸을 죽음이란 곳에 놓음으로써 '왕의 칼'이 미치지 않는 자리에 충을 세울 자리를 찾았던 것이다.

410년이 지난 지금, 그의 덕택에 분수놀이를 하는 아이들은 행복하리라. 이런 걱정은 전혀 알지 않아도 될 것이므로.

다만 공동체 내부에 충성과 정당성을 세우는 것에서 왕조국가와 공화국의 경우는 다르다.

히틀러는 게르만 공동체가 모든 것을 지배하는 제3제국을 내세우며 서력 기원이 아닌 새로운 연호까지 사용하였지만 법치국가나 헌정국가를 언급하지는 않았다. 독일 민족의 정치문화 공동체 내부에서 유태인들의 인권과 생명과 재산을 유린한 잘못은 합스부르크 왕가의 가족국가를 재건하려고 한 제국의 신화로는 정당화할 수 없었다. 독일 공동체 내부에서 '자유로운 유럽'을 꿈꾸는 백장미같은 저항세력이 맞서고 있고 외부에서 국제적 지원을 받지 못한 제3제국은 패전할 수밖에 없었다.

정치적 리더십의 문제가 남아 있다. 소통과 조정의 리더십, 제도의 제약과 행위자의 규율이란 문제는 '조정의 실패'와 '소통의 실패', '합리성의 관철'이 일률적으로 되지 않는 '합리성의 한계'를 논할 때 자세히 논하는 것이 좋겠다. 설명이 길어질 것 같아서.

택배로 보낸 책 잘 받았습니다.*

OOO씨
택배로 보낸 책 잘 받았습니다.
그런데 책 두 권이 아마 더 있을 겁니다.

일어로 된 [10月革命]
영어로 된 [Rise and Fall of T. D. Lysenko] 라는 책입니다.
러시아의 쌍둥이 형제 메드베제프가 쓴 책입니다.
한 사람은 역사가였고 또 다른 사람은 생물학자였습니다.
소련의 사회주의 역사관과 생물학에 반대했지요.
나는 그 책을 1900년 내지 1992년 쯤 입수했습니다.
한국에서 외국책 구하기가 힘들었을 때,
그리고 소련 사회주의나 북한의 주체농법이라는 것이 모두
자연과학(유전자에 관한 멘델의 법칙)이나, 개인의 자유로운 역사로부터 어긋나 있음을 알았고, 독일 베를린 유학을 결심했습니다.
다른 사람이 가지고 있으면 중고서적에 불과합니다.
그러나 나의 인생에는 중요한 전환점이 되는 책입니다.
좀 부쳐주었으면 합니다.
나는 앞으로 20주 후에 책 한 권 번역을 출판사에 넘기려 합니다.

---

* 2009년 8월 15일

허버트 브뤼커 1995, [동독의 민영화: 신제도주의적 분석]란 책
입니다.

그리고 내년 8월까지 또 한 권의 번역서(논문 모음집)를 내면서

박사논문을 고칩니다.

성공회대학교 지도교수(이종구)가 1년 동안 안식년이라

나도 논문의 이론부분을 번역해 내면서 본문을 더 고치는 것입니다.

그 책의 가치를 알아볼 사람은 많지 않습니다.

그러나 나의 인생에서 80년대 민주화 운동이 무의미한 것이 아
니라면

그리고 10년 동안의 독일생활이 무의미한 것이 아니라면

이 작업은 매듭을 지어야 합니다.

내년 8월까지 이 작업을 마치고야 직업을 바꿀 수 있습니다.

독일어 번역가가 될지, 어느 정치인의 정책보좌관이 될지

그것은 이 책들에 대한 세상의 평가를 들어보고 정합니다.

이 책들이 나오면 당연히 당신에게도 부쳐드립니다.

그리고 그 원고료의 반은 당신에게 보내드립니다.

작업이 늦어진 것은 내 책임이지만

당신이 도와주지 않았다면

이 책들은 한국어로 출판되지 못했을 것입니다.

이 책들은 한국의 정치문화공동체에 남기는 나의 선물입니다.

제 옥상은 태양전지 텃밭입니다*

소형 태양광 발전기 245와트를 저희 집 옥상에 올렸습니다. 열 집이 함께 사는 연립주택, 흔히 '빌라'라고 부르는 집입니다. 5월 한 달(5월 8일~6월 7일)에 28.1킬로와트시를 생산했습니다. 회사(두리계전) 설명서에는 31킬로와트시라고 되어있었는데, 이것은 여름철 평균 생산량인 것 같습니다. 제가 설치한 5월 7일 뒤로 날씨는 보통이었거든요. 비가 몇 번 오고 흐린 날도 있긴 했지만 이상기후라고 부를 정도의 날씨는 아니었지요.

이웃 나라 일본은 큰 사고를 겪었지요. 핵사고는 조금만 실수해도 돌이킬 수 없는 큰 결과를 초래하는 위험을 안고 있는데, 정부는 그러한 위험을 감당할 기술이나 능력이 없는데도 핵발전소를 계속 돌리고 더 짓는 정책을 고집하고 있습니다. 그래서 태양광발전이 기술로도 가능하고 경제에도 이익이라는 것을 알리고, 정책을 바꾸도록 요청하는 시민 행동에 동참하고 싶었습니다. 그러다가 이유진 님 책 《태양과 바람을 경작하다》에서 '소형 태양광을 아파트 베란다에 설치하자'는 제안을 읽고 신청했습니다. 아파트 베란다에 수직으로 다는 방식이 여의치 않아 전문가들과 상의해 옥상에 거치대를 만들고 조금 눕히는 방식으로 설치했습니다.

햇볕이 태양광 패널에 비치면 양전하와 음전하가 발생하여 직류 전

* 이 글은 『작은 것이 아름답다』(2013년 7월)에 수록된 글을 전재한 것이다.

기가 발생합니다. 가정용 전기는 교류이므로 이를 바꿔주는 인버터와 연결을 해 주어야 하는데, 인버터를 집 안 전기 콘센트 플러그에 꽂아 주기만 하면 됩니다. 첫 날(5월 8일)에는 아주 맑은 날씨여서 1.3킬로와트시까지 나왔습니다. 설치 뒤 47일이 지난 6월 24일까지 모두 42.8킬로와트시 전력을 생산했습니다.

설치비는 59만 원을 부담했습니다. 지난 달(4월: 사용기간 3월11일~4월10일) 93킬로와트시를 사용하고 전기요금은 8천9백 원을 냈습니다. 여기에는 텔레비전 수신료 2천5백 원도 포함되어 있고, (핵발전) 전력 기금 200원도 숨어있지요. 사람들은 대부분 고지서를 자세히 보지 않고 지나갑니다. 자신도 모르게 핵발전에 동의하는 셈입니다. 전기 사용에 대한 다른 방법이 있다는 것을 알지 못하기 때문입니다. 5월 전기요금(5월 11일~6월 1일)고지서에는 75킬로와트시를 쓴 요금 7천6백9십 원이 적혀 있었습니다. 5월 태양광 전기 생산량은 28.1킬로와트시인데 고지서에 전달에 비해 18킬로와트시만 줄었습니다. 평소 스마트폰은 태양광 충전가방으로 충전하는데, 추적기가 없어 두세 시간마다 가방 방향을 돌려놓아야 하는 데 이달에는 신경을 못 쓴 탓입니다.

태양광 가방 충전기로 손전화 충전을 1년 정도 하고 있습니다. 달마다 2천 원 정도가 줄어들었는데 겨울 세 달(12월~2월)은 해가 잘 들지 않아 별로 효과를 보지 못했습니다. 이 충전기를 사용하면서, 미약하지만 에너지 생산자의 씨앗이 이미 마음에 자리 잡고 있음을 깨달았습니다. 아침이면 해 뜨는 쪽으로 충전기를 돌려놓고 두세 시간마다 방향을 돌려놓다 보니 어느새 태양이 언제 어디서 뜨고, 어느 방향을 지나 어느 방향으로 지는지 의식하게 되더군요.

사실 저는 후쿠시마 사고 뒤에 핵발전에서 벗어나는 법을 찾다가,

리프킨의 책《제3차 산업혁명》에서 말한 '모든 건물의 발전소화'를 이 땅에서 실현하는 방법을 찾고 싶었습니다. 하지만 도시에 살고 있는 저는 풀 한 포기, 나무 한 그루 심을 땅도 가지고 있지 않았습니다. 발전기를 설치할 땅은 물론이고요. '나도 여기에 참가하고 싶은데… 지금 내가 발을 디디고 있는 땅에서 실현가능한 방법은 없을까?' 하고 저의 집을 찬찬히 뜯어보았습니다.

어느 날 바람을 타고 민들레 씨앗이 하나 창문으로 날아들었습니다. 그것을 보고 퍼뜩 깨달았습니다. '아! 나에게도 민들레 씨앗이 뿌리내릴 벽도 있고, 화분을 놓을 창문틀도 있으며, 해바라기 꽃모종을 심을 수 있는 옥상이 있었구나. 없었던 것은 땅이 아니고, 공간을 보는 나의 눈과, 손을 쓰지 않고 머리로만 사는 나의 습관, 그리고 그것을 연결하는 내 의지였구나. 나 자신의 공간과 환경을 바꾸려는 꿈과 나 자신을 사랑하는 마음을 놓아두고 애꿎은 집을 탓하였구나!'

그 뒤로 내 집 벽돌 하나, 깨어진 틈새 하나도 다시 보게 되었습니다. 진정한 의지가 있다면, 희망을 버리지 않는다면, 내 마음 속 꽃을 피우는 방법은 어디서라도 찾아낼 수 있는가 봅니다.

*(김종채 님은 상지대학교 외래교수로, 미래사회론과 생태사회론을 가르치는 사회과학도이다. 독일 통일 뒤 합리적 행동 전략과 제도 설계, 정책 조정에 대해 관심을 가지고 공부하고 있다.)

1979년 9월 11일 서울대 데모 사건 진술서*

1. 긴급조치 9호 위반: 서울대 1979년 9월 11일 데모 사건

1979년 9월 11일 11시 45분, 나(김종채, 사회학과 4학년, 76학번)는 서울대학교 4동 강의실에서 강의가 끝나기 조금 전에 나왔다. 사회대와 인문대가 만나는 5동 앞 게시판에서 11시 50분부터 시위가 시작될 것이었다. 내가 5동 앞 게시판 지붕 위에 올라간 것은 11시 53분, 호각을 꺼내 불었다. "휘릭, 휘리릭." 뒤에 메고 있던 등산용 작은 가방에서 유인물을 꺼내서 뿌렸다. 10여 명의 후배들이 게시판 밑으로 달려와 주웠다. 나는 "홀라송"을 선창했다 "우리들은 서울대다 홀라~ 홀라~." 순식간에 3장씩 한 묶음으로 되어 있는 유인물 100장을 다 뿌렸다. 학생들은 100여 명으로 늘어났다. 게시판 위로 사복형사가 올라오려 한다. 나는 첫 번째 유인물 끝의 결의사항을 찾아 읽었다. "유신헌법 철폐하고 긴급조치 해제하라.", "경제위기 책임지고 독재정권 물러가라." 미처 5개를 다 읽기 전에 사복형사가 게시판 위로 완전히 올라왔다. 나는 주먹을 쥐고 다가가 먼저 한 대 쳤다. 그가 나의 왼손을 붙잡았고 서로 밀고 당기다가 같이 게시판 밑으로 굴러 떨어졌다. 그러나 바로 밑에는 내 후배들이 사복경찰보다 더 많았다. 그는 몇 대 학생들에게 얻어 맞았고 내 몸은 그의 손에서 풀

---

* 2013년 3월 7일

려났다. 학생들은 500여 명으로 불어나 있었다.

　다시 구호를 외치며 스크럼을 짜고 도서관 밑으로 전진했다. 뒤에서 꽹과리 소리가 들렸다. 친구 김진태(외교학과 4학년)가 2번 타자로 학생들을 모으기로 되어 있었다. "웃샤, 웃샤" 도서관 밑 통로는 사방이 막혀 있어 소리가 동굴처럼 메아리친다. 자기 소리가 벽에 부딪쳐 울려오면 젊은이들은 더 신이 난다. 학생회관으로 연결되는 계단 위에는 3번 타자 신상덕(사회학과 4학년)의 얼굴이 보였다. 그런데 바로 앞에 본부 상담실 직원의 얼굴이 보였다. 학생회관의 1층은 식당이고 그 옆은 대학본부였다. 교무행정을 담당하는 사무실과 총장실이 본부건물에 있다. 그러나 그 중 4층인가 5층인가에 "상담실"이라는 간판의 사무실이 있다. 그러나 사실은 기관원, 즉 중앙정보부와 경찰요원들이 상주하면서 대학본부 등록서클과 단과대학 편집실 등에 대한 관리지침을 내린다. 학생회는 없고 학도호국단이 단과대학별로 임명, 구성되어 있던 시절이었다. 나는 본부 학생서클 등록과 농촌활동 그리고 사회대평론편집실 편집위원 일을 맡아 상담실 직원을 만나면서 그들이 대학학보나 학생활동에 어떤 지시를 하는지, 그리고 그 얼굴이 어떤 모습인지 알고 있었다.

　나는 상담실 직원의 얼굴을 손으로 가리켰다. 학생들이 소리치자 그는 위협을 느꼈는지 나를 손으로 낚아챘다. 무술을 익힌 기관원에게 나는 몸싸움에서 상대가 되지 못했다. 나는 도서관 옆에서 허리띠를 붙잡힌 채 계단을 끌려내려와 본부건물로 들어갔다.

　그 다음에는 학생들이 몰려들고 경찰들과 부딪치며 구호와 최루탄 터지는 소리가 난무하는 곳에서, 나는 지프차에 태워진 채 학교 앞 파출소를 거쳤다가 봉천동 고개를 넘어서 사당동의 관악경찰서 취조실로 옮겨졌다. 거기까지가 나의 그날 임무였다. 학생들을 처음에 어느 정도 모으고, 그들이 분노를 느낄 장면을 연출한 뒤 끌려가는 것, 그 다음에는 4번 타자 김낙년(경제학과 4학년)과 5번 타자 김준희(법학과 4학년)가 이미 스크럼을 형성한 학생들과 알아서 할 일이었다.

나중에 관악경찰서에서 들으니 처음 2,000명이 모일 때까지 제2, 제3의 주동자가 하얀 종이 유인물을 꽃잎처럼 뿌리며 나타났다 끌려가기를 반복하자 학생들은 폭발했다고 한다. 공소장에 2,000명으로 되어 있지만 그것은 내가 끌려갈 때까지 내 눈에 보인 숫자를 어림짐작한 것이고, 서울대 아크로광장과 학생식당 그리고 인문, 사회대를 잇는 공간에서 학생들과 경찰이 서로 부딪쳤으니 적어도 5천 내지 만 명의 학생들이 행동에 나섰을 것이다. 덕분에 5번 타자 김준희는 학생들 틈에서 보호를 받아 경찰들이 현장에서 연행하지도 못하고 주동자인지 알아보지도 못했다고 한다.

그러나 그날의 유인물 3종("민족민주선언", "경제시국선언", "학원민주선언")을 철판으로 긁고 어제 밤 인쇄한 것이 김준희의 집이었으니, 경찰서 취조실에 혼자 갇혀있는 나나 신상덕 등의 입에서 그의 이름이 나올 수밖에 없고 그도 2~3일 후에 경찰서로 들어왔다. 관악경찰서에서 1주일쯤 조사받고 지하유치장에 며칠 있다가 검찰조사를 거쳐 고척동의 서울구치소에 구속수감된 것이 9월 19일이었나 보다.(나는 간단한 경과를 2005년에 출판된 [30년 만에 부르는 노래]란 책에 쓴 적이 있고, 이번에 재심을 청구하면서 국가기록원에서 판결문을 발급받아 읽어보았다.)

구치소에서 한 달 정도 지낸 뒤였던 10월 26일, 박정희 대통령 유고라는 소식이 구치소 방송 스피커에서 흘러나왔다. 정치적 상황이

변하여 우리는 11월 24일에 석방되었다. 12월 말에 법정에 출두하라 했지만, 이름만 20여 명 죽 부르더니 "피고인을 면소한다. 땅 땅 땅" 하는 것이다. 원인무효에 의한 면소판결이라는 것이다.

2. 1980년 12월 서울대 대학원 사회학과 시험 낙방

80년 봄에 대학에 복학되었다. 그때는 구속과 함께 자동으로 학교에서 제적되었다. 5월에 대학은 격동의 계절을 보냈고, 나는 복학생으로서 운동현장을 뛰어다녔지만 2학기에는 뒤로 물러나 대학원 시험준비를 했다. 12월 초에 시험을 쳤는데, 사회학과 전공시험은 합격했으나 본부에서 발표하는 최종합격자 명단에는 빠져있었다. 학생운동 전력이 있는 사람은 대학원 진학이 안 된다고 통보가 왔다는 것이다. 나는 당시 덕수궁 옆에 사무실이 있던 이돈명 변호사를 만나 행정소송을 제기하려면 그 이전에 해당기관에 "이의신립" 절차를 밟아 증거를 보존해 두라는 말을 들었으나 실행에 옮기지는 못했다. 1월 8일(?) 안기부에 연행되어 무림사건과 관련된 조사를 받은 후에, 바로 군에 입대하게 되었기 때문이다.

조희연(사회 75), 장상환(경제 77), 윤언균(불문 76) 등과 함께 청와대 정무수석 비서관이던 허문도 씨를 만나 그의 집에서 하룻밤 자면서 술을 마시기도 했다. 1981년 1월 6일인가 7일에 그를 만나고 집에 들어왔더니 수사관들이 와 있었다. (조희연은 당시 대학원 낙방을 한겨레신문 인터뷰에서 회고한 바 있다)

3. 1981년 1월 8일 "무림(霧林)사건" 수사와 강제징집

안기부에서 조사받은 것은 소위 "무림(霧林)조직"에 대해서였다. 80년 12월에 서울대 데모에서 유인물이 뿌려졌는데 그 사건에 주동하지 않은 다른 학생들이 유인물 제작에 관여했다고 수사기관의 추적을 받게 되었다. 사실 1년 후배인 77학번들을 만나게 해준 것은 76학번들이었는데, 우리가 3학년이 되던 78년 초에 서울대 사회과학 써클 11개 학회의 비밀 지하연락망이 만들어진 것이다. 학생회가 없던 시절 서울대 사회과학 서클에서, 한 서클에 1명씩 11명을 뽑아, 단과대학과 중요학과가 연결되도록 안배한 것이다.

그것은 학내에 이미 경찰과 기관원이 상주해 있던 상황에서, 데모를 해도 5분이 안되어, 학생들이 모이기 전에 주동자가 잡혀가게 되자, 주동자는 가급적 4학년에서 내정하고, 정해진 시각과 장소에 학회 회원들을 중심으로 자기 과와 단과대학 후배들이 나와 있도록 비밀연락을 하는 것이 주 임무였다. 78년에 학내의 주요 데모는 이 모임을 중심으로 이루어졌고 결국 서울 변두리인 관악산에 있던 서울대학생들이 78년 6월 26일 광화문에 진출할 수 있었던 것도 이러한 비밀연락조직 때문에 가능했다.

79년 초, 우리가 4학년이 되면서 학생동원 연락은 77학번들에게 넘겨주고 우리는 1:1 점조직으로만 만났다. 왜냐하면 4학년에게는 이미 경찰의 미행이 따라붙고 있었으므로 우리가 만나는 것이 드러날 경우 서울대 학생운동에서 데모할 역량이 한꺼번에 체포될 수가 있었기 때문이다. 76학번과 77학번을 연결하는 것은 이원주(국어 76)가 맡았는데 사범대학생인 그는 인문대나 사회대에 비해 기관원들과 충돌이 적어 비밀이 노출될 위험이 가장 적었기 때문이다. 실제로 76학번들은 우리가 9월 11일에 첫 팀 데모를 하고, 9월 20일에 두 번째로 인문대 팀이 데모를 했다. 김용호(철학 76), 윤언균(불문 76) 등이 주도를 해서 다른 주동자들을 모았는데 나와 김준희는 이원주를 통해 다른 인문대 팀이 있다는 것은 알았지만 최종적으로 누가 합류했는가는 나중에 구치소에 들어온 사람을 보고야 알았다.

9월 11일 데모와 20일 데모 사이에 "지하신문"이란 제호의 유인물이 뿌려졌는데 그것은 한철희(국문 76)가 주도한 것으로 이 역시 이원주를 통해 조정이 되었다. 이원주는 79년 맨 마지막 팀에 합류할 생각이었는데, 10월 26일에 박정희 대통령이 유고됨으로써 데모를 할 필요가 없게 되었다. 그는 80년 봄에 77학번들을 연결하고 1학기에 졸업하여 군대에 가 있었다.

80년 봄에는 77학번이 4학년이었는데 학생회장 심재철(영어 77), 대의원 의장 유시민(경제 78) 현무환(독문 77) 등도 모두 이 모임에서 연락을 하였고, 따라서 76학번들은 일선에서 물러나 자기 졸업 후의 진로를 모색하고 있었으나, 80년 12월의 유인물 사건에서 77학번의 연락망이 드러났고, 그들을 만나게 해준 것이 76학번이라는 것이 드러나 수사를 받게 된 것이다. (나는 이 무렵 조직을 2005년에 발간된 [30년 만에 다시 부르는 노래]란 책의 319~334페이지에서 고백 증언한 바 있다[1]). 수사기관에서는 각 단과대학과 과에 한 명씩 박혀 있으면서 지하서클로 연결되는 이 조직을 파헤치는 것이 마치 안개 속의 수풀을 파헤치는 것 같다고 해서 "무림사건"이라 불렀다. 우리들이 그 조직에 이름을 붙이지 않았기 때문이다.

---

1) 긴급조치 9호 철폐투쟁 3주년 기념문집, 『30년 만에 다시 부르는 노래』, 자인, 2005년

결국 무림사건으로 현무환, 최영선(사회 77) 등이 구속되었고, 당시 군인이었던 이원주 등은 보안사에서 수사를 받았으며 안기부에서 수사를 받은 학생 중 20여 명은 1월 23일 자로 논산훈련소에 입대하였다. 입대동기는 김용호(철학 76), 한홍구(국사 78), 이병훈(사회 78), 홍석철(국사, 78) 등이다. 1주일 간 안기부에서 조사받고, 그 밑의 유치장에서 1주일을 보내다가 어머니 면회를 한 시간 정도 하고 군에 입대했다.

군대에서는 강원도 103 보충대를 거쳐 강원도 산골짝에 연대마다 1명씩 떨어져서 배치되었다. 철책 이북부대에는 혹시라도 월북할까 보아 보내지 않았고, 민통선보다는 북쪽이어서 병사들을 제외한 민간인들은 접촉할 수 없었다. 26개월의 복무기간 동안 직책은 소총수였으며 어떠한 공용화기 사수나 비밀 취급 업무도 맡기지 않았다. 하다 못해 소대에 있는 기관총 사수나 로켓포 사수도 맡기지 않았으며, 통상 세 번 가는 휴가 중 일병휴가나 상병휴가는 갔지만 말년 병장휴가는 가지 못했다.

83년 3월 말 제대하기 한 달 전에, 사단 보안대에서 오라고 해서 소위 "녹화사업"이라는 것을 1주일 받았다. 학교 다닐 때 있었던 일을 다시 적어내고 그때 친구들의 동정을 정보 보고하라는 것이었지만 제대한 다음 날 전해 준 전화번호로 전화 한 번 하고 말았다. "보안사 김소령"이라는 사람이 전화를 받았지만 친구들 동정은 보고하지 않았다. 군복을 입고 있을 때야 어쩔 수 없었지만, 이제 제대했는데 더이상 나를 구속하거나 군대로 다시 끌고갈 수는 없을 것으로 판단했다. 그 후 직장에 다니면서 다시 연락은 오지 않았다.

4. 가족들의 피해에 대하여

내가 데모 주동을 했다고 잡혀가자 부모님은 충격에 빠졌다. 아버지는 내가 "정신병자"라고 했다. 전라도에서 경찰서 정보과장(경감)으로 퇴직했던 아버지는, 정보과 형사가 "선배님"하고 찾아오자 뭐라고 할 말을 잃으셨던 모양이다. 실제로 경찰서 수사 중 의사와 간호사가 내 체온을 재고 혈압을 재면서 간단한 검진을 했는데, 아버지의 말대로 혹시 "정신이상"이 아닌지 체크하는 것이었다.

결국 아버지를 놓아두고 어머니와 둘째 누나(김경월)가 내 옥바라지를 하였다. 1주일에 두 번 화요일과 금요일에 구치소로 면회를 왔다. 민변에서 변호준비를 하면서 친구 부모님들 만나랴, 영치금 넣으랴, 파란 죄수복이 보기 싫다고 한복 해 넣으랴, 또 변호비를 준비하랴 정신이 없었다. 넷째 누나(김금단)는 대학친구들을 만나 나에게 어떤 책을 넣어주어야 하는지, 앞으로 어떻게 되는 건지 물어보려 다녔고, 미국에 이민 가 있던 큰 누나(김경자)도 "선동으로 감옥에 갔다는데 어떻게 되는거냐?" 국제전화로 어머니에게 묻고 달래기에 바빴다.

형님(김석환)은 검사 면담 후에 나를 설득하는 장문(편지지 10장)의 편지를 보냈다. "무조건 검사님께 잘못했다고 빌라"는 것이다. 직장(삼성물산)에 있던 그는 형사가 집으로 몇 번 찾아 와 부모님을 만나고 가자 "직장에 압력을 넣을 수도 있겠다."는 것으로 판단되어 그런 편지를 썼다고 한다.

무림사건으로 안기부에 잡혀갔을 때는, 내가 남산에 있는 것을 모르고 어머니가 1월 추위에 열흘 동안 나를 찾아헤맸다고 한다. 수사관들이 집에서 나를 데려가면서 혼란을 주려고 "합동수사본부"라고 했기 때문이다.

군대에 갈 때 어머니에게 면회만 1시간 하고 갔었기 때문에 어머니는 계속 불안하셨다. 4주간의 훈련을 마치고 자대(강원도 원통)에 배치받고 나니 면회와 외박은 토요일에만 가능했다. 내가 목요일에 자대 배치를 받고, 금요일 아침에 휴가 나가는 고참 상병이 서울 어머니에게 전화를 해서 부대 찾아가는 방법을 알려주었다. 그리고 그 다음 날 아침 새벽차를 타고 어머니가 면회를 왔으니, 중대 인사계는 나보고 "보안 위규"를 해서 사신을 보내지 않았느냐? "어떻게 목요일에 자대 도착한 놈이 토요일에 면회를 오느냐? 집에 연락한 방법이 뭐냐?" 하면서 면회를 허락 안하는 소동이 벌어지기도 했다.

내가 군대에 있던 26개월 간, 어머니와 누나는 언제 또 어떻게 잡혀갈지 몰라 뜬 눈으로 밤을 새운 적이 많았다고 한다.

5. 소감

30여 년이 지난 시점에서 이제나마 헌법재판소에서 위헌판결이 내려지니 무슨 말을 어떻게 해야 할지 모르겠다. 그러나 한 가지 확실한 것은 나는 그때 나의 행동을 후회하지 않는다는 것이다. 1993년 9월에 독일로 유학을 갔고 10년이 지난 2003년 5월에 귀국했다. 귀국 후 10년이 되었지만 나는 박사논문을 아직 쓰고 있다. 그때 내가 한국의 민주주의에 정면으로 맞닥뜨려 보겠다고 결심하고 움직이지 않았다면 나의 논문의 주제가 "통일 독일의 민영화와 신탁관리청 -- 체계전환의 거버넌스 : 경제정책 결정의 미시적 정치과정"으로 되지는 않았을 것이다.

나는 34년 전 1심 재판정에서 "최후진술"도 못했고, 올해 3월 헌법재판소의 위헌결정 이후 재심재판도 그때 당시 면소판결이 나서 하지 못했다. 2년 6개월 전 재심을 청구하면서 쓴 글을 "최후진술"하는 심정으로 여기 첨부한다 :

'긴급조치 9호'는 왜 헌법정신에 배치되는가?

우선 '유신헌법' 자체가 '제헌헌법'의 정신에 배치됩니다. 1972년 10월 17일, 국회를 해산하고 공포된 '유신헌법'은 헌법개정에 필요한 절차를 제대로 거치지 않았습니다. 당시 헌법 어디에 대통령이 국회를 해산할 수 있다고 했었습니까? '비상'이나 '긴급'이란 말은 과장된 것이었습니다. 국가안보를 위협하는 것은 자유와 인권, 민주주의라는 헌법적 가치를 훼손하는 정권의 정당하지 못한 권력행사가 더 큰 위협이었습니다. 반면 언론·출판·집회·결사의 자유를 주장하는 야당이나 언론, 학생들의 주장은 대한민국이 지켜야 할 헌법적 질서와 가치를 더욱 공고히 해줌으로써 국민의 생명과 재산, 자유와 인권을 보호하는 대한민국의 존재이유를 더욱 더 강화해주었다고 생각합니다.

다음으로 '긴급조치 9호'는 한국 정치체제에서 개방성과는 반대되는 폐쇄적인 제도와 억압장치를 강화함으로써 투표에서 나타나는 민심을 왜곡하고, 제도정치권의 의사소통과 조정행동을 전혀 불가능하게 했습니다. 주권자인 국민의 의사와 무관하게 국회의원의 3분의 1을 간접선거로 선출해서 의회에서 야당의 역할인 견제와 균형을 불가능하게 했습니다. 그래서 학생들이 대신 주장했을 뿐입니다. 이것을 비판만 해도 잡아간다니요? "법관의 영장 없이 체포·구금·압수 또는 수색할 수 있다"(긴조 9호 8항)니요? 이것은 1688년 영국의 명예혁명 이후 확립된 '인신보호(habeas corpus)'[2]의 원칙에 반하는 것입니다. 프랑스 혁명의 정신이나 UN인권헌장에 배치되는 것입니다.

경제적 번영과 민주주의, 그리고 공화주의적 헌정문화: 공동선의 세 차원

박정희 체제 하에서 경제가 성장했고, 이때의 권위주의는 어느 정도 불가피했다는 주장이 있습니다. 저는 1962년부터 72년까지 대한민국이 근대화와 경제성장을 하는 과정에서 박정희 대통령의 공로가 컸다는 점은 일단 인정합니다. 그러나 그러한 공헌과 함께 과오도 명확히 밝혀져야 합니다. 경제가 성장하지 않았다면 민주주의나 인권의 기회도 커지지 못했을 것입니다. 그러나 경제가 성장할수록 민주주의와 인권에 대한 시민들의 요구는 이에 수반하여 커지며, 여기에서 절차를 밟는데 필요한 비용을 아까워한다면 민주주의의 기회는 확대될 수 없습니다.

민주주의와 경제성장은 서로 다른 두 개의 독립된 변수이며, 두 가지 중에서 어느 하나가 향상되면 다른 하나도 역시 향상되는 상호보완과 상호촉진의 작용을 한다는 것이 세계적인 사회과학자들에게 일반적으로 인정되는 견해로 알고 있습니다. 그리고 제3의 차원의 변수로 공화주의적 문화도, 앞의 두 변수 즉, 민주주의와 경제성장을 촉진하는 작용을 한다고 알려져 있습니다. 공화주의는 법치국가나 헌정문화, 신뢰의 문화나 공동체적 통합 등의 언술로 포착되는 공동체적 덕성과 관행을 말합니다. 쉽게 말해서 노블리스 오블리제, 즉 공동체의 지도자들이 앞장서서 군대가고, 세금 제대로 내는 것입니다. 이 또한 민주주의가 제대로 작동되고, 시장경제가 성장하는데 필요한 자원을

---

2) 인신보호 원칙은 법관의 영장에 의하지 않고는 사람을 체포, 구금, 고문, 처형하지 못하게 하는 것입니다.

제공하고 게임의 규칙을 정함으로써 성장의 지속과 민주주의의 질을 높이는 데 필수적인 공동선의 역할을 하는 것입니다.

법치국가의 제도와 헌법정신에 충실한 문화, 이것이 성숙한 시민 문화발전의 선결요건이며 대한민국이 통일 후에도 국제사회와 함께 하여 국가의 품격을 높이는 전략방안, 즉 집합적인 행위자의 합리적 행동전략의 초석임을 확신합니다. 이것은 1970년대에도 타당한 것이었고, 30여 년이 지난 지금에 와서는 더욱 더 명백해지고 있습니다. 지금이라도 그때에 행해졌던 헌법정신의 왜곡과 오판은 정정되어야 합니다.[3] 과거의 진실을 밝히고 정정하는 과정을 통해서만 공동체의 미래를 위해 서로를 용서하고 화해하는 새로운 통합이 가능하기 때문입니다. (2011년 1월 24일 작성)

2013년 12월 9일
김 종 채

---

[3] 150년 전 미국을 방문하고 "미국의 민주주의"라는 책을 쓴 토크빌은 "미국이 위대한 것은 그 나라가 다른 나라보다 계몽된 나라여서가 아니라 잘못을 정정할 수 있는 능력 때문"이라고 했습니다.

박정희 유신체제가 독재가 아니라고? *

1.1 대법원은 2015년 3월 26일, 민사 제3부(재판장 박보영, 주심 권순일, 민일영, 김신 대법관)(2012다48824판결) 판결에서 "유신헌법에 근거한 대통령의 긴급조치권 행사는 고도의 정치성을 띤 국가행위"로서 "국민 개개인의 권리에 대응하여 법적 의무를 지는 것은 아니므로", "민사상 불법행위는 아니다."라고 하였다.

1.2 대법원의 이러한 판결은 헌법에 명시된 국민의 생명과 인권을 보호하는 의무를 포기하고, 대한민국의 사법상황을 유신독재시대로 돌려놓은 것이다. 이러한 지록위마(指鹿爲馬), 곡학아세(曲學阿世)의 판결은 준엄한 역사의 심판을 피할 수 없을 것이다.

1. 박정희 대통령의 긴급조치발령행위가 불법행위가 아니라고?

먼저 "대통령의 권력행사가 국민 개개인에 대해 민사상 불법행위를 구성한다고 볼 수 없다."고 한 부분을 보자.

이것은 판사가 국민 개개인의 신체를 영장 없이 구금·구속한 것이 "인권범죄가 아니다"고 한 것이다. 개개인의 권리, 인권침해에 국가가 법적 책임, 민사상 배상의무가 없다고 한 것이다.

통치자가 국민 개개인의 신체의 자유, 인권유린에 책임이 없다면,

---

* 2015년 3월 30일

그 "국가"란 과연 무엇일까? 그것이 과연 현대사회의 민주공화국, "주권은 국민에게 있고, 모든 권력은 국민으로부터 나오는" 민주공화국에 해당하는 것인가? 법학자나 정치학자가 아니라 국민들의 상식에서도 이러한 국가는 "입헌군주국"이라면 몰라도 "민주공화국"이라고 하지는 않을 것이다.

작년 4월 16일, 세월호의 차가운 물속에서 300여 명의 아이들과 가족들은 "국가는 어디 있나요?"라고 물었다. 국민 개개인의 몸이 물에 빠져들고 있을 때, 그 국민 개개인의 몸을 구해주는 국가는 없었다. 단지 7시간 후에 나타나 "구하지 못하면 책임져라!"라고 호통치는 "괴물"이 있었을 뿐이다.

그 국가와 이번 판결의 "국가"는 똑같은 것이다. 국민 개개인의 몸과, "생명과 재산, 신체의 자유를 보호한다."는 것은 헌법이라는 종이장에 씌어있을 뿐, 실제의 통치자는 "자신의 안위와 생명만이 국가"였던 왕조시대의 국가가 이 나라 대한민국이란 국가의 진정한 실체라는 것이 여실히 드러났던 것이다.

우리는 그것을 역사 속에서 보고 기억해왔다. 1970년대 유신시대의 국가도 바로 그러했고 임진왜란이 일어나던 1592년 조선 왕 선조의 모습이 바로 그러했다. 이번 대법 민사 3부의 판결은 지금 이 나라가 1970년대 박정희의 유신독재와 조금도 다름이 없고 1592년 임진왜란이 일어나던 시대의 국가와 조금도 다름없다는 것, 자신들은 그때의 재판관에 불과하다는 것을 고백한 것에 조금도 다름이 없습니다. 아닙니까?

1776년 미국의 독립전쟁에 큰 영향을 미친 책이 하나 있습니다. 토마스 페인의 [상식]이란 책이 그것입니다. "군주국은 시대착오고 공화국이 상식이다." 이러한 인식은 영국 식민지 하에서 "대표 없이 세금 내던" 미국의 시민들이 스스로를 독립국가의 주권자임을 자각하고 자신들의 권리를 찾는 독립전쟁에 일어나는 공통의 자각이 바탕으로 되었습니다.

2. '성공한 쿠데타는 처벌할 수 없다.'는 논리

여기서 "고도의 정치행위"라고 한 것은 이른바 "통치행위"라서 현직 대통령의 아버지를 "처벌할 수 없다"는 의미로 해석됩니다. 1995년 김영삼 정부 하 전두환 등에 대한 내란죄 고소에서, 당시 검찰은 "성공한 쿠데타라서 처벌할 수 없다."고 했으나, 헌법재판소 결정 (1995.12.15 95헌마221)에서 "성공한 쿠데타도 처벌할 수 있다."고 하여 결국 전두환 등을 법정에 세운 전례를 떠올리게 합니다.

사실 이 논리의 출발은 '검사가 현직 대통령을 기소할 수 없다'는 겁니다. 더 나아가 전직 대통령의 자녀가 현직 대통령이 되었으니 현직 검사는 그 형사처벌을 주장할 수 없고 판사도 동의할 수 없으며 민형사상 배상책임도 인정할 수 없다는 겁니다. 속된 말로 "이기면 충신, 지면 역적"이라는 속언에서 나타나듯, 한국역사에서 일단 권력을 잡으면 역사서술과 해석도 그에 따라 달라지며 그 왜곡이나 변조 증거인멸도 정당화될 수 있다는 겁니다. 이것은 대한민국의 역사에서 수많은 지도자와 대중을 괴롭혀온 것이기에, 이에 대한 우리의 입지점과 시각을 다시 한번 밝혀두고자 합니다.

이는 민주화와 공고화, 민주화와 그 역행이라는 주제에 대한 법적, 정치적, 역사적 관점과 평가기준에 대한 인식의 문제입니다. 저는 우선 한국에도 많이 알려진 공고화의 논의만으로도 우리의 관점을 세울 수 있다고 봅니다. 메르켈의 논문(Merkel 1997, Wolfgang Merkel 1997, "The Consolidation of Post-autocratic Regimes: A Multilevel Model" 1997년 8월 17-21일 서울, 세계정치학 대회IPSA 발표 논문)만으로도 우리의 입지점과 관점을 얻을 수 있습니다.

"민주화, 민주주의로 이행의 정당성에서 공식적 헌법 정당성은 그 공포의 정당성으로부터 도출된다. 이는 다시 3가지 수준으로 분화된다(엘스터 1994): ①위로부터의 정당성, ②옆으로부터--내적 절차의 정당성, ③밑으로부터의 정당성. ①헌법은, 그를 제정한 국회가 민주적 원칙에 따라 형성되었다면, 그로부터 얻어지는 정당성으로부터만 신뢰를 얻을 수 있다. ②제정의회 내부의 의사결정 절차가 민주적 원칙에 의해 진행되어야 한다. ③헌법 초안이 국민에 의해 투표를 통해 승인되어야 한다."

우리의 문제는 대통령 박정희가 기존 헌법을 대체하는 유신헌법을 공포하고 그 긴급조치권을 발동하여 국민 개개인의 생활에 미친 정치행위에 대한 것이므로 이러한 헌법 정당성의 3수준에 따라 검토되어야 합니다.

첫째, 위로부터의 정당성. 박정희의 1972년 유신선포와 헌법공포는 이번 판결에서 검토되지도 않았습니다. 다만 판결문 중 6줄에서 그 이유를 드는데, "고도의 정치행위"라는 표현에서 상급자의 명령에 복종할 수밖에 없는 하급관리의 목소리로 표현하고 있습니다. "기소권 없다."고 한 검찰의 목소리라면, 부당한 명령에 항변하거나 책임있게 판단할 능력도 실행능력도 없는 영혼없는 관리의 소리로 보아줄 수 있습니다.

그런데 이 판결은 검사가 아닌 판사들의 판결입니다. 대통령 임기 5년보다 더 긴 6년 임기와 행정부를 견제하라고 독립성을 보장해 준 사법부, 대법관 4사람의 합의소부의 판결입니다. 헌법과 법률과 양심에 따른 판결인지 따져보아야 합니다.

　둘째, 옆으로부터--내적 절차의 정당성. 국회뿐 아니라 대법원과 헌법재판소도 독립적인 헌법기관이므로 같은 수준에서 기관 내부의 절차가 정당한지를 따져보게 됩니다. 우선 이 판결은 2013년 3월 21일 헌법재판소 판결과, 4월 18일 대법원, 전원합의체 판결보다 낮은 수준의 결정입니다. 먼저 대법원 전원합의체에서도 같은 결론인지 밝혀주시기 바랍니다. 그리고 2013년 4월 18일 이전에 임명된 대법관 박보영, 김신, 민일영(주심:권순일 대법관은 2014. 9월 임명됨)과 양승태 대법원장(2011년 임명)은 그때 자신도 참여하여 서명한 전원합의체 판결과 다른 판결을 내놓은 이유를 밝혀야 합니다.

　또한, 대통령 긴급조치 9호만이 아니라 1호, 4호에 대해서는 국가배상판결이 이미 많이 내려졌습니다. 왜 동일한 사람 박정희에 의해서 내려진 1호, 4호와 9호에 대한 판결이 달라졌는지도 해명해 주시기 바랍니다.

　그리고 헌법재판소에서도 대법원과 같은 결론인지, 자신의 이름 옆에 서명을 하고 국민 앞에 공표할 수 있는 결정인지를 확인하는 절차를 거쳐주시기 바랍니다.

　셋째, 밑으로부터의 정당성. 그래도 이 결정이 정당한 것인지를 판단하는 최종승인은 국민들이 투표로 하게 됩니다. 이것만으로 국민투표를 하는 것이 번거롭고 국력의 낭비라면 우리는 2016년 4월의 국회의원 총선과 2017년 12월의 대통령선거에서 어떤 입장을 가진 인물과 정당에 투표하는지로 이 문제에 대한 국민의 의사를 판단할 수 있다고 봅니다.

3. 박정희의 유신시대는 독재가 아니다는 논리

4.1 그러니까 1970년대 대한민국 박정희의 유신시대는 독재가 아니다라는 겁니다. 권위주의 통치가 경제성장에 어느 정도 필요하므로 "정당하지 않다."고 말할 수 없다는 겁니다. 이것은 역사인식에서 뉴라이트 진영의 경제제도사만을 보고 있는 학자들의 주장과 일치합니다. 그러나 역사나 인간행동의 인식이 경제적 측면만 보고 그쳐서는 안됩니다.

첫째, "법관의 영장 없이 체포·구금·압수 또는 수색할 수 있다." (긴조9호 8항)는 것이 불법행위가 아닌가요? 대한민국의 헌법에 있는 "신체의 자유"가, 국제사회에서 말하는 "인신보호의 원칙(habeas corpus)"이나 정신과 다른 건가요? 1688년 영국의 명예혁명 이후 확립된 인신보호의 원칙이 프랑스혁명이나 UN인권헌장의 정신으로 되었고, 1948년 제헌헌법의 정신이 된 것이 아닌가요?

둘째, 박정희 시대에 대한민국의 경제가 성장했으니, 결과적으로 좋은 것이고, 민주주의나 인권이 조금 희생되는 것은 어쩔 수 없지 않았냐는 논리입니다. 그러나 이것은 "시장의 논리"와 "광장의 논리"가 다르다는 것, 사회의 공동선(common good)이 서로 다른 차원에서 상호작용한다는 것, 따라서 경제성장과 번영이라는 차원(X)과 정치안정과 민주주의(Y)라는 차원은 서로 독립된 변수로 취급하되, 어느 하나가 잘되면 다른 한 쪽도 잘되는 상호보완, 상호촉진의 관계라는 점을 오해하는 논리로 보입니다.

물론 공동선에는 3번째 차원, 문화에서 국가공동체의 통합(Z)라는 차원이 또 다른 독립변수로 취급되어야 합니다. 앞의 두 독립 변수, 즉 시장경제(X)와 민주주의(Y)에 수 많은 하위 범주의 변수들이 존재합니다. 시장경제(X)는 임금(x1), 이윤(x2), 세금(x3), 재정(x4), 투자(x5), 거래비용(x6) 등등 수많은 하위변수들의 함수로 나타납니다. 민주주의(Y) 역시 선거(y1), 정당(y2), 이익집단(y3), 노동조합(y4), 정부(y5), 이해관계의 조정(y6) 등등 다른 수많은 하위변수들의 함수이지요. 그리고 국가공동체(Z) 역시 법치국가(z1), 헌정문화(z2), 복지국가(z3), 신뢰문화(z4), 사회적 자본(z5), 공화주의(z6), 노블리스 오블리제(z7), 국가품격(z8) 등등이 작용하는 함수이지요. 이것들이 합쳐져서 (X+Y+Z) 국민들의 생활수준이나 삶의 질이 나아지지만, 이 3차원은 각각 다른 방식으로 움직이며 영향을 미치며 상호작용한다는 것입니다.

쉽게 말하지요. 1932년에 독일 총통이 된 히틀러가 39년에 전쟁을 일으킬 때까지 독일경제는 성장했습니다. GNP가 81% 성장했지요.(Wehler 2003 : 709, Hans -Ulrich Wehler Deutsche Gesellschftsgeschichte Ⅳ 1914-1949) 그렇다고 해서, 독일의 경제성장이 히틀러 덕분이라고 말해야 할까요? 아니면 역설적으로 히틀러가 국가지도자였음에도 불구하고, 시민들의 희생과 노력으로 경제가 성장했다고 말해야 할까요? 어느 말이 적절한 역사인식일까요? 나치시대가 독재가 아니었다고 말하는 사람이 있나요?

4.2 정치사를 보지 못하고 경제제도사만 보는 인식의 오류는 또 들 수 있습니다. 일본에서 보통선거권, 1인1표의 권리가 도입된 것은

1925년의 일입니다. 물론 남성들만의 일이고 여성들도 선거에 참가해 투표권을 행사한 것은 맥아더 군정 하에서 만들어진 새 헌법 덕분에 1949년에야 가능했지요. 그런데 식민지 조선사람들은 선거권, 피선거권 어느 것도 주어지지 않고, 창씨개명과 황국신민의 서사를 외우도록 강요되었습니다. 정치학의 명제로는 "국가 없이 시민권 없고, 시민권 없이 민주주의 없다." 고 하지요.

또 한 가지, 재판에 시민이 참가하는 배심원제도도 주어지지 않았으니 배심권 또한 주어지지 않았습니다. 일제는 자기네 본토에서는 재판 배심원제도를 도입하였으나 식민지 조선에게는 엘리트 관료의 재판만 인정하였던 것입니다.

지금 한국에서 공직자 부패를 방지하기 위해 "김영란 법(부정청탁 및 금품 등 수수금지에 관한 법률)"이 논란이 되고 있다. 좋은 일이다. 그러나 그렇게 부패의 가지를 하나 하나 보고 잘라내는 것보다, 그 부패의 뿌리, 조직적 원천을 끊어내는 방법이 있다. 재판에 시민 배심원제도를 도입하는 것이다.

형사재판에서 유무죄의 판단을 관료 법관에게 맡기지 않고, 시민 배심원단의 평결에 맡기는 것이다. 이에 대해서는 항소가 불가능하도록 하면, 시민의 상식과 다른 판결이 원천적으로 나올 수가 없다. 부패의 기준과 정의는 그 나라의 정치문화에 따라 달라지는 것이다. 자신이 다른 사람의 배심원이 되고, 언젠가는 다른 사람이 배심원이 되어 자신의 행동을 평결할 수 있다는 인식, 이것이야말로 시민이 공동체의 책임있는 일원이 되고 지도자 공동체에 대한 봉사의 책무(노블리스 오블리제)를 몸에 체득하는 "시민이 깨어나는 가장 좋은 학교"라고 토크빌이 [미국의 민주주의]에서 격찬한 것이다.

일제는 그 배심원이 되는 권리, 공화국의 진정한 주권자가 되는 권리를 조선 신민들에게 주려하지 않았고, 그때의 관료사법과 부패의 원천, 식민지 잔재가, 유신독재 시대를 넘어 21세기 지금까지 남아 꿈틀대고 있는 것이다. 이를 끊는 사법제도의 정치 개혁, 헌법개정과 제도개혁은, 변호사단체 등 엘리트 관료들의 손이 아니라, 시민들의 헌법개정만으로 가능하다.

4. 민주화와 그 역행의 문제

한 정권의 재임기간을 넘어 후계정권으로 이양되는 과정에서의 정당성과 정치과정의 문제, 경제적 결과만이 아니라 정치적 정당성, 법치국가와 헌정문화, 엘리트의 행위에 대한 대중의 순응과 불응의 문제, 그 정치체제에 대한 국제사회의 인정문제는 훨씬 더 많은 문제가 나타납니다. (찰스 틸리 2007, 이승협/이주영 역 2010, [위기의 민주주의] 전략과 문화 : 린쯔/스테판 1996 (김유남 외 역 1999), [민주화의 이론과 사례: 이상과 현실의 갈등] 삼영사)

그러나 "인권범죄에 대한 국제규범은 시효가 없습니다."(이재승 2010, [국가 범죄] 앨피: 77-78)

이제 우리는 당신들이 역사의 심판을 면할 수 있는 마지막 기회를 드립니다. 긴급조치가 위헌무효라고 판결하면서 대법원 전원합의체에서 화해의 정신으로 공동체의 기초를 다시 놓은 그때의 정신을 되살려 놓으십시오. 국제사회의 언론과 감시단체들이 한국의 상황을 이미 민주주의의 역행, 언론과 집회의 자유와 인권이 후퇴한 시기로 기록하고 있습니다. 더 이상 당신의 이름을 후손들까지 부끄러워할 대열에 끼워넣지 말고, 그래도 마지막 지조를 지킨 사람들 쪽으로 바꿔 놓기를 바랍니다. 시간이 얼마 남지 않았습니다.

역사는 단선적으로 진보하지 않았습니다. "일보후퇴, 이보전진" 하는 과정, 한두 사람의 의지와는 무관하게 여러 생명체가 다른 생명체와 때로 경쟁, 때로 협동하는 진화를 거듭하면서 인류는 더 나은 사회를 함께 건설하는 과정을 밟아 발전해왔습니다.

2015년 3월 30일
목우자 김 종 채 배상

영화 명량이 '본 것'과 '보지 못한 것'*

중세 왕조국가의 리더십과 현대 행정국가의 리더십

영화 "명량"을 보았다. 관객 1,500만을 넘어선지 며칠이 지나서야---. 이순신 장군의 리더십과 승리의 요인은 그동안 많은 역사학자 소설가의 작품들, 영화와 드라마, 언론매체의 보도로 널리 알려져 있다. 그래서 "또 한 편의 영화"에 별로 기대하지 않고 있었다. 그런데 새 학기를 시작하려니 강의준비도 해야 하고, 남에게 들은 얘기만으로는 "내 이야기"를 할 수가 없어서 극장을 찾았다. 결론부터 이야기하자면, "허구"가 꽤 많이 들어간 것으로 보인다. 그래도 일단 그때 그 사람들의 분위기를 살려서 보여주니 반가웠다.

많은 것을 두 시간에 압축해서 보여주고 전달하려니 "허구를 가미한 구성"이 필요했을 것이다. 그래도 현대 사회과학자의 눈에는 "이순신 장군의 리더십"에 대해 영화 "명량"에서 감독이 "보지 못한 것"이 좀 보인다. 그래서 몇 자 적어본다. 이순신 장군의 리더십이 그렇게 "나를 따르라" 식의 초급 지휘관에 요구되는 리더십이었을까? 한 사람 영웅의 헌신적인 투쟁이 공포를 용기로 바꾸어 놓은 것일까?

첫째, 이순신이 동시대의 다른 장수, 예를 들어 원균과 비교하여 위대한 점은 무엇일까? 손자병법에는 "왕명을 받은 장수가 일단 전장에

* 2015년 4월 30일

나아가면, 비록 왕명이라도 따르지 않을 수 있는 경우"를 들고 있다. "계절이 가을에 접어들어 활줄이 늘어나 전쟁하기에 적절하지 않은 경우, 적은 군사로 큰 군사를 치라 할 경우, 성을 공격하여 얻을 실익이 없는 경우 등"(노병천 1992, [도해 손자병법] 가나문화사: 86-92; 192-200). 즉 천시(天時)를 알아도, 지리의 이점과 전술적 수단에 의한 승산이 없는 경우, 장수는 왕의 정치적 명령을 거부할 수 있다. 작전과 기동의 책임은 장수에게 있는 것이다. 이런 이유로 이성계(당시 "부원수")는 위화도 회군을 정당화했고 최영 대원수와 우왕의 명령에 불복했다. 이렇게 부하 장수가 간웅이 되고 왕조의 "역성혁명"의 주역이 될 수 있기에 중세 왕조국가의 군왕 선조는 수없이 감시의 눈과 칼을 보낸다.

밖으로는 "외적의 칼", 안으로는 "왕의 칼", 그 모두가 닿지 않는 곳에 "충(忠)의 길"을 세운 점에 이순신의 위대함이 있다고 본다(김훈 2001, [칼의 노래] 생각의 나무 : 79-82). (조직에서 내부 구성원의 "목소리"와 외부로의 "이탈" 그리고 경계에 있는 자원과 구성원의 관리에 대한 현대 조직이론에 관해서는 허쉬만(강명구 역 2005) [떠날 것인가, 남을 것인가?] 나남 참조)

원균이나 신립 역시 전사했다. 적어도 "적의 칼"을 앞에 두고 도망간 졸장부는 아니다. 그러나 근접 백병전에 능숙한 일본 '칼잡이'들의 부대가 조총으로 무장한 것에 맞서 싸우기에는 조선 육군은 매우 불리했다. 적의 조총보다 먼 거리에서 쏠 수 있는 총통의 존재, 그리고 그 포사격의 반동을 견딜 수 있는 판옥선의 구조(평저형 대 첨저형의 구조), 그리고 조선 남해안과 서해안 해안선의 특징과 물때를 잘 아는 용병술을 결합한 이순신의 함대만이 "최소위험으로 최대성과"를 내는 합리적 기동전술을 구사할 수 있었다. 병사들에게는 죽기로 싸우자고 말하지만, 어떻게든 살 방도, 이길 방도를 찾는 것이 장수의 책무를 다하는 것이다. 장수가 죽을 생각을 한다면 그는 이미 장수가 아니다.(노병천 1992: 187))

둘째, 지형지물의 이점을 이용하여 "승산"이 있는 장소와 시점에서 적을 만나도록 군대의 진퇴를 조정하고 지휘통솔한 것은 이순신의 탁월함이리라.(이것은 국제경쟁력이 크기와 규모만으로 얻어지는 것이 아니라 "적소(niche)"에 적응하여, 국지적 규범과 규칙을 따를 경우 유리한 생존조건을 얻을 수 있다는 현대진화론과 자연선택의 이론과 상응한다). 특히 이것은 "명량"의 소용돌이를 이용한 데서 극적인 효과를 더한다. 그러나 이것은 "일자진"으로 자신의 함선을 조직해 진도 앞 바다로 군사들을 이끈 조직력만으로는 되지 않았다. 자신을 "척후"하는 적들의 "척후"를 속이고 자신의 "탐망"꾼들은 살아서 정확한 "정보"를 전해주되, 적들의 척후는 "사지(死地)"를 "사지"가 아닌 곳으로 인식하도록 교란하는 것, 부하들의 마음과 백성들의 지식을 지혜로 끌어올리고 "우리"의 힘을 원하는 장소에 결집해야 한다. 우리 편이 적게 보이지 않도록 어선들을 안개 속에서 깃발을 들려 뒤에 배치하는 기만술과 심리전도 조직해야 한다. 그래서 난중일기에 "천행"이라고 기록된 명량의 승리는 지리만이 아니라 천시 즉 하늘의 뜻과 지리의 이점을 자신의 인격으로 결합한 사람만이 이끌 수 있었을 것입니다. "적을 알고 나를 알면 백번 싸워 위태롭지 않고, 천시와 지리를 얻는다면 가히 전부 이길 수 있으리라(知彼知己 勝乃不殆 知天知地 勝乃可全 노병천 1992: 248)"고 한 손자병법을 실전에서 구현한 사례가 될 수 있었던 것이다.

천시와 지리를 잘 이용한 사람으로 "동남풍을 불러온" 삼국지의 제갈공명이 있다. 그 역시 현대 과학의 눈으로 볼 때 "동남풍을 불러온" 것이라기보다는 지역의 국지적 기후를 잘 아는 촌로의 도움을 받은 것이 아닌가 추측되는 것이다. 지금도 적벽강 유역에서는 가을에 미꾸라지가 진흙에 많이 올라오면 갑자기 동남풍이 분다는 것이다. 이것은 지역 촌로들의 민심을 얻은 사람이나 알고 이용할 수 있는 정보에 해당한다. 삼국지도 현대 사회과학의 시각으로 재조명해 볼 수 있다. 조조라는 공동의 적을 두고 동맹을 맺는 두 세력 간의 전략과 지혜의 대결을 최근 텔레비전의 "삼국지"에서 보았다. 목표는 같으나 방법과 경로가 다른 사람들 간의 동맹, 일면 경쟁과 일면 협동의 게임으로 해석·조명한 것이 현대 사회과학의 "게임이론"으로 해명 가능하겠다. 공명과 주유 간의 경쟁의식을 "노숙"이란 인물의 행동으로 조정하는 것이 "집합행동의 논리"나 "합리적 동맹게임"으로 분석·조명할 수 있을 것이다.(집합운동과 합리적 행동에 대해서는 제 블로그의 다른 글들을 보시라. 그리고 제약(constraint)와 중층적 게임전략, 협치(거버넌스)에 대해서는 다른 기회로 미룬다.)

셋째로, 이순신 장군의 리더십에서 오늘날 배울 교훈은 무엇일까? 여기에서 초급 지휘자들에게 요구되는 "나를 따르라"고 하거나 한 영웅의 헌신적 희생만이 결론이라면 너무 안이한 인식이다. 우리는 지금 현대사회의 복잡한 인간행동에서 전쟁상황 또는 기업경영이나 대규모 행정조직의 관리전략을 묻고 있는 것이다. 또는 불확실성 하의 위기나 재난상황에서 대응하는 지도력의 원칙, 구성요소와 실현조건, 환경에 적응하는 방법, 자기규율과 상호규율의 방식으로서의 제도설계와 그 구성원인 행위자 간의 상호작용 과정으로서의 진화과정을 인식하는 시각과 분석틀을 묻는 것이다. 현대 사회과학의 공공정책론 또는 집합행위자의 합리적 전략론의 학설에 비추어 그 함축과 행동지침을 얻고자 하는 것이다.

먼저 고려해야 할 점은, 현대사회 또는 행정국가의 조직이론은 "인간행동에서 불확실성과 위험"을 발견한 뒤에, 이것에 조응하는 분석틀을 짜야 한다는 것이다. 다음에 국가나 정부 부서, 위계적 조직이 한 사람이 행동하는 것처럼 "균일한 이해관계"를 가진 행위자가 아니며, 그 구성원으로서의 개인들의 정보판단과 지식자원 활용능력 그리고 위험지각 불확실성에 대한 감수 정도가 서로 다르며 인지구조가 서로 달라서 생기는 합리성 갈등을 조율하는 과정을 거치고야 정부나 정당, 노동조합 등 집합행위자의 선호의 우선순위가 걸러져서 그 조직의 대표적 의견이나 행동노선으로 실행될 수 있다는 점이다. 한 사람의 선호가 "일반의지"를 대변하지 못하고 그 정책결정의 입력과정을 거쳐서 행동대안이 결정된 다음에 또 출력과정을 거친다는 점이다. 이때 정책결정자는 자기가 무슨 결정을 하는지 모르는 상태에서 결정을 내려야 하는 경우도 종종 발생하게 된다.

그래서 "협치(거버넌스)" 과정에서는 지식문제, 동기문제, 집행문제, 조율가능성문제라는 네 가지 문제들을 해결하면서, 여러 사람들의 중층적 의사결정과정에서 생기는 함정들을 피한 뒤에야 그 행위자(개인, 조합, 집합행위자)의 행동이 실행되는 것이다. 지식문제란 우리가 인간의 행동을 인지할 때 변수 X와 Y 간의 관계를 상관관계가 매우 높은 것으로 표상할 수 있지만, 실제로 영향력의 인과관계는 100%가 아니라 더 낮은 확률로밖에 실현되지 않는다는 점이다. 그래서 그 사이에 Z라는 매개변수가 의사적 상관관계인지 진실한 상관관계인지를 판별하다면 보면 우리가 알아야 하는 정보의 양은 훨씬 더 많아지게 되고 그 모델의 구성요소는 훨씬 더 작은 변수들로 나누어지게 되는 것이다. X도 더 작은 $(x1, x2---xn)$의 함수로 보게 되고 Y와 Z 또한 $(y1,y2---yn)$, $(z1,z2---zn)$으로 나누어 보아야 하는 것이다. 즉 작은 모델로 표상해서 어느 정도까지는 상관관계를 맞출 수 있지만, 보다 정교한 확률로 인과관계를 예측하려면 기존의 지식의 범위를 넘어설 수 있어서 생기는 문제다.

다음에 동기문제는 어떤 행동을 기획한 사람(주인)과 실제로 행하는 대리인 간의 동기 정도가 달라서 생기는 문제다. 주인-대리인 (principal-agent) 라고 부를 수도 있는 유인(incentive)의 차이이기도 하다. 그리고 집행(implementaion) 문제는 전국 조직의 사업을 기획하지만 지역수준에서 집행되려면 실제로 여러 명의 담당자를 거쳐야 하고 시간이 가면서 그들의 지위상의 변화나 이해관계가 변하여 집행이 늦추어지거나 축소되는 문제다. 그 조율가능성문제란 이렇게 한 집단행위자 내부에 여러 개인들 간의 합리성 상충을 과연 하나의 대안행동으로 귀결되도록 의사결정(명령, 다수결 투표, 계약, 협상)하면서 상호작용하는 동안 마찰을 줄일 수 있겠는가 하는 문제다.

"지혜와 권력을 어떻게 해서 한 장소에 결집할 수 있을까."하는 문제는 현대 행정국가와 정책결정체제에서 처음부터 끝까지 관통되는 문제의식이다.(Hill Michael 1997, "Policy Making" in The Policy Process in the Modern State, Prentice Hall: 98-126 또는 정정길 외 2008, [정책학 원론] 대명출판사 참조).

중세 왕조국가의 군주와 현대 행정국가의 대표자, 또는 책임자는 이렇게 "여러 사람의 지배"를 정당화하고 효과적으로 하는 규율제도와 절차규범이라는 제약 속에서 행동한다는 차이가 있는 것이다. 그래서 "경제인(homo economicus)"이 아닌 "사회경제적 인간 (homo socioeconomicus)"이라는 "RREEMM 모델"[1]이 현대 사회과학에서는 도입 상정되는 것이다.

쉽게 말하면, 조직의 모든 구성요소들이 제대로 작동되고 있다면 좋겠지만, 기계나 사람들의 체계는 종종 우연적 비상상황 (contingent situation)에 직면한다. 미리 예견된 매뉴얼이 없는 위기상황에서 어떻게 빠져나올(muddling through) 수 있는가?

최근 신문에 소개된 위기관리 사례를 들어보자. 2011년 3월 11일 후쿠시마, 노심용해된 제1원전에서 10km 떨어진 제2원전은 붕괴재앙 속에서 어떻게 기적같이 살아남았나? 급박한 상황에서 운명이 갈린 제1원전과 제2원전, 그 운명이 갈린 이유는 무엇일까?

그것은 "나를 따르라" 식의 강력한 리더십이나 영웅적 인물의 희생 덕분이 아니었다. 직원들 스스로 상황을 파악하게 하고 또 시시각각 변하는 상황에 당황하지 않고 계획을 수정해 나갔던 원전 소장의 침착한 리더십 덕분이었다. 비상대응센터에 직원들을 모아놓고 화이트보드에 데이터와 원칙을 제시하면서 직원들 스스로가 불확실성에 직면하고 맞설 수 있는 기회를 제공한 것이다.

모두가 정보를 공유하고 소통하고 또 끊임없이 업데이트하는 과정을 조직이론에서는 "센스메이킹"이라 불렀다. 이런 리더십은 조직이 급변하는 상황에 대처하는데 도움을 준다.(조진서, 동아일보 2014년 8월

---

1) RREEMM 모델은 고전적인 호모이코노미쿠스 인간모델을 모든 행동에 적용되는 사회심리적 인간조건에 의해 부과된 제한으로 보완한다. 약어 "RREEMM" 은 Resourceful - Restricted - Evaluating - Eexpecting - Maximizing - Man을 의미한다. 이 모델은 독일-네덜란드 사회학자 Siegwart Lindenberg에 의해 개발되었으며 "REMM"의 기본개념을 기반으로 한다. Resourceful - Evaluative- Maximizing Model) Michael C. Jensen 및 William H. Meckling 작성. 출처 : 위키피디아(편집자)

14일자)

　그리고 "아폴로13호"라는 영화도 좋은 사례이다. 우주여행 중 폭발 사고에 직면한 아폴로13호, 지상의 본부(NASA)의 건물 한쪽 소회의실에 비상대책반이 모인다. 처음 화이트보드에 쓰여진 원칙은 "에너지가 모든 것"이었다. 곧바로 항행에 필요하지 않는 에너지소비 차단명령이 전해진다. 음악 듣던 라디오, 선풍기가 꺼진다. 다음에 칠판에 쓰여진 것은 "가장 좋은 귀환 궤도?", 몇 분 동안의 토론 뒤에 해법이 제시된다. "원래의 비행궤도, 단 달 착륙은 포기" 이것의 실현조건은 달 표면 뒤쪽으로 도는 15분 동안 지구와의 교신은 중지된다는 것이다. 3명의 우주인은 그 15분 동안 누구의 도움도 없이 자기들만의 감각으로 우주선을 조종해 표면을 반바퀴 돌아야 했다. 그것은 마침내 해냈다. 그 다음 과제는? 이렇게 우주공간의 미아와 지상의 본부 간에 교신하며, 에너지를 최대한 아끼면서 매뉴얼에 없던 과제를 수행하며 문제해결의 방법을 찾아낸다. 마침내 3명의 우주인을 지구로 무사히 귀환시키는 순간의 감동! 위기 대응과 창조적 문제해결의 과정이 잘 그려져 있다.

　필자는 거북선이 왜선을 무찌르는 장면에서 열광했다. 사실 이 장면은 "명량"이 아니라 "한산"에서 나와야 할 것이다. 어쨌든 외국생활 10년 동안 거북선이 일본이 만든 것으로 아는 서양인들 때문에 속이 상했던 필자는 그 모습을 형상화해서 서양인들에게 보여줄 수 없을까 했었는데 이 장면으로 일단 감독님께 감사드린다. 그러나 백병전, 충파(衝破)는 사실이 아니지 않은가? 꼭 그런 장면이 있어야 영화의 감동이 사는 것일까? 오히려 그 인간의 내면적 긴장, 정신적 긴장을 형상화해 주는 것이 영화의 품격을 높여주지 않을까? 병사들의 "공포"를 "사기충천"으로 바꾸는 인격과 기술에 초점을 맞추면 되지 않을까? 굳이 "탐망꾼 임준영"이 그런 모습으로 죽어야만 감동적일까? 다음의 영화 "한산"과 "노량"에서는 이런 점도 감독과 작가가 고려해 주셨으면 좋겠다.

한반도 평화와 공동번영을 위한 제언*

한반도를 둘러싼 격랑과 먹구름이 매우 거셉니다. 마치 120년 전 청일전쟁이라도 불러올 듯한 무력시위와 거친 말폭탄이 오고 갑니다. 이럴 때일수록 근시안이 아니라 긴 호흡으로 우리 자신의 발 밑을 살피고 바다와 구름 건너 수평선을 바라보며 걸음을 옮겨야 할 것입니다. 420년 7주갑 전 울돌목 좁은 멱통에서 13척으로 133척의 적을 맞아 싸웠던 이순신의 지혜와 용기, 충량한 마음으로 전략과 비전을 토론하며 친구를 결집하되 적은 고립시켜야 합니다.

이 글은 아무런 "공직"도 없고, 외교안보 "정보"도 받지 못하는 백면서생의 글입니다. 그러나 신문과 방송, 인터넷과 스마트폰으로 무장해서, 100년 전의 어느 나라 군주보다도 더 많은 지식과 정보, 걱정거리를 안고 살되, 하루 밤만에 수천수만의 지사들과 교류·소통하며, 광장에서 수많은 촛불과 만나며 입헌"공주"국가의 "미친 짓"을 끌어내린 주권자이자 "대단한 국민" 중 하나의 글입니다. 격의 없는 토론을 바랍니다.

1. 당근과 채찍, 협상 = 대화 + 논박

김대중 정부의 대북 외교안보정책은 "햇볕정책"으로 불립니다. 북한의 개혁 개방을 위해 경제교류와 협력을 중시하는 것입니다. 야

---

* 2017년 10월 1일

생마를 길들이기 위한 두 방법, 즉 "당근과 채찍" 중 당근을 쓰겠다는 것이지요. 그러나 이것이 성공했는지는 의문입니다.

그 정책의 목표는 "분단상황의 관리"였습니다. 그러나 요한 갈퉁이 말했듯이 평화에는 "적극적 평화 positive peace"와 "소극적 평화 negative peace"가 있습니다. 후자는 갈등이나 분쟁이 없는 상태이고, 전자는 정의가 지배하는 것입니다.

사회과학자들이 평화의 문제는 현실에서 항상 "이것이 '정당한 평화 just peace'인가?"라는 형태로 제기되기 때문에 그 평화가 무엇을 말하는지 정의해주어야 한다고 합니다.

또한 한국을 방문했던 프란치스코 교황은 "평화는 정의의 결과"라고 했습니다. 이를 위해서는 먼저 남한 내에서 정의가 지배되어야 합니다. 이때 정의는 존 롤스가 말하는 "공정한 절차 fair procedure"로서의 정의일 것입니다. 다음에 북한에도 공정한 절차와 정치과정이 지배해야겠지만 그것은 하루아침에 이루어질 수 없고, 먼저 인권이 존중되어야 할 것입니다. 인권 또한 정확히 말하자면 꽤 길고 복잡한 얘기를 해야 합니다. 그러나 그 핵심은 "인신보호 habeas corpus" 즉, "법관의 영장에 의하지 아니하고는 사람의 몸을 체포, 구금, 고문, 처형할 수 없다."는 원칙이 될 것입니다.

2. 비전과 전략의 부재

문재인 정부는 "제재와 대화의 병행"이라고 합니다. 제재가 유엔 결의를 어긴 행동에 대한 채찍에 해당한다면 "햇볕정책"의 약점을 보완한 "당근과 채찍"을 정책수단으로 구사하려는 듯이 보이지만, 이것도 조금 애매합니다. 저는 "제재와 협상의 병행"이라고 하는 것이 정확한 표현이라고 봅니다. 이때 제재는 경제적 외교적 군사적 수단에 의한 압박으로 말과 행동을 바꾸려는 것이고, 협상의 과정에는 서로 공존의 조건을 찾기 위해 대화하는 것과 서로의 주장에 대해 논박하는 것이 포함됩니다.

문재인 정부는 남북관계를 풀기 위한 외교안보정책에 목표와 수단이 명확하지 않습니다. 이것은 "비전과 전략의 부재"로 나타나며, 미국·일본과 공조·협력하는 것이 아니라, 협상과 전략수립에서 대한민국이 배제되고 결과만 수용하되 그 과정에서 발생하는 위험과 비용은 가장 크게 부담하는 현상, 소위 "코리아패싱"으로 지적됩니다.

3. 운전석, 협상 탁자와 이차원 협상

문재인 정부는 남북 당사자(2)와 4강 이해관계자(4 미국 중국 일본 러시아) 간의 회담에서 "운전석"에 앉고 싶어합니다. 그러나 과연 "조수석"에라도 앉아 있는지, 뒤에 탄 사람들이 손님인지, 주인인지 애매한 상황이 관찰됩니다. 이것은 한국전쟁(1950-53)이 남북 2자 간의 전쟁 즉 "민족 간 내전"으로 발발했지만, 유엔군과 중국군의 참전으로 "국제전"으로 확대되었고, 그 휴전협정이 미국과 중국, 북한을 당사자로 한 3자 간에 조인되었던 역사적 특징에 기인합니다. 일본과 소련은 2차 대전에 참전했지만 그 종전협정이 국제조약상 애매하게 마무리되었고 이해관계자로서 협상과정과 합의 결과에 책임과 부담을 나눠갖는 참가자입니다.

이것은 국제협상에서 2단계(2level) 협상으로 이해해야 할 것입니다. 남북 당사자(2)와 미국, 중국(2)이 참여하는 [2+2]의 4자회담으로 남북관계가 조율되어 왔지만, 그 협상의 합의가 지켜지지 않아 무용화되고 북한이 협상탁자에 돌아와 앉도록 하는 제재가 유엔(안보리)에서 진행되고 있습니다.

4. 헬싱키 프로세스와 신뢰구축의 단계적 접근

우리는 여기에서 동독과 서독 간의 관계에서 전환점을 이룬 1975년의 헬싱키협정 협상과정에 주목할 필요가 있습니다. 서독의 동방정책은 1970년부터 총리가 된 빌리 브란트에 의해 "접촉을 통한 변화"로 추진되어왔지만, 그것이 1989년 동독 주민들의 자기결정, 자기발로 자유를 찾아온 사람들에 의한 장벽붕괴가 무혈혁명을 통한 동독 정권 붕괴로 나타나는 데는, 1975년 핀란드 헬싱키에서 맺어진 "헬싱키협정"의 작용이 매우 중요합니다.

이것을 이룬 "유럽안보협력회의(CSCE)"는 미국과 캐나다 그리고 나토국가들이 참가하는 국제회의입니다. 1975년 여기서 발표된 "헬싱키협정" 3항에서 "인권존중"에 대한 규정이 있었습니다. 또한 동독과 동유럽 국가들이 이 "인권규정에 대한 순응 여부를 감시하는 기구를 발전"시켰습니다.(베일리스/스미스 2003, 『세계정치론』: 111)

동독의 역사가들은 체제 내의 "이견그룹" 또는 "저항그룹"들이 이 조항을 거론하며 정권을 지탄할 수 있었다고 합니다. "법률은 아니지만 정권규탄에 효능이 있었다." "1975년 헬싱키가 없었다면 1989년 고르바초프나 베를린장벽 붕괴도 없었을 것이다." (렘케)

이렇게 국제협의체나 감시기구를 통해, 군사적 신뢰구축과 인권

존중에 순응하는지를 감독하는 방안을 한국 정부나 외교 부처에서 고안, 추진하고 있다는 말은 들어보지 못했습니다.(에버트 재단, "유럽안보협력회의", 인터넷 검색)

5. 제재(sanction)의 두 방식 : 일탈자중심전략 대 순응자중심전략

이제 이 글의 주요 논점에 이르렀습니다.

저는 독일통일을 공부하는 연구자로서, 공공정책의 결정체제와 제도설계에서 합리적 행위자의 역할을 공부하는 사회과학도로서, 북한에 대한 국제사회의 협상전략에 대해 한 가지 제안을 하고자 합니다.

그것은 제도설계와 합리적 설계에 대한 이론 중 하나의 논제로 필립 페티의 논문의 논지에서 착안한 것입니다.(Philip Pettit 1996, "Institutional Design and Rational Choice" in Robert E. Goodin(ed) 1996, The Theory of Institutional Design, Cambridge University Press : 54-89):

개별 행위자의 기회와 유인을 변화시키는 도구로서 제도를 설계하는 사람은 어떤 점을 마음에 그리고 있어야 할까요? ---넓은 의미에서 제재라고 부르는 것입니다. 제재란, 어떤 행위자 앞에 놓여 있는 옵션 세트에 대해서, 어떤 옵션이 더 매력적이고 어떤 것이 덜 매력적이게 하는가에 대한 판단에 작용하는 것입니다. 그것은 관련된 유인에 영향을 미치는 것으로 부정적인 형태와 긍정적인 형태, 즉 벌과 보상으로 나타납니다.

이어서 그는 합리적인 제도설계 전략을 논하는 데(72-87), "일탈자중심전략(Deviant-centered Strategy)"과 "순응자중심전략(Compiler-centered Strategy)"을 구분합니다. 그리고 그의 결론은 전자(일탈자중심전략)는 후자(순응자중심전략)보다 "이롭다기보다는 해롭다."(73)는 것입니다.

일탈행동에 벌을 주는 전략보다는 순응행동에 상을 주는 전략이 더 높은 수준의 순응을 이끌어 낼 수 있다는 것입니다.(저는 이 논문을 번역하고 있습니다. 초고가 나오는 대로 이 자리에 첨부하겠습니다)

노무현 정부 때 대북정책을 총괄했던 이종석 전 통일부 장관은 최근 상황에 대해, 북한에 대해 "제재는 효과가 없다."고 했습니다. 문정인 교수도 "대화밖에 방법이 없다."고 했습니다. 그러나 제 생각으로는 페티의 논문에서 제시된 이론적 관점에 비추어 볼 때, 이들의 "제재" 개념은 남북한 간의 관계에 국한되어 있고 그 맥락이 되는 협상체제, 국제적 협상체제의 구성요소인 제도의 설계와 구성 행위자에 대한 고민이 부족한 것으로 보입니다.

제 생각은 이렇습니다. 남북관계는 남북한 당사자만이 아니라 미국-일본-한국 동맹을 포함한 국제사회의 협력과 공조를 통해서 국제규범을 지키라는 제재와 그것에 순응할 경우 주어지는 보상으로 경제협력이 협상탁자에서 의제로 다루어져야 합니다. 협상장 "입구는 핵개발 동결이, 출구는 비핵화"라는 말도 다른 말이 아닙니다.

그리고 협상탁자에는 모든 옵션이 올라야 합니다. 남한과 북한이 서로를 "해방"시킨다는 헌법조항의 "잠정 중단"도 좋고, 웜비어, 김정철, 메구미 등의 국제인권침해도 의제로 다루어져야 합니다. 북한이 싫어한다면 언론에 비공개로 다룰 수는 있겠지만, 인권에 대한 국제기구 보고와 감시가 개선될 때만 공동번영 차원의 "경제협력"이 진행되어야 할 것입니다. 바로 이것, 협상탁자에 인권(human rights)이 의제(agenda)로 오르는 것을 외교정책의 전략목표로 삼아야 합니다.

6. 통일은 먼 미래로 미루어 두는 것이 낫다.

통일은 매우 시간이 오래 걸리고 수많은 사람들의 이해관계를 조정해야 합니다. 곧 통일이 될 것처럼 떠들기보다는 그런 것은 먼 미래로 미루어 놓고 실제로 남북의 공통된 이해관계가 진전되도록 서로 신뢰를 쌓아가며 가능한 것부터 차근차근 한걸음씩 진전시키는 것이 현실에서 더 유용한 접근 방법이 될 것입니다.

현실에서 문제를 타개해 가는데 "민족주의적 사고"는 별로 도움이 되지 못합니다. 남북관계는 당사자만이 아니라 국제관계에서 용인되어야 하는데, 오늘의 세계에서 독립이나 주권국가의 개념은 100년 전의 개념과는 많이 다릅니다. 보편적 인권이 존중되지 않을 때는 독립국가라 하더라도 국제적 규범을 따라야 한다는 쪽이 훨씬 더 많은 국제적 지지를 받고 있습니다.

코소보 전쟁 때, 상호공존과 협상하라는 국제협약을 어겼을 때, 평화유지군 이름으로 유럽연합이 공중폭격에 참가한 것도 그런 이유이며, 이란에 대한 "세컨더리 보이콧", 즉 핵개발을 고집하는 이란과 교역하는 모든 기업과 거래를 끊겠다는 압력에 이란이 굴복하고 협상장에 돌아온 것도 같은 이유에서입니다.

한 가지 오해하지 마십시오. 제재의 목표는 전쟁이 아닙니다. 협상탁자에 돌아오게 하기 위해 제재의 모든 옵션, 경제적·외교적·군사적 옵션이 고려되는 것입니다. 독일이나 프랑스, 유럽연합이 유엔제

재결의를 위반하고 만 Km 사거리 미사일이 유럽연합까지 위협할 수 있다고 북한을 비난하는 것도 이러한 인식을 전제로 공유하고 있는 것입니다. 멕시코, 볼리비아, 스페인까지 대사를 소환하며 외교적 고립을 자초하지 말라고 합니다. 그러면서도 최소한의 외교관계는 끊지 않는 것은 북한이 오판을 막기 위해서입니다.

함세웅 신부님이 "어떠한 동맹보다 민족이 더 낫다."고 했군요. 도무지 뭘 모르시는 분입니다. 프란치스코 교황도 "평화는 정의의 결과"라고 했습니다. 북한의 기근과 아사, 김정은 정권의 인권유린과 폭정, 국제사회에 대한 "깡패행위", 그것을 제재하지 않고 "핵보유국"을 인정하자고요? 북한주민은 노예로, 남한주민은 인질로 잡아놓고 몸값만 갖다바치라는 협박에 굴복하자는 말에 불과합니다. 중국 내부에서도 북한을 비호하는 방침에 이견이 커지고 있습니다.

저로서는 동북아 평화를 관리하는 국제기구에 미국이나 캐나다, 유럽 연합과 중립국, 스위스나 인도, 호주 등이 참여해 분쟁을 관리하고 국제규범에 순응하는 것을 감시하는 기구를 만드는 쪽이 훨씬 더 믿을 수 있다고 봅니다. "국민의 자유와 생명과 재산권을 보호한다." 이 구절은 대한민국 헌법에도 미국에도 독일과 프랑스 영국에도, 유럽연합의 헌장이나 유엔헌장에도 있습니다. 이렇게 헌법가치를 공유하는 나라들끼리의 동맹이 훨씬 더 믿음직하다고 봅니다.

7. 전쟁과 협상의 갈림길에서

손자병법의 맨 첫 문장은 "전쟁은 하지 말라."고 합니다. 막대한 인명과 재산, 국토를 파괴하는 전쟁은 최대한 피하라는 것입니다. 그러나 우리가 평화를 원하더라도 상대방이 도발해 오는 것은 대비해야 합니다. 평화는 구걸한다고 지켜지지 않습니다. 싸움이 불가피하다면 "싸우지 않고 이기는 것이 최상책"이라는 것이 손자병법의 가르침입니다.

쿠바 위기의 13일 간을 다룬 영화 [D-13 days]에서, 최종 의사결정을 맡은 사람은 3 사람입니다. 대통령 케네디와 그의 동생 법무장관 에드워드 케네디, 그리고 외교안보수석 브레진스키가 그들입니다. 수많은 군인과 외교관 정치가들의 판단이 서로 달랐습니다. 공군 참모총장은 자신의 존재를 과시하기 위해 공중폭격까지 에스컬레이트되는 대응 프로그램을 짜놓고 기다리고 있었습니다. 나중에 밝혀졌지만 군인들과 정치가들은 서로 전혀 다른 프레임과 제도로 상황을 해석하고 판단하고 있었습니다.

그 영화가 협상이론에 주는 교훈은 다음과 같습니다. "군인들은 매뉴얼을 만들어 두어야 한다. 그러나 의사결정자가 매뉴얼을 보고 정책을 결정해서는 안된다. 결국 모스크바로 보냈던 "최후통첩"이 "협상" 쪽으로 회답이 오는 그날 밤, 외교안보수석 브레진스키는 포클렌드 어부의 기도가 적힌 기도판을 붙잡고 밤새 기도합니다. "오, 신이여. 당신의 바다는 이렇게 넓으나 저의 배는 이렇게 좁사옵니다."

한국어 공동체만의 평화가 아닌, 국제규범과 가치를 존중하는 나라들과 협력할 수 있는 정책과 전략, 비전이 대한민국의 평화를 지킬 수 있다는 생각에서 몇 자 적어보았습니다.

2017년 10월 1일 아침 8시 45분
목우자 김종채 배상

* 트럼프가 말이 좀 거칠고 비즈니스 협상만 알지 북한의 비합리적인 사고와 행태를 잘 모르는 것 아니냐는 지적이 있습니다. 저도 그의 말이 좀 불안하고, 실무자 격인 동아시아 차관보도 임명 안 한 채 협상대표가 할 말을 미국 대통령이 트위터에서 하는 게 좀 위태롭게 보이긴 합니다. 그러나 그의 탄핵 가능성이나 미국 내 불복운동과는 별개로 자유, 생명, 재산권과 인권이라는 핵심가치를 공유하는 한미동맹은 전략적 가치를 가진다고 봅니다. 싸드 배치는 그를 위한 전술적 방안 중 하나이며, 한미방위조약의 비용을 부담하는 방법 중의 하나라고 봅니다. 그것에 목숨까지 걸고 싸울 필요가 있을까요?

　** 정동영 의원이나 이정미 의원이 북한에 특사를 보내자고 합니다. 그래 북한에 특사로 가서 북한 사람을 만나면, 뭐라고 말해야 하나요? 우리 민족끼리 잘해보자고요? 전쟁을 원하지 않으니 이 돈 받고 경제협력하면서 싸우지 말고 대화로 해결하자고요? 아마 돈만 받고, 미국과는 우리가 직접 대화할테니 "입 닥치고 찌그러져 있으라." 고 할 걸요. 그러한 협상의 전략을 우리 내부와 동맹국과 개념, 목표, 수단에 대해 협의 공유해야 하지 않느냐는게 제 생각입니다.

조국 장관을 위한 사회민주주의자의 변명*

낡은 이념이나 자신만의 도덕 잣대로 조국을 "배신자"니 "위선자"니 욕하지 말자.

내가 보기에는 "사회주의의 문화적 잔재"다. 공산주의가 "협동하는 인간"이라고 "새로운 인간"을 만들려고 했지만, 70여 년간 세계사의 경험은 인간본성에 어긋나는 실패한 경험이었다.

대신에 제도가 인간의 행동을 제약하지만, 다시 인간이 제도를 설계한다는 관점이 필요하다.

검찰제도와 정치제도가 어떻게 설계되는 것이 합리적인가? 조국은 검찰의 "기소독점을 분산견제하는 제도개혁"을 하자고 한다. 윤석열은 "검찰조직의 중립화"로 충분하고, 수사와 기소권의 운용은 검찰조직이 알아서 하겠다는 것이다.

사람에 충성할까, 아니면 조직에 충성할까? 둘 다 아니다. "헌법애국주의"가 답이다. 무조건 "법대로"하는 독재가 아니라, 헌법정신과 원래 입법가의 정신이 무엇인지, 시민들이 토론·숙의·협상하면서 조금씩 "더 나은 세상"으로 고쳐나가는 것이다.

복지국가와 법치국가가 규율하는 시장경제와 민주주의의 제도설계와 정책대안을 고민 토론해야 한다. 평등과 공정의 문제는, 교양교육과 기초복지를 위한 조세개혁과 부자증세가 필요하다.

* 2020년 4월 4일

조국이 자신의 몸과 가족을 내놓으며 일으킨 논란을 국가제도 대개혁의 전기로 삼아야 한다

사회민주주의가 지향하는 사회의 원칙은 평등 equality 한 인격, 공평 equity 한 경쟁, 그리고 기본 욕구 basic needs 를 충족하는 복지국가와 법치국가입니다.

Fritz Scharpf 1997, [Games real Actors Play], Westview: 91-92

사회전반의 방대한 개혁 grand reform 이지만, 점증적 개혁 incremental change 일 수밖에 없습니다. 이해집단이 크고 집합행위자가 많을수록 저항이 커서, 기존의 정책 의사결정 체계에서 한두 요소만 바꿔나가는 점증적 변화만이 가능하기 때문입니다

지금처럼 적대와 증오가 지배하는 상황에서 "시민들의 토론과 숙의"로 협상하는 판 자체가 성립이 불가하면 어떻게 해야 하나요?

우선 갈등을 전통적 의미의 개념에서는 적대적 의미의 것으로 봅니다. 전쟁처럼 제로섬게임 즉 100개 중 갑이 60을 가져가면 을은 40밖에 가져가지 못하는 상황이겠지요. 그러나 현대사회의 갈등은 제로섬만이 아니고 포지티브섬이 될 수 있어요. 윈윈게임 상생게임이 그것이지요. 여기에 파레토최적과 칼도최적이 있어요. 우선 현재 갑과 을이 50씩 갖고 있을 때. 한 번의 거래 후에 갑은 60을 갖게 되고 을은 40이나 그 이하 39를 갖게 된다면 그 거래는 안 이루어져요. 을이 거래에 응하지 않지요.

다음에 갑은 60, 을은 55를 갖게 된다면 거래 후의 합이 115로 원래보다 15가 늘지요. 갑도 10 을도 5가 늘면 둘 다 거래하자고 합니다. 이런 경우를 파레토최적이라고 하지요

다음에 갑은 60, 을은 45를 갖게 되면 갑은 10이 늘지만 을은 5가 줄어서 손해를 보니 을은 거래에 응하려 하지 않겠지요. 그러나 전체의 합은 105로 과거보다 늘어요. 따라서 갑이 을에게 5 이상 9 이하의 별도 급부를 주면 거래가 성립해요. 이런 경우를 칼도최적이라고 하지요.

현대적 의미의 갈등은 이렇게 플러스섬으로 가는 길, 공통의 이해관계를 가는 길 중에서 국지적 길과 지구적 길 중간에서 어떠한 길을 택하는가의 합리성 갈등이에요. 한강을 건널 때 돌다리를 건너는 것과 철교를 건너는 것 그리고 배다리를 만들어 건너는 3가지 방법 중 어느 방법을 택할까요? 돌다리가 비용이 가장 싸지만 무거운 것 비싼 것은 못 건너요. 지금은 철을 다루는 기술이 있어서 철교가 싸겠지만 그 전에는 나무배를 이은 다리가 더 쌌겠지요. 주어진 시간 내에 철다리를 만들 수 없다면 나무배라도 이어붙여야죠.

아무튼 우리 공동체가 부담할 수 있는 시간과 비용을 최소로 해서 해법을 찾는데 우리 공동체 성원의 공동의 이해관심이 있어야 해요. 공동의 해결과제가 있으면 남한과 북한도 협력을 통한 공동번영이 가능하지요. 예를 들어 비행기 항로를 북한이 양해해주면 미국까지 11시간만에 간다고 합시다. 양해 없으면 12시간 걸린다고 하고요. 그러면 비행기 1대당 1시간 절약이니 기름값 1시간 분을, 북한과 적절히 나누는 협상을 맺으면 협력이 가능하지요.

이렇게 적대관계와 증오심이 있어도 그것을 표출하면 서로 손해를 보므로 적대행동은 하지 말되 상호이익을 보는 행동을 하자는 협상과 협약이 가능하지요. 남한과 북한, 미국과 북한이 이제 60여 년의 적대관계 중지협상을 하고 있듯이 말이에요. 처음엔 작은 협약부터 시행하다가 점차 신뢰가 쌓이고 방법에 숙달되면 더 크고 여러 번의 교류협력으로 발전하겠지요.

여당과 야당 간의 선거 게임은 제로섬 게임이에요. 300석의 의석 중 여당이 200석을 얻으면 야당은 100석을 얻는 게임. 그러나 한국과 일본이 싸우다가도 외계인이 침공하면 협력하듯, 여당과 야당이 싸우다가도 일본이 도발하면 협력해야지요. 경쟁적 협동 즉 일면경쟁·일면협동하더라도요.

갈등에 3가지가 있어요. 이념-이익-정체성. 이 중 이념갈등의 시대는 지나갔어요. 남한과 북한 간에도 이념갈등을 해봐야 서로 손해니까 평화와 공동번영이라는 협약을 맺어 공동번영의 방법을 점점 더 많이 하고 신뢰와 교류협력의 크기를 늘리는 게 현명하다고 서로 깨닫고 인정하는 쪽으로 가면서 방법을 찾고 있지요.

여당과 야당은 이념이나 가치갈등이 아니에요. 대한민국 헌법에 자유와 생명과 재산을 보호한다고 명시되어 있어요. 미국헌법에도 유럽헌법에도 마찬가지고요.

야당과 여당은 가치가 다른 것도 있지만 방법이 다른 게 더 많아요. 이해관계가 다른 것을 실현하는 방법으로서의 제도설계와 정책 목표와 수단이 다른 거예요.

정치학의 과제는 막스 베버 이래로 목표가 아닌 방법에 있어요.

목표로서의 가치가 다르면 믿음의 충돌이 일어나지요. 야당은 자유를 강조하고 여당은 평등을 강조하는 것 같지만 요즘은 서로 비슷해요. 차이는 왼쪽일수록 생태와 지속가능성을 더 강조하는 정도지요. 요즘 자유한국당이 "헌법수호" 한답니다.

정치행위의 과제는 자유·평등·평화·박애·지속가능성 등의 가치를 실현하는 방법이 사람마다 집단마다 다름에 따라 이해관계가 달라지고 손해보는 집단과 이익보는 집단이 있는 것을 조정하고 조율하는 거예요. 가치실현을 위한 하위의 정책목표와 정책수단이 환경에 따라 달라지고 제도적 장치가 다른 것을 조율해야지요.

이것은 사람이 할 수밖에 없는데 로봇이나 인공지능은 부분밖에 못해요. 사람마다 이해관심과 욕구가 다르고 그 목표를 얻는데 드는 시간과 비용, 감수해야 할 위험에 대한 평가가 달라서 이를 "합리적 의사소통"을 통해 조율하는 것이 정치예요.

그런데 하버마스가 1982년에 쓴 책에서 "합리적 의사소통"을 통한 조율이 가능하다고 역설해 놓고 보니 거기에 전제로 요청되는 것이 있음을 알아차린 거예요. 그래서 1992년에 『사실성과 타당성』이란 책을 또 써요. 언어에 존재하는 『사실성과 타당성』 간의 긴장을 해소하기 위해 "법치국가"가 요청됨을 논증한 거예요. "자유롭고 평등한 시민들의 자율적인 법적 공동체" 말이에요. 맑스가 말했던 "자각적 인간의 자유로운 결사체" 대신이에요.

언어에 존재하는 『사실성과 타당성』 간의 긴장이요? 이건 한국에서 지금 자유한국당이 "헌법수호", "법치국가" 떠드는 거 생각하시면 될 것 같아요. 말과 행동이 하나도 일치 안하지요. 그러니 아무도 안 믿지요. 자유란 원래 그런 거라고 믿는 사람은 20% 이하예요.

그래서 "법을 이용한 불법"이나 "헌법을 이용한 불법", "입법 부작위" 등 법치국가 이전의 야만적 국가폭력 범죄가 없는 상태에서야 시민사회의 "합리적 의사소통"에 의한 조율이 가능하다고 일단 이해하면 될 것 같아요.

자, 처음으로 다시 돌아옵시다. 현대사회의 갈등은 제로섬 게임도 있지만 플러스섬 게임도 있어요.

강을 건너는 방법으로 1) 돌다리 2) 나무 배다리 3) 철다리 가 있다고 했지요. 모두 비용이 들어요. 1)은 10, 2)는 100, 3)은 300이 든다고 해 봐요. 홍수가 나서 돌다리는 없어졌고 2)와 3)중 어느 방법을 선택할까 행동전략의 노선갈등이 있어요.

둘 다 시간과 비용, 재료 기술 등 우리 팀의 능력 자원 시간을 고려해서 최소의 시간과 비용으로 행동전략을 선택해야 돼요. 의회에서 여당과 야당의 논쟁은 이것에 대한 것이어야 해요. 가치가 다른 정당, 녹색당과 개혁당 내지 보수당과의 논쟁은 이것부터 하지요. 그러나 개혁당과 보수당은 자유·생명·재산권보장이라는 자유민주공화국의 헌법을 공유하고 지키니까 그 하위의 정책목표와 정책수단, 정책환경에 대한 인지구조의 차이, 위험에 대한 평가의 차이, 비용과 시간, 기술과 지적 능력에 대한 견해 차이로 논쟁을 하여 한 쪽을 선택하거나 협상을 통해 절충안을 채택하지요. 가치에 대해 약간의 차이가 있어도 그 방법으로서의 제도(경쟁규칙)와 정책목표와 수단, 집행조직과 자원에 대한 토론·숙의·환류 과정이 정책의 결정과 집행과정이고 의회활동이에요.

그런데 지금 한국의 자유한국당은 이런 의정활동을 할 지적·정책적 능력도 의사도 없는 것 같아요. 그러니 같은 대한민국 헌법을 존중하며 그에 따라 선출된 사람에게 "너 빨갱이지"하고 "좌파독재"라는데 엄연히 대한민국 헌법에 "양심의 자유"가 있는데, 그리고 속으로 무슨 생각을 하든 겉으로 드러난 말과 행동만으로 판단해야 하는데, 이념이 다르다고 몰아세우지요.

현대사회에서 제도와 정책은 이렇게 공유하는 가치와 헌법규범

아래서의 이해관계조율 방법이에요. 이념이 다르면 전쟁하게 되는데, 대한민국 내에서는 자유 생명 재산권의 보호, 양심과 신체의 자유라는 원칙은 다 공유하니까, 방법을 놓고 정책과 제도 설계를 놓고 원래의 취지와 환경변화와 기술적·재정적 자원, 지적 조율능력을 토론해야 하는데 그런 능력이 없으니까 이념공격을 하는데, 이제 이런 "편갈라서 낙인 찍기"에 속아 표 찍을 사람은 20% 이하지요.

시장경제 차원에서는 경제적 번영을, 민주주의 차원에서는 정치적 안정을, 국가공동체 차원에서는 사회적 통합을 목표로 한 지적 조율과정이 정치이고, 협동의 정치, 협상의 정치를 위해서는 협치, 거버넌스라는 과정의 설명이 또 필요하지만 그건 좀 복잡하고 길어지니까 오늘은 여기까지~. 또 빠진 거나 궁금한 게 있나요?

아, 한 가지 덧붙이세. 한국과 유럽에서 "사회민주주의"라고 알려져 있는 정치사상은, 사상사적 계보로는 "자유공화주의 liberal republicanism"라고 부른다네.

그리고 나는 "사회민주주의자"인데 그것을 "이념의 깃발"로 이해하기보다는, 정당조직이 유권자에게 표를 얻기 위해 파는 "정책상품"으로 이해한다네. 소위 "제3의길" 영국의 토니 블래어나 독일의 게르하르트 슈뢰더~

하나 더 추가할까요? 안병직 선생과 낙성대연구소에는 "법치국가" 개념이 없어요. 협동의 정치든 협상의 정치든 "정치" 개념이 없어요. "인권"이나 "사회적 시민권"도 없어요. 그래서 내가 보기에는 경제주의적 시각일뿐이에요. 정치경제학이 아니고요.

헌정문화 확립없이 국가폭력 진상규명은 불가능*

1. 헌정문화 확립을 통한 역사정리와 재해석

석원호 선생님 수고하셨습니다. 윤리학의 관점에서 국가폭력 강제징집 등이 어떠한 문제가 있는지, 그리고 어떠한 진상규명을 거쳐서 국가의 책임이 밝혀지고 피해자의 원상회복과 치유가 이루어져야 하는지를 논해 주셨습니다. 철학이나 윤리학이 인간 행동의 기초와 규범문제를 정리하고 행동지침을 제시해 준다는 점에서 좋은 출발점을 놓아주신 것 같습니다. 다만 현재 대한민국의 현실에서 검사나 판사, 정치인들이 이러한 윤리, 도덕의 말씀에 얼마나 귀를 기울일지 모르겠습니다. 아니, '눈 하나 깜짝 안 하고 있는 것'이 오히려 실제에 가깝다고 생각이 듭니다. 이 글이 과연 얼마나 효과적인 대응방침을 이끌어 낼 수 있을까요?

헌정문화 확립이라고 제가 말할 때는, 검찰개혁, 법원개혁 그리고 헌법정신과 문화에 맞도록, 합당한 행동과 관행을 자리잡고 뿌리내리게 한다는 의미로 사용합니다. 즉, 법치국가와 공화국이 현대 시민사회의 전제조건이라고 하버마스가 [사실성과 타당성]이란 책에서 역설한 의미입니다. 국가폭력이란 국가에 의해 행해진 정치적 폭력이란 좁은 의미만이 아니라, 권리의 훼손·유린이란 넓은 의미에서의

---

* 강제징집·녹화·선도공작진실규명추친위원회 주최, 『강제징집·녹화·선도공장 국가폭력을 묻다』 토론회에서의 토론문(2020년 6월 24일)

국가범죄를 뜻하는 것으로 저는 사용합니다.

저 자신 박정희 유신독재의 피해자로 구속되었다가 풀려났지만, 다시 강제징집되었던 당사자로서, 유신독재 시기가 '불법국가'였다는 점, 그리고 그에 대한 국가의 책임이 인정된다면 원상회복과 국가배상은 너무도 당연하다는 점을 먼저 앞부분에서 말씀드리고, 다시 뒷부분에서는 그러한 인권과 시민권에 대한 훼손을 바로잡는 것은 헌법정신을 실현하고 잃어버렸던 공화국의 회복이라는 관점에서 역사를 바로 세우며 재해석하는 과정이 되지 않을까 하는 관점에서 토론해보려고 합니다.

2. 유신독재와 불법국가

박정희의 유신 시대는 독재였는가? 그렇습니다. 단적으로 유신 시기에 발령된 긴급조치9호에는, "영장없이 사람을 체포가능"[1]하다는 조항이 있었습니다. 현행 우리 헌법에도 "신체의 자유"[2]라는 조항이 있지만, 이 조항은 1679년 영국의 명예혁명 때 확립된 "habeas corpus"라는 개념으로 거슬러 올라갑니다.[3] "인신보호" 정도로 번역될 이 개념의 정확한 내용은 다음과 같습니다 : 법관의 영장없이는 사람의 몸을 체포·구금·고문·처형할 수 없다. 여기에는 남성에 대한 거세, 여성에 대한 할례의 경우도 포함된다.

이 개념은 영국의 시민사회 성장과정에서 시민권과 재산권 등 사

---

1) 대통령 긴급조치 9호 ⑧ 이 조치 또는 이에 의한 주무부장관의 조치에 위반한 자는 법관의 영장 없이 체포·구속·압수 또는 수색할 수 있다.
2) 대한민국 헌법(1988.2.25.) 제12조 ① 모든 국민은 신체의 자유를 가진다.
3) Heinrich August Winkler 2000, [Der lange Weg nach Westen] C. H. Beck Bd. I Ⅰ : 648

회협약의 산물로 정립되어, 프랑스혁명을 거쳐 세계인권선언과 유엔 헌장에 명문화되고 대한민국의 헌법에도 핵심원칙으로 자리잡았지만, 한국의 현실에서는 박정희 시기와 그 후속 전두환·노태우 시기에도 제대로 지켜지지 않고 국가폭력 내지 국가범죄가 저질러져 와서 역사청산 내지 역사정리의 과제를 제기하고 있다.

국가폭력과 불법국가

국가폭력 내지 국가범죄란 국가권력에 의한 중대한 인권유린 행위를 설명하는 용어이다.[4] 이것은 "이행기정의"[5]론 또는 제도설계와 재설계의 연구시각에서 다루어지고 있다.

이행기정의(transitional justice)는 과거 독재 및 권위주의체제에서 민주주의체제로 이행되는 과정에서 반드시 청산해야 하는 과거의 오류 및 상처를 말한다.

이행기정의는 한국에서는 주로 과거청산(Geschichtebewältigung) 또는 역사정리(Geschichteaufarbeitung)로 표현했지만, 이행기정의의 포괄적 범위 안에 과거청산을 포함해서 이해하는 것이 적절하다.(오동석 2018) 이행기정의의 구체적 청산 또는 해소 대상은 구 헌법 또는 구 헌법체제에서 일어난 국가범죄 또는 국가폭력을 대상으로 한다. 결과적으로는 구 헌법 또는 구 헌법체제를 심판대상으로 하기도 한다. 국가범죄 또는 국가폭력의 근거였기 때문이다.

한국의 사법체제, 양승태 체제의 불공정한 재판을 분석하는데, "헌법적 불법", "법률적 불법", "입법 부작위"가 유용하다.[6] 헌법을

---

4) 이재승 2010, [국가범죄] 앨피: 17)
5) Elster 2004, Closing the Books : Transitional Justice in Historical Perspective, Cambridge
6) 오동석, 2018 "긴급조치 배상판결의 헌법소원" 토론회 [8.30 헌법재판소결정 무엇이 문제인

이용한 불법행위 예를 들어서 헌법 부칙에 "국가재건최고회의의 결정에는 어떠한 이의도 제기할 수 없다." 하여, 헌법의 본래 취지와 어긋나는 조치에 대한 입법논의를 막아버리고 불법통치를 행한 것이다.

"법률적 불법"이나 "입법 부작위" 역시, 법률을 이용한 불법행위와 입법상의 유탈을 통한 의도적 불법행위로, 국가폭력 또는 국가범죄는 이러한 "불법체제" 즉 "법치국가 이전의 정당하지 않은 체제"를 방어하기 위한 여러 행태를 말하는 것이다.

따라서 유신체제를 "불법국가"라고 부르는 것[7]이 가능한 것은 독일의 법철학자 라드브루흐의 [라드브루흐 공식과 불법국가]라는 책에서 그 법철학적 근거를 찾아볼 수 있다.

"과거의 헌법조항이 현재의 헌법이나 그 이념에 비추어 볼 때 참을 수 없을 정도로 매우 부당한 경우에는 과거의 헌법조항의 적용을 배제하고, 현재의 헌법에 따라 재판할 수 있어야 할 것이다. 이 점에 관해서는 라드브루흐 공식(Radbruchsche Formel)을 참고할 필요가 있다."[8] 독일의 라드브루흐는 다음과 같이 주장하였다. "실정법의 정의에 대한 위반이 참을 수 없는 정도에 이르면 부정의한 법인 이 법률은 정의에 자리를 내주어야 한다." "이 사건과 같은 경우에는 대통령의 긴급조치를 사법심사에서 배제하는 규정은 법치주의 내지 입헌

가] (사)긴급조치사람들 주최 토론회: 12

7) 홍윤기 2020, "헌정질서 유린한 유신체제 청산과 국회의 과제" 국회 정책토론회 자료집(이재정 의원) 2020년 2월 12일. 국회의원회관 제9간담회의실
   한상희 2020 "유신헌법과 불법국가 유신독재 청산 국회토론회 및 유신청산연대 발족식 2020. 5.28 국회의원회관제1세미나실, 우원식 설훈 이학영 의원실
   오동석/권혜령/이춘열 2012.12 [유신헌법이 남긴 입법과제] 국회법사위원회
   권혜령 2019, '긴급조치' 피해자 구제방안과 사법불법 청산", 긴급조치 피해자 원상회복 방안 토론회 2019. 5.16.국회의원회관 제1간담회실

8) 윤진수 : "위헌인 대통령의 긴급조치 발령이 불법행위를 구성하는지 여부: 대법원 2015. 3.26 선고 2012다48824판결" [민사법학] 제 81호(2017.12) : 139

주의의 기본이념에 어긋나므로, 정의에 참을 수 없을 정도로 반하고 따라서 적용되어서는 안된다."[9]

"긴급조치는 한국 헌정사에서 기장 위헌적인 국가불법이자 '헌법적 불법'이었다. 긴급조치의 위헌성과 무효임을 확인하는 것은 시작일 뿐 긴급조치로 인한 피해자를 위한 회복적 정의와 가해자에 대한 책임 그리고 구조적 요인을 규명하고 재발방지 제도를 모색하는 일은 '살아있는 헌법'을 구현하는 일이자 '규범화되고 제도화된 헌법'을 고치면서 만드는 과정이다."[10]

남은 문제가 하나 더 있다. 긴급조치만이 위헌인 것이 아니라 유신헌법 자체의 위헌성 문제이다. 법학자인 윤진수도 다음과 같이 쓰고 있다. 학자들 중에는 "유신헌법 전체가 위헌이므로 헌법재판소가 이에 대해서도 위헌선언을 했어야 한다는 주장이 있다. 즉, 유신헌법으로의 개정절차가 당시의 제3공화국 헌법상 규정된 헌법개정 절차에 어긋나고, 또 그 내용에 있어서도 대통령의 종신집권을 제도적으로 보장하고 있으며, 대통령의 절대적 대권을 부여하고 있고, 기본권 보장이라는 헌법의 기본적 사명을 포기하였다는 것 등이다." --- "유신헌법---에 대한 위와 같은 비판 자체는 정당하다. 그러나 문제는 헌법재판소가 헌법 규정 자체에 대하여 위헌이라는 판단을 할 수 있는가 하는 점이다."[11]

정치사회학자나 역사학자라면 이 점을 놓치지 않을 것이다. 법률이든 헌법이든 문화 규범이든, "제도"라는 경기규칙이 현실에 맞지 않고, 경기행위자들이 고쳐 쓸 필요에 합의한다면, 끊임없이 다시 고

---

9) 윤진수 2017 : 151-152.
10) 오동석, 2018 : 12
11) 윤진수 2017: 136-137

쳐 쓸 필요가 제기되기 때문이다.[12] 오늘 우리가 다룬 문제와 토론은 사법제도와 정치개혁을 넘어서 헌법개정과 적폐청산이란 정치과정으로 다시 확산되면서 그 중요한 내용을 이룰 것이다.

대법원의 유신헌법에 대한 위헌판결은 긴급조치의 위헌성 여부만 판결하고 있을 뿐, 그 전제로서의 유신체제 선포의 (정치적) 정당성이나, 사법부의 묵인 내지 동조에 대한 반성은 아직까지 이루어진 바 없다. 그것은 원래의 입법 취지에 비추어, "부정의가 정의를 대체하고 있던 불법국가"[13]로 파악되어야 한다는 것이 필자의 주장이다.

사법농단에 관여했던 양승태와 박병대, 임종헌 등은, "적절하진 않았지만 (형법상의) 죄는 아니다."라는 말로 자신들의 잘못을 피해 가려 하고 있다. "직권남용을 할 권한이 없었으므로 형법상의 잘못은 물을 수 없다"는 것인데, 이것이야말로 눈가리고 아옹하며 국민을 우롱하는 짓이다. 원래 없는 권한을 넘어서 초법률적, 초헌법적인 재판 거래와 법관 블랙리스트 작성의 임무를 수행하게 하였다. 이것이야말로 헌법의 정신을 왜곡하고 판사의 직업윤리를 위반하여 헌정문화를 문란하게 한 것이다. 형법상의 입법 미비를 이유로 어물쩍 넘어갈 것이 아니라, 법왜곡죄를 신설하거나 헌법상 국회와 헌법재판소에 주어진 탄핵권을 발동해서 엄중히 죄를 묻고, 법관이 어떤 일은 해야 하고 어떤 일은 하면 안 되는가의 기준을 명확히 정립해 주어야 할 것이다. 그런 점에서 사법부 자체의 책임성뿐 아니라 입법부의 책무도 막중하다고 해야 할 것이다.

---

12) 현대 사회과학의 신제도주의적 시각이 이를 받아들이고 있다. 예를 들어 스티글리츠 2018, [경제규칙 다시 쓰기] 열린책들 참조.
13) 프랑크 잘리거(윤재왕 역) 1995(2000), [라드브루흐 공식과 법치국가] 지산

3. 헌법정신과 인권보호 그리고 공화국의 회복

윤석열 검사에게 국회에서 물었다. "당신은 사람에게 충성하는가, 아니면 조직에 충성하는가?" 그는 "나는 사람에게 충성하지 않는다." 고 해서 인기를 끌었으나 곧 검찰 "조직에 충성하는 것"임이 드러났다. 수많은 선별기소와 편파수사를 보고서도 "검찰 중립성"이 "자기 맘대로"인지 알지 못한다면 바보에 불과하다. 이 질문에 대한 해답은 "헌법애국주의"[14]에서 찾아야 할 것이다.

미국의 건국과 독립전쟁 과정에서, "우리를 하나의 운명으로 묶어준 것은 헌법"이었다. 미국 건국의 아버지들이 만든 헌법 역시 처음부터 완전한 것은 아니었다. 19세기 조지 소로우가 시작한 시민불복종 운동은, 인도의 간디에게 수출되었다가 다시 1970년대 미국 흑인 인권운동의 마틴 루터 킹 목사에게 재수입되어 미국헌법에 반영된다. 이 역시 저항과 개정의 과정을 거쳐 보완되었던 것이다

유럽의 헌법정신 역시 "무조건 법을 지키라"는 준법주의는 아니었다. 칸트의 가슴에 빛나는 별, "네 의지의 격률이 항상 보편적 입법의 원칙에 타당하도록 행위하라."는 독일과 유럽이 자신의 헌법과 헌장을 만들 때 새겼던 입법 정신이다. 한국에서는 헌법 1조에 민주공화국과 모든 권력은 국민으로부터 나온다는 것이 강조되어 있지만, 독일 헌법 제1조에는 : "1) 인간의 존엄성은 훼손할 수 없다. 인간의 존엄성을 존중하고 보호하는 것은 모든 국가권력의 책무이다. 2) 이에 독일 국민은 세상의 모든 인간공동체와 평화 및 정의의 기초로서 불가침적이고 불가양(不可讓)적인 인권에 대해 확신한다."[15]고 되어 있

---

14) Jan-Werner Müller 2007, [Constitutional Patriotism] Princeton University Press
15) Grundgesetz für die Bundesrepublik Deutschland 1993

다. 이 역시 지금의 시점에서 강조될 필요가 있다.

분권화되고 자율적인 조직-역할에 따른 책임과 재량, 권한-상명하복의 조직이 아니라 부당한 명령은 의심하고 따져 물어볼 수 있는 권리에 따른 책임이 중요하다. 21세기 4차 산업혁명 시대에 필요한 리더십 역시 인간의 정체성 즉 자신의 정신과 영혼을 일깨워주고 생명을 북돋아주는 리더십이 필요하다. 조직은 수직적 위계제 형태의 상명하복 정신이 아니라 독립되고 자율적인 개인들의 수평적 협의체로 보완 내지 대체해야 한다. 부당한 명령은 의심하고 물어볼 수 있는 권한과 책임이 부여되어야 한다. 일본식 품의제도나 한국의 결재제도에 내재해 있는 최상층 지도자만 결단하고 "나를 따르라"고 하는 전투조직이 아니라, 직무와 역할에 따르는 책임성(Role & Responsibility 또는 Accountability)을 가지고 변화하는 환경에 대응하고 의심하며 적응할 수 있어야 조직에 충성심과 소속감이 높아진다. 법치국가의 조직은 "무조건 법을 지키라"는 것이 아니라 "입법자의 정신이 무엇이었는지"에 비추어 변화된 환경에 적합한 원칙이 되도록 결단하고 행동해야 할 것이다.

4. 맺는 말

"'왜 그것이 이렇게 되어왔는가'를 해명하는 것(Erklären heisst erzälen, warum es so gekommen ist)"[16]이 역사학자나 정치사회학자의 책무다. 법학자는, "유신헌법이 위헌이었다고 헌법재판소가 판결할 수는 없다."[17]고 말할 수 있다. 그러나 정치사회학자나 역사가

16) Heinrich August Winkler 2000
17) 윤진수 2017:136-137

에게 박정희의 유신체제(1972~79)는, "법치국가 이전의 불법국가"였으며, 유신체제는 불법체제였다.

그에 저항한 시민불복종 행동은, 미국과 유럽 헌법의 개정과정에서 나타났던, 공화국 건설과 식민지 독립운동의 정신에 따른 것이었으며. 이에 대한 원상회복과 국가배상 및 합당한 처우는 지극히 당연한 국가의 책임이며 의무이다. 이러한 취지를 반영하여 대한민국 사법부의 자기반성을 촉구하고, 입법부의 결단과 헌법개정이 이루어지기를 바란다.

아울러 박정희 시대의 통치기제를 본딴 전두환·노태우 시기의 통치기제의 일환인 강제징집·녹화사업과 그 과정에 일어난 의문사에 대해 엄정한 진상규명과 피해자 원상회복이 이루어지는 것도 이렇게 헌정문화 확립과 더불어 진행되는 것임에 틀림없다.

장영근 회장을 그리며*

    당신을 부르는 이름은 많이 있겠지만, 저에게는 당신을 처음 만났던 시절, 강진 딸기 생산자협회 회장이자 전국농민협회 회장 시절의 호칭인 "회장님"이 가장 친숙하므로 그렇게 부르도록 하겠습니다.

    아마도 저는 창작과 비평사에서 나온 책, [농민의 마음, 하늘의 마음]의 원고를 출판사와 연결해주었던 인연으로 이 글을 쓰게 된 것 같습니다. 원래 그 책의 제목은 [눈물로 쓴 편지]였습니다. 그리고 "족보"에 대한 내용도 제가 좀 뺐습니다.

    그렇게 잡아끌어 올린다고 사람들이 따라오던가?

    비판적지지, "비지"는 는 콩으로 만드는 거인디?

    개 입에 풀 뜯어 먹는 소리

    한데 앉아서 음지 걱정하고 있네

    그의 해학과 풍자 속에 담긴 촌철살인의 통찰

    어느 젊은이와 화투를 치다가, '꼰대'라고 하자 단박 대답이 돌아왔습니다. '차라리 임금님 턱주가리를 차버리지 그러냐'

    허허 저 이앙기 가진 멍충이

    쥐들 아름다운 나라 미국 씨

    아스팔트 농사꾼과는 다른 농사 박사

    딸기생산자협회 회장, 전국농민협회 회장, 민주당 창당대회 당

---

* 2021년 2월 12일

(대의원회)의장

"너희 당에 얼마나 인물이 없으면 농민이 다 당의장을 하느냐고 묻는다면, '그러니까 우리는 민중당이야!' 이 한마디로 물리치겠습니다." 카메라맨들이 몰려와 플래시가 터지고 환호와 박수가 일었습니다.

이렇게 딸기교육과 농민운동으로

무릎연골 수술로 더 이상 딸기밭에 설 수가 없었습니다.

양계장에서 병아리 모이를 주고 돌볼 수가 없게 되었습니다.

그의 구수한 입담을 이젠 들을 수 없습니다.

그러니

그는 우리 시대의 선각자이자 농민과 함께 더불어 울고 웃고 분노하다 다시 웃고 살아간 지도자였습니다.

물처럼 대중들이 앞설 때는 그저 묵묵히 동행하다가, 그들이 막혀 서로 돌아보며 길을 물을 때 조용히 일어나 길을 잡아주는 그러한 지도자였습니다.

정책가, 그의 의문에 제가 하나 해답을 발견했습니다. 그것은 인플레, 화폐가치 상승 때문

이렇게 공부하는 농사꾼, 경제학자들이 풀만한 문제를 현장에서 발견하여 제기하고, 풀 것은 풀고 풀지 못하는 것은 돌아가며 후손에게 남기는 지혜로운 지도자였습니다.

부인 김강애 여사, 그 아주머니의 얼굴과 이름이 새겨진 딸기라벨이 붙은 상자가 가락동 농수산 시장에 들어오면, 상인들은 물건을 보지도 않고 "상품(上品)"으로 가격을 매겼습니다. 재배 방식에서 그리고 선별과 포장, 운송방식에서 각별히 신경을 쓰고 원칙을 지키는 그

생산자와 협력자들의 신용이, 자신들이 감정을 해 볼 시간마저 덜어주자 얻게 된 자연스런 반응이었겠지요.

그가 우리에게 남긴 것은 무엇일까요?

1남 2녀의 자녀에서, 또 각각 3명씩 손자손녀를 낳으셨군요. 1대에 2사람이 3명으로 1.5배를 불리는 걸 두 번 했으니, 자식농사는 일단 "수지를 맞추셨군요." 남는 장사를 하셨습니다.

이제 깨어있는 농민의 조직된 힘을 알게 되었습니다.

그 후손, 새로운 진보정당과 지속가능한 발전을 추구하는 젊은 후손들이 이 땅에 자라나 꽃피우고 열매 맺고 번성하며 향기로운 꽃동산을 이룰 것입니다.

옥에 흙이 묻어 길가에 두었더니

오는 이 가는 이 흙이라 하는구나

두어라 알 이 있을지니, 흙인 듯이 있으라 (공재 윤두서)

마지막으로 1995년 3월 9일, "농민의 마음 하늘의 마음" 출판기념식에 부치는 저자의 말로 끝을 맺겠습니다.

"함께 사는 농촌을 건설하자." "주민자치의 역량으로"

정근식 위원장에게*

  우선 중책을 맡게 된 것을 축하하네. 어디선가 페북에서 보고 축하 댓글을 달았던 것 같네만, 일단 하루 정도는 기뻐해도 좋겠지. 하지만 넓은 사무실에 비서와 운전사(나는 못 보았지만 아마 있을 걸. 장관급 예우를 받는 자리라니까~)까지 있지만, 아직 8명의 위원도 채워지지 않아 혼자서 사무실을 지키다 보면 앞이 잘 안 보이고 길눈 밝은 이를 찾게 될 걸세.

  사실 우리 대학 다닐 때 배운 "조직론"이야 뭐 경영학의 인간관계론이니 산업노동의 조직론이었지만, 나도 외국물을 10년 먹고, 고국 돌아온 지 17년인데 여러 관계들에 부딪히다 보니, 조직론의 내부-외부-경계라는 범주와 "몸을 가진 개인의 정치학(엘스터가 'body politics'라고 표현한 개인의 합리적 행동을 결집한 조직행위자와 그를 규율하는 경기규칙으로서의 제도 간의 상호작용을 통한 공진화)" 이란 말을 다시 생각하게 된다네.

  [떠날 것인가, 남을 것인가]라고 번역된 허쉬만 책의 원래 영어제목은 "출구, 목소리 그리고 충성심 exit, voice and loyality" 아닌가? 조직관리의 지혜를 다잡게 해준다네. 원래 조직에서는 내부에서 지도자와 다른 '목소리 voice'를 내는 사람도 잘 관리해야 하지만, 외부로 떠나는 exit 사람과 '경계'에서 '충심 loyality'을 낼까말까 서성

* 2021년 2월 27일

이는 사람도 잘 관리해야 한다네. 국가든 회사든 정당이든 노조든 조직지도자에게 자기 '목소리'를 내다가 떠나는 사람이 비록 한 사람이더라도 잘 살펴보아야 한다네. 큰 배라도 균형을 잃었을 때 쥐들이 우르르 몰려나가면 침몰할 징조이지. 또, 비록 한 마리 벌일지라도 내 정원의 나무에 안착하도록 잘 보살펴주면 줄지어 벌들이 날아와 풍유롭게 해준다네, 그 벌이 여왕벌이라면 말일세.

김훈 작가의 [칼의 노래]라는 소설도 보았겠지. 이순신의 고뇌를 잘 형상화했어. '앞에는 외적의 칼, 뒤에는 왕의 칼'이라는 '2중의 칼' 앞에서 자신의 충성을 "왕의 칼도, 외적의 칼도 닿지 않는 곳에 세워야"했던 외로운 장수 말이네,

훌륭한 법학자와 변호사, 하느님의 뜻을 전해주는 이와 지혜를 일깨워주는 살아있는 목소리들이 옆에서 도와줄테니 거친 풍랑과 파도가 덮쳐도 잘 헤쳐가시리라 믿네.

"무풍이 역풍보다 더 두렵다."는 말도 있어. 훌륭한 키잡이는 역풍이라도 배를 앞으로 가게 할 수 있다네. 무관심, 대중에게 잊혀진다는 것이 더 무섭고 괴로운 것이라더군. 정치인과 연예인들은 자기 생명만 끊어지지 않는다면 나쁜 소문이라도 언론에 나오는 것, 잘 관리해서 동력으로 삼는다네. 그러나 무풍은 완전히 자기 힘만으로 앞으로 가야 하기 때문에 오히려 더 힘들다는 거야. 연을 띄우는 것은 뒷바람이 아니라 맞바람이라더군. 자! 각설하고 본론으로 들어가세.

'긴급조치' 문제해결의 3가지 방법

긴급조치 문제는 6년 전인 2015년 10월 대법원 4부의 판결과

2016년 3부의 판결로부터 시작된다고 볼 수 있네. 3부 재판장 박보영, 주심 권순일의 판결이 더 질이 나쁘네. "위헌이지만 (국가)배상 책임은 없다."고 했기 때문이지. 헌재와 대법원에서 "위헌" 판결이 나왔지만, 그 배상을 부정했는데, 이게 궤변이 아니고 무엇인가? 우리는 당연히 이에 불복종하여, 원상회복과 국가배상을 요구하며 1인 시위를 벌였고, 월요일부터 금요일까지 매일 출근시간(8시 반부터 9시 반까지) 1시간 동안 대법원 정문 앞에서 릴레이 1인 시위를 했네.

김명수 대법원장 취임 후 그만두었고, 헌법재판소 앞에서도 2달 동안 그리고, 재판거래와 관련해 국회에서 특별법 제정을 위한 농성과 촛불문화제도 한 결과 결국 양승태는 구속되었지.

농단 판사 탄핵.

1) 헌법재판소 판결에 의한 방법

먼저 2018년 8월 30일 헌재 판결과 (2019년의 헌재판결), 그리고 (1차)진화위 권고를 봅시다. 민보상법(민주화보상법)에서, "정신적 피해의 대가인 '위자료'를 주지 않은 것은 한정위헌"이라고 해서 배상의 길은 열어 주었지만, 여전히 "'재판에 대한 헌법소원은 인정 않는다'는 헌법재판소 법 51조(?)는 합헌"이라고 했습니다.

이러한 제도를 입법으로 고치는 것 역시 논리적으로 불가능하지는 않겠지만, (기본권에 대한 해석의 경우) 헌재에서 재판을 할 수 있도록 하면 "실질적으로 4심제"가 되기도 하며, 그 해당 피해자(이해관계자)에 상당한 수의 "사법피해자"가 포함되어 많은 재판을 다시 하게 된다는 현실적 문제가 대두될 수 있겠습니다. 그래서 저도 이렇게 헌법재판소 법을 고치는 입법은 실현될 가능성이 낮다고 봅니다.

2019년의 헌재판결은 국가배상법 2조 1문에 대한 헌법소원에서, 그 법 자체는 위헌이 아니지만, "긴조 피해자에 대한 국가배상은 필요하다면 입법으로 해결할 수 있을 것"이라고 결정했습니다. 이는 (1차)진화위에서도 권고했던 바입니다.

2) 대법원 전원합의체에 의한 판례변경

두 번째가 대법원 전원합의체에서 판례변경하는 방법입니다. 이는 양승태 대법원이 소부에서 배상책임을 부인하는 (궤변이지만) 결론으로 실질적으로 배상을 안 하는 효과를 내는 판례를 만든 것을, 원래 대법원 전원합의체 판결에 대한 동급의 판례로 다시 정정하는 방법입니다.

현재 2020년 12월에 전원합의체에 긴조 사건이 심의에 붙여졌습니다. 한 달에 한 번 심의하므로 12월과 1월 두 번 심의했고 "쟁점 종합검토 중"이라고 공고되었습니다. 2월이나 3월에 판결이 나올 수 있습니다. 다만, 이 경우도 긴조 사건 중 3분지1만 해당합니다(민보상법 한정위헌에 따른 위자료 사건만 재판이 살아난 겁니다). 나머지 3분지2에도 이 판결(좋은 결과일 경우)의 효력(기판력 내지 기속력)이 미칠지는 판결문을 보고 판단을 해보아야 합니다.

긴급조치 사람들이 진화위에 바라는 것은 이 부분입니다. 만약 이 판결의 결과가 현재 재판이 죽어있는 3분지2의 경우에 효력이 미치지 못할 경우, 긴조 유공자(피해자)들의 원상회복과 국가배상을 "입법으로 해결해 주는 것이 바람직하다."라는 성명(내지 권고)를 진화위가 내어주면, 여론형성과 문제해결에 도움이 될 것이라고 봅니다.

이것이 해결되면 긴조 문제는 과거사 정리 차원에서 일단 해결되는 것입니다. 민주화유공자에 대한 예우와 기념행사는 다른 문제들과 같이 다시 논의되어야 하고요.

3) 특별법 입법

특별법 입법에도 다시 3가지 방법(법안으로는 4개 안)이 있습니다.

3-1) 긴조 보상과 명예회복(정청래 안): 21대 국회에 다시 발의되었음.

3-2) 재판거래 피해자 원상회복(박주민 안): 20대 국회에서 발의되었으나 법사위 상정 못함.

3-3,4) 유신청산특별법(송병춘 안:[박정희 유신독재체제 청산]에 수록 / 설훈 안:얼마 전 발의됨-긴조 카톡방에 올라옴)

어떤 방법이든지, "진상규명조사위원회"를 설치하고 거기에서 피해 정도와 정황을 판단해 배상의 기준과 구체적인 액수를 정한다는 것은 동일한 듯합니다. 어떤 것이 가장 좋은 법안인지는 저보다는 법률전문가 분들의 판단에 맡기겠습니다.

2. 유신청산 문제는 현재 송병춘 변호사가 제안한 법안에서 강제징집이나 학사징계(유기/무기정학)를 포함할 것인가 판단이 필요합니다. 강집은 피해자 카톡방이 있으나 3갈래 흐름으로 갈라져 좀 복잡합니다. 개인별로 진상조사 신청서를 쓰고 있으니 모아지면 받되 1) 군의문사 9명에 대한 진상규명이 필요합니다. 여기서 당시 군헌병대의 조사보고서를 그대로 사실로 인정한다면 진화위가 존재할 이유가 없겠지요. 진상규명이 가능한지, 불가능하다면 어째서 불가능한지 판단을 하셔야 할 겁니다. 진화위의 직권조사 권한으로 어디까지 진상규명 가능한가가 문제될 것임 2) 개인이나 집단 보상의 범위와

정도, 사단법인이나 재단법인의 설립방향 설정이 과제가 될 것 같음.

3. 유신청산단체나 개인과 광주진상규명위원회의 활동대상이 겹칩니다. 광주헬기발포 책임자 진상규명이 내란죄 판단에 중요한 쟁점이 될 것이므로 그 인과관계와 논리구성이 중요한 과제로 될 것, 예컨대 전두환은 자신이 명령계통에도 있지 않았다고 책임을 부인하고 있으나 그럼에도 불구하고 전두환이 광주비행장을 방문한 5월 21일(?) 이후에 헬기사격이 있었던 것, 즉 남용할 권한이 없어서 죄가 아니다라는 법리를 넘어서서, "없는 권한을 초월·왜곡해서 행사했다. 거기서 가장 큰 이득을 본 자가 누구인가?"라는 상식인의 질문으로 바꾸어야 합니다. 필요하면 "법왜곡죄" 제정을 해서라도요. 이 점은 양승태 사법농단의 "권한남용의 입법미비"를 논파하는 데도 중요합니다.

4. 강제징집, 녹화선도공작, 강집녹화선도특별법(?) 이것 역시 위의 "유신청산특별법"과 비슷합니다. 그 대상만 군대강집과 관련된 사람들입니다.

여기에 목소리가 셋 있습니다.

1) 임영순, 이재범 등 '의문사 진상규명'에서 시작해 '추모연대'로 이어지는 그룹, 최우혁의 유족(형) 최종순 등 9인의 군 의문사 사건

2) 윤종은(서울대 78) 등, "강집 혁신 모임"

3) 윤병기(상임 대표, 연대), 황병윤(공동 대표, 대구대), 조종주 사무처장 등, "강집 대책위(?)"

이들의 목소리는 아직 걸러서 하나의 목소리로 정리되지 못했습니다. 2020년 11월 3일 오후 2시, 국회의원회관 제2소회의실에서 열린 토론회(강제징집·녹화·선도공작 진실규명추진위원회 주최)의 장면을 하나 요약해 보겠습니다.

이재범, 윤병기 등이 주최하는 국회토론회를 연기해 줄 것을 요청했지만(이유는 "'헌병대 보고서에 의하면 자살'이라는 진술에 대책이 무엇이냐") 이들은 미루지 않았습니다. 임영순이 이들을 "무임승차"라고 했고, 대답은 "무임승차가 아니라 그동안의 활동과 사업목표 및 방향이 다르다"고 했습니다.

"무임승차"와 선별적 유인

무임승차 150명이 무임승차한 것이 아니라, 2000명 중 1850명이 무임승차 하고 있는 것.

4. 법률가 정치사회학자 역사학자

법학자들이 뭐라고 하느냐에 관계없이 유신체제를 불법국가라고 부르는 것은 가능하다. 정치사회학적 관점, 엘스터

법학이 아닌 정치학 또는 사화과학의 관점, 법치국가— 공동선의 3차원

입법을 통한 역사의 정리 vs 비법률적 방법을 통한 역사의 정리

정의 모델 vs 망각 모델

진실과 화해

'전쟁상황'에 대한 법적, 역사적, 그리고 정치적 책임*

두 분 발표 잘 읽고 들었습니다.

김춘수 선생님, 감사합니다. 전두환의 신군부 집권 시기, 권력의 공백을 이용하여 상황을 과장하고 5.18 때 "전국으로 비상계엄을 확대"하도록 "정보 보고"를 했던 '합동수시본부'를 장악하고 다른 '정보'는 차단함으로써, 정국에 대한 해석과 통제를 '하나회'를 비롯한 '정치 군부'만이 가능하게 하여, 국가 권력을 자기 혼자 독점했던 기제를 잘 포착하여 설명해 주셨습니다. "혁명은 법률행위가 아니라 사실 행위"라는 말이 인상적이었고요. 계엄법 어디에서도 계엄이 선포되었다고 해서 국회를 해산시키고, 예비검속을 시행하도록 규정하고 있지 않음에도 새로운 권력자의 "사실행위"를 통해 권력에 도달하는 과정을 잘 보여주었습니다.

또한 그것이 가능했던 것은, 박정희 군사정부 시기와 한국전쟁 시기에 "계엄은 군사적 위기와는 별개로 내전 상황에서 신속한 (가상의) 적 제거를 목적으로 하는 정치적(픽션적) 계엄이었다"는 서술도 매우 흥미로웠습니다.

오동석 교수님의 글도 반갑습니다. "위수령이나 계엄령이 헌법정신과 피해자 인권의 관점에서 위헌이며 불법이라"는 견해도 동감입니다. "이쯤에서 정치권력의 자의적 활용수단이었던 계엄제도를 개선하는 걸

---

* 국회의원·설훈·우원식·이학영외/유신청산연대 주최, 『유신독재청산토론회-군사독재의 도구 계엄령의 역사와 위원 불법성』(2021년 10월 19일)에서의 토론문

넘어서서 아예 폐지해야 한다."는 결론에도 적극 찬성합니다. "군의 '특수성'을 이유로 입헌민주주의적인 통제를 거부하는 군사독재의 통치를 청산"해야 한다는 것이 현재의 시대정신이라고 보기 때문입니다.

이 토론을 준비하면서 저는 쿠데타에 대한 저의 생각을 정리하려고 이재승 교수가 1998년에 쓴 "쿠데타의 법리"라는 글과 1995년에 나온 [5·18, 법적 책임과 역사적 책임](박은정/한인섭 엮음)을 읽어 보았습니다. "성공한 쿠데타는 처벌할 수 없다."는 논리에 대한 적절한 반박과 당시 시민들의 반응이 잘 정리되어 있더군요. 다만 당시에는 "정치가 법 아래에 있어야 한다."는 것이 전면에 강조되었지만, 지금은 "정치가 법을 잘 인도해야 한다."는 것이 강조되어야 할 것 같습니다.

"왕의 말이 법인 나라는 군주제 국가이고, 법이 왕인 나라가 공화국"이라는 말은 미국 독립전쟁에 불을 붙인 책(토마스 페인 [상식])에 나오는 말입니다만, 이렇게 공화국을 처음 건설하고 헌법정신과 법치주의를 확립할 때의 상황과 법치제도가 도입되고 헌법정신에 따른 헌정문화가 실현되어야 하는 상황은 다르지요. 현재는 헌법 제1조보다는 독일헌법 제1조(대한민국 헌법 제 10조 행복추구권, 불가침의 존엄과 인권)이 실현되어야 할 시점 아닌가요?

독일의 제1공화국에서 법치제도는 도입되었지만, 그 법관과 시민들이 공화국 시민답게 행동하지 못하고, "공화주의자들 없는 공화국"이 되고 만다면, 독일 바이마르 공화국(1918~32)이 실패하고 히틀러 독재를 불러온 경험을 되풀이할 수도 있기 때문입니다.(Hendrk Thoss 2008,Demokratie ohne Demokraten)

'만인이 법 앞에서 평등하다'는 뜻에서는 정치인도 법 아래에 있어야 하지만, 정치인들이 스스로 지도력을 발휘하고 의사결정해야 할 때, 책임성과 민감성을 담아 정치력을 발휘해야 한다는 점에서는 '정치가 법에 우선'해야 합니다. 불확실한 미래에서 공동체의 모든 사람의 요구를 다 만족시킬 수가 없고, 구성원 중 누군가 비용을 지불하고 위험을 감내해야 하는 상황에 직면했을 때, 그 상황을 정의하고 해석하는 일은 핵심 역량에 해당하는 정치적 지도자가 감당해야 합니다. 확립된 헌정민주주의 국가에서 '법치국가는 선결요건'이라고 하버마스가 1992년에 쓴 책 [사실성과 타당성]에서 말한 이유입니다. 특히나 현재 한국에서는 정치인들이 자기들 문제를 사법기관에 고발함으로써 나타나는 "정치의 사법화"의 폐해가 크고 입법부가 자신의 책무와 소명을 회복할 필요가 큽니다. 사법부 자신의 잘못, "사법 불법"이라고 권혜령 박사가 지적한 문제와 함께 사법부와 입법부의 자기책임을 각성시키기 위한 학자 시민들의 분발이 적극 요구됩니다.

그런 점에서 저는 한 사람의 정치사회학도로서, "불확실한 상황을 판단하는데 그 '정보'를 보고하는 정치 '제도'의 체계가 얼마나 중요하며, 여기에 '핵심 행위자'의 상황정의와 해석을 제공하는 리더십이 어떠한 작용을 하는지"를 상기하는 사례를 하나 제시하면서 토론자의 임무를 마치려고 합니다.

[D-13 days]라는 영화가 있습니다. 1962년의 쿠바 미사일 위기를 다룬 영화 [D-13 days]에 보면, 한 쪽으로 정치가와 외교관, 다른 쪽으로 군인들이 죽 앉아 있는 가운데 케네디 대통령이 의사결정하는 과정이 나옵니다. 당시 최종 의사결정은 로버트 케네디 대통령과 에드워드 케네디 법무장관, 외교안보 수석(케니 오도넬) 3사람이 했었습니다. 군인들은 매뉴얼을 만들고 수단을 준비해 놓아야 하지만, 정치적 목적과 방법을 결정해야 하는 사람들은 결코 그 매뉴얼을 보고 상황 판단과 의사결정을 하면 안됩니다.

'전쟁이냐 협상이냐' 하는 불확실한 상황에서 당시에 정치외교관

그룹과 군인 그룹 간에 상황을 보고 해석하는 제도적 프레임이 서로 완전히 달랐던 것이, 나중에 그들의 보고-판단-조치의 과정을 복기해 보는 과정에서 드러났습니다. 공군 참모총장이 중심이 되어, 상황이 에스컬레이트되면 바로 '제3차 세계대전'으로 확장될 수 있도록, 보복과 대응의 프로그램이 물밑에서 가동되고 있었던 것입니다. 소련에 의한 미사일 배치가 발견되면서, 해상검문이 벌어지고, '비행기에 기관포 사격을 받았다'는 보고만 들어와도, 자신들의 존재이유를 과시하고 싶은 분위기에 군인들은 동감하고 있었습니다. 외교안보 수석의 노력으로 며칠 시간을 법니다.

그러나 미사일 철수과정에서 충돌이 일어나 비행기가 격추되고, 공군 참모총장의 '즉각 대응사격' 건의가 들어오지만 케네디 대통령은 '거부'합니다. '유연반응전략'으로 '전면전을 원치 않는다'는 신호를 흐루시초프에게 보내고, UN 주재 소련대사를 '비공식 채널'로 한 대화 제의가 들어옵니다. 그 진의를 믿을 수 있느냐를 놓고 또 한번의 격렬한 토론이 벌어집니다.

'최후통첩'을 보내놓고 회답을 기다리던 밤새 외교안보 수석은 작은 기도판을 쥐고 기도를 합니다(포클랜드 어부의 기도: "오, 신이여! 당신의 바다는 저렇게 넓으나/저의 배는 이렇게 좁사옵니다"). '협상' 쪽으로 회답이 오고 영화의 마지막은 이렇게 끝납니다. "오늘도 태양이 떠오른다면, 그것은 세상에 좋은 사람들이 더 많았기 때문이다." 가급적 전쟁을 피하고 싶었던 케네디 대통령이 어떻게 상황을 관리하고 흐루시초프와 대화를 통한 해결을 시도했는지 영화는 잘 보여주고 있다. (Scharpf 1997, Games Real Actors Play, Westview : 40 ; 김연철 2016, [협상의 전략] Humanist : 제2장 "쿠바 미사일 위기" : 47-72)
　　"끝"

우리 기억 속에 살아 있는 김종채

4부는 김종채와 함께 살았던 이들의 기억을 통해 그의 모습을 그려내려고 하였다. 그의 친형, 박사과정 지도교수, 고등학교와 대학교 친구들, 그리고 무엇보다도 서울대 사회대평론 편집실 후배들의 글들을 통해 인간 김종채의 열정적이면서 아름다웠던 모습이, 그리고 그에 대한 뜨거우면서도 안타까운 사랑의 마음이 생생하게 드러나기를 기원한다. -편집자

동생을 먼저 떠나보낸 형의 소회

김석환[*]

꿈꾸는 능력 …
서산에 떨어지는 붉은 해처럼,
내 인생의 마지막을 벌겋게 물들이리라.

이것은 내 동생이 항상 메고 다니던 (태양광)배낭에 언제나 휴대하고 다니던 메모 노트의 맨 마지막에 메모되어 있는 문구이다. 그 녀석이 쓰러져서 병원에 입원하게 된 후 이 문구를 보는 순간, 아 이것이 정녕 내 잘난(?) 동생의 마지막인가 하는 불길한 예감이 들었었다. 그리고 그 녀석이 운명한 후 친구 강석진의 회고 중에서 내 귀에 유난히 확 들어온 회고가 있었다. 경기고 동기들과 유럽 여행 때 어느 호수 위 배 안에서 붉게 물든 노을을 배경으로 붉은 조끼(구명복)를 입고 활짝 웃던 모습이 잊혀지지 않는다는 것이다. 너무도 인상적

---

[*] 김종채의 형. 목사, 칼빈대 명예교수(서울대 사회복지학과 72학번)

인 것이 그 녀석에게도 그런 좋은 순간이 있었던 적이 있었다는 것이다. 그래서 그 녀석의 페이스북을 뒤져 보니 그 사진을 확인할 수 있었다. 그 사진을 보면서 그 녀석의 못다 펼쳐진 꿈이 벌겋게 사그라지는 모습이 연상되니, 자연스레 내 눈에 눈물이 촉촉이 젖는 것이 느껴졌다. 웃으면서 찍은 사진이 별로 없는 그 녀석에게도 정녕 그런 꿈이 있었는데 … 너무나 아쉽다.

2022년 5월 14일(토) 오후 2시 41분에 종채가 쓰러졌다는 연락을 받았다. 당시 조직신학회 학회에 비대면으로 참석하고 있던 나는 종채 번호의 휴대폰 번호로 연락받고 반가운 마음에 얼른 전화를 받았다. 내가 "종채야!"라고 부르니까 "어!" 소리만 분명했고 그 후에는 말을 잘 알아들을 수 없었다. 이윽고 종채의 휴대폰을 건네받은 한장희 선생으로부터의 보충 설명을 통해 자초지종을 짐작할 수 있었다. 통화 내용은 "종채 형이 모임 도중에 갑작스레 쓰러져 몸의 오른쪽 부분을 잘못 쓰고 말도 어눌합니다."라는 것이었다. 그렇게 해서 종채의 병원 생활이 시작되었다. 뇌졸중이란다. 의식만 있고 말은 못하는 상태(언어장애)에서, 우측 상·하반신은 전혀 움직일 수 없고, 다만 좌측 상·하반신만 아주 약간 움직일 수 있는 상태였다. 그 후 4개월 동안 동생은 힘겨운 병원 생활을 하면서, 정상적인 식사는 하지 못한 채 콧줄과 소변줄을 이용해 물과 영양제(당의정)를 공급받고 배설하는 상태가 계속되었다.

뇌졸중의 원인은 머리 손상 때문이란다. 머리 중에서도 좌뇌가 적지 않게 손상되어 우측 상·하반신을 전혀 쓸 수 없는 것이라고 병원측 주치의로부터 설명을 들었다. 머리 손상이라니? 내 동생 종채에게 머리가 치명적으로 손상될 일이 있었나? 잠시 생각해 보지 않을 수 없었다. 돌이켜 보니 몇 번의 가능성이 있을 수도 있었겠다. 그가 1979년 9월 11일 서울대학교 사회대 앞 광장 데모 사건의 주동자로 9월 25일 자로 구속된 적이 있었다. 소위 '불온 유인물 살포'로 긴급조치 위반사건이었다. 그때 관악경찰서에 수감되었다가 영등포구치소로 이감된 적이 있었다. 그래서 서울대학교에서 1979년 2학기에 제명되었다가 1980년 3월 6일 자로 특례 재입학 처리되어 복학했는데, 그 후에도 계속 비슷한 일이 반복되었다. 1981년 1월에 소위 '무림사건'으로 국가안전기획부에 연행되어 조사받다가 군 입대를 조건으로 훈방 조치되면서 강제 징집된 사실이 있었다. 내 동생 종채가 그렇게 억울하게 조사받다가 그렇게 부적절한 때에 징집된 사실은 '진실·화해를 위한 과거사정리위원회'의 "대학생 강제징집 및 프락치 강요 공작 사건 결정서"에 의해 2022년 말경에 최종 확인된 바 있다. (종채는 그렇게 해서 군 복무를 육군 제12사단 52연대에서 1981년 1월부터 1983년 3월까지 만 2년 2개월 동안 수행하였다.)

　그 기간 중의 어느 때 그가 머리를 심하게 다칠 일이 있었을까? 그러니까 가령 관악경찰서, 영등포구치소, 국가안전기획부, 또는 군 생활 중 어느 때 타인에 의해, 아니면 자신의 실수로 인해 머리에 손상이 날 정도로 심하게 타격을 받은 적이 있었나? 그것은 지금 와서 정확히 알 수 없는 노릇이다. 그가 중학교 2학년 때에는 이런 일도 있었다. 당시 중학 입학 추첨제의 시작으로 서울 종로구에 소재한 대동중학교에 다녔는데, 불교 학교이던 그 학교에서 교사 중 한 명에게 머리를 얻어맞고 큰 붕대를 머리에 동인 채 귀가한 적이 있었다. 놀란 어머니가 학교에 뛰어가서 자초지종을 알아보니, "기독교적 기초배경이 있던 중학생이라 불교적 사고방식이 안 받아들여져 질문을 했던 건데, 혈기 왕성한 교사가 그만 모범 학생을 건방진 학생으로 잘못 알고 크게 실수했습니다. 너그럽게 이해해 주시고 제발 일을 확대하지 말아 주세요.”라며 학교측에서 어머니에게 싹싹 빌더라고 했다. 그래서 온 집안 식구들이 엄청나게 속상해 했던 적이 있었다.

아무리 그래도 중학생의 머리를 쇠뭉치에 해당하는 열쇠로 쥐어박다니? 그런데도 막상 당사자인 종채는 “그 선생님, 사실은 좋은 분이에요.”라며 오히려 그 교사를 두둔하는 것이 아닌가? 그런 일이 있었는데, 혹시 그때 손상을 받기 시작한 뇌가 국가 수사기관의 조사 중 또는 군 생활 중의 어떤 사건으로 인해 더 치명적으로 악화되기 시작한 것은 아닐까? 형인 나로서는 별별 가능성과 생각들이 스쳐 지나가면서 아쉬운 마음이 드는 것을 어찌할 수 없다.

그가 병원에 입원하고 난 뒤 여러 고마운 분들의 고마우신 도움을 결코 잊을 수가 없다. 장애인 등록을 해야 할 절차와 서류를 알아보는 등… 이모저모 부산했던 때에 병원비가 과연 얼마나 나올지, 처음 접해보는 여러 절차 앞에서 당황스러웠던 나에게 특히 서울대 사회대평론 편집실 모임 여러분들의 도움과 제언은 결정적으로 큰 위로가 되었다. 가령 간병인비가 하루 13만원 또는 어떨 땐 14만원까지 나온 적도 있었는데, 그때는 실로 앞으로의 여정이 크게 걱정되었다. 처음에는 나와 내 아내가 교대로 간병을 하려 하였는데, 여건이 그렇게 되지 않았다. 코로나 확산 때문에 한 사람의 간병자가 장기간 병원에 함께 계속 거주해야만 한다는 것이었다.

분당서울대병원에 입원해 있을 때 막상 병원비는 그리 많이 나오지 않았다. 아마도 그가 기초수급자 자격 판정을 받은 직후에 병원 신세를 지게 되어 그만큼 혜택을 받았기 때문이라고 볼 수도 있다. 어쨌든 그는 6월 2일에 분당서울대병원에서 가까이 있는 분당 이매촌의 분당센트럴 재활요양병원으로 옮겼다가 그곳에서 9월 13일에 사망하였다. 쓰러진 지 딱 4개월 만에 힘겨운 육체의 장막을 벗어난 것이다.

장례 행사 후 그의 유골은 '봉안당 홈'(성남시 분당구 판교로 808) 광장 모던관 H03-035의 8단에 안치하였다. 그곳은 평일과 공휴일 구분 없이, 아침 9시부터 저녁 6시까지 언제든 방문이 가능한 곳으로, 시간 될 때 편하게 방문할 수 있는 곳이다. 그곳 안내 데스크에서 고인의 이름을 말하면, 안장된 정확한 곳을 잘 모르더라도 안내받을 수 있다.

이 지면을 통해 고마우신 분들, 특히 서울대 사회대평론 편집실 구성원들과 경기고 동기들, 서울대 사회학과 동기들, 또 76농경회 동료들의 도움에 대한 고마움을 표할 수 있어서 다행이고 감사하다는 마음이 든다. 특히 그중에서도 내 동생 종채의 날카로운 눈매를 '형형한 눈매'라고 부드러운 용어로 표시해 준 배려정신에 대해 무한 고마운 마음을 느낀다. 그리고 또 7월 11일(월)에 내 동생이 기거하던 전남 해남 집에 직접 내려가 그의 도서 등 서류들과 잡스러운 짐 정리를 해 주신 박종덕, 여인만, 한장희 세 분의 수고에 깊은 고마움을 표한다. 또한 동생의 재활과 치료를 위해 신경 써 주시고 기도해 주시다가 동생의 장례 행사에 여러모로 참여해 주신 고마운 분들 모두의 그동안에게 따뜻한 후의에 다시 한번 감사드린다.

모두들 이 땅에서 건강하시기를 소망합니다.

김종채 선생과 지식인의 사회적 책임

이종구(성공회대학교 명예교수)

　　우선 명색이 박사학위 논문 지도교수로서 고 김종채 선생에게 추모의 뜻을 전하며 아울러 무한의 미안함을 느낀다. 고인이 미완의 상태로 남긴 박사학위 청구 논문의 행간은 조국의 분단을 안타까워하면서 통일을 준비하는 지식인의 실천적 의지로 가득 차 있다. 독일 통일 과정에 대한 실증적 분석을 통해 한반도의 분단 극복에 활용할 수 있는 정책적 함의를 찾으려 분투한 고인은 학계만이 아니라 시민사회에서도 충분히 공감할 수 있는 문제의식과 시각을 제시했다.

　　연구자 개인이 감당하기에는 너무나 무겁고 거대한 시대의 과제와 분투하다가 탈진해 스스로 소모된 고인에 대해서는 여전히 안타까운 심정이 남아있을 수밖에 없다. 남은 자들이 김종채 선생을 진정으로 추모하려면 통일문제라는 장벽을 회피하지 말고 정면으로 부딪쳐 뚫고 나가야 한다. 김선생의 생애 자체가 지식인의 사회적 책임을 일깨우는 경종이었다. 오늘날 고인을 기억하는 이들이 기억과 정성을 모아 작은 책을 펴냈다. 이분들에게 깊은 감사의 뜻을 표하면서 지도교수로서 목격한 고인의 연구 과정에 대한 약간의 후일담을 전하려 한다.

유학을 마치고 귀국한 1990년대 초에 산업사회연구회 행사에 참여했다가 김종채 선생을 처음 만났다. 곧 독일 유학을 떠난다는 김선생은 농촌사회학 연구자답게 북한의 식량난을 산지 개간과 산림 황폐화가 유발한 홍수와 저수지 매몰로 설명하며 주체 농법의 한계를 지적하고 있었다. 다시 김 선생을 만난 시점은 2000년대 초반의 어느 날이었다. 성공회대 사회학과 교수회의 석상에서 후일에 서울시 교육감으로 당선된 조희연 교수가 김 선생 얘기를 하며, 독일대학의 학점을 인정하고 박사과정 편입을 허용해 학위논문을 제출할 수 있는 자격을 가지도록 배려해 주고, 아직 시간강사가 결정되지 않은 과목의 강의도 맡기자고 제안했다. 특별히 이의를 제기하는 교수가 없었으므로 김 선생은 사실상 논문만 제출하면 학위 심사를 받을 수 있는 박사 후보생으로 강의하게 되었다.

논문 지도교수는 순리대로 정치사회학이 전공인 조희연 교수가 맡았다. 조 교수가 연구년으로 외유하게 되어 임시로 필자가 지도교수가 되었다. 필자는 산업사회학이 전공이므로 양독 통합이라는 김 선생의 연구 주제와 맞지 않았다. 조 교수가 귀국한 다음에도 김 선생은 지도교수를 변경하지 않았다. 김 선생의 입장에서는 교육, 연구, 집필, 시민운동에 몰두하느라 전화도 제대로 연결할 수 없는 조 교수보다는 전공은 다르지만 학교에 붙박이로 눌러앉아 있는 필자가 부담감도 없고 상대하기 편했을 것으로 짐작한다.

2005년 1월에 필자는 처음으로 김 선생의 박사학위 논문 초고를 접했다. 읽어 보려니 생소한 주제이고 독일어를 번역한 부분의 개별 문장이 너무 길어 시간이 무척 걸렸다. 필자가 일단 내린 결론은 김 선생이 한반도의 통일에 대비한 정책 제안을 만드는 데 에너지를 쏟느라고 본론을 깔끔하게 다듬지 못했으니 과감하게 축소 조정해야 한다는 것이었다. 김 선생은 재구성하라는 권고를 거부하고 "조금이라도 조국 통일에 기여할 수 있었으니 박사학위를 받지 않아도 괜찮다."는 입장을 바꾸지 않았다.

필자는 "통일부에서 연구비 지원을 받은 것도 아닌데 한반도 통일 정책을 걱정할 필요가 없다. 폴란드, 체코, 헝가리의 사례도 사족이다. 동유럽 전체의 자본주의화 과정을 고찰하는 것은 과욕이니 과감하게 포기하고 통독 과정에만 집중하는 것이 좋다."고 권유하였다. 그러나 김 선생은 수집한 자료가 아까웠는지 축소 조정을 꺼렸다. 다행히 시간이 얼마 지나지 않은 상태에서 김 선생이 한반도 통일 정책에 대한 제안을 포기해 논문이 훨씬 깔끔해졌다.

이번에는 '행위자 중심 제도주의 방법론'과 자료의 정합성 및 독일 사례와 기타 동구 3국 사례의 분석 수준 격차가 문제였다. 행위자를 강조하면 미시 분석이 되는데 고찰 대상은 거시적인 체계 변동에 속하는 제도 형성 과정이었다. 양자의 간극을 메우려면 개별 행위자가 발휘하는 영향력의 방향과 강도 및 행위가 발생하는 준거틀을 고려한 분석 논리가 필요했다. 그러나 이는 외국인 유학생이 개인적으로 수행할 수 없는 엄청난 실증 연구가 필요한 작업이었다. 연대기적으로 여러 행위자들이 한 행동을 열거하면 논문이 아니라 자료집이 된다. 주관적 해석을 덧붙여도 결국 음모론적 사회과학이라는 비판을 피할 수 없는 딜레마에 봉착하기 마련이었다. 이런 식의 줄다리기는 필자가 2018년 8월 말에 성공회대를 정년퇴직하는 시점까지 지속되었다.

독일 유학을 했다고는 하지만 현지 조사 과정을 생략한 상태에서 문헌에 의존해 이론과 사례를 결합하는 작업은 이미 귀국한 연구자가 수행하기에는 너무나 지난한 과업이었다. 현지 조사에서 얻을 수 있는 최대의 수확인 '감'을 잡는 일을 할 수가 없었으니 자료의 취사선택과 해석이 체계적으로 진행되기 어려웠다. 필자도 답답해서 김 선생에게 유학 생활의 상황을 구체적으로 물어보며 대화한 적이 있었다.

당시에 들은 김 선생의 얘기를 요약하면 "독일 대학도 정규 강의 시간 이외에 지도교수를 중심으로 모이는 비공식 연구집단, 즉 눈에 보이지 않는 이너서클(inner circle)이 중요하다. 그 속에 끼지 못하면 건성으로 학교만 왔다 갔다 한다. 유학생이 이너서클에 들어가는 것은 너무 어렵다. 동구권 사례는 독일 지도교수가 요구한 것이었다."는 내용이었다. 독일의 대학문화가 잔영을 남기고 있는 일본에서 유학한 필자는 즉시 무슨 일이 벌어졌다는 것인지 '감'을 잡을 수 있었다.

해외 어디에서나 인문·사회과학 분야의 많은 한국인 유학생들이 한국을 소개하거나 비교연구를 하는 주제로 박사학위를 받는 이유는 언어 장벽만이 아니라 비가시적인 사회적 장벽을 넘을 수 없기 때문이었다. 더구나 한국 대학은 외국의 어느 유명 대학에서 박사학위를 취득했는가를 중시하고 논문의 내용이나 수준을 따지지 않으니

장학금에 목매달고 있는 유학생이 구태여 무리한 일에 도전할 필요가 없다.

김 선생이 독일 대학에서 통독이라는 독일의 첨예한 현실 문제를 연구해 학문적으로 인정을 받으려면 독일 대학원생을 압도하거나 최소한 대등한 성과를 보여줄 필요가 있었을 것이다. 그러나 이는 경제 사정도 넉넉지 않은 상태에서 30대 중반에 유학을 떠난 늦깎이 유학생이 감당하기에는 너무나 어려운 과제였다. 차라리 학문적 자존심과 의욕을 잠시 접고 한반도 통일이나 북한을 주제로 논문을 작성하는 요령을 부렸으면 김 선생도 한국의 학계에서 우아하게 생활할 수 있었을 것이라는 부질없는 상념을 금할 수 없다.

더구나 시간이 갈수록 새로운 사실이 드러나므로 이미 수집한 자료의 가치가 감소되는 주제와 격투하며 박사학위 논문을 작성하는 김 선생을 한국의 민주화 운동권은 고급 유휴 노동력으로 간주하고 말도 많고 탈도 많은 '과거사 청산' 작업의 실무자로 동원했다. 마음이 약해 다른 사람의 부탁을 거절하지 못하지만 정의감과 의리는 강하게 남아 있는 김 선생은 수시로 시국 대응 활동에 나섰으니 논문 작업은 저해될 수밖에 없었다.

그러면 미완성으로 남은 김 선생의 유작 『통일 독일의 민영화와 신탁관리청 – 체계전환의 거버넌스에서 경제정책결정의 미시적 정치과정』은 가치가 없는 것인가라는 의문이 떠오를 수밖에 없다. 지도교수의 소견은 "충분한 학문적 가치가 있다. 자본주의 사회와 사회주의 사회의 통합을 고찰하려면 감정과 정서를 빼고 일단 도구적 합리성의 원리에 입각해 접근해야 한다는 너무나 당연한 기준을 확인한 작품이다. 특히 양측의 제도와 현실 사회에 대한 실증적 파악을 전제로 하지 않은 통일 논의는 쓸모가 없다는 실용적 함의를 제시하고 있다."는 것으로 마무리할 수 있다. 마지막으로 민주화를 지향하는 학문적 실천에 평생을 바친 고인의 영면을 기원하며 회고와 추모의 후일담을 마무리한다.

김종채 군에 대한 경기고 친구들의 회상

고교 시절 친구였던 우리는 그럭저럭 자주 모이는 편이었다. 강석진, 고승덕, 김형수, 이명준, 이상학, 이충상, 임광식, 조윤신(이상 가나다순) 그리고 김종채가 그 우리였다. 친구들이 종채 군 1주기를 앞두고 회상의 이야기를 나누는 시간을 2023년 봄에 가졌다. 조윤신과 강석진이 종채 군의 고교 시절 이야기를 추려 글을 썼다.

고교 시절 종채에 관한 단상

조윤신

1973년 경기고등학교에 입학하여 1학년 12반에 배정된 것이 인연이 되어 종채를 알게 되었다. 지금까지 친하게 지내며 인연을 이어

오고 있는 9명의 친구들(이제는 8명이 되었지만) 가운데 종채도 한 명이었다.

종채는 약간 수줍은 듯한 미소를 곧잘 지었는데, 그때면, 얼굴에 보조개가 살짝 만들어지는 마음이 고왔던 친구였다. 책 읽기를 좋아하여 1학년 특별활동 시간에는 같이 도서반을 하였고, 음악도 좋아했다.

고1 때 음악 선생님께서는 우리에게 평생에 적어도 악기 하나는 연주할 줄 알아야 한다면서, 각자 악기 하나를 선택해서 음악 시간에 연주해 보라고 하셨는데, 나는 다른 악기는 엄두가 나지 않아 가장 값이 싸고 배우기 쉬운 하모니카를 택했다. 그런데 종채는 기타를 선택해서 연주를 제법 잘했던 것으로 기억된다. 음악성은 물론이고, 손가락도 기타를 쉽게 다룰 수 있을 정도로 길었던 것이 아닌가 생각된다.

종채는 기타를 치며, 노래도 곧잘 불렀던 것으로 기억한다. 내 고교 시절 사진 가운데 조그만 동산의 바위에 앉아서 교복을 입고 노래하는 모습이 있는데, 아마도 어디에 놀러 가서 종채가 치는 기타 반주에 맞추어 노래를 불렀던 것 같다.

또 하나 기억나는 것은 고 1학년 어느 땐가 종채가 나에게 결핵 검사를 해보는 것이 어떻겠느냐고 하여 결핵 검사를 한 것이다. 종채는 자신이 결핵 양성이 나와 약을 먹는데, 내게 전염되지 않았나 걱정된다는 것이었다. 난, 아무런 증상도 없었으나, 혹시나 하여 종채를 따라 적십자 병원인가에 가서 엑스레이 검사를 하였던 것으로 기억되는데, 나는 음성이 나와 안심하였고, 종채도 무척 기뻐하였던 것 같다. 지금 생각해 보면, 본인이 약을 먹는다는 사실을 솔직히 털어놓고 나를 병원까지 데리고 간 것은 큰 용기를 내었던 것이 아닌가 생각된다.

우리 9인의 친구들은 학년이 바뀌면서 반을 달리하였지만, 때로는 탁구를 같이 치기도 하고, 각자 집에 방문해서 바둑을 두기도 하는 등 계속 어울렸는데, 종채는 내 기억으로 탁구나 바둑 등 잡기에 능하지는 않았고, 사색하는 것을 더 즐겨 하였다.

종채는 형제 중 막내였고, 위로 제법 나이 차가 나는 누님과 형님들이 계셨다. 당시 종채네 집은 서대문구 현저동의 구 서대문형무소 근처였는데, 친구들이 가면, 항상 연세가 좀 드신 어머니가 반갑게 맞아주시던 모습이 아직 눈에 선하다.

그리고 고3이 되어서는 종채를 포함한 우리 친구들 대부분은 방과 후 자습실에서 같이 공부하기도 하였다. 큰 도시락에 밥을 많이 싸와서 반 정도는 점심으로 먹고, 저녁에는 학교 구내식당에서 라면 국물을 사서 남은 찬밥을 말아 먹고는 교정을 산책하면서 장래 희망 등 이런저런 이야기를 나누었던 추억이 새삼스럽다.

우리 친구들은 고등학교를 졸업한 후 나를 포함한 몇몇은 법대나 정치학과, 경제학과로, 혹은 공대로 진학하였는데, 종채는 서울대 사회학과로 진학하면서 가는 길이 달라졌다. 그 후 종채는 우리가 아는 대로 유신 독재 체제에 항거하다가 학업 도중에 강제로 군에 입대하게 되었고, 그 후 독일로 유학의 길을 떠나 학자로서의 길을 걷게 되었으나, 여러 가지 이유로 뜻하는 바를 다 이루지 못하고 병을 얻어 유명을 달리하게 됐다.

종채가 하늘나라에 간 지도 이제 1년이 다 되어 간다. 하느님의 품 안에서 영원한 안식을 누리기를 기도한다.

굽은 길도 곧게 걸었던 친구 종채

강석진

1974년 12월 초였다. 종채와 형수 그리고 나는 머리를 맞댔다. 지금까지는 반 놀고 반 공부하면서 지냈는데, 곧 고3이 되어 대학에 가야 하니 본격적인 공부를 시작하자는 취지였다. 셋은 서울 사직공원 종로도서관에서 공부하기로 했다. 매일 아침 개관 전에 줄을 섰다. 일찍 가야 좋은 자리에 앉을 수 있어 꽤 일찍 도서관 입구에서 만났다. 아침 8시쯤 만나서 저녁 6시 무렵 도서관 폐관 시간에 나왔다. 추워도 만났고 날씨가 누그러져도 만났다. 이듬해 고3이 되기까지 도서관 공부가 계속됐다.

종채는 수학을 잘했다. 특히 순열·조합·확률 분야는 '도사'였다. 판사를 거쳐 변호사를 하고 있는 형수는 영어를 잘했다. 종채와 형수 모두 아침에 자리에 앉으면 점심 도시락 먹을 때 일어나고, 점심 먹고 와서 앉으면 화장실 갈 때를 제외하면 집에 갈 시간에 일어났다.

나는 양쪽에 과외선생님을 둔 행복한 학생이었고 두 친구로부터 끈기를 배웠다. 시간을 아끼고 아끼면서 학업에 맹진하던 친구였지만 내가 잘 모르는 것을 물어보면 종채는 보조개가 있는 얼굴에 미소와 진지함을 동시에 담고서 자세히 설명해 주곤 했다. 형수도 못지않게 친절함을 보였다. 우리는 모르는 것을 물어보고 아는 것을 말해 주면서 서로 도왔다.

고3 때 우리 친구들은 대부분 학교 도서관(우리끼리는 자습실이라고 불렀다)에서 공부했다. 스스로의 힘으로, 스스로의 노력으로, 서로 도와가며 공부해 나가는데 종채의 스타일은 독특했다.

학교에서는 1학기 때 모의고사를 보면서 시험 범위를 늘 제시했는데 아마 학교가 제시한 범위에 따라 공부하면 편하다는 뜻이었을 터였겠으나 종채는 생각이 따로 있었다. 1년치 계획이 있고 나름의 스케줄이 있었다. 학교가 제시한 범위를 따라다니지도 않았고, 모의고사 성적이 썩 좋게 나오지 않아도 눈도 끔쩍하지 않았다.

봄이 가고, 여름이 가고 가을이 왔다. 2학기에는 모의고사에 범위가 없었다. 대학 입학시험과 거의 비슷한 시험이었다. 종채의 시간이 왔다. 길게 보고 나름의 스케줄로 공부하던 종채는 슬슬 몸을 풀더니 성적이 이차함수 상승하듯 치솟았다. 서울대 사회계열에 어려움 없이 합격한 것은 종채의 뚝심, 치밀한 계획, 지치지 않는 노력, 친구들과의 활달한 교류 덕분이라고 생각한다.

그 무렵 소련 외무장단은 안드레이 그로미코였다. 1957년부터 85년까지 28년 동안이나 소련 외무장단을 지낸 그로미코는 서방 세계와의 평화로운 관계를 지지했고 "하루의 전쟁보다 10년의 협상이 낫다"라는 말을 남기기도 했다.

뜬금없이 그로미코 이야기를 꺼낸 것은 그의 말을 하나 더 인용하기 위해서다. 그로미코는 서방과의 데탕트나 핵 군축 협상을 진행하면서 곧잘 러시아 속담을 인용했다. "굽은 길을 어떻게 곧게 가겠느냐"고. 아마 강경파를 설득하는 데 쓰지 않았을까 생각된다.

그의 말을 패러디해 인용하고 싶다. 우리 종채는 곧은 길을 곧게 가려 했을 뿐 아니라 굽은 길도 곧게 가려 애썼다. 공부하는 스타일에서 잠깐 엿보이듯이 요령, 편리함 등과는 거리가 먼, 굽은 길도 곧게 가는 삶이 우리 종채의 인생이었다.

대학에 막 입학한 종채의 앞에는 가시덤불로 가득 덮여 있는 굽은 길, 즉 유신 독재 체제가 기다리고 있었고 종채는 그 길을 곧게 가는 행로를 선택하게 될 터였다.

종채의 평안한 영면을 기원하면서, 2023년 6월 친구들이 뜻을 모아 영전에 바친다.

종채의 거대 담론과 꺾이지 않는 마음

농촌경제학회 76학번 모임

2022년 종채를 보내며, 당시 인터넷을 달궜던 밈(meme: 인터넷 유행 콘텐츠) 중 "중꺾마(중요한 건 꺾이지 않는 마음)"를 생각했다. 대학 시절과 학생운동, 사회에 나와서 여러 우여곡절, 대학원 공부, 긴급조치 철폐투쟁위원회 활동 및 법률 개정 현안 과제 제기까지, 그가 해왔던 모든 활동에서 공통적으로 느껴왔던 화두였다고 생각한다. 특히 종채가 작성하려고 노력하였던 주제인 『통일독일의 민영화와 신탁관리청- 체계 전환의 거버넌스에서 경제정책결정의 미시적 정치 과정』은 거대 담론이었고, 종채는 그것을 줄기차게 이론적으로 정리하고 실천적으로 행동에 옮겨왔다. 그 거대 담론이 시공을 꿰뚫고 현재 한국사회의 여러 모습들에 관통하여 활짝 꽃피웠으면 했는데, 종채 꽃이 먼저 졌다. 그러나 그가 주장했던 담론 주제들은 현재도 중요할 수 있으며, 그것을 주워 담아 재조명해 볼 수 있으면 좋겠다. 우리는 그것을 위한 자격을 다 갖추었다고 생각한다.

우리는 1976년부터 학술토론단체인 농촌경제학회(약칭 농경회)에서 만나 46년간 같은 시대를 살아왔다. 매우 다양한 이력의 친구들이 만나, 처음에는 잘 이해할 수 없는 얘기들을 듣고 혼란스러웠다. 원래 내성적인 성격의 친구들은 적극적으로 활동하지 못하다가 1년 이후 새로이 나타나기도 하였다. 그때 키는 크고 무척 마른 녀석이 눈빛이 살아서 열변을 토하곤 하였다. 그놈이 종채였다. 우리는 나와는 차원이 다른 강철 심장을 지닌 인간이라고 생각하기도 했고, 우리 자신은 저렇게 강하고 곧은 인간이 못되는구나 하고 생각하기도 했다.

종채는 우리 농경회와 같이 열심히 공부하면서 농촌활동을 같이 다녀왔다. 여러 주제로 치열하게 토론하면서도 개인사와 공동체 간 갈등에 대해서도 논하였고 친구들의 우정을 잘 어루만졌던 것 같다. 종채는 농경회 활동과 함께 사회대평론 편집위원으로서 열심히 활동하였다. 그러나 1979년 9월 11일 민주화를 위한 학생시위를 주동할 때까지 종채의 학생활동과 고민 등에 대해서는 부분적으로만 알았지, 전체는 잘 몰랐다. 1970년대 말 당시 대개의 학생활동이 시대적 압박에 대응하여 비밀리에 이루어졌기 때문이기도 하다.

종채가 2022년 9월 그렇게 급하게 우리를 떠난 뒤, 친구들이 모여 추모하면서 종채와의 기억을 더듬어 보았다. 가장 먼저 떠오른 경험은 1979년 9월 11일 종채가 사회대 앞 게시판에 올라 정치민주화 선언을 낭독하던 비장한 모습이었다. 유신정권에 맞서 정치 민주화를 추진하고자 했던 서울대 학생운동권의 일련의 학생운동 방향에서 종채가 주동하였다. 그 전에 수차례에 걸쳐 학생운동의 방향과 일정에 대해 논의가 있었을 것이며, 아마도 이때부터 종채의 사회 민주화에 대한 거대 담론이 시작되었을 것으로 생각된다.

학생운동 전 종채는 친구들을 만나 어머니와 가족들에 대한 효도를 강조하는 모습도 보였는데, 그때는 학생운동을 주동하리라고는 생각지 못했다. 운명적으로 주어진 가족들에 대한 사랑과 사회의 변화를 위한 충정 사이에서 정신적·현실적 고민도 많았으리라 생각된다. 학생운동 후 어머니를 뵈었을 때, 어머니는 매우 오열하셨으며, 종채가 영등포구치소에 수감되어 있는 동안 어머니와 가족들의 헌신은 남달랐던 것으로 기억한다. 어머니께서 종채가 입고 있던 푸른 옷을 특히 싫어하셨으며, 책, 영치금, 변호사 선임 등에 대해 일체를 물어 오셨다. 그런 어머니와 누나는 지금 이 세상에 안 계신다. 종채를 만나셨을지, 만나셨으면 무슨 얘기를 나누셨을지 눈시울이 뜨거워진다.

종채가 1981년 대학을 졸업하고 군대를 다녀온 후 우리는 가끔 만났다. 종채가 대학원 학생으로서 자기의 담론을 연구하고 있는 데 비해, 다른 친구들은 이미 직장인 생활을 하고 있어 자주 볼 기회는 없었다. 그러나 가끔 만날 때마다 우리는 한국사회의 변화에 대해 토론하였고, 종채는 여전히 우리의 사회생활을 되돌아볼 수 있는 논지들을 제공하였다. 종채가 석사학위를 마치고 농촌경제연구원에 근무할 때, 연구 주제가 한국의 농지개혁에 대한 것이었다고 기억한다. 사회에 나와서도 종채의 담론은 초지일관 유지되었다.

이렇게 차가운 이성이 휘몰아치던 가운데 가슴 뜨겁고 극적인 사연도 있었다. 종채가 장기표 씨가 설립한 민중당(1990~1992)에서 일할 때이니 30대 중반에 접어들 즈음이었다. 어느 날 종채가 전화하여 연애 사업을 하려는데 총알이 필요하니 지원을 부탁한다고 하였다. 웬 연애 사업인가 물었더니 같은 민중당에서 일하는 여자 후배가 있는데, 자기를 하늘 같은 선배로 여기고 있다고 하였다. 손만 내밀면 될 일인데 너무 뜸을 들이는 것도 도리가 아닌 것 같아 용기를 내어보겠다고 하였다. 그런데 한 달쯤 후에 물어보았더니, 보기 좋게 딱지를 맞았단다. 사귀자고 이야기했더니, 피식 웃고 말았단다. 그리고 그게 다란다. 이상주의자라고 할까?

그러고는 종채가 독일로 유학을 갔고, 독일통일 과정에서 위에서 얘기했던 논문 주제로 박사학위를 해보고자 한다고 하였다. 유학 생활 도중에 한국에 나와 친구들과 만나 유학생활의 회포도 풀었다. 어느 연말 망년회를 마치고 같이 전철을 타고 가면서, 독일에서 박사학위 논문 작성에 애로사항이 많다는 고충을 토로했다. 종채가 설명하는 논리들을 쭉 듣고 나서, 논문의 주제가 너무 방대하니까 그 범위를 좀 축소해서 부담을 줄이라는 친구들의 충고가 이어졌다. 당연히 그 충고는 받아들여지지 않았다. 이후 이야기가 녹색당으로 오히려 확대되었으며, 종채다운 집요함에 놀랄 수밖에 없었다. 그러나 그게 종채다운 "중꺽마" 삶의 방식이었던 것이다.

이후 위 박사학위 연구 주제가 거대 담론으로 너무 큰 주제라는 비판에 약간은 수긍하면서, 특별히 경제정책결정의 미시적 정치과정에 대해 한국의 사례를 연구해보고자 한다며 관련 자료들을 모아 갔다. 그러나 종채는 여러 사정으로 인해 박사학위 논문을 마치지 못하고 돌아왔고, 역시 종채가 하고 싶었던 담론에는 미치지 못했던 것 같다. 그러나 종채의 박사학위를 마치고자 하는 열의는 계속되었고, 국내에서 다시 성공회대 대학원에서 학위를 마치려고 노력하였다. 그동안 생활비도 벌 겸 강의도 수차례 하였다.

또 하나, 종채와의 기억에서 빼놓을 수 없는 것이 2021년 가을부터인가 대법원 정문 앞에서 벌인 1인 릴레이 시위이다. 긴급조치 피해자 구제 및 권리 회복 운동에서 우여곡절이 있었으며, 2013년 대법원의 긴급조치 9호 위헌 결정에 따라 국가배상 요구운동을 하는데 다시 대법원이 국가배상책임이 없다고 뒤집었다는 것이다. 종채는 미세먼지를 뒤집어써 가면서 거기 그렇게 혼자 서 있었다. 이것 역시 "중꺾마"이다. 이후 2022년 8월 대법원은 다시 국가배상책임을 인정하게 되는데, 종채는 그 역사적 전환에 같이하지 못하였다.

종채를 농경회 모임에서 가끔 만났을 때 건강이 너무 안 좋아 보여 건강관리를 권했고, 전남 해남으로 내려간다는 얘기를 들었으나 혼자서 어떻게 감당할지 걱정이 많았다. 주변에 친구들도 있어 함께 어울려 살 만하다는 얘기도 나눈 것 같다. 그러다가 이번의 비보를 접하게 되었고, 종채의 일생을 기억하며 만감이 교차하였다. 늘 나라와 사회를 위해 투쟁하는 삶을 살아온 종채, 그러느라 자기 앞가림은 못하는 친구, 늘 크고 뜻깊은 이념을 추구하느라 눈을 반짝이던 친구! 그는 이제 이 세상에 없다.

우리에게도 젊은 시절이 있었다. 하늘을 우러러 한 점 부끄러움이 없기를 바라고, 밤새 술을 마시며 역사와 민중을 논하던 때가 있었다. 젊은 날의 종채가 그립다. 아직도 어디에선가 종채가 사람들과 이야기도 하고 거리를 휘적휘적 걸어 다닐 것 같다. 어느 시절 인연을 만나 마주 앉아 막걸리를 마시며 노래를 목청껏 부를지도 모른다. 막걸리와 채소 안주를 벗삼아 우리 공동체의 거대 담론을 논의해보자.

김종채 학형의 발자취를 되돌아봄

김준희(법학과 76학번)

    1970년대 후반기는 박정희 정권의 유신독재가 극으로 치닫던 시기였다. 독재정권은 대통령 긴급조치를 9호까지 발동하면서 모든 민주화 세력의 모임과 활동을 감시와 탄압으로 억눌렀다. 1976년에 서울대학교에 입학한 김낙년(경제학과), 김종채(사회학과), 김준희(법학과), 김진태(외교학과), 신상덕(사회학과) 5인은 1979년 9월 11일 서울대학교 관악 캠퍼스에서 민주화를 요구하는 시위를 주도하였다. 2022년 9월 13일 유명을 달리한 김종채 학형을 추모하면서 그가 주도했던 시위의 전말을 밝힌다.

    김종채는 1976년 서울대 사회계열에 입학하여 사회학과로 진입하였으며 운동권 서클인 농촌경제학회에 가입하여 활동하였다. 이 글을 쓰고 있는 김준희는 농촌법학회에 가입하여 활동하였는데, 두 학회는 농촌활동에 많은 관심을 두었고 그 구성원들이 서로 친밀하였다. 그래서 김종채와 김준희는 평소 알고 지내는 사이였다.

1979년 초 경기도 양평에서 서울대 운동권 서클 연합(나중에 수사기관에 의해 무림霧林으로 불림) 4학년 모임을 갖고 그 해 학생운동의 방향에 대해서 의논하였다. 김준희는 2학기 첫 번째 데모 팀을 구성하기로 하였다. 7월 초, 김준희가 팀 멤버를 구성하려고 할 때 제일 먼저 떠올린 사람은 김종채였다. 그런데 김종채는 대학원에 진학해서 공부하고 싶다고 하였다. 김준희는 데모를 함께 주동할 멤버를 찾아 몇몇 사람에게 의사를 타진하였으나 이런저런 이유로 응하지 않았다. 난감한 상황이었다.

다시 7월 말쯤 김준희는 김종채를 사직공원 부근 감자탕집으로 불러내어 함께 하기를 청하였다. 김종채는 망설였다. 김준희는 "혼자서라도 하겠다. 그런데 혼자 하려니까 외롭다."라고 말했다. 김종채는 한참 생각하더니 "같이 하자."고 손을 내밀었다. 그러고는 "데모하기 전에 부모님께 효도해야겠는데…."라고 웃으면서 말했다. 김종채의 기억에는 "내가 하느님께 기도를 드렸더니 성공하려면 종채를 잡아라 하시더라."는 말에 넘어갔다고 한다.

외롭다는 친구의 말에 고심 끝에 손을 내밀어준 장면은 김종채 군의 사람됨을 잘 말해주고 있다. 지금도 그러한 인간 김종채를 많은 친구들은 존경한다.

새로운 멤버를 확보하려고 김종채와 김준희는 봉천동 고개 허름한 맥줏집에서 사회학과 신상덕을 만났다. 신상덕은 김준희와 초등학교 때 같은 동네에서 함께 뛰놀던 친구이자 고등학교 동창이다. 신상덕이 먼저 말을 꺼냈다.

"나랑 준희랑 할 테니까 종채 너는 공부해."

"나랑 하기로 먼저 이야기가 되었거든."

김종채의 말에 셋 다 크게 기뻐했다.

외교학과 김진태는 79년 1학기 때 시위를 주동하기로 했는데 이런저런 이유로 구성하려던 팀이 깨지고 말았다. 김진태는 운동권 친구들에게 "나는 결심을 이미 보였으니 너희들이 결심을 보일 차례다."라고 압박(?)을 가하는 중이었다. 이런 정황을 알고 있던 김종채는 김진태를 집으로 찾아가 하룻밤 자면서 팀에 합류할 것을 타진하였다. 이미 데모하기로 결심이 섰던 김진태는 기꺼이 응하였다. 김진태 부모님은 돌아가실 때까지 김종채가 그날 밤 순진한 당신 자식을 꾀어낸 것으로 알고 계셨다고 한다.

4인 팀으로 거사를 치르려고 하였는데 경제학과 김낙년이 김종채에게 합류 의사를 알려왔다. 김낙년이 군 입대 신체검사를 받으려고 고향 안동을 다녀왔는데, 오가는 여정에서 '지금은 공부할 때가 아니고 데모를 해야 할 때'라는 생각이 들었단다. 소식을 들은 친구들은 천군만마를 얻은 느낌이었다. 김낙년은 서울대 76학번 운동권 학생들 사이에서 알아주는 이론가이다. 선언문 내용이 알차지겠다고 모두 흐뭇해하였다.

나중에 조사받을 때를 생각해보니 팀이 구성된 경위가 객관적으로 깔끔하게 설명되지 않을 것 같다는 염려가 있었다. 그래서 김종채, 신상덕이 같이 사회학과에 다니니까 먼저 데모하기로 의기투합하였고, 그다음 신상덕은 고교 친구 김준희를 합류시키고 김종채는 사회대에서 알고 지내던 김진태와 김낙년을 합류시킨 것으로 하면 구성된 경위가 잘 설명될 것 같았다. 데모 계획과 유인물 내용을 의논하기 위해서는 보안이 중요했다. 우리 팀은 주로 야외에서 모임을 가졌다. 부천 소사 복숭아밭, 청평 방갈로, 서오릉, 파주 공릉 등등.

당시에는 교내에 형사들이 상주해 있었기 때문에 데모를 시작해도 10분 이상 지속하기 힘든 형편이었다. 우리는 주장하는 바를 여러 종의 선언문으로 만들어 뿌리는 것이 흔적이라도 남길 수 있는 방법이라고 생각했다. 「민족민주선언」「경제시국선언」「학원민주화선언」 등 3종의 유인물을 각 500여 부 만들어서 데모 당일 뿌리기로 하였다. 김종채는 「민족민주선언」을 주도적으로 작성하였다.

1979년 9월 11일 12시, 우리 중에서 얼굴이 가장 널리 알려진 김종채가 5동 앞 게시판 위에 올라가서 유인물을 뿌리는 것으로 데모를 시작하였다. 게시판 위라서 형사들이 접근하는 데 애로가 있으리라 생각했는데, 그러했다. 잠시 주춤주춤하는 사이에 학생들이 몰려들었다. 게시판 위에서 형사들에게 밀려 떨어진 김종채가 비장한 모습으로 끌려갔지만, 시위대는 대오를 이루어 도서관 중앙 통로로 전진했다. 그날 시위는 오후 늦게까지 산발적으로 계속되었다. 이전에는 교내 상주하던 형사들 때문에 시위가 오래 지속되지 못했는데 이날은 시위가 장시간 지속되었다.

긴급조치 9호 위반 혐의로 구속되어 있던 영등포 구치소에서 10·26. 박정희 대통령 피격 사건을 접했다. 10월 27일 아침, 이상하게도 교도관들이 평소 입던 감색 제복이 아니라 군복을 입고 근무하였다. 서로 말도 안 하고 분위기가 냉랭했다. 영등포 구치소 1동 하층은 복도를 중심으로 한쪽은 0.7평짜리 징벌방이 다닥다닥 붙어 있었고 맞은편에 자동차 중과실 사고를 낸 운전기사들이 갇힌 큰 방들이 있었다. 오전에 면회를 다녀온 운전기사 한 사람이 김준희를 불렀다.

평소 데모한 학생들에게 호의적인 사람이었다.

차마 우리말로 말하기 두려웠는지, "King, king. Pistol. Dead." 라고 또박또박 나지막하게 말했다. 순식간에 전모를 알 수 있었다. '대통령이 총에 맞아 죽었구나!'

그 뒤 긴급조치 9호 위반으로 구속된 사람들이 순차적으로 풀려나기 시작했다. 우리 팀원들도 구속된 지 두 달 조금 지나서 11월 24일 영등포 구치소에서 풀려났다. 이후 긴급조치 9호가 12월 8일 해제됨에 따라 기소할 법적 근거가 없어졌으므로 우리 5인은 모두 서울남부지방법원에서 면소 판결을 받았다. 김진태의 기억에 의하면 1979년 12월 15일이었고, 그날 검찰이 재판부에 제출한 증거물 중의 하나였던, 시위 당일 유인물을 담아간 낡은 가방을 돌려받았다고 한다.

김종채 학형의 큰 뜻과 생전의 열성적인 다양한 활동을 되새기며 글을 마친다.

공부하고 싶어 했던 친구, 종채를 회고하며

정근식(사회학과 76학번)

1979년 9월 11일 아침 10시쯤이었을까. 사회학과가 있었던 7동 2층 화장실에서 우연히 종채를 만났다. "나 오늘 일찍 졸업한다." 그 말을 듣는 순간, 무엇인가 정지된 느낌이었다. "그래?" 한참 후에 비로소 할 말을 찾아냈다. 최종적으로 "몸 조심하고." 더 이상의 말이 필요 없었다.

그날 점심 무렵, 5동 앞으로 나가보았다. 수업이 끝나고 학생들이 몰려나오는 순간, 어떻게 올라갔는지 모르겠는데, 순식간에 종채가 5동 앞에 있던 게시판의 작은 지붕 위에 나타났다. 호각을 불고 메가폰으로 몇 마디 외쳤을 때 캠퍼스 곳곳에 상주하고 있었던 사복형사들이 달려들었다. 종채는 밑으로 굴러떨어졌다. 많은 학생들이 도서관 쪽으로 몰려갔지만, 나는 힘이 빠져 더 있을 수가 없었다. 학교 사무실로 돌아오자 눈물이 핑 돌았다. 애꿎게도 과 사무실에서 떠들고 있던 후배들에게 조용히 하라고 소리쳤을 뿐이다.

사람의 기억 중에는 시간이 흘러도 선명하게 남아 있는 것이 있고, 얼마 지나지 않았어도 곧잘 희미해지는 것이 있다. 이상하게도 이날의 기억은 선명하게 남아 있는데, 그것은 아마도 그때 느꼈던 독특한 예감 또는 분위기 때문이었을 것이다. 철옹성 같은 박정희 유신체제에 금이 가고 있다는 느낌이 1979년 가을 학기 시작과 더불어 엄습했고, 이른바 '운동권'[1]이 아니었던 학생들조차 "역사의 도도한 물결 속에 자신의 몸을 던져야 하는 것이 아닌가?"라는 중압감을 느낄 정도였다.

나는 종채를 1977년 3월에 사회학과에서 처음 만났다. 서울대 사회계열에 입학한 후 1년간 종채를 만난 기억이 없으니 1학년 때는 다른 반에 소속된 것임이 틀림없다. 당시 사회학과는 20명이 정원이었는데, 최종적으로는 24명이 진학했다. 진학희망자가 정원보다 많은 경우 약간씩 추가 진입이 가능했기 때문이었다. 동급생 중에는 1975년에 입학한 후 1년 늦게 학과 배정을 받은 친구가 두 명 포함되어 있었다. 친구들의 출신 고등학교는 다양한데, 종채는 경기고등학교 출신이었다. 내 기억이 정확하다면, 이 학교 출신 재수생이 2명, 현역이라고 부르는 졸업 후 곧바로 입학한 친구가 5명이었는데 종채는 여기에 속했다. 당시 사회학과에 진입한 친구들은 모두 동급생 친구들이 되었지만, 같은 고등학교 출신들 사이에서는 선후배 의식이 있었다.

---

1) '운동권'이라는 개념이 한국 사회에서 언제부터 사용되었는지는 분명하지 않은데 아마도 1970년대의 유신체제부터 일반화된 것으로 생각된다. 1970년대 후반의 경우 '운동권'은 일차적으로는 '언더서클'의 성원들을 가리키며, 좀 더 확대된 개념으로는 공식적으로 등록된 서클의 성원과 야학 활동에 참여한 학생들을 포괄한다고 생각된다. 1980년대에 학생운동이 대중화되면서, 이런 엄격한 구분의 의미가 약화되었다.

종채는 1976년 3월 서울대학교 사회계열로 입학하였다. 당시의 사회계열은 광역 계열로 학생들은 540명이었던 것으로 기억하는데 이 중에서 여학생은 단 2명뿐이었다. 사회계열로 입학한 학생들은 사회과학대학뿐 아니라 법과대학과 경영대학을 선택할 수 있었는데, 그 선택의 우선순위는 학점에 의해 결정되므로, 이를 의식하여 열심히 공부하는 학생도 있었지만, 고등학교와는 매우 다른 대학 문화에 접하면서 예비 지식인으로서 역사의식 및 사회의식을 갖추기를 열망하는 학생들도 많았다. 학생들 사이의 경쟁은 심하지 않았을 뿐 아니라 특히 시골 출신 학생들은 이런 경쟁적 구조를 잘 이해하지 못했고, 오히려 서울대학교 신입생으로서의 긍지와 폭넓은 공부에 대한 열망을 가지고 있었다. 신입생들은 학과에 소속하지 않고 여러 개의 반으로 나뉜 상태에서 공부하였다.

1976년 당시 한국의 대학은 1975년에 발동된 긴급조치 9호에 의해 통제되고 있었다. 대학의 신입생들은 이것의 의미를 정확히 알지 못했지만, 예비 지식인으로서의 사명감과 긴급조치 9호가 서로 부딪치고 있다는 것은 감각적으로 알았다. 당시 신입생들의 정체성에 영향을 미친 '중요한 타자'들은 교수님들보다는 고등학교 선배들이나 친구들, 그리고 '언더서클'의 선배들이었다. 신입생들은 대체로 정체성의 위기를 겪고 있었는데, 그것은 고등학교와 대학의 문화가 판이하게 달랐다는 점, 그리고 계열별 입학으로 구체적인 소속이 모호했다는 점에 기인하였고, 여기에 더하여 시골 출신 학생들은 서울에서 느끼는 문화적 충격이 가중되었다.

1970년대의 유신체제와 긴급조치 9호는 대학문화 특히 학생활동의 통제와 학회의 지하화를 조장했다. 1976년 당시의 서울대학교에는 공식적으로 대학에 등록된 '서클' 이외에 다수의 '언더 서클'이 있었다. 입학식이 이루어진 후 한두 달이 지난 시점에 많은 2~3학년 학생들이, 계열별로 입학하여 소속감이 분명하지 않은 신입생들에게 자기들의 조직에 와서 공부하라고 권유했다. 당시에 신입생을 노리는(?) 사람들은 이런 선배들 외에 타임지와 같은 외국 잡지나 철학 또는 문학전집 회사 외판원들이었다.

나도 고등학교 친구였던 이원주와 함께 여러 학회를 돌아다니면서 사정을 알아보았는데, 원주는 특정 학회를 선택하여 공부하기 시작했지만, 나는 고등학교 친구들끼리 공부하는 모임을 만드는 데 열심이었다. 그로부터 1년 후 사회학과에 진입한 뒤에 알았지만, 종채는 다른 학생들보다는 조금 늦은 여름에 농촌경제연구회에서 공부하였다. 이런 공개 서클이나 언더 서클에 가입하여 공부했던 학생들이 얼마쯤 되는지 알 수 없지만, 이들이 이른바 대학의 운동권을 형성하는 인적 풀이었다. 사회학과의 경우를 생각해보면 아마도 인문사회계열 학생들의 1/3가량이 운동권에 가까웠다고 짐작되지만, 정확한 자료는 없다.

나는 1976년 대학 입학 후에 몇 차례 캠퍼스에서 우연히 데모 현장을 보았거나 그 자리에 있었다. 그해 12월 초에 처음으로 시위가 있었는데, 당시 기숙사에서 학생들이 이에 관해 수군거렸다. 그때부터 학생들은 자유롭게 집회할 수 없었고, 심지어 제대로 된 축제조차 금지되는 상황이었다. 학회라고 불리는 언더 서클은 물론이고 내가 1977년 가을부터 참여했던 사당동 야학도 수시로 관악경찰서의 감시를 받았다.

다른 학과와 마찬가지로 사회학과에서도 새로 2학년에 진입한 학생들을 상대로 선배들이 오리엔테이션을 하였고, 또 우리끼리 커리큘럼을 만들어 공부하였다. 사회학과에서는 박정희 독재정치를 우회적으로 비판하는 노래를 학과 노래로 만들어 불렀는데, 강촌이나 그 밖의 교외로 나가서 이른바 MT를 하면서 이런 하위문화를 자연스럽게 습득하였다. 2학년 당시의 학과 모임은 학생 대표였던 정인용이 주도했고, 3학년 학과 대표는 피정선이었다. 3학년에 올라가서는 김명규가 대표가 되어 활동하였다. 종채는 학과에서 특별히 두드러진 활동을 하는 편이 아니었다. 나중에 알았지만, 그의 행로에 큰 영향을 미친 것은 1학년 때의 농촌봉사활동이었다. 당시 종채는 나를 포함한 사회학과 친구들에게 자기 고향이 전남 영암이라는 사실을 말하지 않았지만, 이것이 농촌봉사활동의 충격과 관련이 있다고 생각된다. 종채는 상당한 기간 동안 한국의 농촌문제에 대해 공부하고 싶어했다.

종채의 가족은 원래 김대중 대통령의 고향인 전남 신안군 하의도에서 살았는데, 부친이 전남 영암에서 경찰공무원으로 일하다가 퇴직하고 농협에서 일했다. 부친이 50세로 정년퇴직하면서 서울로 이주하여 서대문구 현저동에 자리를 잡았고 부동산 중개업에 종사했다. 종채는 2남 4녀 중 막내로 태어났는데. 1964년 영암초등학교에 입학하여 5학년 때인 1968년 4월 서울로 이주하면서 금화국민학교로 전학했고, 1970년 2월에 졸업했다. 종채는 서울 대동중학교에 입학했는데, 중학교 재학 때인 1972년 친형 김석환이 서울대학교 사회사업학과에 입학하자 많은 자극을 받았던 것으로 보인다. 1973년 경기고등학교에 입학하였는데, 중간에 건강이 좋지 않아서 고생했지만, 1976년 서울대 사회계열에 입학하였다. 입학 후에 종채는 미국문화센터의 영어회화클럽에 다니기도 했지만, 고등학교 때 서울대 입학에 대한 강박관념을 가지고 있었기 때문에 대학 입학 후에 많이 방황했다고 고백했다.

종채의 행로에 큰 영향을 미친 사건은 1976년 7월 열흘간 홍천 내촌면 광암리에서 학도호국단 새마을부 소속 농촌봉사대 활동을 한 것이었다. 대장은 약학과 3년 이병성이었고, 언어학과 3학년 오세범 등이 주도하여 남학생 7명, 여학생 11명이 농촌봉사활동을 하였다. 이 활동을 끝낸 후 종채는 선배였던 오세범으로부터 농업경제학회라는 서클을 소개받았다. 이 학회의 회장은 오세범이었고, 76학번 1학년 회원들이 유재원, 박중구, 김부겸, 박태준 등이었다.

다른 학회와 마찬가지로 농업경제학회도 월 2회 세미나를 하였고, 교재는 최문환의 〈근세 사회사상사〉, 카의 〈역사란 무엇인가〉, 이영희의 〈전환시대의 논리〉, 황성모의 〈현대사회사상사〉 등이었다. 종채는 9월 말 경기도 일영으로 8명이 1박 2일 MT를 갔는데, 한국의 농업문제를 공부했다고 한다. 종채는 1학년 겨울방학 때 징병 신체검사를 받았고, 1977년 사회학과에 진입한 이후로도 농업경제학회에서 월 2회 세미나를 지속하였다. 4월에는 강촌으로 MT를 가서 '지식인과 역사발전'에 관한 토론을 하였으며, 6월에는 신입생들과 함께 15명이 대성리로 MT를 가서 '한국의 농업문제'를 설명하였다. 7월 하순에는 충북 충주시 금가면 사암리로 농촌봉사활동을 갔다.

1977년 10월 7일, 사회학과 26동 심포지엄 사건이 발생했다. 〈민족운동의 사회학〉이라는 제목의 심포지엄이 사회학과 3학년 학생들 주도로 26동 대형 강의실에서 열릴 예정이었는데, 사회학과 교수님들이 당일에 심포지엄 중지를 종용하고 있었다. 이들은 심포지엄을 진행하면서 정부를 비판하는 시나리오를 짰는데, 이런 계획이 당국에 알려졌기 때문에 교수님들이 나섰던 것이다. 학생 청중들은 26동 대형 강의실에 들어가서 심포지엄이 열리기를 기다리고 있었지만, 사회자와 발표자들이 입장하지 않자 자연스럽게 농성상태가 되었다. 결국 어둠이 깔리는 저녁 무렵, 26동에 있던 학생들이 모두 관악경찰서로 연행되었다. 나는 그 광경을 보고 안타까웠지만, 어쩔 수 없었다. 이 모임에서 발언했던 몇몇 학생들이 구속되거나 제적되었는데, 그중에는 사회학과 3학년이던 심상완, 2학년이던 최상일이 있었다. 농업경제학회에서는 이 사건으로 유재원, 박태준 등이 유기정학을 받았다. 그로부터 한달 쯤 지났을 때, 광화문에서 여러 대학 연합 시위가 있었다. 서울대와 고려대에 다니던 나의 고등학교 후배들이 1학년임에도 불구하고 현장에서 연행되어 제적당했다. 몹시 당황스럽고 안쓰러웠다. 이 사건 이후 농업 경제학회에는 2학년 성원으로 종채만 남은 상황이 되었다.

1978년 2월 농업경제학회의 주요 성원이던 박태준이 입대하면서, 다른 학회들과 연락하던 역할을 종채가 맡게 되었다. 3학년이 되면서 학회를 이끌어가야 했기 때문에 중압감을 느끼면서도 학회 간의 연합활동에 참여하지 않을 수 없었다. 법대 김종훈, 철학과 김창호, 사회학과 정인용 등이 주요 성원들이었고, 그 외에 윤언균, 주동황, 이원주, 주대환(군필) 등과 함께 신입생들을 공동으로 모집하고, 주기적으로 이들과 모였다.[2] 모임은 4학년들이 주도하였다.

종채는 1978년 5월 초에 주대환으로부터 시위계획을 듣고 학생동원을 요청받았다. 5월 8일 신문학과 3학년 주동황, 정치학과 4학

---

[2] 농업경제학회 김종채, 고영목, 사회철학연구회 윤언균, 역사철학회 김용호, 후진국사회연구회 정인용, 사회과학연구회 이원주, 국제경제연구회 김창호, 경제철학회 김종윤, 농촌법학회 김준희 등이 주요 성원이었다.

년 서동만, 부윤경이 주도하는 시위가 발생하였다, 이들은 유신체제 철폐와 통일주체국민회의 대통령 선거 반대를 주장하고, 광화문 시위 (6월 26일) 참여를 독려했다. 아마도 이 시위는 5월 중순에 있을 통일주체국민회의의 대통령 선거를 반대하는 것이 주된 목적이었던 것으로 보인다. 종채는 이때 나에게 시위에 관해 말했다고 하는데, 나는 기억나지 않는다. 다만 이 무렵에 열린 사회학과 총회에서 친구들이 수업을 거부하고 야유회를 가자고 하여, 청평으로 놀러 갔던 기억이 있다. 그 당시에 사회학과 친구들은 학과 대표를 맡아 달라고 권했지만 나는 받아들이지 않았다. 과 대표를 하면 졸업하기 전에 군대를 가는 것이 분명했기 때문이었다.

6월 하순에 종채는 주대환으로부터 광화문 시위계획(6.26)에 관하여 설명을 듣고, 나를 포함하여 학과 친구들 몇몇에게 참여를 제안하고 자신은 광화문 덕수제과에서 집회를 보았다고 하는데, 나는 광화문 시위에 간 적이 없기 때문에 그런 제안을 받았는지 기억할 수 없다. 이때 약 2,000명의 학생들이 유신철폐와 독재 타도를 외치며 시위했다는 기록이 있다. 7월 20일경 농업경제학회 회원 15명과 종채가 경남 고성군 회화면 어신리로 농촌봉사활동을 갔다. 8월에는 농업경제학회 운영을 2학년 김지석에게 맡기고 이원주를 소개하였다.

가을 학기가 시작된 지 얼마 지나지 않은 9월 13일 4학년 이우재와 3학년 김종복이 주도하는 시위가 있었다. 약 500명이 참여하여 유신철폐를 외쳤다. 법대 학생이었던 김종복은 나의 고등학교 친구였으므로 이 시위를 보고 몹시 착잡했다. 1학년 겨울에 같이 생활했던 기숙사에서 그 친구가 술에 취했음에도 불구하고 흔들거리지 않으려고 애쓰는 모습을 보인 적이 있는데, 그때부터 고뇌가 시작되었다는 것을 뒤늦게 깨달았지만, '너무 일찍' 학교를 떠났다는 생각은 지금도 변함이 없다.

11월 11일에는 또 한 명의 고등학교 친구였던 국사학과 김용흠이 이필렬과 함께 도서관 난간에 기대어 시위하였다. 기록에는 5분 만에 진압되었다고 하지만, 상당히 긴 시간이었다고 기억되는 것은, 줄을 타고 내려와 난간에 서 있는 모습이 위태로워서, 혹시 떨어지는 사고가 발생하지 않을까 조마조마했기 때문일 것이다. 정확한 내막은 알 수 없지만, 1978년부터 서울대학교 내의 학생운동이 체계적으로 활동한 것으로 생각되는데, 이것이 후에 '무림'으로 알려졌다. 76학번 중에서는 나의 고등학교 친구였던 이원주가 중심적인 활동을 하였다. 물론 그 친구가 그런 역할을 하고 있는지 당시에는 전혀 알지 못했지만, 1979년 2월부터 전체 연락을 맡았다고 들었다.

1979년 2학기 시작과 함께 캠퍼스의 분위기가 확실히 달라진다는 느낌이 들었다. 예전보다 저항이 좀 더 빈번해지고 통제가 힘을 발휘할 수 없는 분위기가 만들어졌다. '철권통치'가 더 이상 유지될 수 없다는 확신이 들기 시작했을 때, 종채가 친구들과 함께 시위를 했던 것이다. 원래 이 시위는 1979년 6월 중순에 이원주가 종채에게 1학기가 끝나기 전에 시위할 것을 제안한 것이 발단이 된 듯하다. 당시 종채는 대학원에 진학하여 공부를 계속하고 싶어 했기 때문에 이 제안을 거절했다. 그런데 8월에 YH 사건이 발생했다. 학생들은 여기에 자극받았다. 이원주는 종채에게 연락하여 김준희와 같이 만났다. 노동운동을 학생운동이 지원해야 한다는 명분이었다. 종채는 "망설임 끝에 학회 후배들에 대한 책임감과 여태까지 시위에 가담하지 못한 무력감을 해소하기 위해 시위를 결행하기로 결심하고, 사회대학에서 다른 동료를 물색하기로 하고 해산했다."고 말했다. 결국 신상덕, 김진태, 김낙년 등이 합류하여 9월 11일의 시위계획이 짜졌다.

종채가 5동 게시판 위에서 호각을 불고 외치면, 김진태가 꽹과리로 학생들을 유도하고, 신상덕이 메가폰으로 성명서를 읽으며, 김준희와 김낙년이 후속한다는 것이었다. 나중에 알았지만, 종채는 그날 오전에 7동에서 나를 만난 후 도서관에 가 있다가 12시 50분, 4동 대형 강의실에서 한국정치론 강의가 끝난 후 학생들이 나오자, 호각을 불고 시위를 시작했다. 종채가 "유신체제 물러가라, 언론자유 보장하라, 노동3권 보장하라."고 외치자 형사들이 게시판 위로 올라와 굴러떨어지게 되었다. 당시 시위에서 민족민주선언(김종채, 김준희 작성), 경제시국선언(김낙년. 신상덕 작성), 학원민주화선언(김진태 작성) 등 3종의 유인물이 뿌려졌다.

종채와 친구들은 이후 관악경찰서에서 조사받고, 구속되었다. 9월 19일 발부된 구속영장에 따르면 시위 당일 12시 52분부터 58분까지 시위한 것으로 기재되어 있다. 종채는 신상덕과 함께 영등포경찰서 유치장에 유치되었다가, 9월 25일, 영등포 구치소에 수용되었다. 종채가 떠나간 후 한 달여가 지난 10월 26일 아침, '대통령 유고'가 방송을 통해 알려졌다. 그날 아침 일찍 라디오에서 누군가를 애도하는 음악이 한참동안 방송된 후, 초등학교 1학년 때부터 대학 4학년 때까지 줄곧 대통령이었던 사람이 사망했다는 소식이 알려졌다. 그로부터 얼마 지나지 않은 11월 24일 종채는 구속집행정지로 풀려났다. 나는 그 무렵 대학원 진학을 위한 공부를 하고 있었지만, 종채가 평소에 원하던 대학원 진학의 기회는 이미 지나가 버린 뒤였다. 최종적으로 12월 20일 서울형사지방법원 영등포지원에서 긴급조치 9호 위반에 관한 최종 판결이 있었다. 그것은 대통령 공고 67호에 의하여 긴급조치 9호가 해제되어 그 형이 폐지되었으므로 형사소송법 제326조 제4호에 따라 면소한다는 것이었다.

종채는 1980년 3월 서울대학교 사회학과에 복학하였다. 비록 오랫동안 투옥되었던 것은 아니지만 그 후유증은 상당히 컸고, 간염으로 입원할 정도로 건강이 좋지 않았기 때문에, 다른 복학생들과는 달리 서울의 봄 시기에 별다른 활동을 하지 않고 학업에 열중하면서 대학원 입학 준비를 하였다. 12월 7일 대학원 입시를 치르고 합격자 발표를 기다렸다. 당시 전두환 정부는 서울대 대학원 입시에 개입하여 예비 합격자 중에서 시위 전력이 있는 사람들의 합격을 취소했는데, 종채가 여기에 포함되었는지 나는 알지 못한다.

그러나 바로 이때 종채의 운명에 큰 영향을 미친 사건이 발생했다. 12월 12일 사태 때 서울대에 유인물이 뿌려졌는데,[3] 당시 언론에서는 유인물 내용이 상당히 급진적이어서 배후에 어떤 조직이 있을 것이라는 신군부의 판단을 반영하는 보도를 하였다. 이 소식을 접한 종채는 과거의 서클 연합회 경험 때문에 상당히 불안해했다. 자신이 알고 있었던 조직에서 이를 주도했을 가능성이 있고, 이것이 드러나면 자신의 신변에도 영향을 미칠 것이라는 생각 때문이었다.

결국 종채는 1981년 1월 8일 안전기획부 조사관에 의해 연행되어 집회 및 시위에 관한 법률 위반 혐의로 조사를 받았는데, 이 사건은 무림사건이라는 이름으로 공표되었다. 무림이라는 이름은 수사당국이 만들어낸 것으로 서울대학교 서클 대표들의 협력 네트워크를 지

---

3) 이 유인물은 『반파쇼 학우투쟁 선언문』이다. 신군부의 공안당국은 남명수, 현무환, 김명인 등 관련자를 비롯하여 재학생, 졸업생, 군 복무자에 이르기까지 100여 명을 소환하여 고문 조사를 진행하였고, 그 결과 이를 발표한 학생들을 간첩으로 몰아 9명 구속, 90여 명을 강제 입대시켰다.

칭하는 것이었다. 사실 종채는 이 사건과 별로 관련이 없었고, 과거의 활동 때문에 연루된 것이었다. 종채는 군 입대를 조건으로 1월 22일 훈방되어 이튿날 곧바로 논산훈련소로 입대하였다. 강제 징집에 해당하는 조치였다. 다만 2월 26일 졸업은 인정되었다. (모친이 졸업식에 참석하여 졸업장을 받았다.) 약 한 달간의 훈련에 이어 12사단 52연대 3대대 11중대로 배치되었다. 처음에는 군수 지원업무를 담당하는 서기병으로, 후에는 소총수로 근무했다.

보안사령부는 종채를 특수 학적 변동자로 분류하여 지속적인 감시 대상으로 삼았다. 입대 후 10월 30일까지의 동향을 기록한 보호카드가 만들어지고 그때부터 제대할 때까지 총 15회의 동향보고가 기록되었다.[4] 종채는 군 업무에 충실하여 신망을 얻고 있었다, 1981년 12월 휴가를 나왔을 때 나를 만나 군대 이야기도 하고 대학원 이야기도 하였다. 대학 재학 중에 교련을 이수했으므로 약간의 병역 단축 혜택을 받아 1~2개월 일찍 제대할 수 있었다.

당시 특수 학적 변동자들은 제대할 무렵 전역 예정 보고와 함께 군 복무 과정에서의 반성 및 새로운 국가관을 갖게 되었느냐는 측면에서 심사받았다. 입대 후 2년이 지난 3월 10일, 만기 제대를 앞둔 시점에서 보안사령부 담당자들은 종채에게 과거의 사건들에 대하여 다시 진술서를 받고, 이어 반성문을 쓰도록 강요했다. 종채는 과거에 뚜렷한 주관 없이 행동했다는 것과 사회 전체를 보지 못하고 섣부른 행동을 했다는 것 등 두 가지 사항을 진술했지만, 이것이 그의 진심인지 알 수가 없다. 종채는 1983년 3월 31일 만기 제대로 병역을 다했다. 그러나 보안사령부의 특수학변자 활용계획(1983.4.1.)에 따라

---

4) 동향보고는 외부 세력과의 접촉 여부, 주변 장병 선동 유인비어 유포 여부, 현 시국 관련 언동, 간행물 구독여부, 외출 외박 면회 휴가기간 중 동향, 복무동향 등을 기록한다.

제대 후에도 연고지 관할인 사령부 학원계로 보고하고 계속 활용토록 조치되었다. 이른바 녹화사업 대상자였던 것이다. 그러나 종채가 이와 관련하여 적극적인 활동을 하지는 않았다. 1983년 5월에 열린 나의 결혼식에 종채가 참석했고, 결혼식 후에 간호대 학생들과 미팅했다는 이야기를 들었다.

1985년 내가 전남대 교수로 부임한 여름에 종채를 포함하여 공제욱, 조형제 등 친구들이 광주에 놀러 왔는데, 이 자리에서 그동안 고생한 것에 대해 작은 위로를 할 수 있는 기회가 있었다. 순천 송광사를 거쳐 통영까지 함께 여행했다.

종채는 여전히 공부하고 싶어 했고, 곧이어 서울대학교 대학원에 진학하였다. 1989년 2월, 〈한국사회 농민층 분해에 관한 일 연구〉라는 제목의 논문으로 석사학위를 받았고, 농촌경제연구원에서 연구원으로 일할 수 있는 기회가 생겼다. 그때 그를 사로잡은 주제는 한국의 농지개혁에 관한 것이었다. 종채는 종종 나를 포함하여 대학에서 연구의 길로 접어든 친구들을 만나면 이에 관한 이야기를 자주 하곤 했다.

얼마 후에 종채는 오랫동안의 꿈이었던 독일 유학을 떠났다. 독일에서 독일 통일에 관한 깊은 관심을 갖게 되었지만, 끝내 박사학위 논문을 마치지 못하고 귀국했다. 독일에서 돌아온 후 종채는 어려운 상황에서도 연구의 끈을 놓지 않았다. 박사학위에 미련이 남았기 때문에 성공회대학 대학원에 다시 입학하여 연구했다. 친구인 공제욱 교수의 배려로 종채는 2003년 가을 학기부터 원주에 있는 상지대학교에 출강했다. 그가 담당한 과목은 〈미래사회의 이해〉, 〈사회학〉 등이었는데, 보통 한 강좌를 담당했지만 2강좌를 담당하기도 했다, 2010

년 2학기부터 〈생태사회와 시민운동〉을 강의하기도 했다. 2011년과 2012년 2학기에는 3강좌 9학점을 담당했고, 2018년 마지막 해에는 〈청년을 위한 사회학〉을 강의했다.

종채는 상지대에서 강의하면서, 과거의 긴급조치가 헌법정신에 비추어 부당하며, 이에 의해 피해를 받은 사람들은 구제되어야 한다는 신념 하에 권리 회복 운동에 비교적 적극적으로 참여하였다. 종채는 비슷한 사정에 있는 피해자들과 연락하여 '긴급조치 9호 철폐투쟁 30주년 기념행사추진위원회'를 조직하였고, 2005년에 『30년 만에 다시 부르는 노래』라는 책을 출간하였다. 이 책은 '긴급조치 9호 세대'의 역사적 위치와 사회적 역할을 조명하고 있는데, 여기에서 사회학과 출신으로 부산대 교수로 재직했던 김석준은 1977년의 서울대 26동 사회학과 심포지엄 사건을 회고했고, 종채는 "79년, 서울대 9.11 데모"를 회고했다.

대법원은 2013년 긴급조치 9호의 정당성에 대한 판결을 내렸다. 대법원 전원합의체는 긴급조치 9호가 위헌이어서 무효라고 판단했다. 중요한 진전이었다. 긴급조치 피해자들은 이 판결에 기초하여 국가의 배상을 요구하는 소송을 제기했다. 2015년 1월 4일 한겨레신문은 "세대간 '격정 토론' 대한민국 어제·오늘·내일"이라는 제목으로 특집기사를 만들어 보도했는데, 여기에 종채가 출연하여 자신의 경험을 소개했다. 그러나 '양승태 대법원'은 2015년 "긴급조치 9호는 위법이지만, 그의 발령은 고도의 정치행위이기 때문에 국가는 배상 책임이 없다."는 판단했다. 이에 따라 피해자들은 재심으로 무죄를 선고받았음에도 불구하고, 국가로부터 피해 배상을 받을 수 없었다.

이와는 달리 2016년 광주지법과 서울중앙지법 등은 대법원 판례와 달리 국가의 배상책임을 인정하는 판결을 내렸다. 촛불시위를 거쳐 문재인 대통령이 취임한 후인 2018년, '양승태 대법원의 사법농단' 사건에 대한 법원 자체 조사와 검찰 수사가 이루어지기도 하였다. 긴급조치로 인해 피해를 받았던 사람들은 '긴급조치 사람들'이라는 단체를 만들어 본격적인 진실규명과 피해회복을 위한 캠페인을 하였고, 2021년 10월 21일부터 2022년 2월 25일까지 매일 대법원 정문 앞에서 회원들이 1인 릴레이 시위를 벌이면서 대법원 전원합의체에 회부된 긴급조치 9호 국가배상 사건의 조속한 심리종결 및 판결을 촉구했다. 이런 노력의 결과로 드디어 2022년 8월 30일, 대법원 전원합의체는 이런 시행착오를 바로 잡고, 국가의 배상책임을 인정하는 역사적 판결을 내렸다.

종채는 긴급조치 9호의 무효화 운동뿐 아니라 1980년부터 신군부에 의해 이루어진 강제징집과 녹화사업의 불법성을 알리는 사회운동에도 참여하였다. 종채는 2020년 6월 24일 광주 5.18민주화운동기록관에서 열린 〈강제징집, 녹화. 선도공작: 국가폭력을 묻다〉 심포지엄에 토론자로 참석하여 자신의 경험을 이야기했다. 강제징집 피해자들은 2020년 12월 진실화해위원회가 다시 출범하자 이에 관한 진실규명 신청을 하였다. 이들은 2021년 여름에 진실화해위원회를 방문하였고, 위원장실도 들렀다. 이때 나는 오랜만에 종채를 만나 과거의 이야기들을 주고받았다. 2022년 3월, 강제징집 피해자들이 진실규명을 촉구하기 위하여 다시 위원회를 방문하였다. 74학번 대표로 권형택, 76학번 대표로 종채가 참석하였고, 나머지는 모두 80년대 초반 학번들의 여러 대학 대표들이었다. 나는 이들의 의견을 듣는 자리를 마련하였는데, 이때 나는 종채의 건강이 별로 좋지 않게 보여서 모임이 끝난 후에 건강을 조심하라고 신신당부하였다.

그 후 불과 2달쯤 지난 5월 말에 종채가 뇌경색으로 쓰러져 병원에 입원했다는 소식이 전해졌다. 몇몇 친구들이 입원 중인 종채를 면회했지만, 상태가 좋지 않다고 전해주었다. 사회학과 친구들이 많은 걱정을 했고, 입원비에 보태라는 의미로 작은 성금을 모으기도 했다. 그러나 종채는 이 위기를 넘기지 못했고, 9월 13일 우리 곁을 떠났다.

그가 이 세상을 하직하기 바로 2주일 전인 8월 30일, 대법원 전원합의체는 긴급조치 9호에 대한 중요한 판결을 내렸다.[5] 이 판결은 "긴급조치 제9호 위반 혐의로 수사관들에 의해 체포되어 기소되었고 나아가 유죄판결을 선고받아 그 판결이 확정되어 형을 복역한 피해자들 및 그 가족들이 긴급조치 제9호 발령행위 또는 이에 근거한 수사 및 재판이 불법행위에 해당한다고 주장하면서 피고를 상대로 국가배상을 청구한 사안"으로,[6] "긴급조치 제9호의 발령부터 적용·집행에 이르는 일련의 국가작용에 대한 국가배상책임이 인정되는지"를 다투는 것이었다. 이 판결은 종채가 다른 피해자들과 함께 오랫동안 대법원 앞에서 릴레이 1인시위를 하면서 인정받으려고 했던 것이었다. 그 판결의 요지는 다음과 같다.

"긴급조치 제9호는 위헌·무효임이 명백하고 긴급조치 제9호 발령으로 인한 국민의 기본권 침해는 그에 따른 강제수사와 공소제기, 유죄판결의 선고를 통하여 현실화하였다. 이러한 경우 긴급조치 제9호의 발령부터 적용·집행에 이르는 일련의 국가작용은, 전체적으로 보아 공무원이 직무를 집행하면서 객관적 주의의무를 소홀히 하여 그 직무행위가 객관적 정당성을 상실한 것으로서 위법하다고 평가되고,

5) [대법원 2022. 8. 30. 선고 전원합의체 판결], 이 판결의 주심 판사는 김재형 대법관이었다.
6) 이 소송은 유종성 등 71명이 국가를 상대로 낸 손해배상청구 소송이다.

긴급조치 제9호의 적용·집행으로 강제수사를 받거나 유죄판결을 선고받고 복역함으로써 개별 국민이 입은 손해에 대해서는 국가배상책임이 인정될 수 있다.”

긴급조치 9호 피해자에 대한 국가배상 책임 판결을 인정했지만, 이미 패소 판결을 받아 판결의 효력이 미치지 않는 피해자들의 문제도 드러났다. 이 때문에 ‘긴급조치 국가배상책임 판결과 피해자 권리회복 방안’ 토론회가 국회에서 열리기도 했다. 이 토론회에서 기조발표를 한 윤진수 교수를 비롯하여 참석자들은 ‘긴급조치 피해자들을 위한 특별입법의 필요성’을 제기했다. ‘긴급조치 9호 피해 국가배상 소송현황’의 설명에 나선 김명식은 “긴급조치 구속자는 1호에서부터 9호까지 1,140명이고, 이 가운데 긴급조치 9호 구속자는 1,046명으로 알려져 있는데, 민사소송을 제기한 당사자 인원은 423명”이라며 “패소가 확정된 87건, 194명에 대해서는 사법부가 이들 피해자의 권리회복을 시켜줄 수 없다면, 입법으로 해결하는 것이 마땅한 책무”라고 밝혔다. 조영선 변호사는 “백기완, 추영현, 김종채, 이을호, 이범영, 오종상 등 많은 분들이 대법원 판결의 빛을 보지 못한 채 유명을 달리했다.”며 “국가로부터 정당한 평가와 함께 배상받을 때까지 더욱 분발하겠다.”며 의지를 다졌다.[7]

종채가 떠난 후 두 달이 지났을 때 진실화해위원회는 ‘강제징집-녹화사업’에 대한 진실규명 결정을 내렸다. 다음은 이에 관한 한겨레신문 기사(2022.11.23.)이다.[8]

“진실·화해를위한과거사정리위원회(진실화해위)가 1970~80년

---

7) 스트레이트뉴스(https://www.straightnews.co.kr), 2022.9.27.
8) 그 후 정희상 기자도 “무차별적 강제징집 40여 년 만에 드러나다”라는 제목의 기사를 〈시사인〉, 794호(2022.12.09.)에 실었다.

대 박정희·전두환 군사정권 시절 군대에 강제 징집되거나 녹화·선도 공작을 통해 프락치(망원) 활동을 강요당한 피해자가 2,921명에 달한다는 조사 결과를 내놓았다. 진실화해위는 "국방 의무라는 명목으로 중대한 인권침해를 당하고, 정권 유지 목적으로 전향과 프락치를 강요당했다. 국방부, 행정안전부, 경찰청, 교육부, 병무청 등은 피해자들에게 사과하고 경제·사회적 피해에 대한 회복 조치해라."고 권고했다.

진실화해위는 23일 오전 '강제 징집·프락치 강요 공작 사건' 조사 결과를 발표하며 이 사건 진실규명을 신청한 조종주씨 등 187명을 피해자로 공식 인정했다. 참여정부 때인 2004년 대통령 소속 의문사진상규명위원회를 시작으로 1기 진실화해위 등을 통해 일부 진상 규명 시도가 있었지만, 1971년 위수령 발령부터 1980년대 말까지 전체적인 피해자 규모와 개인별 피해 사례를 확인한 것은 이번이 처음이다.

진실화해위는 2021년 5월 이 사건 조사개시를 의결한 뒤 군사안보지원사령부(5공 당시 국군 보안사령부)의 개인별 존안자료 및 1981~88년 선도대상자(특수학적변동자) 명단을 비교 대조해 강제 징집 및 녹화·선도 공작 피해자 2,921명 명단을 확인했다. 기존에 알려진 1980~84년 강제 징집(1,152명), 녹화사업(1,192명) 피해자보다 많다. 진실화해위는 위수령 발령(1971년), 긴급조치 9호(1975년), 계엄포고 10호(1980년), 5공화국 출범(1981년) 이후 등 모두 4차례 대규모 강제 징집이 있었고, 이 과정에서 경찰의 불법체포·구금, 고문과 구타를 당한 상당수 학생들은 군 조사 뒤 사상 전향과 프락치 활동을 강요받았다고 밝혔다. 진실화해위는 "5공화국 시기 강제 징집은 국방부·내무부·병무청·법무부·문교부·대학 등이 총동원된 조직적 합작품"이라고 했다.

진실화해위원장으로서 나는 "강제징집과 녹화공작 인권침해의 (책임은) 과거 내무부 치안본부와 보안사령부에 있어 두 기관을 계승하는 부처(행안부 및 행안부 경찰국, 국방부)에 사과를 권고할 것"이라고 밝혔다. 프락치 강요 과정에서 의문사한 이들에 대한 진실규명 및 책임자를 가려내는 문제는 여전히 과제로 남았다. 나는 "의문사 사건들에 대한 자료를 수차례 찾아보았지만 충분하지 않았다. 관련 사건을 좀 더 치열하게 조사하겠다."고 밝혔다. 이 사건 조사를 맡은 박강형 조사관은 "녹화공작 가해자로 볼 수 있는 보안부대 요원 조사도 진행할 것"이라고 했다.

나는 이날, 위원회를 대표하여 기자회견을 하면서, 이 사건의 피해자 몇 분을 초청하여 그동안의 노고에 대해 격려했는데, 유감스럽게도 종채는 이 자리에 없었다. 종채가 조금만 더 살았더라면, 손이라도 붙잡고, 1979년의 용기, 그리고 1981년의 고통을 떠올리면서, 우리들이 그 시대를 살아내야 했던 '숙명'에 대하여 이야기할 수 있었을 텐데 아쉽지 않을 수가 있겠는가.

먼저 이 세상을 하직한 종채에 관한 글을 쓰다 보니 여기에서 언급한 나의 친구 이원주와 김종복의 명복을 빌고 싶다. 종채보다 먼저 간 친구들이다. 원주는 5.18묘지에 누워 있고 종복이는 캐나다에서 이 세상과 하직했다. 1970년대 후반, 그리고 1980년대 초반의 한국 사회, 그리고 대학 캠퍼스는 참 황량했다.

편집실 김종채 선배의 옛 기억들

이병훈(서울대 사회대평론 편집실 모임 78학번)

    1979년~1981년의 대학생 시절 가물거리는 옛 기억을 더듬어 사회대평론의 편집실을 인연 삼아 김종채 선배와의 얽힌 사연들을 추모의 글로 정리해보고자 한다. 사회대평론은 1974년 서울대의 관악캠퍼스 이전에 따라 앞선 상대평론의 전통을 이어가기 위해 74학번이 주도하여 출범하였다. 사회대평론이 만들어진 초기 역사에 대해서는 초대 편집장인 74학번의 임영일 선배께서 『사평마당』 창간호(1994년 5월에 실은 "편집실의 탄생: 유신, 그 잔인한 시대의 작은 반역")에서 찾아볼 수 있다.

    내가 사회대평론의 편집실에 합류한 것은 1979년 봄학기이었다. 그때 학내 활동의 둥지를 찾던 나는 사회학과 동기로 만나 절친이 된 유현오에 이끌려 편집실에 합류하였다. 처음으로 편집실을 찾아갔을 때, 이전 선배들의 경우 공개모집과 까다로운(?) 선발시험을 거쳐 합격해야 편집위원이 될 수 있었다고 겁 주긴 했지만, 실제로는 2학년 활동인원이 부족한 탓인지 시험없이 바로 합류할 수 있었다. 당시 편집실은 철권통치의 유신체제하에서 학생 자치활동이 일체 억압받다 보니 그때까지 사회대평론의 창간호를 발간치 못한 '불임'의 학보사에 머물러 있었다. 그러다보니, 임영일 선배의 글에서 잘 묘사하듯이 편집실은 사회대 '꾼'들의 모이는 공간으로 자리잡고 있었고, 2~4학년 편집위원들이 다른 학회 또는 활동단체(예: 야학 등)를 겸하는 경우가 적잖았다.

　김종채 선배의 경우에도 언더서클의 하나인 농업경제학회('농경')의 소속이면서 사회대평론의 편집위원으로 겹치기 활동하고 있었다. 1979년의 편집실은 학보 발간이 어려운 현실여건에서 여느 학회와 비슷하게 조직확대의 '재생산'에 주력하는 새로운 활동방향을 설정하며 79학번의 신입생들을 모집하여 세미나 등으로 진행하고 있었다. 나는 10여명 되는 79학번 후배들과 어울리면서, 특히 그해 여름 숙대 학생들과의 합동농촌활동에 참여하며 편집실의 일원으로 자리잡았다.

　내게 김종채 선배가 특별한 존재로 깊이 새겨진 것은 1979년 9.11 데모를 통해서였다. 9.11 시위의 전말에 대해서는 『긴급조치9호 철폐투쟁 30주년 기념문집, 30년 만에 다시 부르는 노래- 유신독재를 넘어 민주로』에 실린 김 선배의 글 『여명의 '79년. 서울대 9.11 데모』에서 상세히 알려주고 있다. 이 글의 제목에서 김종채 선배는 9.11 데모가 유신독재체제의 어두운 시대를 종식시키고 1980년 민주화의 새 아침을 열어가는 학생들의 옹골찬 투쟁이었다는 점에서 '여명'의 역사적 의의를 강조하였던 듯싶다. 실제, 9.11 데모는 학내 시위를 막기 위해 적잖은 수의 경찰력이 상주하던 시절에 폭압적인 유신통치를 규탄하는 2천명 넘는 학생들이 동참하여 뜨거운 투쟁열기를 분출하였다는 점에서 높이 평가될 만하다.

　내 개인적으로도 그날 데모의 예고 소식을 전해듣고 사회대 앞에서 대기하던 중 그 데모의 주동이 편집실의 김종채·김낙년 선배, 사회학과의 신상덕 선배 등이었던 것을 보고 더욱 흥분되어 참여한 것으로 기억된다. 나는 낯 익은 선배들이 차례로 등장하여 유인물 뿌리고 민주화선언의 구호를 외치는 모습에 힘껏 호응하였고, 선배들이 사복형사들에게 붙잡혀 끌려갈 때에는 그 자리의 학우들과 스크럼 짜서 어떻게든 구해보려 허둥지둥 뛰어다녔던 것으로 기억된다. 9.11 데모를 촉발하였던 김종채 선배를 비롯한 주동자들이 검거되어 잡혀간 후 경찰들의 폭력적인 진압에 분개하여 최루탄으로 범벅된 사회대·인문대 교정을 돌아다니며 '흔들리지 않게' 등을 목 쉬도록 외쳐 부르며 휘젓다가 편집실을 찾았는데 그곳에서 눈물 짓고 있던 76학번 편집장 강영철 선배 등과 얼싸안고 통곡했던 기억이 생생하다. 9.11 데모는 민주화투쟁에 용기 있게 앞장선 선배들을 본받아 학생운동에 적극 나설 것을 다짐케 하였던 내 인생의 중요한 변곡점으로 기록될 만하다.

김종채 선배는 운 좋게도 박정희 대통령의 10.26 저격사건이 터져 긴급조치 9호 위반의 면소판결(원인무효)이 내려져 석달 만인 12월 출소하여 우리 곁으로 돌아올 수 있었다. 복귀한 김 선배는 나를 비롯한 후배들 사이에서 유신독재에 용기 있게 투쟁한 정의로운 선배로 존경을 받는 존재로 자리매김되었다 언제나 본인의 생각이나 주장을 분명하게 밝히던 김 선배는 79학번 세미나이나 편집실 MT 등에 빠짐없이 참석하여 당시 계엄정국과 민주화운동 동향에 대해 정세분석을 들려주곤 했던 것으로 기억된다.

특히, 1979년 말 내가 사회편집실의 편집장으로 선임되었을 뿐아니라 사회대 언더그룹(후일 무림사건의 비공개협의체)의 일원으로 참여하면서 학생운동과 편집실 활동을 고민할 때마다 김 선배는 믿음직한 멘토로서 그 고민의 해결에 큰 도움을 주었다. 당시 편집실의 상황을 살펴보자면, 1980년 민주화의 봄에 부활한 학생회 조직과 유신체제하에서 학생운동을 주도해온 지하 학회활동을 연계해주는 활동단위로 위치지어져 내 개인적으로는 사회대 언더 협의체에의 참여와 학생회 구성-운영 등을 함께 챙겨야 할 역할에서 무던히 바쁘게 뛰어다녔던 시절로 기억된다.

1980년 5월 광주민주화항쟁 직후에는 서울 지역에 그 소식을 알리기 위한 유인물 살포의 작업을 맡는 소조활동이 추진되었는데, 당시 김종채 선배가 조장이 되어 내게 활동 지시를 전달하기도 하였으나 어떤 사정에서인지 그 작업은 결행되지 않았다. 1980년 11월에는 당시 학교 학생처를 통해 당시 국보위의 허문도 정치담당이 서울대 학생대표들과의 간담회를 갖기를 요청하여 그 대표의 일원으로 추천받았는데, 간담회의 참석여부를 두고 김 선배를 찾아가 조언을 구했던 일도 있었다. 김 선배는 신군부 정권의 실세와 대면할 기회이니 그쪽은 무슨 얘기 하는지 들어보고 광주 학살과 군부 권력을 문제 삼는 발언을 해볼 수 있지 않냐면서 긍정적인 의견을 주셔서 그대로 진행했던 일화가 기억되기도 한다.

또한, 1980년 하반기에 학내운동의 방향을 둘러싸고 당시 4학년 선배들 간에 치열한 논쟁과 주도권 다툼이 벌어지는 상황(이후 무림과 학림의 사건으로 드러남)을 맞아 개인적으로나 편집실 차원으로 어떤 입장을 취해야 할지에 대해 갈피 잡을 수 없어 김종채 선배를 여러 번 찾아 상의해서 정리하였던 적도 있었다.

1980년 연말에 벌어진 학내 유인물배포 사건이 서울대 학생운동의 주도그룹을 초토화하려고 노리던 신군부에게 빌미를 주어 무림사건을 자초하였다. 그 사건으로 나는 남산 안기부로 잡혀들어가 3주여 조사받고 보안대 서빙고분실을 거쳐 1981년1월말 전두환 강집 1호의 군용버스를 타고 논산훈련소로 가는 길에 김종채 선배를 만났다. 짧은 수용연대를 거쳐 5주의 훈련소를 거쳐 뿔뿔이 전방부대로 배치받을 때 여러 강집 동기들이 종채 형의 군대 생활 적응을 걱정하였던 기억이 남아 있다. 2년여의 군 생활을 지나 제대하여 복학한 이후에는 예전처럼 김 선배를 만나보지 못하였다.

　나도 개인적으로 진로나 활동 방향을 심각히 고민하고 있었지만, 그때 형은 농촌경제와 농민운동에 역할을 하려고 한국농어촌사회연구소에서 일하고 계신다는 소식을 들으면서 그쪽 활동을 별로 생각지 않았던 나로서는 자연히 김 선배를 찾지 않았던 것으로 기억된다. 물론 편집실 동문회 모임에서 본인의 식견과 주장을 진지하게 후배들에 설파하던 김종채 선배의 변함 없는 모습으로 가끔 마주하곤 했다. 그러다, 나의 유학과 김 선배의 뒤이은 유학으로 적조하게 되어 아주 뜸하게 안부 소식을 전해 듣곤 했는데, 그 소식이 그리 좋은 내용이 아니라서 걱정하였던 기억이 남아 있다. 유학 마치고 이러저러한 일로 바빠지면서 편집실 모임을 소홀히 하게 되었지만, 활발한 소통방에서 선후배의 안부 소식을 챙겨보면서 옛 인연의 그리움을 달래곤 하였다.

　그러던 중, 종채 형이 지난해 편집실 산행 모임에 참석하였다가 심각한 건강상 문제로 쓰러져 응급실로 실려 갔다는 소식을 접하였고, 요양병원 침대에 누워 있는 형을 아주 오랜만에 만나 뵈어 송구하기만 하였다. 김종채 선배가 말씀 못 하는 상태였지만 나는 젊은 시절부터 보여준 형의 형형한 눈매를 마주하면서 정의롭고 순수한 영혼의 종채 형이 꿈꾸며 애써 이뤄보려던 세상과 학문을 미완으로 남긴 채 떠나려 하는 모습이 그저 안쓰럽고 슬펐다. 한평생 양심을 지키며 올곧게 살아온 종채 형이 하늘나라에 오르셨으니, 모쪼록 본인의 뜻과 열정을 유감없이 발휘하여 못다 이룬 학문과 소망하는 세상을 제대로 이뤄가며 아주 평안하게 지내시길 두 손 모아 빌어본다. 형님, 미안하고 감사합니다.

종채형과의 몇 장면

강영진(서울대 사회대평론 편집실 모임 80학번)

종채 형 하면 바로 떠오르는 장면이 몇 있다. 나에게 종채 형은 이 장면들 속에, 그 연장선상에 존재한다.

#1. 장미보다 새빨간

내 기억 속 종채 형의 첫 모습은 그 얼굴 윤곽이나 눈빛처럼 뚜렷하고 강렬했다. 1981년 말이나 82년 초쯤이었던 듯하다. 봉천시장 근처 허름한 중국집에서 가진 사회대 편집실 모임. 무림 사건으로 강제 징집된 종채 형이 휴가 나와 참석했다. 형은 훈련소에서 겪은 한 장면을 얘기했다. 각개전투 훈련으로 진흙탕을 박박 기다가 잠깐 휴식 시간이 주어졌을 때, 옆에 있던 동료 훈련병이 땅바닥에 엎드린 채 나직이 노래를 부르더란다.

문주란의 〈태양과 나〉.

그 노래가 너무 가슴에 와닿았다며, 그 자리에서 형이 직접 불러 주었다.

"장미보다 새빨간 푸른 하늘의 태양

언젠가는 황혼 속에 사라져 갔지만

불같이 뜨거운 내 사랑은 영원한 것…."

종채 형을 아는 사람은 다 알겠지만, 형은 노래를 잘 부르는 스타일이 전혀 아니다. 그날의 노래도 투박하기 그지없었다. 하지만 내 평생 들어본 노래 중 가장 감동적인 노래였다. 종채 형은 언제나 "장미보다 새빨간 푸른 하늘의 태양~" 같은 뜨거운 뭔가를 가슴 속에 지니고 사는 사람으로 깊이 새겨진 장면이기도 했다.

#2. 교보문고의 두 병사

그후 종채 형을 다시 본 것은 나 역시 강제 징집된 직후였다. 교보문고에서 둘 다 똑같이 군복 입은 상태였는데, 오랜만에 본 형이 너무 반가웠지만 다가가서 인사할 수가 없었다. 당시 내 참혹하고 복잡한 처지 때문이었다.

1982년 2학기, 80년 서울의 봄 이후 처음으로 대규모 가두시위가 펼쳐질 때였다. 시위 직전에 나는 인문대, 공대 편집장과 함께 관악서에 연행돼 시위예비음모죄로 보름간 조사받았다. 감옥 대신 곧바로 춘천 103 보충대를 거쳐 강원도 양구 최전방 훈련소로 끌려갔다. 하루아침에 주위 환경과 몰골이 깡그리 뒤바뀐 상황에서 정신없이 훈련소 생활을 하던 중 서울 서빙고에 있는 보안사 대공분실로 끌려 나오게 되었다.

20일간 고문받으며 죽을 고비를 여러 번 넘긴 후 대한극장 건너편 진양상가에 있던 보안사 안가로 옮겼다. 거기서 며칠 재우며 준비시킨 후 임무를 주고 내보내는데, 학교에 가서 선후배들을 만나 운동권 정보, 이를테면 시위계획 같은 게 있는지 알아 오라는 거였다. 후에 본격화된 '녹화사업'의 초기 형태였던 듯하다. 혹독한 고문으로 얼을 빼놓고 겁을 잔뜩 준 후에 프락치로 만들어 학생운동권 정보수집에 활용하는 작전이었다.

말쑥한 군복으로 갈아입고 안가를 나섰다. 낌새를 보니 미행이 붙고 있는 것 같았다. 또다시 고문받거나 닦이지 않으려면, 보안사에서 시키는 대로 학교에 가서 누군가 만나는 척이라도 해야 한다. 그러나 미행이 있으면 적당히 둘러대는 게 안 통하고, 누굴 만나 무슨 얘길 나눴는지 사실 그대로 다 얘기해야 한다. 그러면, 운 나쁘게 나랑 마주친 사람은 괜히 나 때문에 어떤 봉변을 당하게 될지 모른다.

그런 생각에 서울대로 바로 가지 않고, 먼저 광화문 교보문고에 들렀다. 인파 많은 곳에서 자연스럽게 미행을 따돌리기 위해서였다. 책을 찾아보는 척 이리저리 섹션을 둘러보던 중, 저만치에 종채 형이 역시 군복을 입고 책을 들춰보는 모습이 보였다. 너무나 반가웠다. 강제로 모든 게 달라진 상황에서 몇 개월 만에 이전의 나와 연결되는 사람을 보게 되니 감격스러울 정도였다.

"역시 형답게 휴가 나와서도 서점에 들러 책을 보고 계시는구나…." 하고 속으로 생각하면서, 그쪽으로 다가가서 인사하고 싶었다. 그러나 도저히 그럴 수 없었다. 아직 미행을 따돌리지 못했을 테고, 소형 음파탐지기 같은 걸 내 군복에 달아놓았을 수 있기 때문이었다. 그래서 먼발치에서 형의 모습을 힐끗 바라보기만 하다가 매장 안을 몇 번 돈 뒤 서울대로 갔다.

혹시 종채 형도 나랑 비슷한 처지 아니었을까 하는 생각도 얼핏 들었다. 나중에 알고 보니, 종채 형은 그때는 아니고 나중에 녹화사업 대상자가 됐다. 그러나 다행히 제대 직전이어서 그리 심하게 당하진 않았다고 한다.

#3. 베를린에서 온 소포, '터널의 끝'

1993년 종채 형이 베를린으로 유학을 떠났다. 여인만(82 경제)이 〈사평마당〉에 쓴 대로, "노구를 이끌고." 종채 형과 4년 터울인 나 또한 4년 후, 기자 그만두고 미국으로 유학을 떠났다. 갈등해결, 대화·협상에 관해 공부하기 위해서였다. 종채 형도 그 분야에 관심이 깊어 만학도끼리 서로 격려하며 연락을 자주 주고받곤 했었다.

보스턴에 있을 때, 독일에서 두툼한 소포가 왔다. 발신인 김종채. 훔볼트대학에서 수업을 들으면서 접한 교재나 유인물 중 갈등-협상 관련 내용을 잔뜩 복사해서 보내준 것이었다. 후배의 공부에 도움 주려는 형의 정성이 소포의 무게 이상으로 묵직하게 와닿아 뭉클한 순간이었다.

각자 학업에 열중하던 얼마 후, 종채 형이 사뭇 상기된 어조로 연락해왔다.

"영진아, 드디어 터널의 끝이 보인다."

지도교수와의 문제로 논문 진행에 애로가 많다고 들었었는데, 얼추 마무리돼 머잖아 박사학위를 받을 수 있게 되는 모양이었다. 그간 종채 형의 고투를 안타깝게 지켜보던 많은 이들이 이제 좀 안도할 수 있게 된 것 같아 더욱 반갑고 기쁜 마음이었다.

그러나, 끝내 독일 유학의 터널은 목적지에 닿지 못한 채 멈추고 말았다. 한국으로 돌아온 후에도 박사학위, 그리고 저서 출간 관련해 다시 밝은 어조로 반가운 소식을 종종 전해주시곤 했으나 터널의 끝에 이르진 못하셨다, 영영.

#4. 남도에서 남대문까지 메고 온 홍주

종채 형은 사회대 편집실 모임에 거의 빠지는 법이 없는 고정 필참 멤버 중 한 사람이었다. 근래 몇 년간은 한양 도성길을 구간별로 나눠서 해마다 걸어왔는데, 2022년 5월 산행에도 멀리 해남에서 올라오셨다. 광희문에서 만나 장충동 길을 지나 남산순환도로 근방에 왔을 때 형이 너무 힘들어하셨다. 형은 버스를 타고 먼저 남대문으로 가고, 일행은 계속 걸어가서 만나기로 했다.

그러나, 우리 일행이 남대문에 도착했을 때 형이 보이지 않았다. 한장희와 여인만이 남대문 근처 골목에 거의 쓰러져 있던 형을 찾아 부축해서 식당으로 모셔 왔다. 형은 몸을 제대로 가누지 못했고 음식물도 잘 삼키지 못했다. 식사 후 119를 불러 장희가 병원으로 모셔갔고, 그후 꼭 4개월간 투병 끝에 9월 13일 고단했던 생을 마감하셨다.

그런데, 형이 쓰러지던 그날 메고 다니던 백팩이 꽤 묵직했다. 안을 보니, 진도 홍주 큰 병이 들어 있었다. 후배들 만나면 나눠 마시려고 남도에서부터 짊어지고 오신 것이었다. 해남 시골에서 새벽길을 나서 그 무거운 걸 짊어지고 서울 성곽까지 오다 보니, 평소 간당간당했던 체력마저 다 소진되는 바람에 더 이상 버티지 못하고 쓰러지신 것 아닐까.

하필 그게 또 홍주였을까. 장미보다 붉은빛의.

아무튼, 그 홍주는 여기 실린 유고와 함께 종채 형이 우리에게 남겨준, 그의 정신과 마음이 담긴 유산이 아닐까 싶다.

#5. 마지막 노트

종채 형이 평소 갖고 다니던 노트와 노트북을 한장희가 꼼꼼히 정리해 얼마 전 보내주었다. 종채 형이 쓴 메모나 글을 읽다가 끝부분에서 아연했다. 종채 형이 이 세상에 남긴 마지막 글귀는 다음과 같았다.

서산에 떨어지는 붉은 해처럼
내 인생의 마지막을 벌겋게 물들이리라.

붉은 해. 이 글의 첫 장면, 형이 강제 징집된 후 휴가 나와서 후배들에게 감동적으로 불러준 노래가 바로 "장미보다 새빨간 푸른 하늘의 태양"이었다.

처음과 끝이 어쩜 이리 똑같이 이어질 수 있는지. 그런 '한결같음'이 종채 형이란 사람 그리고 그의 삶을 단적으로 표상하는 특질이리라.

마지막 구절 바로 앞에는 다음과 같은 글귀가 적혀 있었다.

내가 한국에 기여할 것은 육신의 근력이 아니다.
지적 정신적 창조적 문제해결 능력, 그리고 꿈꾸는 능력.
작은 정원이나마 가꾸며 아이들과 웃으며 사는 법을 배우고 가르치며, 신뢰의 연결망을 넓히며.

종채 형 스스로 정한 자신의 역할, 정체성, 우리 사회에 기여하는 방식인 셈이다.

자신이 세운 그런 삶의 기준에서 봤을 때, 종채 형의 생은 분명 성공적인 삶이었다.

무엇보다 신의(信義)란 덕목, 신뢰의 연결망을 넓히는 일을 가장 중시했는데, 기실 그의 인생을 고난의 행군으로 이끄는 도입부 역할을 한 9.11 데모도 그의 그런 덕목에서 비롯된 일인 셈이다. 원래는 대학원에 진학해 '학문적 구도'의 길을 가려고 했었는데, 데모 주동을 맡게 된 친구가 "혼자선 외로울 것 같다"고 하자 선뜻 그 자리에서 자신이 꿈꿔온 미래를 포기하고 형극의 길로 걸어간 것이다.

그런 그의 신의에 따른 삶을 가시밭길로 만든 것은 '긴급조치'로 상징되는 국가폭력, 그리고 우리 사회의 모순구조였다. 따라서, 그의 인생 후반기 상당부분이 '긴조'의 부당성을 확인받는 일에 할애된 것은 어쩌면 자연스러운 귀결이었다. 그러곤, 눈 감기 얼마 전 마침내 대법원판결로 국가배상책임까지 확정되게 했으니, 필생의 투쟁에서 승리한 삶이기도 했다.

그는 늘 우리 사회의 구조적 문제를 깊이 들여다보며 지적, 창조적 문제해결을 추구했다. 그리고, 무엇보다 그는 언제나 '꿈꾸는 청년'이었다. 박문식 형 얘기대로, 사람들과 얘기할 때 종채 형의 시선은 항상 15~25º 위쯤 어딘가를 향하곤 했다.

고단한 서울살이를 청산하고 남도로 내려가서 작은 정원이나마 가꾸며 살게 된 것도 다행이었다. 다만, 위의 저 네 줄로 스스로 간추린 삶의 기준 혹은 방식에서 그에게 결핍되거나 부족했던 게 있었다. "아이들과 웃으며 사는 법" 그리고 "육체적 근력"이었다.

특히 '육체적 근력'은 그가 쓴 대로 그걸로 이 사회에 기여할 건 아니지만, 달리 지적·정신적 방식으로 기여하기 위해선 최소한의 유지·관리는 필요했을 텐데, 그 점을 너무 등한시하신 게, 그래서 '터널의 끝'에서 아직 나오지 못한 채 너무 일찍 생을 마감하신 게, 형을 좋아했던 후배로서 못내 아쉽고 안타까울 따름이다.

종채 형을 그리워하며, 기억하기

한장희(서울대 사회대평론 편집실 모임 85학번)

제가 1985년 대학에 입학하고 1989년 졸업했으니 76학번 선배인 종채 형을 어찌 알 수 있었을까요? 형의 이력을 정리하다 보니 저의 재학 시기(85~89년)에 형은 강제 징집으로 군대를 다녀온 후 대학원(86~89년)을 다니셨더군요. 시기가 겹친 것을 알게 되었지만, 그 당시에 형을 알고 지낸 기억은 떠오르지 않습니다.

형을 처음 본 날은 제가 졸업한 이후인 것 같은데 언제인지 정확하지 않습니다. 다만, 그 장면은 기억합니다. 아마도 겨울, 저녁 시간 서울역 근처인가 호프집에서 대학동아리 모임이 있었던 것 같습니다. 형은 긴 코트 차림에 희미한 조명으로 더 두드러져 보이는 얼굴의 굴곡과 짙은 눈썹 아래 부리부리한 눈, 빛이 담겨 있었던 것 같은 눈동자로 기억됩니다.

어두컴컴한 호프집을 배경으로 흐릿한 조명 아래 나타난 형의 모습은 렘브란트의 야경(夜警)을 연상시켰죠.

그 후 독일 유학을 가신 것 같아요. 독일 유학 10년 동안은 못 뵈었고 유학을 마치고 한국에 돌아오신 해가 2003년이군요. 돌아오신 후 뜨문뜨문 있는 대학동아리 모임 때 나타나셨는데 볼 때마다 그때 호프집에서의 첫인상은 점점 더 굳어졌습니다.

형의 첫인상이 시간과 공간의 구체성은 사라지고 느낌만 남은 건 왜일까요?

　처음 뵈었을 때나 그 후 10년이 지나고 20년이 지나, 작년 2022년 돌아가시기 전까지 불의한 현실과의 불편한 관계를 이어가고 있었던 형의 삶과 무관하지 않아 보입니다. 대학 졸업 후 다들 저항과 혁명을 미루어두고 현실로 들어가 각자 자기 자리를 만들어 나가는데 형은 그러지 못 한 것 같습니다.

　형은 독일에서 10년을 보내면서 독일 통일 이후 체계 전환의 경험을 이해하고 한국의 체계를 재구성하는 이론체계를 만들고자 하셨던 것 같습니다. 형이 겪었던 70~80년대는 저항의 문법으로 세상을 바꾸어야 했죠. 형은 유럽에서 독일 통일과 유럽연합의 경험을 보시고 남한도 민주주의의 성취를 이루고 남북통일을 준비하기 위해 지극히 이성적인 방법으로 세상을 바꿀 수 있다는 희망을 논문에 담고자 하신 것 같아요.

　형은 형이 꿈꾸었던 세상을 다음 문장에서 말하고 있는 것 같습니다.

　"칸트의 가슴에 빛나는 별, '네 의지의 격률이 항상 보편적 입법의 원칙에 타당하도록 행위하라'는 독일과 유럽이 자신의 헌법과 헌장을 만들 때 새겼던 입법 정신이다."

　"저는 칸트의 영구평화 정신을 실현한 유럽연합(EU)과 같은 사회가 한국에 실현되는 길을 밝히고 그 씨앗을 뿌리다가 죽는 것입니다."

　그러나 형은 독일에서 박사논문을 마치지 못하고 2003년 귀국하셨죠. 귀국 후에도 박사논문을 완성하기 위해 부단한 노력을 하셨지만 우여곡절을 겪으신 걸로 들었습니다.

　다시 돌아온 한국사회는 형의 눈에 어떻게 비쳤을까요? 독재자의 딸이 대통령이 되다니요.

형의 페이스북에는 대통령 탄핵부터 사법농단, 조국 사태, 노회찬의 죽음, 검찰개혁의 실패, 결국 검찰공화국의 탄생까지 현실에 대한 비판적인 글과 생각이 가득합니다. 동시에 유신청산민주연대 활동인 대법원 앞 1인시위, 국회 토론회, 유신독재 사진전 등이 겹쳐 있습니다.

과거의 불의와 현재의 불의가 형에게는 서로 다르지 않아 보였을 것 같습니다.

세상은 여전히 70~80년대 문제를 해결하지 못한 채 동일한 오류를 반복하고 있고, 결국 형의 박사학위 논문은 완성되지 못한 채 유고집으로 남는다는 사실이, 세상이 바뀐다는 게 얼마나 어려운 건지 알려주는 것 같습니다.

형을 아끼고 사랑하는 사람들의 안타까움이 큽니다.

그 안타까움은 형의 곤궁한 삶을 안타깝게 바라보는 것이라기보다 형의 삶을 바라만 보고 어찌할 바 모르는 우리 스스로에 대한 안타까움인 것 같습니다. 세상은 이리도 변하지 않았고, 형을 시대의 불의에서 구하지 못했는지.

2022년 5월 14일, 형이 쓰러진 날, 병원 응급실에서 의사의 뇌수술 소견을 듣고 동아리 카톡방에 소식을 전하였습니다. 하룻밤 사이에 적지 않은 수술비용이 모아진 건 아마 그런 안타까움이 이유일 겁니다.

형이 돌아가시기 2주 전 긴급조치 피해자에 대한 국가의 배상을 인정하는 대법원 판결이 있었습니다. 그 소식은 형이 입원 중인 병원의 원무과 직원에게 부탁하여 전달하였는데 형이 소식 듣고 무척 좋아하셨다고 합니다.

형은 가셨지만 형의 첫인상은 지워지지 않고 더 깊어지는 것 같습니다. 그것도 아마 그런 안타까움이 이유일 겁니다.

어두운 시대를 뒤로 형형한 눈빛으로 먼 곳을 바라보는 야경꾼의 모습은 잊혀지지 않을 것 같습니다.

종채 형,

이곳 걱정은 접어두시고 그곳에서 편히 쉬시기 바랍니다.

세상은 좀 더 바뀌어야겠습니다.

그러면 형에 대한 기억이 희미해질지도 모르겠습니다.

김종채 연표

1957년 10월 30일 전남 영암에서 2남 3녀 중 다섯째로 출생

1973년 3월 경기고등학교 입학

1976년 3월 서울대학교 사회계열 입학

1979년 9월 11일 학내 시위 주도, 긴급조치9호 위반 구속, 제적

1979년 10월 26일 박정희 대통령 사망

1979년 12월 긴급조치9호 위반 면소판결(원인무효)

1980년 3월 복학

1980년 12월 서울대 대학원 사회학과 낙방

1981년 1월 8일 강제징집(무림사건 연루)

1981년 3월 서울대학교 사회학과 졸업

1983년 2월 제대(육군 병장 만기 제대)

1983년 7월 ~ 1986년 3월 한국농촌경제연구원 농촌사회실 연구원

1986년 3월 ~ 1989년 2월 서울대학교 대학원 사회학과 졸업
　　　　　(문학 석사)

1993년 9월 ~ 2003년 5월 독일 유학(베를린 훔볼트대학교 사회
　　　　　과학대학 박사과정)

2003년 9월 성공회대학교 사회학과 박사과정 수료

2003년 9월 ~ 2019년 원주 상지대학교 교양학과 외래교수

2015년 10월 ~ 2017년 8월 대법원 1인 시위(긴급조치 국가배
　　　　　상 요구, 판결 항의)

2021년 2월 전남 장흥군 장동면 율리마을 배산리로 거처를 옮김

2022년 3월 해남으로 거처를 옮김

2022년 5월 14일 서울 남산 산행(사회대평론 편집실 모임) 중 쓰
러져 병원 입원
2022년 8월 30일 긴급조치 9호 국가배상책임 인정 대법원 판결
2022년 9월 13일 뇌졸중 투병 중 사망
2022년 11월 23일 진실화해위원회 '강제징집-녹화사업'에 대한
진실규명 결정
2023년 9월 1주기 추모회, 유고집 출판

편집후기

　이 유고집은 '서울대학교 사회대평론 편집실 모임'에서 만들었다. 사회대평론 편집실(이하, 편집실)은 『사회대평론』이라는 단과대학 학보(단행본)를 발간하기 위한 조직으로 1976년에 관악으로의 캠퍼스 이전과 함께 창립되었다. 그런데 1970년대 학내 대부분의 오픈써클이 그러하듯이 편집실도 단대학보를 준비하기보다는 언더 학회의 대표자들이 모여 단대의 학생운동을 논의·결정하는 장으로 기능했다. 이러한 전통(?)이 남아 있었기 때문인지 편집실이 활발하게 활동하던 1990년대 중반까지 『사회대평론』은 자주 발간하지 못했다. 대학 당국의 방해를 뚫고 오랜 산고 끝에 1983년에 창간호를 내고 그후 1988년에 한 차례 더 내는 정도에 그쳤다. 이러한 경향은 지양(인문대), 청량원(사범대), 피데스(법대), 과학세대(자연대) 등 다른 단과대학도 마찬가지였다.

　종채형도 농업경제학회 회원이면서 편집실 구성원이었는데, 79년 9월에 학내 시위를 주동하고 구속되었다가 10.26으로 석방된 후 다시 무림사건으로 강제징집되었다. 82학번인 나는 이러한 종채형의 경력을 선배들의 얘기로만 듣다가 1983년경에 처음으로 직접 만날 수 있었다. 편집실 회식자리에 막 제대한 종채형이 나온 것이다. 호리호리하고 큰 키에 눈이 부리부리 빛나는 모습과 다르게, 군대에서 힘든 기간을 문주란의 "장미보다 새빨간 푸른하늘의 태양…"을 부르며 견뎠다는 감상적인 얘기가 인상에 남았다. 그 이후 종채형은 편집실 모임에 가장 잘 참석하는 70년대 학번으로 80·90년대 학번의 후배들과도 스스럼없이 대화가 통하는 선배가 되었다.

편집실 회원들은 졸업 이후에도 해마다 운동회, 송년회 등을 통해 꾸준히 모임을 이어왔는 데, 특히 촛불시위와 박근혜 탄핵으로 이어지는 2016년 이후 선후배간 회합이 잦아졌다. 특히 2018년부터는 매년 석가탄신일에 서울 성곽길을 등산하는 모임을 시작하였다. 2018년 인왕산, 19년 북악산, 20년 낙산을 거쳐 21년은 코로나19로 중단했다. 22년 5월 14일에 마지막 코스인 남산 둘레길을 돌 계획으로 여럿이 모였다. 등산이 끝나면, 가까운 시장에서 막걸리를 곁들이면서 듣는 종채형의 시국담이 기대되었다. 2020년에는 정의당 내분 문제의 원인에 대한 명쾌한 해석, 그리고 '조국 사태'에 대한 신평의 언동에 대한 비판을 모두 경청하였다. 그런데 당일 해남에서 올라온 종채형은 출발부터 극심한 체력저하 모습을 보여 등산을 포기하고 먼저 최종집결지인 남대문으로 이동했다. 나머지 회원들이 남산에서 내려와 보니 종채형은 혼자서 걷기조차 힘든 상태였다. 영양실조 증상으로 보였는데, 남대문시장에서 국밥을 드신 후 약간 기력이 회복된 듯했다. 그래서 이후로 예정된 경기고 동문들과의 모임을 취소하고 해남으로 내려가도록 권유하고 있는데 발음이 불분명해지기 시작했다. 이에 한장희(85학번)가 이상을 느끼고 119를 호출했는데, 10여분 뒤 도착한 구급대원들은 응급문진을 통해 뇌출혈 증상이라는 판정을 내렸다. 즉시 강북삼성병원을 거쳐 분당서울대병원으로 이송되어 치료를 받았지만 결국 6월 2일에는 분당의 한 요양병원에 입원하게 되었다.

코로나19의 전성기라 간단하지 않은 절차를 걸쳐 6월 10일에 편집실 후배들이 첫 면회를 하게 되었다. 한 달 사이에 뵙는 종채형 모습은 근육이 다 빠진 데다 대화도 불가능한 상태였는데, 눈빛만큼은 형형 그 자체여서 면회 내내 가슴이 먹먹했다. 그러던 중 8월 30일에는 대법원에서 긴급조치 피해자에 대한 국가배상 책임 인정 판결이 발표되었다. 양승태 등 사법모리배들에 의해 2015년 3월에 내려진 국가배상 책임이 없다는 판결에 항의하여 최근까지 대법원과 국회에서 1인시위를 계속해오던 종채형에게는 숙원사업 하나가 해결된 셈이었다. 곧바로 요양병원에 연락하여 종채형에게 전달하도록 했고 기뻐하는 표정을 지었다는 회신을 받았다. 그리하여 이제는 재활에 전념하여 회복하는 일만 남았다고 모두가 생각하던 중, 9월 13일 오전 5시 30분에 종채형이 숨을 거두었다는 청천벽력같은 소식을 듣게 되었다.

장례식장에 모여 헛헛해하면서 누가 먼저랄 것도 없이 종채형의 유고집을 발간하자는 데 의견이 모아졌다. 이러한 생각은 종채형의 유품을 정리하는 과정에서 더욱 강해졌다. 종채형이 요양병원에서 장기 재활에 돌입하게 되어, 가족분의 허락을 얻어 7월에 해남의 거처를 정리하게 되었다. 허름한 한옥의 별채에 집필을 위한 최소한의 수단과 세면도구만이 휑뎅하게 놓여있는, 수도승의 거처같은 방의 한편에 빼곡한 책과 노트를 보니 또다시 가슴이 아려왔다. 도저히 그대로 처분할 수는 없어 일단 모든 자료를 내 직장인 강릉대학의 비어있는 연구실로 우송하였다. 그리고 23년 연초부터 검토하기 시작했다. 그 과정에서 종채형의 삶의 흔적이 손에 잡힐 듯이 다가왔다.

해남에서 가져온 서적은 750권 정도였는데, 독일 통일과 관련된 정책·정치·사회·경제 관련의 독일어 및 영어 서적이 당연하게도 가장 많았고, 이어서 사법 관련, 생태·환경 관련 서적이 상당수 있었다. 사법관련 서적은 긴급조치 피해자에 대한 국가배상 관련 항의 활동과 관련 있고 생태관련 서적은 녹색당 활동과 관련 있을 것이다. 그러고 보니 예전에 종채형 배낭에 태양광 패널이 달려 있던 풍경이 떠올랐다. 소설책도 상당수 있었는데, 국내소설로는 김훈, 외국소설로는 카프카의 작품이 많았다. 무언지 모르게 종채형의 이미지와 비슷하다는 느낌이 들었다. 다음으로 불교에 관한 서적이 의의로 많았다. 법정 스님의 무소유에 관한 것뿐만 아니라 능엄경, 원각경 같은 전문서적도 상당수였다. 독일 유학에서 소기의 성과를 거두지 못하고 귀국한 데다 이혼, 경제문제 등 일신상의 고난이 겹치면서 2000년대 중반 이후 이 분야에 대한 관심이 깊어진 데 따른 것으로 추측된다.

그 밖에 대학노트 수십권에 달하는 초고가 산재해 있었다. 대부분은 독일 통일과 관련된 논문에 대한 아이디어였지만, 녹색당 강령 초고, 시국 평론, 영화 감상평 등도 있었다. 그리고 일기에 가까울 정도의 개인적인 메모도 상당수였는데, 이것도 학위논문을 완성·출간함으로써 한국사회에 비전을 제시하고 싶다는 의욕과 현실의 지지부진한 논문심사과정에서 비롯된 정체성 갈등을 표현하는 내용이 많았다. 이하에서는 메모를 통해 확인할 수 있는 종채형의 삶·학문의 방향 및 의의에 대해 소개하기로 한다. 유고집에 박사학위 청구논문 전문을 수록하게 된 이유이기도 하기 때문이다.

1993년 9월 독일 유학에 대해, 종채형은 당시의 직장이던 농어촌사회연구소를 떠나 '이농'한 것으로 규정했다. 68년에 서울로 와서 대학을 졸업을 할 때까지 농사를 짓지는 않았지만 '농민의 아들'

로 그들의 눈이 되고 입이 되겠다는 농민운동의 이론가·연구자로서의 정체성을 지니고 있었기 때문이다. "김종채 동지의 유학길이 우리에게 희망이 되기를 바랍니다"(장영근 강진군 농민회장, 『하늘의 마음 농민의 마음』, 창비, 1995년, 종채형에게 보낸 저자의 헌정사)라는 편지도 그러한 당시까지의 정체성과 관련이 있을 것이다. 독일에서 통일과정을 학습하고 그에 관한 논문을 준비하다가 지도교수의 정년으로 도중에 귀국하게 되었지만, 종채형은 그 과정에서 스스로가 '농민의 아들에서 지구촌 문명시민으로'으로 변화했다고 자부하게 되었다. 그리하여 책을 발간하게 되면, "나는 한국인이 남한과 북한을 넘어서 '지구시민'의 시각에서 자신을 바라보기를 원한다. 이 책에서 그러한 구슬을 얻을 수 있다고 믿는다", "퍼트남은 자신을 '미국을 비판할 수 있는 미국시민'이라고 했다. 오페 역시 독일과 유럽을 넘어서 미국과 교류할 수 있는 지식세계로 확장했다. '합리적 행위자와 정당한 지배자'는 그를 위한 거인의 어깨와 눈을 빌려줄 것이다. 나 역시 그 거인들의 어깨와 눈을 빌려 한국을 넘어서 지구촌을 바라보는 눈과 발 디딜 곳을 얻고자 했다"는 내용을 담고자 했다. 그런데 성공회대학교에 2007년에 「통일 독일의 민영화와 신탁관리청-신탁관리청의 상세한 협상계약 방법과 절차」라는 테마로 학위논문을 제출했다가 이론·확장성이 없다는 지적을 받자, 그 이후 본격적인 합리적 행위자론을 정리하게 되었다. 그리고, 실제로 제출·심사가 이루어졌는지를 확인할 수 없으나, 2012년 이후 2020년까지 매년 가제본판을 준비하였다. 이들 논문에서 주장하고 싶었던 핵심적인 내용은 다음의 메모가 잘 나타내준다. "나의 주제가는 무엇인가? 협동·협상의 정치, 합리적 행위자와 정당한 지배, 합리적 제도설계와 정책 대안이다", "모든 통일은 좋은가? 아니다. 자유와 인권 없는 통일은 차라리 안하느니만 못하다", "평화는 정의의 열매, 정당한 지배자 없이 진정한 평화는 없다."

이상의 주장들이 학문적으로 어떠한 독창성을 지니고 있는지, 혹은 논문이 얼마나 학문적 체계성을 지니고 있는지를 내가 판단할 수는 없다. 그러나 독일 통일과정에서 수행한 서독 정부 및 국민들의 전폭적인 지원 그와 더불어 동독지역에서 자유·시민의식의 관철이 중요하다는 주장은 한국사회의 보수·진보 양방향에서 쉽게 수용될 수 있는 것이 아니었을 것이다. 그러한 영향도 있었기 때문인지, 학위논문은 쉽게 진척되지 못하고 종채형의 실존적인 고민은 깊어만 간 듯하다. 2017년 논문을 제출하면서는, 논문 통과를 전제로, 다음과 같은 책의 서문을 준비하고 있었다.

1993년 9월 11일, 베를린 행 비행기에 몸을 실으며 나는 혜초의 시의 읊고 있었다.

생각하면 가슴이 미어지어이	憶想哀情切
그대의 높은 뜻이 꿈이란 말인가	悲君願不隨
고국 가는 먼 길을 누가 알런가	熟知鄉國路
흰 구름만 덧없이 돌아가누나	空見白雲歸

10년에서 4달이 모자란 2003년 5월 15일, 귀국 비행기를 타고 돌아왔다. 독일어로 쓰지 못한 작품을 그로부터 다시 14년이 지난 이제야 내면서, 나는 혜초의 시 앞부분을 펼쳐 본다.

고향에서는 등불의 주인을 잃고　　　　　故里燈無主

객지에서는 보배나무 꺾이었구나   他方寶樹摧

신령스런 영혼은 어디 갔는가   神靈去何處

옥같은 그 얼굴은 재가 되었다   玉貌已成灰

어느 후배가 독일에서 박사 되던 날, 나는 의상(義湘)을 찬하는 시를 베껴 보냈었다.

잡목 헤치고 바다 건너 안개 티끌 무릅쓰고   披榛跨海冒煙塵

지상사 문 들어가 좋은 보배 받았었다   至相門闌接瑞珍

찬란한 온갖 꽃이 바로 우리 고향이라   采采雜花我故國

종남산 태백산이 다같은 한 봄이다   終南太伯一樣春

그러나 허물만 안고 돌아와 조각난 글을 내는 지금 나는 어느 선사의 시를 떠올린다.

어렵도다, 좋은 스승을 찾는 것은   Schwierig, einen guten Lehre zu finden,

어렵도다, 그 가르침을 배우는 것은   schwierig, für ihn auch das Lehren.

역시 어렵구나, 그를 잘 듣는 것은   ist es auch schwer, gut zu hören,

더욱 어렵구나, 그를 믿는 것은   schwerer noch ist es, zu glauben.

이처럼 유품을 정리하면서 유고집 간행의 필요성이 절실해졌기 때문에, 2023년 4월말에 그에 깊은 관심을 표명하던 편집실 구성원으로 편집위원회를 구성했다. 종채형의 동기인 박순성(76학번)을 위원장으로 하고 종채형과 등산모임을 같이 했던 후배 즉 강영진(80학번), 한장희(85학번), 그리고 여인만(82학번)이 위원으로 되었다. 첫 모임에서 이 책과 가까운 구성으로 하자는 안에 합의했다. 즉 독일통일에 관한 미완성 박사학위 청구논문을 우선적으로 배치하고, 그 외에 종채형이 발표한 논문·에세이를 수록하며, 나머지는 종채형을 추모하는 글을 싣는다는 것이었다. 종채형의 글은, 작년 5월 등산모임 때 매고 왔던 배낭에 들어있던 노트북과 USB를 가족분에게서 전달받아 검토할 수 있었다. 그로부터 유품에 있던 상당수의 필사 메모가 파일로 정리되어 있음을 확인할 수 있었다. 추모글은 고교 동창, 편집실 후배, 사회학과 동료, 민주화운동 관련 지인, 논문 지도교수, 독일 유학생활 관련 지인으로부터 모으기로 했다. 당초 예상대로 대부분의 글을 수록할 수 있게 되었는데, 독일 유학생활에 관한 글이 결국 누락된 점이 아쉽다. 이상과 같이 유고집 구성이 완성되자, 편집위원회는 환상의 팀웍을 발휘하였다. 박순성 선배의 지도아래, 원고의 교열·편집·디자인에 편집장 출신인 강영진 선배가 맹활약하고 한장희 후배는 자료의 수집 및 정리 그리고 종채형 가족 및 편집실 회원과의 의사소통에 중요한 역할을 담당했다. 그리하여 편집실 회원 모두가 이 책의 진행과정을 공유할 수 있었는데, 특히 박동철(80학번), 조남주(82학번), 심성보(82학번), 김영애(82학번) 회원은 교정 작업에도 참가해주었다.

이 책을 편집하면서 다시 한번 종채형의 삶을 생각하게 되었다. 농민운동의 진로, 통일한국사회로의 진로를 끊임없이 모색하는 냉철한 이론가·연구자를 지향하면서도, 시대상황이 누군가의 희생을 요구한다면 자신을 먼저 내던지는 열혈 청년 김종채의 모습은 지인들의 추도글에서 다시 한번 확인할 수 있었다. 여러 메모에서는 매우 섬세하고 일상의 고민에 힘들어하는 다정다감한 종채형의 모습도 엿볼 수 있었다. 하지만 가장 중요한 점은, 종채형의 삶이 1970년대 20대 초반에 지녔던 자세를 쓰러지는 그날까지 유지하는 일관성과 엄숙함을 체현했다는 것이다. 그래서 "나는 지금 어디에서 무얼하고 있는지, 어디에서 와서 어디로 가고 있는지, 너는 무구한 눈빛으로 거기에서 묻고 있구나, 종채야!"(장례식 후 박순성 선배의 소감)가 종채형을 기억하는 모든 사람들의 감정·기억일 것이다. 이 책은 그러한 감정·기억을 공유하는 사람들의 종채형에 대한 헌화이다. 장미보다 새빨간 진도홍주와 함께 영전에 이 책을 바칩니다.

2023년 9월
여인만(서울대학교 사회대평론 편집실 모임, 82학번)

민주화에서 통일까지
김종채의 학문적 구도와 실천적 삶

초판 1쇄 인쇄   2023년 9월 22일
초판 1쇄 발행   2023년 9월 23일

지은이   김종채
엮은이   서울대 사회대평론 편집실 모임
펴낸곳   (주)르몽드코리아
디자인   임승연
인쇄·제작   디프넷

주 소   서울특별시 마포구 양화로1길 83, 석우 1층 (합정동 435-13)
출판번호   제2014-000119
홈페이지   www.ilemonde.com
전 화   02-777-2003
팩 스   02-333-6767
이메일   info@ilemonde.com

ISBN   979-11-92618-39-5